Manfred Seegers

Aspekte Zeitloser Weisheit

Ausgewählte Themen
zum Diamantweg-Buddhismus

Hinweise zu Originalsprachen, Quellentexten und speziellen Begriffen:
Alle Sanskrit- (skt.) und tibetischen (tib.) Begriffe wurden, um den internationalen
Standard einzuhalten, in der anglisierten Form wiedergegeben. Dabei wird ch und
c = tsch, j = dsch und sh = sch ausgesprochen. Die Schreibweise der tibetischen
Begriffe ist im Text zwecks leichterer Aussprache vereinfacht dargestellt. Sanskrit-
Begriffe wurden in der Regel kursiv dargestellt. Auf diakritische Zeichen wurde
dabei aus drucktechnischen Gründen und wegen leichterer Lesbarkeit verzichtet.

Im Quellenverzeichnis im Anhang werden die tibetischen Titel in ihrer vollständigen Schreibweise in Whylie-Umschrift aufgeführt. Alle Titel der im Buch
angeführten Quellentexte sind durch Anführungszeichen gekennzeichnet.
Die Lebensdaten historischer Personen werden nur bei der ersten Erwähnung
angegeben.
Ein Großteil der verwendeten Originaltexte liegt bisher nicht in deutscher Übersetzung vor. Daher wurden die meisten verwendeten Zitate vom Autor speziell
für die Artikel und Vorträge in diesem Buch übersetzt, ohne dass dies jeweils
extra vermerkt ist. Andere Zitate stammen aus deutsch- oder englischsprachigen
Quellen, die unter den Literaturhinweisen zu finden sind.

Zahlreiche buddhistische Begriffe werden in einem Glossar im Anhang erklärt.
Sie stehen in der Regel bei ihrem ersten Auftreten im Buch in einfachen Anführungszeichen.

Seegers, Manfred:
Aspekte zeitloser Weisheit, Ausgewählte Themen zum Diamantweg-Buddhismus
1. Auflage
© 2013 Zeitlose Werte Verlagsgesellschaft mbH, Hamburg, contact@zeitlosewerteverlag.de

Gestaltung und Satz: Susanne Sachers, Hamburg
Coverfoto: Tomaz Kunst, fotolia
Fotos (separater Nachweis)
Lektorat: Kirsten Brühl, Frankfurt & Dirk Hannemann, Kiel

Gesetzt aus der Minion 11 Punkt
Printed in Germany by Uhl-Media, Bad Grönenbach

ISBN

INHALT

VORWORT

Das vorliegende Buch ist eine Zusammenstellung von ausgewählten Artikeln, Übersetzungen und Vorträgen zu grundlegenden buddhistischen Begriffen sowie zu spezielleren Themen, die direkt oder indirekt mit dem ‚Diamantweg'-Buddhismus verbunden sind. Der Diamantweg (skt. Vajrayana) ist die vor allem auf den ‚Tantras' beruhende Form des nördlichen Buddhismus in Asien. Der Begriff ‚Diamant' in diesem Namen steht symbolisch für die Kostbarkeit und Unzerstörbarkeit dieser Lehre und der Natur des ‚Geistes', auf die sie sich bezieht.

Nach tibetischen Geschichtsquellen lehrte der historische ‚Buddha' Shakyamuni den Diamantweg in ‚Oddiyana' (im heutigen Pakistan und Ladakh) nur einigen ausgewählten Schülern wie dem König Indrabodhi. Von dort kam diese Lehre nach langer Zeit der geheimen Überlieferung zurück nach Indien. Mitte des 8. Jahrhunderts n. Chr. brachte sie der Meister Padmasambhava nach Tibet und verbreitete sie dort. Seit dieser Zeit wird der Diamantweg mehr oder weniger mit dem Tibetischen Buddhismus gleichgesetzt.

Allerdings rechnen sich nur die drei frühen, praxisorientierten Schulen des Tibetischen Buddhismus (Nyingma, Sakya und Kagyü) zu dieser Richtung. Die spätere Reformschule der Gelugpas bezeichnet sich demgegenüber in der Regel als ‚Mahayana'-Schule. Aufbauend auf den buddhistischen ‚Sutras' betont sie stärker die Gelehrsamkeit, während die Praktizierenden im Diamantweg vor allem das kraftvolle Mittel der Identifikation mit der ‚Erleuchtung' einsetzen.

Im Gegensatz zu den ‚Meditationsaspekten' des Hinduismus, die als äußere Götter verehrt werden, stehen die ‚Buddha-Aspekte' der buddhistischen Tantras symbolisch für die dem Geist innewohnenden Qualitäten. Die Identifikation mit diesen Formen wirkt so, wie in einen Spiegel zu schauen und sein eigenes schönes Gesicht zu sehen. Letztendlich geht es im Buddhismus immer um die Erkenntnis der Natur des Geistes, um bleibendes Glück. Die Themen dieses Buches werden alle aus der Perspektive des Diamantwegs behandelt und stellen dadurch eine Verbindung mit verschiedenen Aspekten der zeitlosen Weisheit her, die die volle Verwirklichung der Natur des Geistes bedeutet.

Das Buch verdankt seine Entstehung vor allem dem Wunsch meiner Freunde und Kollegen des Zeitlose Werte Verlags, meine über mehr als zwei Jahrzehnte geschriebenen Artikel zum Diamantweg-Buddhismus in übersichtlicher Form einer breiteren Öffentlichkeit zugänglich zu machen. Durch mein umfangreiches Buddhismus-Studium in Deutschland, Indien und Großbritannien entstand die Möglichkeit, viele Informationen in kompakter Form weiterzugeben, die man überwiegend nur durch solche Studien bekommen kann. Die tiefergehende Beschäftigung mit buddhistischer Philsophie, Erkenntnislehre sowie der tibetischen Sprache erschließt die oft viele Jahrhunderte alten Quellen für die Arbeit mit dem Geist. Das gibt mir die Möglichkeit, diese über lange Zeit erhaltenen Geschenke als Übersetzungen, Vorträge oder Artikel mit anderen zu teilen.

Ursprünglich ergaben meistens ganz praktische Situationen oder Fragestellungen den Anlass, bestimmte Artikel zusammenzustellen und zu veröffentlichen. Entweder wurden die Themen in buddhistischen Meditationszentren oder auf buddhistischen Kursen diskutiert, oder es ging um strittige Punkte, die anhand der zur Verfügung stehenden Quellen zu klären waren. Statt nun immer wieder die gesammelten Informationen an einzelne Interessierte weiterzugeben, erschien es einfacher, wenigstens von Zeit zu Zeit alles wichtige Material in Form von Artikeln der breiteren Öffentlichkeit in aller Welt zur Verfügung zu stellen. Mittlerweile wurden Artikel von mir in 18 Sprachen übersetzt und herausgegeben.

Alle ausgewählten Artikel wurden für dieses Buch wenigstens teilweise überarbeitet und damit auf den neuesten Stand gebracht. Trotzdem behalten alle Themen nach wie vor ihre Eigenständigkeit, weshalb es gelegentlich zu Überschneidungen oder Wiederholungen bestimmter Unterthemen kommt. Etwa ein Drittel der Artikel wurde bisher ausschließlich im Ausland veröffentlicht. Diese Themen liegen daher erstmalig in deutscher Sprache vor. Einige andere erschienen bisher nur in Spezialausgaben oder online, wie die zum buddhistischen Schulprojekt gehörenden Themen. Drei Themen sind in diesem Buch überhaupt zum ersten Mal veröffentlicht: der Vortrag „Buddhistische Traditionen in Europa", der Artikel „Gesundheit und Krankheit aus buddhistischer Sicht" und die Übersetzung des „Mahayana-Sutra vom Edlen Abhängigen Entstehen".

In einem solchen Buch können natürlich nicht alle Fragen zum Diamantweg beantwortet werden und einige sehr tiefgründige Themen können nicht in allen Einzelheiten behandelt werden. Wo die Antwort den Umfang dieses Buches sprengen würde, gibt es weiterführende Hinweise, wo mehr Informationen erhältlich sind - immer unter der Voraussetzung, dass diese Informationen als Schritte auf dem Weg zur Erfahrung der zeitlosen Qualitäten des Geistes nützlich sind.

Heute ist es möglich, viele Antworten zu bekommen, die in den Anfangsjahren des Diamantwegs im Westen gar nicht oder nur sehr schwer zu finden waren. Dadurch entdecken wir auch im Westen immer mehr den großen Reichtum an Mitteln, die wir für die Arbeit mit dem Geist verwenden können. Buddhas Lehre wird oft mit einer riesigen Apotheke verglichen, wo es gegen jede mögliche Krankheit oder Störung das entsprechende Heilmittel gibt. Auch wenn wir immer wieder feststellen, wie tiefgründig und umfassend Buddhas Lehre ist, sollten wir uns auf keinen Fall dadurch entmutigen lassen. Jeder kann ja nicht mehr als den nächsten Schritt auf seinem geistigen Entwicklungsweg gehen. Wenn dieses Buch einen Beitrag dazu leisten kann, dass der Leser den nächsten Schritt auf seinem Weg tun kann und dabei mehr Vertrauen zu den Qualitäten des eigenen Geistes entwickelt, hat es seinen Zweck erfüllt.

Schließlich möchte ich all denen gegenüber meinen herzlichen Dank ausdrücken, die mich beim Verfassen der Artikel und beim Schreiben dieses Buches unterstützt haben. Dies sind vor allem meine Lehrer und meine Freunde, die mich immer wieder inspiriert und ermutigt haben. Besonders habe ich meinen Freunden und Kollegen des Zeitlose Werte Verlags, Michel Sturiale und Dirk Hannemann, für ihre großartige formelle und inhaltliche Unterstützung zu danken. Für die Gestaltung des Buches ist in erster Linie Susanne Sachers zu nennen. Das Korrekturlesen haben hauptsächlich Kirsten Brühl und Dirk Hannemann in die Hand genommen.

Desweiteren hat die enge Zusammenarbeit über viele Jahre mit der Redaktion der Buddhismus Heute, geleitet von Detlev Göbel und Claudia Knoll (früher Ulla Unger-Göbel), einen großen Anteil am Zustandekommen und an der Verfeinerung vieler der hier neu herausgegebenen Artikel. Dank gilt auch den Redaktionen aller buddhistischen Magazine des Diamantwegs, die in anderen Sprachen erscheinen und meine Artikel bearbeitet und veröffentlicht haben. Weiterhin wäre dieses Buch niemals ohne die ständige Unterstützung meiner Frau Eva entstanden. Auch ihr gebührt besonderer Dank. Möge dieses Buch dazu verhelfen, zeitlose Weisheit zu verwirklichen.

Hamburg, den 25. Mai 2013
(Jahrestag der Erleuchtung Buddhas)

EINLEITUNG

Der Nutzen der Beschäftigung mit diesen Themen

Auch wenn der Schwerpunkt im Diamantweg nach wie vor eher auf der Erfahrung durch die Arbeit mit dem eigenen Geist liegt, braucht der durchweg gut ausgebildete, am Buddhismus und/oder Diamantweg interessierte, westliche Leser dafür einen nachvollziehbaren Rahmen. Zu viele ungeklärte Fragen können sonst leicht wie eine Bremse wirken, die die Offenheit für geistige Entwicklung einschränkt oder verlangsamt. Wenn aber grundlegende Fragen durch genaues Untersuchen weitgehend beantwortet sind, entsteht tiefes Vertrauen zur Arbeit mit dem Geist. Es wird deutlich leichter, sich mit Ausdrucksformen der Erleuchtung zu identifizieren und die gewünschten Resultate stellen sich schneller ein.

Dabei ist die Kenntnis der hier gegebenen Definitionen und Erklärungen nicht nur für das eigene Verständnis von Buddhas Lehre und damit auch für die Meditationspraxis wichtig. Sie kann auch dabei hilfreich sein, die Genauigkeit der Ausdrucksweise anderen gegenüber zu üben. Im gleichen Maß, wie sich das eigene Verständnis fortschreitend entwickelt, werden wir in der Lage sein, auch komplexere Zusammenhänge für andere darzustellen. Dazu sind der Zugriff auf verlässliche Quellen und beständige Übung die besten Mittel.

Was die Verlässlichkeit der Quellen betrifft, hat sich die Situation im Vergleich zur Anfangszeit des Diamantwegs in den 70er und 80er Jahren erheblich verbessert. Es findet heute an den Universitäten und über das Internet ein intensiver Austausch zwischen Ost und West statt, den es so früher nicht gab. Die fortschreitende wissenschaftliche Arbeit sorgt dafür, dass viele Informationen solider abgesichert sind als früher. Zum Beispiel werden Übersetzungen aus Originalquellen in der Regel durch den Vergleich aller zur Verfügung stehenden Textausgaben, durch sogenannte ‚kritische Editionen' gestützt. Wenn möglich arbeitet ein westlicher Übersetzer immer mit einem Experten zusammen, der aus der jeweiligen Tradition stammt und/oder in ihr ausgebildet wurde. Bei Zweitübersetzungen in weitere Sprachen werden unklare Punkte der Erstübersetzung meistens anhand des Originals überprüft.

Auch inhaltlich hat sich vieles geändert. Zunächst ist heute klarer erkennbar als früher, vor welchem Hintergrund bestimmte Informationen zum Buddhismus veröffentlicht werden. Wenn der Autor eines Buches oder Artikels nicht bekannt ist, kann der Leser trotzdem leicht unterscheiden, ob das Werk von einem Erfahrungs-Ansatz oder von einem reinen Wissens-Ansatz aus geschrieben wurde. Oft wird bereits zu Beginn die Schule oder Übertragungslinie, wenn vorhanden, genannt. Falls es eine wissenschaftliche Arbeit ist, wird meist die Zugehörigkeit zu einem speziellen akademischen Fachgebiet mit den entsprechenden Begriffen deutlich. Auch wenn mehrere Fächer in die Darstellung mit einbezogen sind, wird dieser dann interdisziplinäre Ansatz schnell sichtbar.

Es ist auch klarer geworden, an welche Zielgruppe Veröffentlichungen adressiert sind. So findet man zum Beispiel eine umfangreiche Zusammenstellung von buddhistischen Themen im buddhistischen Schulprojekt unter dem Titel „Buddhismus in seiner Ganzheit" (zugänglich im Internet). Hier werden die Schüler der höheren Klassen mit den wichtigsten Erscheinungsformen und Inhalten der Weltreligion Buddhismus vertraut gemacht. Geschichtliche Aspekte, Weg und Ziel, die Lehre Buddhas, Meditation und aktuelle buddhistische Themen werden hier als Unterrichtseinheiten didaktisch aufgearbeitet angeboten. Natürlich geschieht dies in einer Weise, die auch tiefgründige Themen wie buddhistische Philosophie für Schüler wenigstens einigermaßen verständlich darstellt und immer wieder durch praktische Beispiele veranschaulicht. Dieses Material des Schulprojektes kann zwar wenigstens in einigen Punkten ebenso für erwachsene Leser nützlich sein, ist jedoch in seiner didaktischen Aufbereitung eher auf Schüler zugeschnitten.

Im Vergleich dazu wendet sich dieses Buch in erster Linie an erwachsene Leser, die Interesse am Buddhismus haben und deswegen ihr Wissen von einigen wichtigen Aspekten der Lehre Buddhas vertiefen und wenn möglich mit Erfahrung verbinden wollen. Dies können auch bereits lange Zeit praktizierende Buddhisten sein, die ihr Verständnis von Buddhas Lehre mit den hier dargestellten Kernpunkten vergleichen wollen. Dies ist dann gleichzeitig eine Übung darin, bestimmte Erfahrungsinhalte auf der Grundlage klassischer Quellen in möglichst moderner Form auszudrücken.

Die unterschiedlichen Erklärungsweisen buddhistischer Begriffe

Die einzelnen buddhistischen Begriffe werden hier genauer erklärt, als das im Allgemeinen in Glossaren oder Enzyklopädien üblich ist. Dabei geben die Artikel Antworten zu vielen häufig gestellten Fragen, bei denen es zum Beispiel um die verschiedenen Richtungen im Buddhismus, um die Lehrinhalte oder um die praktische Anwendung von Buddhas Lehre im täglichen Leben geht. Stichworte wie ‚Zuflucht‘, ‚Karma‘, ‚der Umgang mit Störgefühlen‘, ‚buddhistische Meditation‘, ‚Stupas‘ oder ‚buddhistische Symbolik‘ sollten einerseits so genau wie möglich, andererseits so kurz wie möglich erklärt werden. Hier erscheint es nützlich zu wissen, dass buddhistische Begriffe genauso wie allgemeine Begriffe in verschieden langen Formen erklärt werden können:

> › in sehr kurzer Form, durch eine Definition, die nur wenige Worte umfasst,

> › in einer etwas längeren Fassung, wie sie in den Glossaren der verschiedenen buddhistischen Bücher vorkommt,

> › in der Weise, dass die volle Bedeutung eines einzelnen Begriffs zusammen mit der Zuordnung zu den unterschiedlichen Ebenen von Buddhas Lehre dargestellt wird, wie es in meinem Buch „Buddhistische Grundbegriffe“ und in einigen Abschnitten dieses Buches geschieht,

> › in längerer Form, welche die in diesem Buch hauptsächlich verwendete ist, als Artikel oder Kurzvortrag. Hier werden einerseits alle wichtigen Aspekte des Themas beleuchtet, andererseits wird der jeweilige Begriff oder das Thema immer noch in verhältnismäßig kurzer, leicht überschaubarer Form behandelt.

> › Schließlich ist die längste Form ein ganzer Vortrag oder ein Buch über einen einzigen Begriff, der in allen Einzelheiten dargestellt wird.

Wichtig ist in diesem Zusammenhang, dass in einem derartigen Artikel das Thema zwar überschaubar, aber doch auch einigermaßen vollständig abgehandelt wird. Es sollte kein zentraler Teilaspekt fehlen. Dies ist nur möglich, wenn wenigstens eine ungefähre Übersicht über das gesamte Gebiet vorhanden ist, von dem der Artikel eine Zusammenfassung gibt. Wenn die Themen aus verschiedenen Fachgebieten stammen, ist dies nur mit einem viele Jahre dauernden buddhistischen Studium möglich.

Die hier zusammengestellten Themen enthalten daher auch einen dezenten Hinweis darauf, dass begabte Leute, die bereits eine Weile praktiziert haben, und sich in Bezug auf die Übertragung von Buddhas Lehre in den Westen engagieren möchten, falls möglich intensivere buddhistische Studien betreiben sollten. Je größer die Diamantweg-Schule rund um die Welt wird, desto wichtiger wird es, dass mehr gute Übersetzer an der mündlichen und schriftlichen Übertragung der Lehren mitwirken. Dies ist speziell mein Wunsch in Verbindung mit dieser Veröffentlichung.

Gesichtspunkte für die Zusammenstellung der Themen

Unter den mit dem Diamantweg-Buddhismus verbundenen Themen, zu denen immer wieder viele Fragen gestellt werden, musste hier eine sinnvolle Auswahl getroffen werden. So enstanden insgesamt sechs übergeordnete Themenbereiche, die naturgemäß auch einen großen Teil meiner persönlichen Schwerpunktthemen abdecken. Sie behandeln neben allgemeinen buddhistischen Grundlagen die Integration des Buddhismus in die moderne westliche Gesellschaft, das Verständnis von Wahrnehmungs- und Erkenntnisprozessen, Studium und Meditationspraxis, sowie den Zugang zu den Qualitäten des Geistes über die Kunst des Tibetischen Buddhismus. Entprechend sind die sechs übergeordneten Themenbereiche des Buches folgendermaßen gegliedert:

Teil 1 führt in einige der zentralen Grundlagen des Buddhismus ein. Durch dreimal zwei Themen, die jeweils aufeinander aufbauen, bekommt der Leser eine kurz gefasste Übersicht über die verschiedenen buddhistischen Traditionen, den Beginn der buddhistischen Praxis sowie über grundlegende Lehren Buddhas, die sowohl in der Meditation als auch im Alltag anwendbar sind.

Der erste Teil beginnt mit einer Skizze zu Buddhas Lehre und ihrer Entwicklung durch die Jahrhunderte hindurch. Es scheint wohl nach wie vor schwierig zu sein, eine Übersicht über die verschiedenen Richtungen im gesamten Buddhismus zu bekommen. Nachdem immer wieder Fragen dazu aufkamen, entstand als Antwort darauf der Artikel „Die Weltreligion Buddhismus", in dem eine solche Übersicht anhand von tibetischen Geschichtsquellen gegeben wird.

Es ist natürlich sehr gut möglich, dass andere Geschichtswerke, wenn sie z.B. aus dem Bereich des südlichen Buddhismus stammen, andere Schwerpunkte setzen oder das Thema ganz anders darstellen. Doch solche Unterschiede, wenn sie zu finden sind, müssen nicht unbedingt widersprüchlich sein, sondern zeigen dann in der Regel verschiedene Blickwinkel auf das gleiche Thema.. Auch bei den angegebenen Zeiträumen und Lebensdaten gibt es große Unterschiede. Hier wurden die tibetischen Quellen und die entsprechende Forschung als Grundlage genommen.

Zur Orientierung über die verschiedenen Entwicklungsmöglichkeiten folgt ein Abriss über die Fahrzeuge im Buddhismus, wiederum aus der Sicht des Diamantwegs. Dieser Abschnitt ist sehr gut als Fortsetzung des vorhergehenden Essays zu verstehen, denn es geht hier ebenfalls um sehr allgemeine Informationen, die den Hintergrund für die folgenden Erklärungen bieten. Diese vermitteln einige eher praktische Grundlagen des Buddhismus.

In den nächsten beiden Abschnitten wird die buddhistische Zuflucht behandelt, die grundlegende Ausrichtung auf Befreiung und Erleuchtung. Sie markiert auch den Einstieg in die buddhistische Praxis, die Arbeit mit dem Geist. Über die Erklärungen zur Zuflucht aus der Perspektive des Diamantwegs hinaus liegt hier der Schwerpunkt auf der Gemeinschaft der Praktizierenden (skt. *Sangha*), weil es zu dieser wichtigen Zuflucht allgemein wenig Informationen gibt.

Da der zentrale buddhistische Begriff ‚Karma' in einigen Punkten immer wieder missverstanden wird, erläutert der nächste Artikel einige Aspekte dieser Lehre anhand der entsprechenden Quellen. Eine umfassende Darstellung dieses Themas findet sich bereits in mehreren buddhistischen Werken, wie z.B. dem „Juwelenschmuck der Befreiung" des Meisters Gampopa (1079 - 1153) und in „Mahamudra, Ozean des wahren Sinnes" des 9. Karmapa Wangchuk Dorje (1556 - 1603). Für ein genaueres Studium dieses Themas werden daher diese und ähnliche Quellen empfohlen.

Auf diesen Erklärungen baut der letzte Abschnitt des ersten Teils auf, der den Umgang mit schwierigen geistigen Zuständen, den sogenannten ‚Störgefühlen' und den ‚festen Vorstellungen' im Geist, behandelt. Sie verursachen in der Regel unsere Handlungen. Die Entwicklung größerer ‚Bewusstheit' oder Achtsamkeit verbunden mit mehr ‚Einsicht' in die gegebenen Zusammenhänge in Meditation und Alltag wird hier besonders hervorgehoben.

Teil 2 erläutert einige Aspekte des „Buddhismus im Westen", die immer wieder diskutiert werden. Die beiden ersten Themen dieses Bereichs behandeln das Bekanntwerden und die Bedeutung des westlichen Buddhismus allgemein. Die nächsten beiden Themen konzentrieren sich auf die Sicht der ‚Karma Kagyü-Schule' des Tibetischen Buddhismus.

Zunächst gibt ein im Jahr 1991 am Institut für Lehrerfortbildung in Hamburg gehaltener Vortrag eine kurze Übersicht über die Entwicklung und Bedeutung der westlichen Öffnung für den Buddhismus. Darauf folgt ein Bericht vom Treffen buddhistischer Lehrer auf europäischer Ebene, das die Bandbreite zentraler Themen aus buddhistischer Sicht aufzeigt. Die Vision des anerkannt größten zeitgenössischen Meditationsmeisters des Tibetischen Buddhismus, S.H. des 16. Gyalwa ‚Karmapa' (1924 - 1981), zur Entwicklung der Karma-Kagyü-Linie in Europa wird vom jetzigen Generalsekretär der Linie, Jigme Rinpoche, dargestellt. Dies beinhaltet auch die Rolle des dänischen Ehepaares Hannah und Lama Ole Nydahl als Gründer der meisten Gruppen und Zentren der Linie im Westen.

Unter das Thema „Buddhismus im Westen" fällt natürlich auch der Diskurs mit anderen Religionen. Im Gespräch mit Weltanschauungsbeauftragten der christlichen Kirchen lässt sich deren Wunsch nach inhaltlichen Informationen, aber gelegentlich auch eine gewisse Tendenz erkennen, Kontrolle über andere Traditionen ausüben zu wollen. Das braucht eine Weltreligion wie der Buddhismus, die ca. 500 Jahre älter als das Christentum ist, nicht zu unterstützen. Vielmehr geht es hier um einen sinnvollen Informationsaustausch auf Augenhöhe. Zunächst sollte man sich vor allem gegenseitig kennenlernen, um eventuelle Vorurteile abbauen zu können.

Teil 3 befasst sich mit einigen spezielleren Themen. Diese spielen als Bedingungen für die Arbeit mit dem Geist eine zentrale Rolle. Hier geht es zum Beispiel um den Bereich Gesundheit oder um das Verständnis der Persönlichkeit und der Erkenntnisprozesse. Als Grundlage für die Verwendung der kraftvollen Mittel des Diamantwegs ist eine Übertragung der Erfahrung vom Lehrer auf den Schüler, besonders durch eine sogenannte ‚Einweihung' unverzichtbare Voraussetzung.

Der erste, ursprünglich für ein Online-Magazin der Heilpraktiker geschriebene Artikel, bietet eine Übersicht über die verschiedenen Ebenen von Buddhas Lehre zu Gesundheit und Krankheit. Geht man weiter in Richtung letztendliche Gesundheit, so spielt das Verständnis von den Bestandteilen der Persönlichkeit eine entscheidende Rolle. Der Schwerpunkt liegt hier aus buddhistischer Sicht auf dem Geist und seinen wechselnden Zuständen.

Eine größere Bewusstheit der psychologischen Facetten und der Funktionsweise der Erkenntnis selbst, wie sie vor allem in den ‚Abhidharma'-Lehren dargelegt werden, schafft den Rahmen für die Entwicklung von mehr Weisheit und vielen anderen Qualitäten. Schließlich kann durch die Umwandlung dieses Verständnisses in Erfahrung sogar die grundlegende Unwissenheit überwunden werden, die uns von bleibendem Glück abhält. Die kraftvollen Mittel des Diamantwegs bieten durch Identifikation mit der Erleuchtung einen schnellen Zugang dazu.

Teil 4 geht auf ein Themengebiet ein, zu dem immer wieder viele Fragen gestellt werden - das „Studium des Buddhismus". Eigentlich studiert jede Person bereits auf gewisse Art den Buddhismus, die sich überhaupt näher mit ihm befasst. Dies kann sich zumindest am Anfang mehr auf äußere

Aspekte beziehen, wie einen vortragenden buddhistischen Lehrer, eine Ausstellung buddhistischer Kunst oder das örtliche buddhistische Zentrum. In der Regel steckt aber von Anfang an die Suche nach zeitlosen Werten dahinter, und das Studium des Buddhismus richtet sich so direkt wie möglich auf die Erfahrung derartiger Werte aus.

Die einzelnen Themen dieses Teils behandeln zunächst wichtige buddhistische Grundbegriffe, denn wenn wir bestimmte Fachbegriffe verwenden, sollten wir ihre Bedeutung möglichst genau kennen. Über diese bereits international in buddhistischen Magazinen erschienene Auswahl hinaus, die hauptsächlich aus dem „Schatz des Wissens" des Gelehrten und Meditationsmeisters Jamgön Kongtrul Lodrö Thaye (1813 – 1899) stammt, werden viele weitere Quellen in der Form von Buchempfehlungen gegeben. Diese sind in Gruppen zusammengefasst, um die Übersicht zu erleichtern.

Für diejenigen Leser, die nach intensiveren Studienmöglichkeiten zum Buddhismus suchen, stellen die beiden nächsten Artikel eine Verbindung mit dem Karmapa International Buddhist Institute in Neu Delhi/Indien, sowie mit den Studienmöglichkeiten in Karma Gön in Velez-Malaga/Spanien her. Beide fungieren als Brücke zwischen Ost und West mit etwas unterschiedlichen Schwerpunkten. Der letzte Artikel dieses Teils bespricht auf allgemeinerer Ebene die Verbindung zwischen Studieren und Praktizieren, zwischen Sichtweise und Meditation. Aus diesem Artikel heraus entstand einige Zeit nach seiner Veröffentlichung mein Buch „Wissen über Meditation", worin sich der Schwerpunkt deutlich mehr auf die Erklärungen zur Meditationspraxis verlagerte.

Teil 5 stellt einige ausgewählte Themen der Diamantweg-Praxis heraus. Von den ‚vier Grundübungen' über die ‚Meditation auf den Lehrer' bis hin zur Praxis des ‚Großen Siegels' und des Buddha Grenzenloses Licht (skt. *Amitabha*) werden hier die meisten zentralen Praktiken des Diamantwegs der Kagyü-Linie in zusammengefasster Form besprochen.

Zunächst konzentriert sich ein kurzer Abriss der ‚vier Grundübungen für die Praxis des Großen Siegels' auf solche Aspekte, auf die in anderen Büchern nicht so oft eingegangen wird. Die Hauptpraxis in den Diamantweg-Zentren ist die Meditation auf den Lehrer (skt. *Guru-Yoga*). Dazu gibt es hier insgesamt drei Artikel, die einige genaue Quellen zu dieser Praxis enthalten sowie inspirierende Erklärungen zur ‚Karmapa-Meditation', die vom 16. Karmapa Rangjung Rigpe Dorje (1924 – 1981) selbst gegeben wurden.

Die Vajragesänge des 16. Karmapa wurden von mir ebenso wie die vorherigen Erklärungen aus dem Tibetischen neu übersetzt, wobei einige unklare Punkte und schwierige Formulierungen der ersten frühen Übersetzungen ins Englische beseitigt werden konnten. Darauf folgt eine Übersicht über die Meditationserfahrungen auf dem Weg des Großen Siegels sowie ein inzwischen vor allem in der Englisch sprechenden Welt weit verbreiteter Artikel zu den unterschiedlichen Ebenen der Amitabha-Praxis. Dieser Artikel wurde nicht nur zweimal in der amerikanischen Buddhism Today abgedruckt, sondern sogar einige Zeit in goldenen Buchstaben auf der Haupt-Website der Schule des Reinen Landes in den Vereinigten Staaten. Der Grund dafür ist, dass diese Schule sich ganz auf die Praxis des Buddha Amitabha ausrichtet.

Teil 6 behandelt zum Abschluss wieder ein etwas spezielleres Gebiet, nämlich die Kunst des Tibetischen Buddhismus. Der Schwerpunkt liegt hier auf den Erklärungen zur Bedeutung dieses sehr tiefgründigen Zugangs zu den zeitlosen Qualitäten des Geistes. Die Symbolik des Buddhismus wird zunächst allgemein, dann anhand von Statuen, Rollbildern und Stupas erläutert.

Der erste Artikel schafft den Rahmen für das Verständnis dieser Annäherung an die Natur des Geistes, die über den rein künstlerischen Aspekt weit hinausgeht. Die Vergegenwärtigung von Symbolen der Erleuchtung ist eine kraftvolle Methode, die auf den buddhistischen Tantras aufbaut. Die Grundlagen für die Vergegenwärtigung sind die Ausdrucksformen für Buddhas Körper, Rede und Geist. Diese folgen bestimmten Regeln der Formgebung, welche in den beiden Fachgebieten der Ikonographie und Ikonometrie beschrieben werden.

Unter dem Thema „die Symbolik des Buddhismus" werden viele allgemeine Symbole erklärt, die für den gesamten Buddhismus stehen können, wie z.B. die Buddha-Form und das ‚Dharmarad', aber auch die

Attribute bestimmter Buddha-Aspekte wie ‚Liebevolle Augen'. Allerdings werden die genauen Einzelheiten zu den Buddha-Formen in der Regel nur dann erklärt, wenn man auch die entsprechende Meditation praktiziert. Es geht ja im Diamantweg immer in erster Linie um Erfahrung.

Ein Essay zur Entstehung der Buddha-Abbildungen beleuchtet die kontroverse Diskussion zu diesem Thema und stellt der Darstellungsweise vieler heutiger Wissenschaftler die Sicht der tibetischen Geschichtsquellen gegenüber. Diese Sicht wurde u. a. von Loden Sherap Dagyab in seinem bereits 1977 veröffentlichten Buch „Tibetan Religious Art" ausführlich dargestellt, allerdings bis heute selten zur Kenntnis genommen. Sie wird weiterhin durch die Erzählung des chinesischen Pilgers Fa-hsien (4. Jh. n. Chr.), sowie durch ein altes Steinrelief unterstützt, das im heutigen Museum von Peshawar/Pakistan zu finden ist.

Die letzten Artikel beschäftigen sich mit der Bedeutung von tibetischen Rollbildern und zentralen buddhistischen Bauwerken, den sogenannten ‚Stupas'. Beide sind heute in ganz Asien weit verbreitet und haben teilweise auch schon ihren Weg in den Westen gefunden. Sie werden nach festgelegten Richtlinien hergestellt und sind in der Regel von buddhistischen Meistern gesegnet. Sie bilden damit neben dem künstlerischen Genuss ihrer Schönheit die Grundlage für die Ansammlung vieler positiver Eindrücke im Geist des Betrachters. An dem Ort, an dem sie aufgestellt oder aufgehängt sind, entsteht gleichzeitig ein Kraftkreis, der sich förderlich auf die Meditationspraxis auswirkt. Von Stupas wird deswegen gesagt, dass ihr spiritueller Einfluss so groß ist, dass sie als Quelle für Frieden, Glück und Wohlstand erfahren werden.

Das Schlusswort fasst die im Buch dargestellten Themenbereiche zusammen und gibt dazu einige praktische Ratschläge. Im Anhang des Buches findet sich zunächst ein umfangreiches Glossar, das die im Haupttext vorkommenden Fachbegriffe erklärt. Das Quellenverzeichnis der verwendeten Artikel und Vorträge erlaubt eine zeitliche Einordnung und den Zugriff auf die Originalfassungen, falls diese von Interesse sind. Darauf folgt ein umfangreiches, nach Themen geordnetes Literaturverzeichnis, welches einerseits als Referenz für das gesammelte Material dient, andererseits zum vertiefenden Studium der jeweiligen Themen einlädt. Das sich anschließende Stichwortverzeichnis erleichtert die gezielte Suche nach bestimmten Begriffen im Buch. Am Ende ermöglicht eine ausgewählte Adressliste buddhistischer Zentren des Diamantwegs den Kontakt, falls der Wunsch besteht, ein Zentrum kennenzulernen und praktische Erfahrung mit den behandelten Themen zu machen.

TEIL 1

GRUNDLEGENDE
BUDDHISTISCHE THEMEN

1. Die Weltreligion Buddhismus

2. Die Zuflucht im Diamantweg-Buddhismus

3. Zuflucht zur Sangha nehmen

4. Buddhas Fahrzeug aus der Perspektive
   des Diamantwegs

5. Aspekte der buddhistischen Karma-Lehre

6. Der Umgang mit Störgefühlen und festen Vorstellungen

Abb. 01 › das Dharmarad - Symbol für Buddhas Lehre

DIE WELTRELIGION BUDDHISMUS

Eine Übersicht über die verschiedenen buddhistischen Traditionen aus der Perspektive des Diamantwegs

Als der Buddha vor zweitausendfünfhundert Jahren die Erleuchtung manifestierte, zeigte er, dass es möglich ist, sich vollkommen von jeder Unwissenheit zu befreien. Damit gab er all seinen Nachfolgern den Schlüssel für höchstes, dauerhaftes Glück in die Hand. Dieses Glück beinhaltet die Befreiung von allen Leiden der bedingten Existenz, die vollkommene Erkenntnis der Natur aller Erscheinungen sowie eine unbegrenzte Fähigkeit, anderen auf dem Weg zur Befreiung und Erleuchtung zu helfen. Der Buddha drehte insgesamt dreimal das ,Dharmarad'. Das heißt er gab drei große Zyklen von Lehren, die den verschiedenen Fähigkeiten der Schüler entsprechen und ihnen den Weg zu bleibendem Glück zeigen. Seit dieser Zeit stehen damit für das ganze dem Buddha folgende Zeitalter Methoden zur Verfügung, den gleichen perfekten Zustand der vollkommenen Erleuchtung zu erlangen wie der Buddha selbst.

Während seines Lebens gab der Buddha seinen Schülern aus verschiedensten lebendigen Situationen heraus durch Worte, Symbole oder einfach durch sein eigenes Beispiel Anleitungen für den nächsten Schritt auf dem Weg zu Befreiung und Erleuchtung. Da er Schüler mit sehr unterschiedlichen Fähigkeiten und Mentalitäten hatte, von sehr einfachen Menschen bis hin zu Königen, von Anfängern auf dem Weg bis hin zu ,Arhats' und hohen ,Bodhisattvas', also Praktizierenden, die schon sehr weit fortgeschritten waren, ist daraus ein lückenloser Weg entstanden, der einen sicher zum Ziel führt, wenn man diese Methoden anwendet. Man spricht allgemein von 84000 verschiedenen Lehren, die als Gegenmittel gegen dieselbe Anzahl von möglichen ,Schleiern' und Störungen im eigenen Geist wirken. Man kann die Lehre des Buddha mit einer riesigen Apotheke vergleichen, in der es gegen jede Krankheit die entsprechende Medizin gibt.

Nach der Zeit des Buddha haben seine Nachfolger ihren Möglichkeiten entsprechend Ausschnitte aus dieser ungeheuren Fülle von Lehren verwendet, um jeweils den nächsten Schritt in ihrer Entwicklung gehen zu können. Daraus sind im Laufe der über 2500 Jahre alten Geschichte des Buddhismus die verschiedensten Traditionen entstanden. Von Indien aus haben sich diese Traditionen zunächst in alle Länder und Kulturen Asiens ausgebreitet und in jüngster Zeit von dort aus auch in alle anderen Erdteile. Mittlerweile gibt es Zentren der verschiedenen buddhistischen Traditionen in der ganzen Welt.

Die Gesamtzahl aller Buddhisten beträgt nach den meist verwendeten Angaben ca. 400 Millionen Menschen. Dazu kommen noch viele, die aus verschiedenen Gründen nicht offiziell zeigen können, dass sie Buddhisten sind. So gibt es allein im kommunistischen China ca. 150 Millionen Buddhisten, die unter den bestehenden Verhältnissen kaum offen praktizieren können. Diese Gesamtzahl wächst ständig. In einigen asiatischen Ländern findet eine Rückbesinnung auf die alten Werte statt, während sich im Westen in den letzten Jahren ein neues, starkes Interesse am Buddhismus entwickelt. Obwohl der Informationsfluss rund um die Welt ungeheuer zugenommen hat, ist es schwierig, einen Überblick über den gesamten Buddhismus zu bekommen, der sich in den mehr als 2500 Jahren seines Bestehens äußerst vielfältig entwickelt hat. Das einfachste Modell, um eine Übersicht über alle Traditionen bekommen, ist, sich am dreimaligen Drehen des Dharmarades zu orientieren. So wird erkennbar, wie es möglich war, dass aus den einzelnen praktischen Ratschlägen, die der Buddha seinen direkten Schülern gab, die Weltreligion Buddhismus wurde.

Die drei Drehungen des Dharmarades

Der Inhalt der drei Drehungen des Dharmarades ist kurz gesagt folgender: Beim ersten Drehen hat der Buddha die vier ‚Edlen Wahrheiten' erklärt. Sie zeigen klar unsere Situation im Kreislauf der Existenz zusammen mit ihren Ursachen und erklären die Befreiung von allen Leiden und Schwierigkeiten zusammen mit ihren Ursachen. Beim zweiten Drehen des Dharmarades hat er gezeigt, dass die Natur aller Dinge leer von wahrhafter, unabhängiger Existenz ist. Hier hat er die höchste Weisheit, die

‚Prajnaparamita', gelehrt. Und beim dritten Drehen des Dharmarades lehrte der Buddha über die allen Lebewesen innewohnende ‚Buddha-Natur', die schon mit allen perfekten Qualitäten der Erleuchtung ausgestattet ist.

Bezieht man diese drei Drehungen des Dharmarades auf die verschiedenen Traditionen im Buddhismus, dann betont die ‚Theravada'-Tradition besonders das erste Drehen. Aus der Perspektive des Großen Fahrzeugs, des ‚Mahayana', z.B. im „Lotus-Sutra", wird diese Tradition gelegentlich auch als Kleines Fahrzeug oder ‚Hinayana' bezeichnet, was sich aber streng genommen eher auf eine philosophische Sichtweise als auf ein vollständiges Fahrzeug bezieht (siehe folgender Artikel). Der Begriff Hinayana darf seit dem Konzil von Rangoon, das 1956 stattfand, wegen seines diskriminierenden Beigeschmacks nicht mehr für die Theravada-Tradition verwendet werden. Diese wird hauptsächlich in den südlichen Ländern des Buddhismus praktiziert, wie zum Beispiel Sri Lanka, Burma, Thailand, Laos und Kambodscha. Hier wird die Betonung auf positives äußeres Verhalten gelegt und auf die Befreiung vom Leid der bedingten Existenz durch die Erkenntnis der Selbstlosigkeit der Person.

Das zweite und das dritte Drehen des Dharmarades bilden die Grundlage für das Große Fahrzeug, das Mahayana. Dies wird hauptsächlich in den nördlichen Ländern des Buddhismus praktiziert, den Himalaya-Ländern mit Tibet, Lhadak, Nepal, Sikkim, Bhutan sowie der Mongolei, China, Japan, Vietnam, Taiwan, Korea, usw. Der Name ‚Mahayana' bezieht sich auf die große Einstellung in diesem Fahrzeug, nämlich den Wunsch, die Buddha-schaft zu erreichen, um alle Lebewesen vom Leiden zu befreien. Innerhalb des Mahayana wiederum gibt es die Unterteilung in das Sutra-Fahrzeug und das Tantra-Fahrzeug. Vereinfachend kann man sagen, dass das zweite Drehen des Dharmarades die hauptsächliche Grundlage für das Sutra-Fahrzeug bildet, das in den meisten Mahayana-Ländern die Hauptpraxis ist. Das Sutra-Fahrzeug wird auch ‚Ursache-Fahrzeug' genannt, weil hier die Ursachen für die Erleuchtung geschaffen werden. Die Erkenntnis der Leerheit oder Selbst-losigkeit aller Erscheinungen wird durch ein genaues Untersuchen der Dinge sowie die entsprechende Meditationspraxis erlangt.

Das dritte Drehen des Dharmarades ist demgegenüber die wichtigste Grundlage für das Tantra-Fahrzeug, welches in seiner vollständigen Form heute nur im Tibetischen Buddhismus praktiziert wird. In einigen anderen Traditionen, wie zum Beispiel in mehreren Unterschulen des ‚Chan-Buddhismus' in China und des ‚Zen-Buddhismus' in Japan, sind einzelne Aspekte des Tantra-Fahrzeugs überliefert. Andere Namen für das buddhistische Tantra sind zum Beispiel das ‚Geheime Mantrayana' oder ‚Vajrayana' bzw. der ‚Diamantweg'. Es wird auch das ‚Frucht-Fahrzeug' genannt, da man sich hier mit der Frucht selbst, der perfekten Buddhaschaft, identifiziert. Der Buddha hat in den Tantras gelehrt, dass die höchsten Qualitäten der Erleuchtung schon jetzt in der Natur des Geistes vorhanden sind und dass es nur darum geht, die oberflächlichen Schleier zu entfernen, die einen davon abhalten, die Buddha-Natur im eigenen Geist zu erkennen.

Die Entstehung der heute bekannten Traditionen

Aus der geschichtlichen Entwicklung des Buddhismus heraus kann man erkennen, wie aus der Praxis der Inhalte dieser Lehrzyklen die uns heute bekannten Traditionen entstanden sind. Der Buddha selbst gab zwar nur mündliche Lehren, aber seine frühen Schüler schrieben diese nieder und gaben sie so in ihrer ursprünglichen Form weiter. Verwirklichte buddhistische Meister verfassten später weitere Abhandlungen, die die Bedeutung von Buddhas Lehre erläutern. Die Betonung lag dabei stets auf einer authentischen und genauen Übertragung der Lehre. Bereits in Indien entstanden so über die Jahrhunderte verschiedene ‚Übertragungslinien', die den drei Lehrzyklen zugeordnet werden können.

Unmittelbar nach der Zeit des Buddha konnten zunächst nicht alle Ebenen von Lehren öffentlich praktiziert werden. Einige wurden nur sehr geheim oder von sehr wenigen fortgeschittenen Schülern weitergeführt. In den ersten 400 bis 500 Jahren nach Buddha, der den meisten Quellen zufolge von 560 bis 478 v. Chr. lebte, wurde nur das, was wir heute als Theravada kennen, öffentlich praktiziert. Von den insgesamt 18 Unterschulen der Gemeinschaft der Praktizierenden setzten sich langfristig diejenigen durch, die sich immer wieder um die Authentizität der Übertragung bemühten. Das waren hauptsächlich die Älteren (Pali: *thera*) in der Gemeinschaft. Daher wird der Name ‚Theravada' (wörtl. die Lehre der Ordens-Älteren) heute als Oberbegriff für die beiden noch vorhandenen Schulen des Theravada, nämlich die ‚Sthaviravadins' im Süden und die ‚Sarvastivadins' im Norden des indischen Subkontinents verwendet.

Die zweite Periode des Indischen Buddhismus, in der die Sutra-Lehren des Mahayana bekannt wurden, begann schon im zweiten Jahrhundert v. Chr., als die ersten Texte der Prajnaparamita-Literatur an die Öffentlichkeit kamen. Erst ab der christlichen Zeitrechnung wurde sie aber zu einer starken Gegenströmung in Indien. Dies geschah durch die beiden großen, vom Buddha bereits vorhergesagten Meister ‚Nagarjuna' und ‚Asanga', die im 2. bzw. 5. Jahrhundert n. Chr. lebten, sowie durch die Gründung der großen ‚Nalanda-Universität' (ca. 2. Jahrhundert n. Chr.), die für mehr als 1000 Jahre das Zentrum für den Erhalt und die Ausbreitung des Mahayana wurde. Insgesamt kann man wiederum ganz grob von einer Periode von 500 Jahren sprechen, die hauptsächlich dem zweiten Drehen des Dharmarades zugeordnet werden kann.

Der Grund, warum die meisten Traditionen des nördlichen Buddhismus diese Ebene der Lehren zum Inhalt haben, liegt darin, dass in dieser Zeit die ersten Übersetzer aus anderen Ländern nach Indien kamen und viele Werke in ihre jeweiligen Sprachen übersetzten. Schon im ersten Jahrhundert n. Chr. begann die Ausbreitung des Buddhismus nach Zentralasien und China. Im dritten Jahrhundert gelangte die buddhistische Lehre nach Burma, Kambodscha, Laos, Vietnam und Indonesien. Viele wichtige buddhistische Werke wurden von Kumarajiva (344 - 413) und Huiyüan (334 - 416), sowie von anderen Gelehrten im 4. und 5. Jahrhundert ins Chinesische übersetzt. Der große indische Meister Bodhidharma kam ca. 520 n. Chr. von Indien nach China und wurde der Begründer des Chan-Buddhismus in China. In Japan begann der Zen-Buddhismus wenige Jahre später, 538 n. Chr., und wurde im Jahre 594 n. Chr. zur Staatsreligion.

Dann kam eine dritte Periode des Indischen Buddhismus, die Zeit der großen Yogis und verwirklichten Meister, der sogenannten ‚Mahasiddhas'. Die Nachfolger des Buddha hatten sich weiterentwickelt und waren fähig, auch die höchsten Lehren des Buddha zu praktizieren, das Vajrayana oder den Diamantweg. Obwohl diese Meister mit außergewöhnlichen Kräften (skt. *siddhis*) beiden Geschlechtern und allen sozialen Klassen angehörten, gab es auch die typischen, umherwandernden ‚Yogis', die oft unkonventionell in ihrer Erscheinungsweise und in ihrem Verhalten waren. Die Diamantweg-Tradition fasst die wichtigsten Meister dieser Periode in einer Gruppe von 84 Mahasiddhas zusammen, deren Oberhaupt der Meister ‚Saraha' war. Als Zeichen ihrer Verwirklichung verfassten sie viele Gesänge, die unter dem Namen ‚Dohas' bekannt wurden.

Bis zu seiner Zerstörung durch die Moslems und Hindus kann man also insgesamt von ca. 1500 Jahren des Indischen Buddhismus mit drei großen Abschnitten von jeweils ungefähr 500 Jahren sprechen. Diese Abschnitte entsprechen dem dreimaligen Drehen des Dharmarades. Das bedeutet, dass am Höhepunkt der letzten Periode bereits alle Ebenen von Buddhas Lehre in Indien praktiziert wurden.

Der Tibetische Buddhismus

Im 8. Jahrhundert kam der große Meister Padmasambhava (tib. *Guru Rinpoche* ca. 8. bis 9. Jh.) auf Einladung des tibetischen Königs Trisong Detsen nach Tibet. Er verbreitete dort den Buddhismus und betonte besonders den tantrischen Aspekt der Lehre, den Diamantweg. Er machte ihn in der Öffentlichkeit bekannt. Seit jener Zeit kann man den Tibetischen Buddhismus mit dem Diamantweg gleichsetzen. Der König sorgte gleichzeitig dafür, dass viele wichtige Texte ins Tibetische übersetzt wurden. Diese frühen Lehren und Übersetzungen führten zur Entwicklung der ersten der vier großen tibetischen Traditionen, der ‚Nyingma-Tradition', was wörtlich die ‚Alte Tradition' heißt.

Später, im 11. Jahrhundert, gab es eine zweite große Übersetzerperiode, in der weitere Übertragungen nach Tibet gebracht wurden. Dies führte zu den ‚Neuen Traditionen' (tib. *sarma*), von denen die Kagyü, Sakya und Gelug die bekanntesten sind.

Marpa der Übersetzer (1012 - 1097) brachte vier besondere Übertragungen von Indien nach Tibet, die von dem Meister Tilopa (988 - 1069) stammten und zusammen mit den ‚Mahamudra'-Lehren den Kern der ‚Kagyü-Tradition' bilden. Drogmi Lotsawa (993 - 1074) gab die Übertragungslinie des indischen Meisters Gayadhara (oder Virupa) an Khön Könchog Gyalpo (1034 – 1102) weiter, der daraufhin die ‚Sakya-Tradition' begründete.

Der große indische Meister Atisha (982 – 1054) reiste nach Tibet und begründete zusammen mit dem Übersetzer Rinchen Sangpo (958 – 1055) und seinem Hauptschüler Dromtönpa (1004 – 1065) die Kadampa-Tradition, deren Lehrinhalte später von Je Tsongkhapa (1357 – 1419) zum Kern der ‚Gelug- (oder Ganden-)Tradition' gemacht wurden.

Die Essenz der Übertragungen ist in allen vier Traditionen die gleiche, denn sie stützen sich alle auf die Lehre des Buddha sowie die Kommentare der indischen Meister. Die Unterschiede liegen in den Kommentaren, die die tibetischen Lehrer entsprechend den Veranlagungen ihrer Schüler gegeben haben. Sie setzten damit verschiedene Schwerpunkte. So sind die älteren Schulen zum Beispiel eher praxisorientiert, die neueren betonen stärker das Studium des Dharma. Die Gelug-Linie bezeichnet sich dabei selbst im Gegensatz zu den anderen als ‚Mahayana-Tradition' und nicht als ‚Vajrayana-Linie'. Alle Übertragungen wurden über ca. 1000 Jahre hinweg in reiner Form ohne Unterbrechung weitergegeben und führten dazu, dass unzählige Praktizierende die vollkommene Erkenntnis der Natur ihres Geistes erlangten.

Der Diamantweg

Auch heute noch ermöglicht der Tibetische Buddhismus besonders durch die schnellen und effektiven Methoden des Diamantwegs, in sehr kurzer Zeit Erleuchtung zum Besten der Lebewesen zu erreichen. Die Praxis des Diamantwegs enthält dabei auch alle anderen Ebenen von Buddhas Lehre, und man praktiziert immer unter Anleitung eines qualifizierten Lehrers. Dies ist wohl der eigentliche Grund, warum sich heute so viele Menschen in aller Welt speziell für diese Richtung innerhalb des Buddhismus öffnen. Wenn einerseits eine authentische Übertragung garantiert, dass das Ziel der Praxis ohne Fehler erlangt werden kann, und andererseits immer eine direkte Verbindung zur eigenen Situation hier und jetzt, zur Alltagserfahrung, hergestellt werden kann, dann lässt sich dieses große Geschenk des Buddha leicht annehmen. Die verschiedenen

Traditionen des Buddhismus sind dabei nur der Rahmen, in dem die Überlieferung stattfindet. Der Inhalt ist der lückenlose Weg zur vollkommenen Erkenntnis des eigenen Geistes, der Weg zu bleibendem Glück.

Dies ist ein zusammenfassender Überblick über die Haupttraditionen des Buddhismus. Eine detaillierte Darstellung würde den Rahmen eines kurzen Artikels sprengen. Es ist hier nicht möglich, die ganze geschichtliche Entwicklung, die vollständigen Inhalte der einzelnen Schulen, sowie alle jeweiligen Unterschulen zu beschreiben. Trotzdem hoffe ich, durch diese Überschau wenigstens einen allgemeinen Leitfaden geben zu können, der dazu führt, die Vielfalt dieser Traditionen nicht mehr als verwirrend, sondern als einen großen Reichtum zu erleben.

Abb. 02 › schnelle Fahrzeuge heute

BUDDHAS FAHRZEUG AUS DER PERSPEKTIVE DES DIAMANTWEGS

Obwohl Buddha Shakyamuni die meiste Zeit seines Lebens zu Fuß gegangen ist und nur selten auf einem Ochsenkarren größere Strecken bewältigt hat, stellte er doch durch seine Lehre ein Fahrzeug zur Verfügung, mit dem man entweder langsam oder schneller oder in unglaublicher Geschwindigkeit riesige Strecken geistiger Entwicklung zurücklegen kann. Ein Fahrzeug ist ein Transportmittel, ein Werkzeug zur schnellen Beförderung, eine Methode, die einen zu einem bestimmten Ziel bringt. Es gibt immer einen Startpunkt, einen Weg, auf dem man fährt und ein Ziel, ein Resultat. Auch im Buddhismus ist ein Fahrzeug ein Mittel, das einen zum Ziel führt, nämlich zu einem Zustand frei von Leiden, zu einem Zustand umfassender Freude und höchster Weisheit.

Der Buddha selbst teilte den Weg zur Befreiung und Erleuchtung niemals in verschiedene Fahrzeuge ein. Letztendlich gibt es nur das eine Fahrzeug der Lehre des Buddha. Aber da er die vielfältigen Methoden immer entsprechend den Fähigkeiten seiner Schüler lehrte, bildeten sich aus diesen Methoden unterschiedliche Fahrzeuge geistiger Entwicklung. Diese stehen nicht im Gegensatz zueinander, sondern bauen aufeinander auf. Hört man die Namen der verschiedenen Fahrzeuge zum ersten Mal, so kann dies sehr verwirrend sein, wenn sie nicht richtig zugeordnet werden. Diese Verwirrung kann soweit führen, dass Schüler einen völlig unangemessenen Stolz entwickeln, weil sie glauben, ein bestimmtes Fahrzeug zu praktizieren, oder dass Lehrer dafür kritisiert werden, dass sie eine bestimmte Perspektive für ihre Darstellung wählen, z.B. dass sie einige Aspekte der Fahrzeuge stärker betonen als andere.

Da die praktische Erfahrung auf dem Weg immer das Wichtigste ist, gibt es Einteilungen in zwei oder drei Fahrzeuge, die sich in erster Linie auf die Meditationspraxis beziehen. Spricht man in diesem Zusammenhang von zwei Fahrzeugen, so handelt es sich um das Sutra- und das Tantra-Fahrzeug, auch Ursache- und Frucht-Fahrzeug genannt. Spricht man hier von drei Fahrzeugen so bezieht sich dies auf das Fahrzeug der

Älteren (*Theravada*) das Große Fahrzeug (*Mahayana*) und das Diamant-Fahrzeug (*Vajrayana*) oder auch das geheime Mantra-Fahrzeug (*Mantrayana*). Diese Einteilung in Theravada, Mahayana und Vajrayana nimmt also hauptsächlich die großen Unterschiede in der Meditationspraxis als Grundlage (siehe nächster Abschnitt und mein Buch „Wissen über Meditation"). Dies ist leichter zu verstehen, wenn man sich den Zusammenhang mit allen Aspekten klarmacht, die ein buddhistisches Fahrzeug ausmachen.

Beim Fahren braucht man immer eine freie Sicht, ein angemessenes Verhalten und eine gute Konzentration, um wirklich am Ziel anzukommen. Daher gehören beim Zurücklegen eines Weges geistiger Entwicklung mit einem buddhistischen Fahrzeug immer Sichtweise, Verhalten, Meditationspraxis und Frucht zusammen. Geht man auf der Basis der Drei ‚Körbe', Abhidharma, Sutra und Vinaya, durch die drei Arten des Trainings von Sichtweise, Meditation und nützlichem Verhalten, so wird man die Frucht, nämlich Befreiung und Erleuchtung sicher erreichen. Legt man, nachdem man die Wahrheiten vom Leiden und seiner Ursache tief verstanden hat, den Weg zurück, der zum Ende des Leidens führt, so wird man als Frucht den Zustand bleibenden, höchsten Glücks erlangen.

Nimmt man die vier Merkmale eines Fahrzeugs, Sichtweise, Verhalten, Meditationspraxis und Frucht, als Grundlage, so findet man hier die Einteilung in zwei, drei oder neun Fahrzeuge. Insbesondere die Einteilung in drei Fahrzeuge ist die klassische Form, aus der alle anderen hervorgegangen sind. Die Drei Fahrzeuge sind in diesem Zusammenhang folgende: das ‚Shravaka'-, das ‚Pratyekabuddha'- und das Bodhisattva-Fahrzeug. Bei den neun Fahrzeugen kommen zu diesen dreien noch die vier ‚Tantra-Klassen' hinzu, Kriya-Tantra, Carya- oder Upa-Tantra, Yoga-Tantra, sowie Anuttarayoga-Tantra, welches weiter in Vater-, Mutter- und Nonduales Tantra unterteilt wird. Die neun Fahrzeuge werden hauptsächlich in der Nyingma-Tradition des Tibetischen Buddhismus gelehrt. Hier nennt man die drei höchsten Tantra-Klassen Mahayoga-Tantra, Anuyoga-Tantra und Atiyoga-Tantra.

Die ersten beiden, die Fahrzeuge der Shravakas (Hörer) und Pratyeka-buddhas (Einzelverwirklicher), kann man auch unter dem Oberbegriff ‚Fahrzeug der (Ordens-)Älteren' (skt. *Theravada*) zusammenfassen. Das Bodhisattva-Fahrzeug (Fahrzeug der ‚Helden des Erleuchtungsgeistes') ist identisch mit dem Großen Fahrzeug (skt. *Mahayana*). Daraus ergibt sich die Darstellung der Zwei Fahrzeuge als Fahrzeug der Älteren und Großes Fahrzeug, Theravada und Mahayana. Diese sehr gebräuchliche Einteilung ist also nur eine Zusammenfassung der klassischen Drei Fahrzeuge. Sie wird hauptsächlich verwendet, um den südlichen Buddhismus, den Theravada, vom nördlichen Buddhismus, dem Mahayana, zu unter-scheiden. Aus dieser geographischen Zuordnung lassen sich die einzelnen buddhistischen Traditionen leichter ableiten.

Die vier besonderen Merkmale der Drei Fahrzeuge

Die **Sichtweise** ist die philosophische Grundlage für die Meditationspraxis, die jeweils in einer oder in mehreren der vier ‚Philosophischen Schulen' gelehrt wird. Im Shravaka-, und Pratyekabuddha-Fahrzeug sind das die ersten beiden Schulen, die der *Vaibhashikas* und der *Sautrantikas*. Im Bodhisattva-Fahrzeug bezieht sich die Sichtweise entweder auf die Nur-Geist-Schule (skt. ‚*Cittamatra*') oder die Schule des Mittleren Weges (skt. ‚*Madhyamaka*'). Die Sichtweisen dieser philosophischen Schulen wurden von den Schülern des Buddha entwickelt, nachdem diese seine Lehren sorgfältig analysiert hatten und dadurch zu einem weitgehenden Verständnis gekommen waren. Die vier Schulen wurden aber auch vom Buddha selbst in verschiedenen Tantras, zum Beispiel im „Hevajra-Tantra", erwähnt.

Das **Verhalten** drückt sich durch die Handlungen auf äußerer, innerer und geheimer Ebene aus. Diese beruhen auf den entsprechenden Versprechen, den Versprechen zur individuellen Befreiung (skt. ‚*pratimoksha*'), den ‚Bodhisattva-Versprechen' und den ‚tantrischen Versprechen'. In den Fahrzeugen der Shravakas und Pratyekabuddhas geht es in erster Linie darum, negative Handlungen zu vermeiden und positive zu praktizieren. Im Bodhisattva-Fahrzeug ist der wichtigste Punkt, anderen so viel zu nutzen wie möglich. Auf der tantrischen Ebene ist das Einhalten der mit den verschiedenen Übertragungen verbundenen Verpflichtungen (‚Bände') auf der Grundlage einer reinen Sichtweise der zentrale Punkt.

Die **Meditationspraxis** ist in jedem der Drei Fahrzeuge unterschiedlich. Im Fahrzeug der Shravakas besteht die Hauptpraxis aus der Kontemplation über die vier Edlen Wahrheiten, bei den Pratyekabuddhas über die zwölf ‚Glieder des Abhängigen Entstehens'. In beiden Fahrzeugen wird auch über ‚Geistesruhe' und ‚Einsicht' in die Natur des Geistes meditiert. Im Fahrzeug der Bodhisattvas ist es entweder die Sutra- oder die Tantra-Praxis. Das Sutra-Fahrzeug wird auch ‚Ursache-Fahrzeug' genannt, weil hier die Ursachen für die Befreiung und Erleuchtung geschaffen werden. In manchen Darstellungsweisen werden hier auch die Fahrzeuge der Shravakas und Pratyekabuddhas mit einbezogen. Die Meditationspraxis basiert auf einer genauen Untersuchung der Dinge, durch die die Leerheit oder Selbstlosigkeit aller Erscheinungen verwirklicht wird. Das Tantra-Fahrzeug wird auch das ‚Frucht-Fahrzeug' genannt, da man sich hier mit der Frucht, der perfekten Buddhaschaft, identifiziert. Dies beinhaltet besonders die kraftvollen Meditations-Methoden des Diamantwegs.

Das **Resultat**, das man durch die Praxis der Shravakas und Pratyeka-buddhas erlangt, ist ‚Befreiung' vom Leiden des Kreislaufs der Existenz, der Zustand eines Arhats, wobei ein Pratyekabuddha-Arhat eine etwas höhere Verwirklichung erlangt als ein Shravaka-Arhat. Er erkennt nicht nur die Selbstlosigkeit der Person sondern teilweise auch die Selbstlosigkeit der Erscheinungen. Das Resultat im Bodhisattva-Fahrzeug ist perfekte ‚Buddhaschaft'. Ein perfekter Buddha hat über die ‚Selbstlosigkeit oder Ichlosigkeit der Person' hinaus auch vollkommen die ‚Selbstlosigkeit der Erscheinungen' verwirklicht. Aus der Vollendung der beiden ‚Ansammlungen' von Verdienst und Weisheit heraus manifestieren sich die drei ‚Buddha-Zustände'. Die Vollendung der Weisheit führt zur Verwirklichung des ‚Wahrheitszustandes' (skt. *dharmakaya*) zum eigenen Nutzen und die Vollendung des Verdienstes führt zur Verwirklichung der beiden Formzustände zum Nutzen der

Wesen, des ‚Freudenzustandes' (skt. *sambhogakaya*) und des ‚Ausstrahlungszustandes' (skt. *nirmanakaya*).

Diese vier Merkmale der Drei Fahrzeuge zeigen weiterhin, dass auf der Grundlage des richtigen Verhaltens die Meditationspraxis immer im Zusammenhang mit einer korrekten ‚Sichtweise' stehen muss. (siehe auch Thema „Sichtweise und Meditation" in Teil 4). Um eine authentische Verwirklichung zu erlangen, muss man immer diese beiden Aspekte miteinander vereinen. Wenn man ein Ziel erreichen will, braucht man ja auch die Augen, die den Weg und das Ziel sehen und die Beine, die einen dorthin bringen. Nur mit beiden zusammen wird man es schaffen. So hat zum Beispiel jede buddhistische Philosophie nur den einen Zweck, die grundlegende Unwissenheit im Geist zu überwinden und eine direkte Erfahrung von der Natur des Geistes, jenseits von allen festen Vorstellungen, zu ermöglichen.

Zuordnung der Drei Fahrzeuge zum Drehen des Dharmarades

Unterscheidet man nun aus der Perspektive der praktischen Erfahrung innerhalb des Bodhisattva-Fahrzeugs noch einmal in das Mahayana und das Vajrayana, Sutra und Tantra, so ist der Grund für diese Einteilung einerseits eine Betonung der Meditationspraxis, denn man hebt damit das Tantra-Fahrzeug oder das Vajrayana, den Diamantweg, als das Fahrzeug der besonders schnellen Meditations-Methoden hervor, andererseits stehen die sich aus dieser Einteilung ergebenden Fahrzeuge, Fahrzeug der Älteren, Großes Fahrzeug und Diamant-Fahrzeug mit dem dreifachen Drehen des Dharmarades in Beziehung (siehe auch der vorherige Artikel „Die Weltreligion Buddhismus"). Das Fahrzeug der Älteren baut hauptsächlich auf dem ersten Drehen des Dharmarades auf, das Große Fahrzeug hat seinen Schwerpunkt auf dem zweiten Drehen, bezieht aber auch das dritte Drehen mit ein, der Diamantweg baut hauptsächlich auf dem dritten Drehen des Dharmarades auf, bezieht aber auch das zweite Drehen mit ein.

Beim zweiten und dritten Drehen geht es um die Natur des Geistes. Hierbei kann man keine Bewertung in besser oder schlechter abgeben, denn es werden bei dieser Beschreibung der absoluten Ebene nur unterschiedliche Schwerpunkte gesetzt. Letztendlich geht die Natur des Geistes über alle Beschreibungen hinaus. Das zweite Drehen betont die ‚Leerheit‘ stärker, die Raum-Natur des Geistes, das dritte Drehen betont die ‚Klarheit‘ stärker, die Erscheinungen im Geist. Die richtige Sichtweise wird jedoch vom Buddha in vielen Werken als die Untrennbarkeit von Erscheinung und Leerheit beschrieben. Diese Sichtweise führt über die Extreme von Existentialismus und Nihilismus hinaus. Es ist der Mittlere Weg jenseits der Extreme.

Die Betonung der Klarheit des Geistes auf der Grundlage des dritten Drehens mit den Lehren über die Buddha-Natur wird hauptsächlich von den älteren Schulen des Tibetischen Buddhismus gelehrt, die stärker praxisorientiert sind. Diese Lehren über die allen Wesen innewohnende Buddha-Natur, die schon mit allen perfekten Qualitäten der Erleuchtung ausgestattet ist, wird aus der Perspektive der direkten Erfahrung als höchste, als letztendliche Ebene der Lehre des Buddha betrachtet, als Hintergrund für die kraftvollen Methoden des Diamantwegs.

Die einfachste Weise, jemand anderem die Fahrzeuge im Buddhismus zu erklären, besteht vielleicht darin, mit der Einteilung in den südlichen und den nördlichen Buddhismus (Theravada und Mahayana) zu beginnen. Dann kann man den südlichen Buddhismus weiter in die Fahrzeuge der Shravakas und Pratyekabuddhas, sowie den nördlichen Buddhismus in das allgemeine Mahayana und das Vajrayana oder Sutra und Tantra, aufteilen. Dabei sollte man im Geist halten, dass sich die letztere Unterteilung hauptsächlich auf die Meditationspraxis bezieht.

Diese Darstellung der buddhistischen Fahrzeuge ist nur eine kurz gefasste Überschau, um die Zuordnung zu erleichtern und verschiedene Perspektiven zu begründen. Da das Diamant-Fahrzeug die vollständigste Übertragung der Lehre des Buddha beinhaltet, sind alle anderen Fahrzeuge darin enthalten. Hier ist es möglich, sich mit unglaublicher Geschwindigkeit weiter zu entwickeln und innerhalb kurzer Zeit eine Verwirklichung der Natur des Geistes zum Nutzen der Wesen zu erlangen. Wenn man keine Angst vor hoher Geschwindigkeit hat, so sollte man sich diese Freude am schnellen Fahren in Buddhas Fahrzeug nicht entgehen lassen.

Abb. 03 › der Zufluchtsbaum der Karma Kagyü-Linie

DIE ZUFLUCHT IM DIAMANTWEG-BUDDHISMUS

Der sogenannte ‚Zufluchtsbaum' ist eine bildliche Darstellung der buddhistischen ‚Zuflucht', wie sie vor allem im Diamantweg-Buddhismus verwendet wird. Das tibetische Wort für Zuflucht heißt ‚kyab' und bedeutet wörtlich ‚Schutz'. Gemeint ist damit der Schutz vor dem Leiden der bedingten Existenz. Diejenigen, die einen vor allem Leiden schützen können, müssen selbst jenseits von Leiden sein. Nur dann können sie uns bleibendes Glück bringen. Dies sind die sogenannten Drei Juwelen: Buddha, der erleuchtete Zustand unseres Geistes, Dharma, die Lehren, die uns dahin führen, und Sangha, die Freunde und Helfer auf dem Weg.

Speziell im Tibetischen Buddhismus gibt es als weitere Zuflucht die Drei ‚Wurzeln'. Der Lehrer oder Lama ist die Wurzel des Segens. Er stellt die Verbindung zur Erleuchtung her, indem er die Praktizierenden an seiner Verwirklichung der Natur des Geistes teilhaben lässt. Die ‚Buddha-Aspekte' oder Yidams sind die Wurzeln der Verwirklichung. Sie ermöglichen die Entwicklung der gewöhnlichen und außergewöhnlichen ‚Fähigkeiten'. Schließlich beseitigen die ‚Schützer', die Wurzeln der Aktivität, alle Hindernisse auf dem Weg und führen die perfekte Buddha-Aktivität aus.

Der wichtigste Aspekt unter den Drei Wurzeln ist der Lehrer, der Segen, Mittel und Schutz, d.h. alle drei Wurzeln, in sich vereint. Es wird gesagt, dass aus dem Herzen des Lehrers die Buddha-Aspekte oder Yidams ausstrahlen und dass aus den Herzen der Buddha-Aspekte die Schützer ausstrahlen. Damit sind sowohl die Buddha-Aspekte als auch die Schützer Ausdrucksformen des Lehrers oder Methoden, die der Lehrer jeweils für einen bestimmten Zweck gibt. Der Lehrer vereinigt nicht nur die Drei Wurzeln in sich, sondern auch die Drei ‚Juwelen'. Denn als Ausdrucksform der Erleuchtung ist er ein Buddha, was er lehrt ist der Dharma, und in seiner Person verkörpert er die Sangha. Aus diesem Grund ist der Lehrer auch der zentrale Aspekt im Zufluchtsbaum, der alle sechs ‚Zufluchtsobjekte' - die Drei Juwelen und die Drei Wurzeln - zusammenfasst.

47

Der Zufluchtsbaum selbst ist ein Wunsch erfüllender Baum, wie er nach der Mythologie im Bereich der Götter, aber auch im ,Reinen Land' vom Buddha des ,Grenzenlosen Lichtes' (skt. *Amitabha*, tib. *Öpame*) - Dewachen, dem Ort höchsten Glücks - zu finden ist. Alle Wünsche, die mit dem Weg zur Erleuchtung zu tun haben, erfüllen sich in der Gegenwart eines solchen Baumes spontan. Hier wird symbolisch ausgedrückt, dass alle Lehrer der Linie, die im Zufluchtsbaum sitzen, aber auch alle anderen Zufluchts-Aspekte die volle Verwirklichung der Wunsch erfüllenden Kraft besitzen und einen dadurch vor dem Leid der bedingten Existenz schützen können.

In der Mitte eines strahlenden, klaren Sees steht dieser Zufluchtsbaum, ein vibrierendes Kraftfeld voller Schönheit. Er hat einen zentralen, goldenen Stamm mit vier silbernen Ästen, die in die vier Himmelsrichtungen weisen. Im Mittelpunkt, wo sich die vier Äste treffen, sitzt ,Diamanthalter' (skt. *Vajradhara*, tib. *Dorje Chang*). Er verkörpert hier den Lehrer, der die Verbindung zur Erleuchtung herstellt. In seinen am Herzen gekreuzten Händen hält er Dorje und Glocke. Sie stehen für die Untrennbarkeit von Weisheit und Methode oder Raum und Freude. Auf den vier Ästen sind die anderen Zufluchts-Aspekte angeordnet. Vom Meditierenden oder vom Betrachter aus gesehen, sind links vom Lehrer die Buddhas, hinter ihm die Lehre, rechts vom Lehrer die Bodhisattvas, vor ihm die Buddha-Aspekte oder Yidams und vorne, etwas unterhalb, die Schützer.

Abb. 04 › Sangha - die Gemeinschaft der Praktizierenden

ZUFLUCHT ZUR SANGHA NEHMEN

Der historische Buddha Shakyamuni hat gezeigt, dass es möglich ist, von allem Leid frei zu werden und bleibendes Glück zu erfahren. Um diesen Zustand zu erreichen, beschäftigen wir uns zuerst mit den vier ‚Grundgedanken', die unseren Geist zur Befreiung und zur Erleuchtung führen.

Zunächst entwickeln wir ein klares Verständnis davon, wie selten und kostbar die Gelegenheit ist, die wir in diesem Leben haben, zahllosen Wesen zu nützen, indem wir die Mittel verwenden, die der Buddha gab. Dann denken wir über die Tatsache nach, dass nur die offene, klare Unbegrenztheit des Geistes dauerhaft ist, und dass alle Dinge, die im Raum des Geistes erscheinen, vergänglich sind, einschließlich unseres eigenen Lebens und aller Dinge um uns herum.

Ebenso machen wir uns bewusst, dass die momentanen Taten, Worte und Gedanken die Samen für unsere Zukunft legen. Schließlich verstehen wir, dass wir mit dem Geist arbeiten, weil im Vergleich zur Erleuchtung - der zeitlosen, höchsten Freude - alle Erfahrungen in der bedingten Welt Leiden sind. Diese entstehen durch unsere Unwissenheit in Bezug darauf, wie die Dinge wirklich sind.

Mit diesem grundlegenden Verständnis wollen wir vor jeder Art von Leiden geschützt sein und nehmen deshalb Zuflucht zu denjenigen, die die Kraft haben, uns zu schützen, weil sie selbst frei von Leid sind. Buddha, der erleuchtete Geisteszustand, der die vollkommene Erkenntnis der Natur des Geistes ist, kann letztendlichen Schutz bieten, weil er der Wahrheitszustand oder die absolute Wirklichkeit aller Erscheinungen ist. Ein Buddha, der vollkommen vom Schlaf der Unwissenheit erwacht ist, hat alles gereinigt, was seine wahre Natur verschleierte und hat alle perfekten Qualitäten der Erleuchtung entwickelt. Um denselben Zustand zu erlangen, brauchen wir die Lehren, die der historische Buddha uns gegeben hat: den Dharma. Diese Lehren enthalten alle Methoden, die notwendig sind, um den Zustand der Buddhaschaft zu erlangen. Weiterhin brauchen wir Freunde und Helfer, die die Lehre weitergeben und uns auf unserem Weg anleiten, bis wir das letztendliche Ziel erreichen.

Die Gemeinschaft der Praktizierenden

Im Zusammenhang mit der Zufluchtnahme hört oder liest man oft über Buddha und seine Lehre, aber es gibt nicht so viele Informationen über die Gemeinschaft der Praktizierenden, die ebenso eine wichtige Zuflucht ist. Im Zufluchtsbaum befinden sich die historischen Bodhisattvas sowie die anderen direkten Schüler des Buddha Shakyamuni aus unserer Perspektive gesehen auf der rechten Seite des Lehrers. Mehrere von ihnen waren auch Linienhalter des Buddha, die die Gemeinschaft nach dem Eingehen des Buddha ins Parinirvana geleitet haben. Sie waren nicht nur die Vertreter des Buddha, sondern haben sich auch um den Erhalt seiner Lehren bemüht. Daher wird von ihnen gesagt, dass sie in ihrer ausgedehnten Aktivität zum Wohl der Wesen dem Buddha mehr oder weniger gleichkamen.

Der Begriff ‚Sangha‘, der diese Gruppe auf Sanskrit bezeichnet, bedeutet eine Gruppe oder Gemeinschaft von Praktizierenden und beinhaltet darüber hinaus ein ‚nicht Zurückfallen‘. Dies bezieht sich auf das hohe Maß an Stabilität, das von den Mitgliedern dieser Gruppe erlangt wurde. Gleich auf welche Art von Hindernissen sie treffen, sie werden davon nicht beeinträchtigt, so dass sie zurückfallen oder ihre Praxis aufgeben würden. Daher wurde der Begriff Sangha im Tibetischen mit ‚Gendün‘ übersetzt. Die erste Silbe ‚ge‘ bedeutet positives Handeln, und die zweite Silbe ‚dün‘ bedeutet Streben. Also sind ‚Gendün‘ diejenigen, die sowohl allgemein danach streben, positive Handlungen zu tun, als auch den Dharma zu praktizieren, die Methoden, die der Buddha gegeben hat, um sich auf Positives auszurichten.

Es werden zwei Arten von Sangha unterschieden - die gewöhnliche Sangha und die verwirklichte oder edle Sangha. Die gewöhnliche Sangha schließt alle Praktizierenden der buddhistischen Lehre ein. Im Allgemeinen haben diese Praktizierenden noch keinen verwirklichten Geisteszustand, im Mahayana die Bodhisattva-Stufen, erlangt. Sie besitzen keine direkte Erkenntnis von der Natur des Geistes, denn sie stehen noch unter dem Einfluss der Störgefühle und Schleier der falschen Vorstellungen. Jedoch haben sie ihren Geist auf alles Positive ausgerichtet und bemühen sich äußerst darum, Gutes zu tun.

Wenn wir Zuflucht nehmen, schauen wir tatsächlich nach jemandem, der uns vor dem Leid des Kreislaufs der Existenz beschützen kann. Nur Verwirklichte von der Befreiung bzw. der ersten Bodhisattva-Stufe an haben die volle Kraft, uns so zu schützen. In den klassischen Werken, zum Beispiel im „Juwelenschmuck der Befreiung" von Gampopa, besteht die gewöhnliche Sangha nach den Theravada-Lehren mindestens aus einer Gruppe von vier ordinierten Mönchen oder Nonnen. Die verwirklichte Sangha besteht aus einem Praktizierenden auf einer der vier Stufen der Verwirklichung, den drei Stufen, die der Arhatschaft vorausgehen und Arhatschaft selbst. Im Mahayana besteht die verwirklichte Sangha aus wenigstens einem Bodhisattva von der ersten Bodhisattva-Stufe an. Diese Praktizierenden auf einer hohen Stufe der Verwirklichung haben die volle Kraft, Schutz zu gewähren.

Aber auch auf der relativen Ebene können uns unsere Freunde und Helfer ein gewisses Maß an Schutz auf dem Weg zur Erleuchtung geben. Die erfahrenen Freunde unseres örtlichen Zentrums können uns durch ihr gutes Beispiel sehr berühren. Sie handeln weitgehend von einer überpersönlichen Ebene aus, wie es auch die Reiselehrer tun. Sie helfen uns dabei, sicherzustellen, dass wir nicht zu weit vom Weg abschweifen. Darüber hinaus geben sie uns das nötige Feedback, um für uns selbst zu entdecken, dass Raum gleich Freude ist, indem sie ein gut funktionierendes Leben und überzeugende menschliche Entwicklung zeigen. Deshalb können diese Praktizierenden auch eine allgemeine Zuflucht sein, selbst wenn sie noch keine Befreiung erlangt haben.

Die Qualitäten der Sangha als Zuflucht

Suchen wir nach der Resultat-Zuflucht, die wir letztendlich erlangen wollen, müssen wir über den Zustand gewöhnlicher Lebewesen hinausgehen. Verwirklichte Praktizierende sind jene, die die Natur des Geistes unmittelbar als ‚Klares Licht' erfahren und erkennen, dass alle Störgefühle kein wahres Wesen haben. Nach dem „Sutra der Erinnerung an die Drei Juwelen" haben diese Praktizierenden das Leid der bedingten Existenz überwunden, denn wenn einmal der Weg des Sehens oder die erste Bodhisattva-Stufe

erreicht ist, ist das mit einer direkten Erkenntnis der Leerheit gleichzusetzen, ab der jede Art von Leid beendet ist. Selbst wenn ein Bodhisattva
unerwünschten Umständen oder irgendeiner Art von Leid begegnet,
wird er nicht davon betroffen, denn er sieht, dass sie leer von innewoh-
nender Existenz sind.

Das Sutra beschreibt das nützliche Verhalten der verwirklichten
Praktizierenden als hervorragend und stellt fest, dass sie mit Einsicht
handeln. Das bedeutet, sie haben eine ausgeprägte Bewusstheit von allen
stabilen Meditationszuständen und praktizieren jeden mit tiefer Einsicht,
ohne den einen mit dem anderen zu vermischen oder durcheinander zu
bringen. Weiterhin praktizieren sie ohne Täuschung. Sie fallen niemals in
begrenzende Geisteszustände, wie zum Beispiel anzunehmen, dass die
Dinge wahrhaft existieren würden (Existenzialismus) oder nicht-existent
wären (Nihilismus). Daher haben sie Respekt verdient und sind ein wahres Objekt der Zuflucht.

Im „Uttara Tantra", einem der Haupttexte über die Buddha-Natur, wird
die verwirklichte Sangha als mit zwei besonderen Arten von Qualitäten
ausgestattet beschrieben, den Qualitäten des Wissens und den Qualitäten
der Befreiung. Beide Arten von Qualitäten werden wiederum jeweils in
drei weitere Aspekte unterteilt. Bei den Qualitäten des Wissens gibt es die
weiteren Qualitäten, die die Erkenntnis der Natur aller Erscheinungen
genau so wie sie ist ermöglichen. Man weiß, wie die Dinge wirklich sind
und verwirklicht ihre ungeborene Natur, die letztendliche Selbstlosigkeit.
Seit anfangsloser Zeit war diese Natur vollkommen rein, frei von allen
vorübergehenden Verdunklungen. Alle Lebewesen besitzen diese reine
Natur, die Buddha-Natur. Die zweite Erkenntnis des Wissens bedeutet die
Erkenntnis aller Erscheinungen in ihren vielfältigen Aspekten, in ihrer
ganzen Bandbreite. Man versteht alles, was auf relativer Ebene erscheint. Es
gibt nichts, das nicht erkannt wird. Es bedeutet zu verstehen, dass die wahre
Natur des Geistes, die Essenz der Erleuchtung, ohne jede Begrenzung alle
Lebewesen durchdringt. Der dritte Aspekt des Wissens ist die innere Weis-
heit, die von der Bewusstheit erfahren wird, die sich ihrer selbst bewusst ist.
Das ist eine nicht-duale Einsicht, die durch nichts weiter bedingt ist, die
unmittelbare Vision des Raumes aller Erscheinungen (skt. *dharmadhatu*).

Aus diesen drei Arten des Wissens heraus entstehen drei Arten von Befreiung:

1. Es gibt die Freiheit von allen emotionalen Schleiern, besonders von der Anhaftung an Existenz und Sinnesobjekte.

2. Das zweite ist die Freiheit von den Hindernissen der Schleier der Erkenntnis, d.h. aller dualistischer Vorstellungen. Es bedeutet Freiheit vom Haften an Subjekt und Objekt, so dass der wahrnehmende Geist und sein Objekt nicht länger als voneinander getrennt erfahren werden.

3. Schließlich gibt es die Freiheit von Unwissenheit, die die Wurzel der anderen Störgefühle ist, den unübertroffenen Aspekt der Weisheit. Hier bezieht sie sich speziell auf die Freiheit von allen niedrigeren Sichtweisen oder Einstellungen bezogen auf den Weg der traditionellen Theravada-Praktizierenden.

Das Entfernen der ersten Art von Schleiern, der Störgefühle, lässt in uns die Weisheit des Wissens davon entstehen, wie die Dinge sind. Das Entfernen der Schleier der falschen Vorstellungen ermöglicht das Entstehen der Weisheit, die die Dinge in ihrem vollen Ausmaß erkennt. Durch das Entfernen unserer grundlegenden Unwissenheit erlangen wir die Weisheit, die die vollkommen reine Natur der Lebewesen versteht. Wir sehen, dass es eine unbegrenzte Zahl von Lebewesen gibt, und dass alle diese reine, ihnen innewohnende Natur besitzen.

Buddhaschaft ist ein Zustand, in dem all diese Qualitäten des Wissens und der Befreiung zur Vollendung gebracht sind. Aber diese Qualitäten existieren auch schon in der Sangha. Sie werden auf dem Weg, auf den verschiedenen Bodhisattva-Stufen, vollendet. Wenn die Mitglieder der Sangha diese Qualitäten besitzen, sind sie schon sehr nahe an der Erleuchtung. Sie haben die unübertreffliche Weisheit verwirklicht und fallen nicht mehr in die bedingte Existenz zurück. Das qualifiziert die Sangha als besonderes Objekt der Zuflucht, denn wir können auf der Grundlage des Wissens dieser hoch entwickelten Praktizierenden ohne Zweifel selbst das Resultat erlangen.

Wahre Zufluchtnahme

Die Zufluchtnahme ist eine sehr tiefgründige Praxis, die Grundlage aller anderen Übungen. Deshalb sollten wir wissen, was Zufluchtnehmen letztendlich bedeutet. Der Meister Atisha (980 - 1054) hat gesagt, dass die richtige Art der Zufluchtnahme für einen bedeutet, dass man ein unfehlbares Vertrauen und eine Zuversicht zu der Ursache für das Erlangen der Buddhaschaft besitzt sowie zur Buddhaschaft selbst. Das erfordert ein umfassendes Verständnis dieser Inhalte. Bezüglich Buddha, dem erleuchteten Geisteszustand, bedeutet es, ein unfehlbares Verständnis von Ursache und Wirkung zu entwickeln. Wahrhaft Zuflucht zum Dharma zu nehmen, baut auf einem voll entwickelten Verständnis des Erleuchtungsgeistes auf sowie auf der Einstellung, niemals absichtlich einem Lebewesen Schaden zuzufügen. Zuflucht zur Sangha zu nehmen bedeutet, sich von Einflüssen durch Menschen mit negativen Anschauungen und Verhaltensweisen fern zu halten.

Im „Sutra, das vom Nagakönig Anavatapta erbeten wurde", wird die Bedeutung der Zuflucht zur Sangha frei von Anhaftung und Verwirrung als die Erkenntnis der Untrennbarkeit von allem Bedingten und Unbedingten gelehrt. Diese Aussage macht gleichzeitig klar, warum das Symbol für die Sangha der Stupa ist, denn diese Form zeigt auf perfekte Weise das abhängige Entstehen aller Erscheinungen, bedingt oder unbedingt, d.h. leer von unabhängiger Existenz, und symbolisiert daher auch den Geist des Buddha.

Abschließend, um all diese Lehren über die Qualitäten der Sangha zusammenzufassen, haben wir die Worte des 16. Karmapa, Rangjung Rigpe Dorje (1924 - 1981). Er sagt, dass die Sangha die edle Gemeinschaft all der Menschen ist, die ein genaues Wissen vom Weg besitzen, um das Ziel der Erleuchtung zu erreichen. Sie richten sich auf die Verwirklichung dieses Zieles aus, indem sie sich um positives Handeln bemühen, am Anfang, in der Mitte und am Ende (des Weges).

Abb. 05 › Ursache und Wirkung

ASPEKTE DER BUDDHISTISCHEN
KARMA-LEHRE

Der Begriff ‚Karma' wird im Buddhismus als das Gesetz von Ursache und Wirkung verstanden. Der historische Buddha hat dieses Thema als Grundlage aller anderen Lehren beim ersten Drehen des Dharmarades erklärt. Ein klares Verständnis von den Ursachen, die immer wieder zu Leid führen, ermöglicht ein Überwinden dieser Ursachen und damit das Erreichen des Endes vom Leid, das Erleben dauerhaften Glücks. Negative Handlungen entstehen vor allem durch Unwissenheit und bewirken mehr Schwierigkeiten. Positive Handlungen basieren hauptsächlich auf stärkerer Achtsamkeit oder Bewusstheit und sind die Ursachen für mehr Glück. Werden alle Ursachen für Erleuchtung gesetzt, wird diese Wirkung, das Ziel von Buddhas Lehre, auch unweigerlich erreicht. Das ist die Essenz aller buddhistischen Lehren über Karma.

Diesen Zusammenhang zu verstehen, ermöglicht, mehr Eigenverantwortung zu entwickeln. Wir bestimmen durch unsere Handlungen selbst, was wir erleben. In der Meditation sagen wir: „Frühere Taten, Worte und Gedanken wurden zu unserer heutigen Welt, und wir säen ständig die Samen für unsere Zukunft". Wir schaffen hier und jetzt die Ursachen für alles, was wir erleben, denn jede Handlung von Körper, Rede und Geist wird in unserem Geist gespeichert und reift später zu der entsprechenden Wirkung heran. Auch wenn wir diesen Speicherungsvorgang nicht bewusst wahrnehmen, können wir anhand der Erinnerung leicht überprüfen, dass alle Erlebnisse einschließlich unserer eigenen Handlungen im Geist gespeichert sind. Es lohnt sich daher, jede nur mögliche Gelegenheit zu verwenden, um positive Eindrücke anzusammeln und Gewohnheiten, die mehr Schwierigkeiten bringen als Nutzen, zu ändern.

Falsche religiöse Vorstellungen zum Karma-Begriff

Wer von außen auf die Karma-Lehre Buddhas schaut, ohne sich genauer damit zu befassen, kann leicht falsche Vorstellungen darüber entwickeln. Oft sind diese geprägt durch vorgefasste Ansichten, die aus verschiedenen Richtungen kommen können. Die ganze Vielfalt solcher festen Vorstellungen wird in einigen Internet-Foren deutlich, in denen sowohl Nicht-Buddhisten als auch Buddhisten ihre Meinung zu diesem Thema öffentlich darstellen. Wenn es bei einer solchen Meinungsäußerung bleibt, oder wenn eine Frage mit einer gewissen Offenheit für die Antwort formuliert wird, geht es ausschließlich darum, entsprechende Erklärungen zu bekommen. Leider kommt es aber auch immer wieder vor, dass erfahrene buddhistische Lehrer für ihre Aussagen zu diesem Thema heftig kritisiert oder sogar beleidigt werden. Aus diesem Grund erscheint es hilfreich, einige der häufigsten Fragen und Missverständnisse anhand klassischer Quellen zu klären.

Am Anfang eines kurzen Videos zum Thema Karma, das im Internet zu sehen ist (Zugriff von 2006 an wenigstens bis Juni 2013, http://www. youtube.com/watch?v=lFn-CjT39xA), fasst zum Beispiel Lama Ole Nydahl in zwei Sätzen die beiden Hauptkategorien von falschen Vorstellungen zusammen und erklärt die buddhistische Sicht (von mir aus dem Englischen übersetzt): „Karma ist Ursache und Wirkung. Es ist keine göttliche Vergeltung, kein Schicksal oder etwas dergleichen; was auch immer noch nicht geschehen ist, kann geändert werden."

Die Sicht der monotheistischen Weltreligionen - hauptsächlich Judentum, Christentum und Islam - ist gefärbt von der Vorstellung von Schuld und Sühne sowie einer göttlichen Vergeltung für alle Handlungen. Die Verantwortung wird damit an eine außerhalb stehende Instanz abgegeben. Demgegenüber lehrt Buddha das Gesetz von Ursache und Wirkung. Er zeigt uns ‚wie die Dinge sind' und ermöglicht uns damit, selbst Verantwortung zu übernehmen. Negative Handlungen werden, wie im ersten Abschnitt erklärt, in erster Linie aus Unwissenheit getan, denn jedes Lebewesen möchte ja Glück erleben und Leid vermeiden, macht aber aus mangelnder Bewusstheit heraus immer wieder Fehler. Die bei uns vor allem christlich geprägten Begriffe ‚Schuld' und ‚Vergeltung' kommen im Buddhismus nicht vor.

Die andere Hauptkategorie von fehlerhaften Ansichten zum Thema Karma besteht darin, den Begriff mit ‚Schicksal' gleichzusetzen. Dies ist eine vorwiegend hinduistisch geprägte Vorstellung. Sie kommt oft über die verschiedenen Yoga-Systeme zu uns in den Westen. Hier ist mit der Aussage „das ist eben dein Karma" gemeint, dass eine bestimmte Erfahrung unabänderlich wäre. Auch diese Sichtweise ist dem Buddhismus völlig fremd. Es heißt zwar z.B. im „Abhidharma-kosha" des indischen Meisters Vasubandhu: „Aus Handlungen sind die verschiedenen Welten entstanden" (zitiert nach Gampopa, „Der kostbare Schmuck der Befreiung", 1996, S. 82), aber dies bedeutet nicht, dass alles schon festgelegt wäre. Wir könnten die eigenen Gewohnheiten sonst niemals ändern. Tatsächlich ist es genau umgekehrt: Je klarer wir die Gesetzmäßigkeit von Ursache und Wirkung verstehen, desto wirksamer können wir eingreifen und den immer vorhandenen Freiraum nutzen.

Damit ist auch schon der Rahmen abgesteckt, um sich mit dem letzten Teil der Aussage von Lama Ole Nydahl näher zu beschäftigen. Dieser wird nämlich ebenso meistens von hinduistisch denkenden Menschen missverstanden: „Was auch immer noch nicht geschehen ist, kann geändert werden." Glücklicherweise ist die buddhistische Karma-Lehre so grundlegend, dass sich die verschiedenen buddhistischen Schulen in Bezug darauf nicht widersprechen. Ein richtiges Verständnis der Sicht des Buddhismus ist hier nur eine Frage des Zugangs zu den klassischen Quellen. In seinem Grundlagenwerk „Der kostbare Schmuck der Befreiung" (S. 95), erklärt der Meister Gampopa, dass die noch nicht gereiften Auswirkungen von Handlungen nie verloren gehen „es sei denn, man wendet die richtigen Gegenmittel an".

In den Schriften der Theravada-Tradition finden wir hier das „Lonakapalla Sutta" in der Sammlung *Anguttara Nikaya* III. 101 mit dem Titel „Die Karmawirkung". Anhand von vielen Beispielen zeigt Buddha in diesem *Sutta*, dass innere und äußere Faktoren die Wirkungen von Karma in vielfältiger Weise modifizieren können, und dass nur unter dieser Voraussetzung buddhistische Lebensführung und Praxis sinnvoll ist. Wenn Karma nicht gereinigt werden könnte, würden die beiden letzten der vier Edlen Wahrheiten - das Ende des Leids und der Weg zum Ende des Leids - keinen Sinn machen. Die von Lama Ole Nydahl in dem oben erwähnten Video ebenfalls gelehrten ‚vier Kräfte der Reinigung von Karma' fassen die Methoden der Überwindung von negativem Karma zusammen: 1. Das Bereuen oder Verwerfen von Negativität, 2. die Anwendung von Gegenmitteln, 3. der Entschluss, es nicht wieder zu tun und 4. das Ausführen von positiven Handlungen. Sie werden ebenfalls in Gampopas Werk ausführlich erklärt (S. 132 - 139).

Das klassische Beispiel für die vollständige Reinigung von sogar äußerst negativem Karma ist die Geschichte des Mörders Angulimala, der vom Buddha zur Rede gestellt, sein Schüler wurde und noch in dem gleichen Leben die Arhatschaft (Verwirklichung) erlangt hat. Sein Gedächtnis-Stupa steht übrigens im nordindischen Shravasti. Ähnliche Fälle waren der Kaiser Ashoka und später Milarepa, der bekannteste Yogi Tibets. Diese Beispiele erwecken ein tiefes Vertrauen in die kraftvolle Wirkung buddhistischer Praxis. Es entspricht also deutlich der Lehre Buddhas, dass alles, was noch nicht geschehen ist, geändert werden kann.

Die volle Kraft einer Handlung

Aber schon wenn es um Handlungen als solche geht, z.B. was eine Handlung vollständig macht, wird dies oft in Frage gestellt, weil die entsprechenden Quellen fehlen. Lama Ole Nydahl nennt in dem oben genannten Video vier Faktoren, die einer Handlung die größtmögliche Kraft geben (wiederum von mir aus dem Englischen übersetzt): „1. Zu wissen wie eine Situation ist, 2. zu wünschen, etwas zu tun, 3. es auch tatsächlich zu tun oder tun zu lassen, und 4. hinterher zufrieden zu sein. Wenn einige dieser Faktoren fehlen, ist die Kraft der Handlung geringer".

Im „Schatz des Wissens" oder wörtl. „Schatz, der alle Wissensobjekte umfasst" (1983, S. 450 - 458) des 1. Kongtrul Lodrö Thaye (1813 - 1899) z.B. werden diese Faktoren nicht nur einmal genannt, sondern für jede der 10 negativen Handlungen einzeln erklärt. So werden z.B. bei der ersten Handlung des Tötens folgende Aspekte aufgezählt (von mir aus dem Tibetischen übersetzt): 1. Die Basis ist ein Lebewesen, dessen Geiststrom verschieden ist vom eigenen. 2. Die Absicht besteht darin, dieses andere Wesen fehlerfrei wahrzunehmen (mit der Absicht des Tötens). 3. Die Handlung besteht darin, dieses Lebewesen durch Gift, Waffen usw. zu töten oder töten zu lassen. 4. Störgefühle sind allgemein die drei Geistesgifte. Im Besonderen führt Zorn diese Handlung aus. 5. Der Abschluss der Handlung besteht allgemein darin, dass die Handlung im Geist des Handelnden als ausgeführt erlebt wird und eine entsprechende Reaktion erfolgt, z.B. Befriedigung darüber, dass die Tat gelungen ist und kein Gegenmittel angewendet wird.

Weiter heißt es dort: „Diese fünf (Faktoren) vollenden den Pfad des Karma (des Tötens usw.). Wenn irgendeiner dieser fünf nicht vorhanden ist, geschieht zwar ein fehlerhaftes Verhalten, aber der karmische Pfad ist nicht vollständig. Das gilt für alle folgenden positiven und negativen Handlungen." Dies entspricht genau den Erklärungen von Lama Ole Nydahl, außer dass seinen vier Faktoren, die eine Handlung kraftvoll machen, hier eine weitere Kategorie der Störgefühle hinzugefügt wird, die aber in anderen Darstellungen, z.B. bei Gampopa, als mögliche Ursache der Handlungen getrennt behandelt wird.

Individuelles und gemeinsames Karma

Nun kommen wir zu einer immer wieder heiß diskutierten Frage, nämlich ob es das sogenannte ‚kollektive Karma' gibt oder nicht. Lama Ole Nydahl antwortet gegen Ende seines Video-Vortrags auf die Frage, ob es ‚geteiltes (shared) Karma' gäbe: „Es gibt das individuelle Karma, und das bringt dich dann in eine Umgebung, in ein Setting mit vielen anderen Leuten, die ein ähnliches Karma haben, das zu einer bestimmten Geburt zu einer bestimmten Zeit an einem bestimmten Ort führt. Dann interagieren und arbeiten diese verschiedenen Dinge miteinander. Aber dabei gibt es nicht so etwas wie kollektives Karma. Als Menschen teilen wir natürlich all das Mögen und Nicht-Mögen, den Sinnes-Apparat und viele andere Dinge, den Sinnes-Austausch mit der Welt um uns herum ausgehend vom menschlichen Körper. Das ist natürlich klar. Aber in dem Moment, wenn wir diesen Körper verlassen, ist jedermanns Geist dort draußen und erlebt die eigenen heranreifenden Wirkungen."

Wenn es nur ‚individuelles Karma' gibt, was bedeutet dann der Begriff ‚kollektives Karma', der nach Meinung vieler kritisch Denkender bei Völkermord und anderen Massen-Ereignissen zum Tragen kommen soll? Schauen wir uns an, was die klassischen Quellen dazu sagen: Im „Abhidharmasamuccaya" von Asanga (u.a. zitiert im „Juwelenschmuck der Befreiung" von Gampopa, S. 94) finden wir die Aussage: „Was bedeutet Zugehörigkeit von Handlungen? Sie werden als zu uns gehörig bezeichnet, weil wir selbst die vollen Auswirkungen unserer Handlungen erfahren und weil wir diese nicht mit anderen Wesen gemeinsam haben." Gampopa merkt an: „Wäre dies nicht der Fall, dann könnte sich Karma erschöpfen oder wir würden den üblen Auswirkungen von Handlungen begegnen, die wir nicht selbst begangen haben." Diese und weitere Quellen, z.B. „Mahamudra, Ozean des Wahren Sinnes" vom 9. Karmapa (1990, Teil 1, S. 39), belegen eindeutig, dass es nur individuelles Karma geben kann, das im eigenen Geiststrom heranreift und niemals in einem anderen.

Damit ist allerdings noch nicht geklärt, was der buddhistische Begriff ‚gemeinsames Karma' bedeutet. Hier finden wir eine weitere Einteilung im „Schatz des Wissens" (S. 458) des 1. Kongtrul im Zusammenhang mit der Darstellung der vier philosophischen Schulen im Buddhismus, speziell des Fahrzeugs der Hörer (Shravakas), in dem die vier Edlen Wahrheiten in 16 Aspekten erklärt werden. Bei den Ursachen für Leid gibt es eine ausführliche Erläuterung von Karma mit zahlreichen Einteilungen. Darunter befasst sich die fünfte mit der Erscheinungsweise von Karma. Diese hat zwei Aspekte: 1. Das Karma für gemeinsame Erscheinungen und 2. Das Karma für nicht gemeinsame Erfahrungen. Ersteres bedeutet, dass die äußere Welt und die Wesen darin in übereinstimmender Weise erscheinen. In diesem Sinn kann man durchaus von ‚gemeinsamem Karma' sprechen. Und dies ist auch genau die Erklärung, die Lama Ole wie oben zitiert gegeben hat.

Der Theravada-Lehrer Nyanaponika Thera drückt diesen Sachverhalt in seinem Artikel „Karma und seine Frucht" („Buddha - Lebensweg und Heilslehre", 1999, S. 156), so aus: „Aber diese ohnehin schon große Mannigfaltigkeit wird noch sehr stark durch den Umstand erweitert, dass jeder individuelle Lebensstrom mit vielen anderen individuellen Lebensströmen durch gegenseitige Beeinflussung ihres jeweiligen Karmas verflochten ist." Also gibt es zwar eine gegenseitige Beeinflussung, aber deswegen bleibt Karma trotzdem immer individuell, wird nur im eigenen Geiststrom gespeichert und reift auch nur dort heran, wie Asanga und später Gampopa gelehrt haben.

Eine weitere, sehr genaue Erklärung dazu finden wir im Kommentar vom 1. Mipham Namgyal Gyatso (1846 - 1912) zum „Dharmadharmatavibhaga" von Maitreya/Asanga unter dem Titel „Darlegung, dass ein vom erfassenden Subjekt verschiedenes zu erfassendes Objekt nicht existiert" (Verse 70 - 74, in Mathes, „Unterscheidung der Gegebenheiten von ihrem wahren Wesen", 1996, S. 199): „Wenn man daher dieses sogenannte gemeinsam zu Betrachtende genau untersucht und feststellt, dass das sogenannte Gemeinsame lediglich darin besteht, dass es ein ähnliches Erscheinen für die individuellen Persönlichkeitsströme ist, dann ist damit ein gemeinsamer äußerer Gegenstand nicht als Ursache für diese gemeinsamen Erscheinungen als wirklich erwiesen, mögen jene Erscheinungen auch ähnlich sein. Den Lebewesen, bei denen Prägungen in gleicher Weise aktiviert worden sind, erscheinen ähnliche Orte usw. solange sich die Kraft dieser Prägungen nicht erschöpft hat."

Karma und Leerheit

Auch die sehr beliebte Vorstellung, dass Karma sowieso keine Rolle spielen würde, wenn das Individuum und das Ego leer sind, soll widerlegt werden. Manchmal wird auch behauptet, dass wir mit dem Erwachen zur Leerheit aller Dinge das Karma als nicht existent erfahren würden. Die Antwort darauf ist, dass der Buddha drei Mal das Rad der Lehre gedreht hat und dass sich diese Lehren nicht widersprechen, auch wenn sie fortschreitend immer tiefgründiger werden. Der entscheidende Punkt ist, in keine der extremen Sichtweisen des Festhaltens an wahrhafter Existenz oder Nichtexistenz zu fallen. So widerlegt der indische Meister Nagarjuna in seinem Werk „Ratnavali" nicht das Karma, sondern die inhärente Existenz von Ursache und Wirkung.

Mit dem vorher erwähnten Argument fällt man in das Extrem des Festhaltens an Nichtexistenz. Diese falsche Auffassung von Leerheit führt zu Schwierigkeiten, denn dann wird es unmöglich, weltliches und letztendliches Glück zu erlangen sowie die Ursachen für Befreiung und Erleuchtung zu setzen. Das ist auch der Grund für die oft zitierte Aussage des indischen Meisters Saraha aus seinem „Doha-kosha" (nach Gampopa, S. 225): „Solche, die an Existenz glauben, gleichen Hornochsen, aber an Nichtexistenz zu glauben ist noch dümmer."

Im Kommentar zur „Ratnavali" von Gyaltshab Je (1364-1432; zitiert nach Eda, „Untersuchungen zu Nagarjunas *Ratnavali*", 2005, S. 366) heißt es: „So geht derjenige, der die Leerheit in falscher Weise auffasst, zugrunde, und es erlangt derjenige das Glück des Erfolgs [im Wesenskreislauf] und die allerhöchste Erleuchtung, der die Leerheit im Sinne der abhängigen Entstehung verinnerlicht und [sie] richtig versteht, nämlich bei [den Entsprechungen zwischen] der Tat und ihrer Konsequenz ganz besonders beachtet, dass sie [dem Eigenwesen nach] leer sind." Und im „Langkavatara-Sutra", Vers 137, heißt es: „Ich lehre immer die Leerheit, die jenseits von Existenzialismus und Nihilismus ist. Samsara ist wie ein Traum und eine Vision, und Karma verschwindet nicht." In den Worten des zeitgenössischen Meisters Lopön Tsechu Rinpoche (1918 – 2003): „Selbst wenn man eine hohe Verwirklichung erlangt hat, sollte man niemals Ursache und Wirkung vernachlässigen."

Das Thema Karma ist sehr komplex und erfordert eigentlich eine viel umfassendere Darstellung, als sie hier möglich ist. Diese wird aber bereits in allen buddhistischen Traditionen anhand entsprechender Quellen gegeben. In einführenden buddhistischen Büchern findet man in der Regel wenigstens kurze Abhandlungen zu diesem Thema. Ich möchte diese Antworten auf einige zentrale Fragen und Kritikpunkte zur buddhistischen Karma-Lehre mit dem Wunsch abschließen, dass dadurch eine größere Achtsamkeit in Bezug auf karmische Zusammenhänge ensteht, dass wir alle Handlungen von Körper, Rede und Geist, die andere bewusst oder unbewusst schädigen, aufgeben können und möglichst nur noch nützliche Handlungen ausführen. Verbinden wir diese Achtsamkeit mit Einsicht in die Natur des Geistes, so befinden wir uns ohne jeden Zweifel auf dem Weg zu dauerhaftem Glück.

Abb. 06 › die Arbeit mit dem Geist

Abb. 06

DER UMGANG MIT STÖRGEFÜHLEN UND FESTEN VORSTELLUNGEN

Was uns von der Erfahrung von bleibendem Glück abhält, sind die verschiedenen groben und subtilen Störungen im Geist. Erkennt man diese Ursachen für alle Schwierigkeiten, so kann man sie durch eine entsprechende Praxis vollkommen beseitigen und dadurch ein dauerhaftes Ende allen Leidens erreichen. Solange der Geist seine eigene Natur nicht erkennt, steht er unter dem Einfluss von Illusion. Er haftet an seinen eigenen Projektionen an und glaubt, dass sie eine unabhängige Wirklichkeit besitzen. Er identifiziert sich ständig mit dem Hauptdarsteller in seinem eigenen Film. Lernt er dagegen durch fortschreitende Meditation seine offene, klare Unbegrenztheit kennen, so löst sich diese Anhaftung auf, und alle perfekten Qualitäten, die zu seiner Natur gehören, manifestieren sich spontan.

Ursachen für Störungen im Geist

In vielen grundlegenden Lehren, zum Beispiel in den ‚vier Edlen Wahrheiten‘ und den ‚zwölf Gliedern des Abhängigen Entstehens‘, erklärt der Buddha im Einzelnen, was die Ursachen für die Störungen im Geist sind und wie es zu einer Geburt im ‚Kreislauf der Existenz‘ kommt. Dabei gibt es eine Kette von Ursache und Wirkung, die sich von den subtilen Aspekten hin zu den gröberen Aspekten entfaltet. Erst wenn man diese Zusammenhänge richtig versteht, ist es möglich, die Ursachen vollständig zu beseitigen und damit auch alle Leiden und Schwierigkeiten, die als Wirkung daraus entstehen.

Aus der grundlegenden Unwissenheit, der Täuschung des Geistes über seine eigene Natur, entstehen falsche Anschauungen, insbesondere die Vorstellung eines Selbst der Person und der äußeren Phänomene, eine grundlegende Dualität. Daraus wiederum entwickeln sich gröbere Störgefühle wie Anhaftung, Abneigung, Stolz, Neid, usw. Unter dem Einfluss der Störgefühle handelt man negativ, und karmische Eindrücke werden angesammelt. Diese Eindrücke reifen zu einer bestimmten Zeit heran, manifestieren sich wieder in der äußeren Welt und führen so zu allen Arten von Leiden und Schwierigkeiten. Fasst man es zusammen, so folgen immer diese vier Schritte aufeinander: grundlegende Unwissenheit, Störgefühle, Handlungen oder Karma und Leiden.

Zwölf Glieder des Abhängigen Entstehens

Eine genauere Darstellung der einzelnen Ursachen und Wirkungen gibt der Buddha in den Lehren zu den zwölf Gliedern des Abhängigen Entstehens. Die grundlegende Unwissenheit bringt frühere Handlungen, karmische Tendenzen und damit eine Ausrichtung des Geistes auf Objekte, das heißt Bewusstsein, hervor. Das beinhaltet die Vorstellung einer Dualität, einer Getrenntheit von Subjekt und Objekt. Das durch verschiedene ‚Geistesfaktoren‘ oder Zustände gefärbte Bewusstsein identifiziert sich mit einer Form. Dies wird ‚Name und Form‘ genannt und entspricht den fünf Ansammlungen, den fünf Skandhas, aus denen eine Person besteht. Die vier nicht-materiellen Skandhas Gefühl, Unterscheidung, Geistesfaktoren und Bewusstsein kommen mit dem materiellen Skandha der Form zusammen. Zu den Geistesfaktoren als eine der Hauptstörungen zählen auch falsche Anschauungen, die eine gröbere Form der Unwissenheit sind. Sie werden oft auch als begriffliche Schleier oder falsche Vorstellungen bezeichnet.

Auf der Grundlage der Identifikation mit einer Form (speziell bei der Empfängnis) tritt das Bewusstsein durch die Sinne in Kontakt mit der Außenwelt (speziell im Verlaufe der Entwicklung eines Embryos). Alle Erfahrungen werden als angenehm, unangenehm oder neutral erlebt und mit entsprechenden Begriffen beurteilt. Daraufhin entsteht Anhaften an den angenehmen Erfahrungen und Ablehnen der unangenehmen Erfahrungen. Man will angenehme Erfahrungen festhalten und dies führt zu Ergreifen. Das Fernhalten von unangenehmen Erfahrungen ist hier inbegriffen. Diese beiden, Anhaften und Ergreifen, sind Störgefühle, die zu entsprechenden Handlungen führen.

‚Werden‘ bedeutet als nächstes, dass Handlungen ausgeführt werden und Karma angesammelt wird, um immer wieder angenehme Erfahrungen zu machen oder die schon gemachten Erfahrungen dauerhaft festzuhalten. Dies wiederum führt zu ‚Geburt', dem zur Existenz Kommen einer Person auf der Grundlage der Fünf Skandhas oder Ansammlungen. Die Vergänglichkeit der fünf Skandhas bringt dann unausweichlich Alter und Tod mit sich, was eigentlich in jedem einzelnen Moment stattfindet. Damit sind die zwölf Glieder des Abhängigen Entstehens vollständig und damit die Ursachen für die Wiedergeburt im Existenzkreislauf.

Die Kette durchbrechen

Wünscht man, diese ewige Kette zu durchbrechen, so muss man sich zuerst über die einzelnen Ursachen und Wirkungen völlig klar werden und dann von den gröberen zu den subtileren Störungen hin nach und nach alle Ursachen für Leid im Geist beseitigen. Man beginnt damit, bessere Gewohnheiten zu entwickeln, d.h. nur noch positiv zu handeln. Man entwickelt die Achtsamkeit, anderen in keiner Weise mehr zu schaden, sondern so viel Nutzen zu bringen, wie man kann. Die umfangreichen Lehren über Karma, Ursache und Wirkung, sind in diesem Zusammenhang sehr wichtig.

Dann geht man weiter zu den Störgefühlen, den Wurzeln der negativen Handlungen. Durch regelmäßige Meditation erlangt man dabei den nötigen Raum im Geist. Hier gibt es insgesamt drei Ebenen: Die unterste Ebene ist das Vermeiden von Situationen, in denen Störgefühle entstehen können. Die mittlere Ebene besteht in der Verwendung von entsprechenden Gegenmitteln, wie Freigebigkeit gegen Anhaftung, Geduld und Mitgefühl gegen Zorn, ein Verständnis des Abhängigen Entstehens aller Dinge gegen Unwissenheit, usw. Auf der höchsten Ebene verwendet man schließlich die Störgefühle als Rohmaterial für Erleuchtung, indem man ihre Essenz als ‚Buddha-Weisheit' erkennt. Dies erfordert allerdings die Fähigkeit, nicht die geringste Energie mehr in die Störgefühle hineinzugeben. Wenn der Höhepunkt des aufkommenden Störgefühls überschritten ist, ohne dass man sich hineinziehen ließ, zeigt sich die jeweilige Weisheit spontan. Diese höchste Ebene wird hauptsächlich im Diamantweg verwendet.

71

Bewusstheit entwickeln

Wird die Bewusstheit im Geist stärker, so erkennt man mehr und mehr, dass es immer die eigene Beurteilung der Lage ist, die die jeweiligen Störgefühle auslöst. Oft hat man jedoch eine starke Tendenz, eine alte Gewohnheit im Geist, auf bestimmte Standardsituationen immer wieder mit entsprechenden Störgefühlen zu reagieren. Wenn dann eine solche Situation eintritt, ist es sehr schwierig, nicht entsprechend zu reagieren. Aber letztendlich entscheidend ist immer die eigene Beurteilung der Situation. Sagt zum Beispiel jemand etwas zu uns, das wir leicht als Kritik verstehen können, so folgen wir schnell der alten Gewohnheit und werden ärgerlich. Das Objekt vor uns und die karmische Tendenz in unserem Geist haben dann unsere Beurteilung der Lage in die Zange genommen. Wissen wir aber, dass wir trotzdem jederzeit die Möglichkeit haben, die Lage anders zu beurteilen, so nutzen wir unseren Freiraum positiv.

Wenn die Worte der Person vor uns zum Beispiel wirklich als Kritik gemeint waren, so überprüfen wir schnell, ob die Kritik berechtigt ist oder nicht. Falls sie berechtigt ist, hilft uns die Person sehr, denn wie sollten wir sonst auf etwas aufmerksam werden, was zu verbessern wäre. Wenn sie nicht zutrifft, so können wir froh sein und die Anteilnahme der Person an uns wertschätzen. Wenn das Problem bei der Person liegt, so entwickeln wir Mitgefühl und erkennen, dass es nicht persönlich war, dass es mit uns nicht viel zu tun hatte. Wir versuchen dann zu helfen so gut wir können.

Haben wir eine Tendenz dazu, uns alles gefallen zu lassen, können wir hier eine Gelegenheit entdecken, uns angemessen zu verteidigen, wenn es hilfreich ist. Es besteht jedoch auch die Möglichkeit, dass die Worte der Person uns gegenüber gar nicht als Kritik gemeint waren. Vielleicht war es eine Testsituation oder eine etwas ungeschickte Form, uns gegenüber gute Gefühle auszudrücken, oder wir konnten den Witz in den Worten einfach nicht nachvollziehen. In jedem Fall sollte man es mit dem Meister Shantideva (ca. 685 - 763) halten, der gesagt hat: „Entweder kann man etwas ändern, dann braucht man nicht ärgerlich zu werden, denn man kann ja etwas ändern, oder man kann nichts daran ändern, dann braucht man auch nicht ärgerlich zu werden, denn man kann sowieso nichts daran ändern." Also braucht man niemals ärgerlich zu werden.

Der begriffliche Geist - die Wurzel der Störgefühle

Wie auch immer, die eigene Beurteilung der Situation entscheidet, wie wir darauf reagieren. Die Wurzel für mögliche Störgefühle ist dabei immer der begriffliche Geist. Wir entscheiden durch unsere Beurteilung selbst, ob wir Glück oder Leiden erleben werden. Gehen wir positiv mit der jeweiligen Situation um, so ist auch das Resultat positiv, wir erleben Glück. Gehen wir negativ mit einer Situation um, so entstehen mehr Schwierigkeiten, wir erleben Leiden. Durch eine größere Bewusstheit erlangen wir die Möglichkeit, die alten Gewohnheiten zu ändern und nur noch Ursachen für dauerhaftes Glück zu schaffen.

So nähern wir uns immer mehr an die grundlegende Unwissenheit im Geist an, die uns von der Erkenntnis der wahren Natur des Geistes abhält. Diese Unwissenheit hat einen inneren und einen äußeren Aspekt. Der innere Aspekt ist die Illusion von der wahrhaften Existenz eines Selbst der Person, die Ich-Illusion, und der äußere Aspekt ist die Illusion bezüglich der wahrhaften Existenz der äußeren Welt. Man erkennt nicht, dass das Ich und die Anderen, Subjekt und Objekt, innen und außen, etc., immer voneinander abhängig sind. Sie sind leer von unabhängiger Existenz. Wird die Selbstlosigkeit der Person erkannt, so bedeutet dies Befreiung vom Kreislauf der Existenz. Wird die Selbstlosigkeit aller Erscheinungen erkannt, so ist dies vollkommene Erleuchtung, die Allwissenheit eines Buddha. Dies ist das Ziel jeder buddhistischen Praxis im Diamantweg.

Wird durch die Lehren Buddhas klar gezeigt, dass es keinerlei wahrhafte, unabhängige Existenz in den Phänomenen geben kann, so besteht die Gefahr, in das andere Extrem zu fallen, nämlich den Glauben an eine Nichtexistenz. Aber Nichtexistenz ist nur möglich im Vergleich zu Existenz, beide Vorstellungen entstehen abhängig voneinander. Und von der Existenz der Nichtexistenz auszugehen, ist schon ein Widerspruch in sich selbst. Damit erkennt man, dass sowohl Existentialismus als auch Nihilismus extreme Anschauungen sind, die die Wirklichkeit niemals erfassen können. Nur der Mittlere Weg, die Madhyamaka-Sichtweise, führt über alle extremen Anschauungen hinaus. Sie ist die Grundlage für eine korrekte Meditationspraxis. Erst wenn man alle falschen Auffassungen, alle begrifflichen Geisteszustände, hinter sich zurücklässt und die Dinge so erlebt, wie sie wirklich sind, wird Befreiung und Erleuchtung erlangt.

Nicht-begriffliche Meditation

Daher ist es wichtig, in der Meditation wenigstens für einen kurzen Moment über alle Begriffe hinauszugehen und in einem nicht-begrifflichen Zustand zu verweilen. Das heißt einerseits, alle Anhaftung an Begriffe loszulassen, andererseits aber auch nicht gegen sie anzukämpfen. Im Laufe der Zeit lernt man besonders durch die effektiven Methoden des Diamantweges, direkt auf die Natur des Geistes zu meditieren, ohne weiterhin durch Störgefühle und Beurteilungen abgelenkt zu sein. Die Meditationen der Geistesruhe und der Einsicht in die Natur des Geistes, die auf der Diamantweg-Ebene in der Form der aufbauenden und vollendenden Phase der Meditation enthalten sind, erfüllen vollständig diesen Zweck. Mit dem Wissen, dass die Natur unseres Geistes die Buddha-Natur ist, die bereits alle Qualitäten der Erleuchtung enthält, ist es möglich, in kurzer Zeit alle Störungen im Geist zu reinigen und die perfekten Buddha-Eigenschaften in uns zu entfalten.

TEIL 2

BUDDHISMUS IM WESTEN

Abb. 07 › Salzburg - Stupa auf dem Mönchsberg

BUDDHISTISCHE TRADITIONEN
IN EUROPA

Dieses Thema hat grundlegend zwei Aspekte: 1. Woher kommt das immer stärker werdende Interesse am Buddhismus in Europa? 2. Wie haben sich die buddhistischen Traditionen in Europa, besonders der Tibetische Buddhismus entwickelt? Hier sollen in kurzer Form beide Aspekte nacheinander erklärt werden.

Die Suche nach Wahrheit und tiefem Verständnis der Dinge ist ganz alte europäische Tradition - von den frühen Griechen angefangen, über die Mystiker des Mittelalters bis zu den großen Geistes- und Naturwissenschaftlern unserer heutigen Zeit. Die Suche nach der Essenz, nach dem Wesen der Dinge, drückt sich zwar in unterschiedlichen Kulturkreisen jeweils anders aus, führt aber tatsächlich weit über alle kulturellen Unterschiede hinaus. Daher verwundert es nicht, dass auch in Europa schon früh eine tiefe Auseinandersetzung mit dem Buddhismus stattfand - angefangen mit den Griechen, z.B. Demokrit (ca. 470 - 360 v. Chr.) und Plotin (204 - 270 n. Chr.). Je mehr Informationen dazu verfügbar wurden, desto intensiver wurde diese Auseinandersetzung.

Hierbei können grob vier Zeitabschnitte unterschieden werden:

1. Durch Reiseberichte (z.B. Marco Polo) und weitreichende Missionstätigkeit einiger christlicher Orden kamen schon im frühen Mittelalter die ersten Berichte über die Kultur und Religionen einiger asiatischer Völker nach Europa. Vor ca. 400 Jahren kamen mongolische Stämme (z.B. die Kalmüken und die Tartaren) über den Ural und damit nach Europa. Sie siedelten sich hauptsächlich in der Nähe des Schwarzen Meeres an.

2. Im 19. Jahrhundert und am Anfang des 20. Jahrhunderts gelangten die ersten Übersetzungen und Kommentare des Pali-Kanons nach Europa, d.h. in dieser Zeit kannte man fast ausschließlich die Lehren der alten Schule, der Theravada-Schule des südlichen Buddhismus

79

aus Sri Lanka, Burma oder Myanmar, Thailand usw. Nur wenige Buddhismus-Forscher beschäftigten sich überhaupt mit anderen Traditionen innerhalb Asiens. Der Ungar Alexander Csoma De Körös (1784 – 1842) war einer dieser Forscher. Er veröffentlichte im Jahr 1834 seine „Analyse des Kanjur", eine Übersicht über jene Sammlung von Lehren, die nach dem Tibetischen Buddhismus direkt auf den historischen Buddha Shakyamuni zurückgehen und später ins Tibetische übersetzt wurden (‚Kanjur'). Leider blieb seine Pionierarbeit damals auf Fachkreise beschränkt.

3. Im Jahr 1922 erschien die viel beachtete Erzählung „Siddharta" von Hermann Hesse, der 1946 den Literaturnobelpreis erhielt. Ungefähr ab 1930 wurden die ersten Mahayana-Schriften, die Lehren des Großen Fahrzeugs des nördlichen Buddhismus aus den Himalaya-Ländern, der Mongolei, China und Japan usw. in westliche Sprachen übersetzt. Gelehrte wie Professor Frauwallner an der Universität Wien und andere leisteten hier sehr gute Arbeit. Der 2. Weltkrieg verhinderte aber zu dieser Zeit eine intensive Auseinandersetzung mit dem Mahayana-Buddhismus. Erst Anfang der 50er Jahre wurde dies wieder aktuell.

4. Der vierte Zeitabschnitt begann, als Ende der 50er Jahre die Chinesen Tibet in Besitz nahmen und die tibetischen Lamas in die leichter zugänglichen Länder am Rande des Himalaya-Gebirges flohen, nach Nepal, Sikkim, Bhutan und Indien. Dies ermöglichte auch Westlern, Kontakt mit dem Tibetischen Buddhismus aufzunehmen. Allein aufgrund der einmaligen, von der übrigen Welt fast völlig abgeschnittenen Lage Tibets war hier eine riesige Bandbreite von Buddhas Lehre über die Jahrhunderte hinweg erhalten geblieben, also Sanskrit-Lehren des Fahrzeugs der Älteren oder Theravada, des Grossen Fahrzeugs oder Mahayana und des Geheimen Mantra-Fahrzeugs, des Diamantwegs oder Vajrayana. Dieser riesige Schatz an Lehren Buddhas steht nun seit ungefähr 40 Jahren der ganzen Welt und damit auch den Europäern offen.

Die Europäer interessieren sich von verschiedenen Ausgangspunkten her für den Buddhismus. Eine wichtige Annäherung geschah z.B. durch die **Philosophie**. Mit seinen tiefgründigen philosophischen Schulen, seiner umfassenden Ausbildung in Logik und Debatte faszinierte der Buddhismus schon früh viele große Philosophen. Angefangen von Arthur Schopenhauer über Nicolai Hartmann, Max Scheler, Albert Schweizer, Karl Jaspers bis hin zu Carl Fr. v. Weizsäcker in neuerer Zeit haben viele Philosophen Erkenntnisse aus den buddhistischen Lehren gewonnen.

Da zuerst nur der Theravada-Buddhismus, die alte Schule, in Europa bekannt wurde, hatte man nur Ausschnitte aus Buddhas Lehre zur Verfügung. So konnte es z.B. geschehen, dass die Wahrheit vom Leiden, die erste der vier Edlen Wahrheiten, sehr stark überbetont wurde und dass einige Philosophen daraus folgerten, dass der Buddhismus eine pessimistische Religion sein müsse, in der das Leiden eine zentrale Rolle spielen würde. Sie verstanden dabei nicht, dass der Buddha auch die Ursachen des Leidens erklärt und schließlich die Wahrheit vom Aufhören des Leidens sowie den Weg, der zum Aufhören des Leidens führt. Mit diesen Lehren ist es möglich, die Hauptleiden des Menschendaseins, nämlich Krankheit, Alter und Tod zu überwinden und bleibendes Glück zu erlangen.

Diese Begrenztheit der Information spiegelt sich teilweise auch heute noch in dem wider, was in einigen Schulbüchern über den Buddhismus gesagt wird. Statt eine gewisse Bandbreite von Buddhas Lehre darzustellen, wird oft noch immer ausschließlich der Theravada-Buddhismus als Grundlage genommen. Dies erkennt man leicht an der eher steifen Ausdrucksweise und daran, dass es hauptsächlich um äußeres Verhalten geht. Im Grossen Fahrzeug geht es dagegen in erster Linie um die innere Einstellung, um die Entwicklung von Liebe und Mitgefühl sowie höchste Weisheit, d.h. um eine Einstellung, die auf das Erlangen der vollkommenen Erleuchtung zum Besten aller Lebewesen gerichtet ist. Der Diamantweg beinhaltet darüber hinaus die reine Sicht der Dinge, was unmittelbare Identifikation mit Erleuchtung ermöglicht.

Aber die tiefe Weisheit buddhistischer Lehrinhalte ist nicht nur auf die Information in Schulbüchern beschränkt, sondern hat auch für die **Pädagogik** allgemein große Bedeutung. Man kann die buddhistische Lehre als ein umfassendes Programm zur Selbsterziehung verstehen. Hier geht es vor allem darum, negatives Handeln zu vermeiden und positives Handeln zu praktizieren, schlechte Gewohnheiten gegen bessere auszutauschen und schließlich alle Störgefühle und Vorurteile loszulassen, damit auf natürliche Weise Wissen und Weisheit entstehen können.

Das Interesse am Buddhismus galt aber von Anfang an nicht nur der Philosophie oder der Pädagogik. Z.B. hat der Buddhismus auch Aufnahme in die europäische **Kunst** gefunden. In der Malerei und Bildhauerei sind es Symbolisten, Surrealisten und Dadaisten wie Mondrian, Brancusi, Malewitsch und viele andere gewesen, die für den Buddhismus offen waren. Zahllose Musiker und andere Künstler waren und sind Buddhisten oder stark vom Buddhismus beeinflusst. Die Meditation, sowie Lehren über die Funktion der Sinneswahrnehmung im Erlebnisprozess und andere Weisheitslehren des Buddha haben diese Künstler inspiriert.

In der **Religion** gibt es viele Parallelen innerhalb der spirituellen Traditionen. Die christlichen Mystiker und die großen Yogis des Himalaya berichten von ähnlichen Erfahrungen. Heutzutage gibt es an vielen Plätzen einen interreligiösen Dialog, um sowohl Gemeinsamkeiten als auch Unterschiede z.B. im Vergleich zwischen Christentum und Buddhismus zu erkennen. So gibt es christliche Mönche, die sich die Meditationsmethoden des Zen-Buddhismus zunutze machen. Obwohl im Buddhismus niemals missioniert wird, steht er doch mit seiner Praxis auch Interessierten aus anderen Religionen offen. Ab einem gewissen Punkt jedoch, so sagt S.H. der Dalai Lama, muss man sich entscheiden, welcher Anschauung man folgt, da es auf der letztendlichen Ebene zu starke Unterschiede zwischen den Religionen gibt.

Auch die Erkenntnisse der **Naturwissenschaften** gehen mehr und mehr in Richtung der Lehren, die der Buddha schon vor ca. 2500 Jahren über die Grundbestandteile unserer Existenz gegeben hat. Sowohl im Mikrokosmos, z.B. in der Quantenphysik, als auch im Makrokosmos, also in Astronomie und Astrologie gibt es starke Annäherungen zwischen Wissenschaft und Buddhismus. So hat schon Albert Einstein gesagt: „Wenn es eine Religion gibt, die den modernen wissenschaftlichen Ansprüchen gewachsen ist, heißt sie Buddhismus." Auch Fritjof Capra, Carl Fr. v. Weizsäcker und viele andere haben darauf hingewiesen.

Das umfassende **Heilsystem** der tibetischen Medizin, die sich in all ihren Aspekten auf Buddhas Lehre stützt, hat schon seit Anfang des Jahrhunderts (z.B. in St. Petersburg in Russland) großes Interesse bei westlichen Medizinern und Therapeuten gefunden, da sich dieses System gezielt mit den eigentlichen Ursachen der Krankheiten beschäftigt und dabei ein ganzheitliches Menschenbild vertritt.

Auch in der **Psychologie** und der damit verbundenen Therapie macht man sich mehr und mehr die ins Einzelne gehenden Lehren des Buddha über die Funktionsweise des Geistes zunutze. Hier kann man William James besonders hervorheben, sowie C.G. Jung mit seinen Studien über die archetypischen Symbole; beide waren schon sehr früh vom Buddhismus beeinflusst. Heutzutage werden in Amerika große Psychologen- und Therapeutenkongresse veranstaltet, zu denen schwerpunktmäßig tibetische Lamas eingeladen werden, um ihre Erfahrung weiterzugeben. Das gleiche geschieht in kleinerem Rahmen auch hier in Europa.

Dies ist natürlich nur ein sehr kurzer Abriss der verschiedenen Verbindungspunkte zwischen der europäischen Kultur und dem Buddhismus. Es gibt zu einzelnen Gebieten aktive Arbeitsgruppen in europäischen Organisationen wie z.B. der Europäischen Buddhistischen Gesellschaft, der Europäischen Buddhistischen Union usw. Auch in den verschiedenen buddhistischen Meditationszentren setzt man sich mit der Bedeutung von Buddhas Lehre für die moderne Gesellschaft auseinander.

Wie kam der Tibetische Buddhismus nach Europa?

Einige tibetische Flüchtlinge waren schon unmittelbar nach der chinesischen Invasion in der Schweiz aufgenommen worden. Dies stellte Verbindungen her. Darüber hinaus luden mehr und mehr Universitäten gelehrte Lamas als Gastdozenten ein und führten wissenschaftliche Forschungsprojekte zur tibetischen Kultur, zur Geschichte und zur vergleichenden Sprachwissenschaft durch. Zur Rettung der tibetischen Hochkultur beauftragten außerdem Universitäten und große Museen Wissenschaftler, alte Schriften direkt in den Klöstern des Himalaya auf Mikrofilm aufzunehmen und zu untersuchen.

Die inhaltliche Verbindung zur Arbeit mit dem Geist entstand ab den 60er Jahren über einzelne Menschen, die in die Himalaya-Länder reisten und dem Tibetischen Buddhismus große Offenheit und viel Vertrauen entgegen brachten. Viele Reisende hatten schon eine Hippie- und Drogenzeit hinter sich und suchten etwas Tieferes, Bleibendes, eine authentische Überlieferung. Was sie fanden, waren Lehrer, die selbst in überzeugender Weise für das standen, was sie lehrten. Diese Pioniere wurden bald die ersten westlichen Schüler der tibetischen Lamas. Sie stellten damit die Verbindung her, um den reichen Schatz des Tibetischen Buddhismus auch Europäern und Interessierten aus anderen Kontinenten zugänglich zu machen.

Besonders hervorheben möchte ich hier ein dänisches Ehepaar, die späteren Lamas Hannah und Ole Nydahl. Sie waren unter den ersten westlichen Schülern S.H. des 16. Karmapa, des Oberhauptes der Karma Kagyü-Tradition. Lange Jahre studierten und praktizierten sie bei S.H. Karmapa und vielen anderen Lamas das grundlegende buddhistische Wissen und die verschiedenen Stufen der Meditation. Danach wurden sie autorisiert, selbst als Lehrer zu wirken, Meditationsgruppen zu gründen und Schüler auf ihrem geistigen Entwicklungsweg anzuleiten.

Durch die direkten Verbindungen in die Himalaya-Region bildeten sich in verschiedenen europäischen Ländern zuerst Gruppen von Freunden, die Lamas einluden und sich regelmäßig zur Meditation trafen. Diese Gruppen wurden größer, und langsam entstanden buddhistische Zentren in allen größeren Städten. Heutzutage gibt es in Deutschland mehr als 150 Gruppen und Zentren allein innerhalb der Karma Kagyü-Tradition. Auch die Nyingmapas und Gelugpas haben viele Zentren in Deutschland, während die Sakyapas vergleichsweise wenig vertreten sind.

Dabei stützt sich die Entwicklung in Mitteleuropa hauptsächlich auf den Laienbuddhismus, der die Integration von buddhistischer Praxis in den normalen Alltag ermöglicht. Alle Kagyü-Zentren sind in gemeinnützigen Vereinen organisiert und werden ausschließlich von Laien geleitet. Außerdem gibt es sogenannte Reiselehrer, die nach einer grundlegenden Ausbildung als Laienlehrer regional, überregional oder auch international durch die verschiedenen Zentren reisen und dort lehren. Für Interessierte bieten die Zentren ein reichhaltiges Meditations- und Studienangebot an, mit dem man unter schrittweiser Anleitung mehr und mehr den eigenen Geist kennen lernt. Ich hoffe, dass diese kurze Übersicht über die Entwicklung des Buddhismus in Europa nützlich ist und wünsche bei der Beschäftigung mit dem Buddhismus viel Glück.

Abb. 08 › der Diamantweg im Westen

DIE ENTWICKLUNG DES DHARMA IN DER MODERNEN GESELLSCHAFT

Das dritte Treffen buddhistischer Lehrer in Europa

Im September 1998 trafen sich im französischen Zen-Zentrum ‚La Gend-ronnière' südlich von Paris rund 30 europäische buddhistische Lehrer. Sie kamen aus acht verschiedenen Ländern und aus vielen wichtigen buddhistischen Traditionen. Das Ziel ihres insgesamt dritten Treffens war persönlicher Erfahrungsaustausch und eine Bestandsaufnahme bezüglich der Integration des Buddhismus in die moderne westliche Gesellschaft. Veranstalter dieses Treffens war die Europäische Buddhistische Union, die im Anschluss daran auch zu ihrer jährlichen Konferenz zusammenkam.

Das Zentrum ‚La Gendronnière' ist ein malerisch gelegenes Schloss an der Loire. Es liegt inmitten eines weitläufigen Waldgebietes mit riesigen Zedern, die an die Mammut-Bäume amerikanischer Nationalparks erinnern. Das Zentrum wurde vom Zen-Meister Taisen Deshimaru gegründet und seit seinem Tod im Jahre 1982 von seinen direkten Schülern geleitet. Den Lesern des Buches „Über alle Grenzen" von Lama Ole Nydahl ist es dadurch bekannt, dass der 16. Gyalwa Karmapa es im Januar 1975 besuchte - wobei er sich sehr über die Gewohnheiten der Zen-Mönche amüsierte. Zwei der Zen-Meister konnten sich bei dem Treffen noch in allen Einzelheiten an diesen Besuch S.H. Karmapas erinnern.

In dieser idealen Atmosphäre trafen sich nun die verschiedenen Lehrer aus Theravada, Zen und Tibetischem Buddhismus, wobei die Voraussetzung für die Teilnahme darin bestand, dass der jeweilige Lehrer in seiner Tradition mindestens zehn Jahre lang als Lehrer tätig und innerhalb von Europa aktiv war. Von der Karma-Kagyü Linie unter dem 17. Karmapa Thaye Dorje waren Hannah Nydahl und in Vertretung von Lama Ole Nydahl, der sein Programm in der Ukraine nicht unterbrechen konnte, Manfred Seegers anwesend.

Der erste Tag war ganz dem gegenseitigen Kennenlernen gewidmet - und der Situation der buddhistischen Lehrer selbst. Das wichtigste Thema war das der Autorisation eines buddhistischen Lehrers und der Übertragung innerhalb der jeweiligen Tradition. Dazu lag zum Beispiel eine Anfrage der italienischen Regierung vor, die vor einer Anerkennung des Buddhismus in Italien und der damit verbundenen Steuerbefreiung erst einmal klären wollte, was ein Dharma-Lehrer und was ein Mönch im Buddhismus ist.

Es wurde klar, dass in allen buddhistischen Traditionen die authentische Übertragung vom Lehrer zum Schüler eine zentrale Rolle spielt. Doch unterscheidet man verschiedene Arten von Lehrern. So ist speziell ein Wurzellehrer derjenige, der die letztendlichen Lehren gibt und den Schüler in die Natur seines Geistes einführt. Im Zen wird dies so beschrieben, dass der Lehrer durch eine Übertragung von Geist zu Geist dem Schüler hilft, die Schleier im Geist zu reinigen, die ihn von der Erkenntnis seiner innewohnenden Natur, der Buddha-Natur, abhalten.

Ein allgemeiner Dharma-Lehrer im Mahayana ist jemand, der eine gute Kenntnis der Lehre des Buddha besitzt und auf der Grundlage von Mitgefühl lehrt. Er wird hauptsächlich die Sichtweise lehren, die als Grundlage für die Meditation benötigt wird. Ein Lehrer des Diamantwegs hat im Vergleich dazu eine weit höhere Qualifikation. Beim Lehren der Meditationspraxis im Diamantweg spielen die authentische Übertragung und die innere Verwirklichung die entscheidende Rolle. Es ist in der Regel der eigene Lehrer, der bestimmt, wann jemand bereit ist, zu lehren und was er lehren kann. In allen Traditionen werden jedoch auch Kurse zur Ausbildung von Lehrern angeboten.

Weiterhin wurde noch einmal die gemeinsame Definition für eine buddhistische Gruppe bestätigt, die bereits bei früheren Treffen gefunden worden war. Das charakteristische Merkmal ist eine regelmäßige gemeinsame Meditationspraxis auf der Grundlage der buddhistischen Zuflucht, den fünf grundlegenden Regeln buddhistischer Ethik sowie der Sichtweise, die durch die ‚vier Siegel der Lehrrede des Buddha‘ bestimmt ist. Die Festlegung solcher Merkmale war ebenfalls notwendig geworden, weil eine Anerkennung des Buddhismus durch den Staat nur möglich ist, wenn alle Traditionen in dieser Hinsicht eine gemeinsame Grundlage haben.

Bei der Definition für einen Mönch oder eine Nonne waren sich alle Vertreter einig, außer den Zen-Schulen. Im vorigen Jahrhundert war in

Japan die Regel geändert worden, dass ein Mönch ungefähr 250 Versprechen ablegt, einschließlich sexueller Enthaltsamkeit. Zu jener Zeit wurden diese Regeln auf zehn reduziert, die nicht mehr notwendigerweise Enthaltsamkeit beinhalteten. Der Begriff ‚Zen-Mönch‘ wurde völlig anders verstanden. Ein entsprechender japanischer Ausdruck, wörtlich ‚Wolke und Wasser‘, bedeutet ‚das völlige Loslassen von allen Anhaftungen‘. Dieser Ausdruck wurde meistens mit dem Wort ‚Mönch‘ übersetzt, weil dies der Bedeutung am nächsten kam. Nach der allgemeinen, strengeren Auslegung handelte es sich hierbei jedoch um eine Ungenauigkeit in der Übersetzung.

Das Wort ‚Mönch‘ kommt aus der griechischen Sprache von ‚monos‘, was ‚allein‘ bedeutet. Hier ist in allen anderen Traditionen die sexuelle Enthaltsamkeit inbegriffen. Die Vertreter der Zen-Traditionen wurden daher gebeten, diesen Begriff möglichst im allgemeinen Sinne zu verwenden, um die Rollen in der Gesellschaft klar zu unterscheiden, zumal in dieser Tradition alle anderen Versprechen, wie z.B. das Bodhisattva-Versprechen, weitgehend mit den anderen Traditionen des Mahayana übereinstimmen.

Der zweite Tag des Treffens war vor allem dem Thema „Buddhismus und Gesellschaft" gewidmet. Zusätzlich zu allgemeinem Erfahrungsaustausch gab es einen konkreten Anlass: Der große EBU-Kongress im Oktober 2000 im Gebäude der UNESCO in Paris musste inhaltlich vorbereitet werden. Kleinere Gruppen arbeiteten verschiedene Themen dazu aus; in der Vollversammlung wurden sie dann breit diskutiert. Die wichtigsten Ergebnisse dieser Diskussion sind hier kurzer Form dargestellt:

Der Buddhismus inspiriert *Psychologie* und *Psychotherapie* sehr stark. Diskutiert wurden daher drei Gebiete: Zum einen ging es um verschiedene Wege, wie geistige Krankheiten geheilt werden können. Das allerdings sollte allgemeinen Therapeuten überlassen werden. Zum anderen ging es um die vielen Überschneidungen zwischen buddhistischen Methoden für geistige Entwicklung und verschiedenen Therapieformen, wenn nur kleinere Probleme behoben werden sollen und der Allgemeinzustand verbessert wird. Auf diesem Gebiet sind bereits viele buddhistische Therapeuten tätig. Die Meditation dagegen setzt beim gesunden Menschen an und führt ihn zur vollen Verwirklichung seines Potentials. Hierzu trägt die buddhistische Erkenntnislehre eine vollständige Beschreibung der fehlerhaften oder fehlerfreien Zustände des Geistes bei.

Die *buddhistische Ethik* vermittelt klare Werte, speziell in Bezug darauf, was aufzugeben ist und was anzunehmen ist. Man übernimmt die Verantwortung für das eigene Leben und löst die Probleme im eigenen Geist, d.h. von der Wurzel her. Es gibt keine grundlegende Schuld wie in anderen Religionen, sondern die beständige Möglichkeit, aus Fehlern zu lernen. Richtiges Verhalten bedeutet, anderen in keiner Weise zu schaden, sondern ihnen zu nützen, so viel man kann. Dies sorgt dafür, dass geistiger Friede erlangt werden kann, eine Freiheit von Störungen, die wiederum zur Grundlage für zeitlich bedingtes und letztendliches Glück wird, wenn sie mit der Einsicht in die Natur des Geistes verbunden ist.

Die buddhistische Ethik nimmt zu vielen wichtigen Themen Stellung, wie z.B. zu Sterbebegleitung, zu Tod und Wiedergeburt insgesamt, zu Abtreibung und Adoption, zur Medizin, kurz, zu jeder Form des Umgangs mit anderen Lebewesen und mit der Natur. *Engagement in der Gesellschaft* und *Buddhismus und Umwelt* sind daher weitere wichtige Themen. Hier engagieren sich bereits viele Buddhisten auf der Grundlage von Liebe und Mitgefühl bzw. im Sinne des Erleuchtungsgeistes im sozialen Bereich. Es gibt zahlreiche Projekte zur Unterstützung bedürftiger Menschen durch den Bau von Schulen und Krankenhäusern wie die ‚Himalaya Hilfe‘ und andere. Im weiteren Sinne kann man auch das Lehren des Dharma als Engagement in der Gesellschaft verstehen.

Im Umgang mit der Umwelt geht es immer darum, die Trennung zwischen dem Geist und seiner Umgebung zu überwinden und das Abhängige Entstehen in möglichst vielen Aspekten zu verstehen. Es nützt also nichts, nur die äußere Welt zu verändern, sondern wir müssen unser Verhältnis zur Welt ändern. Buddhistische Mönche in Thailand z.B. schützen den Wald, indem sie die Bäume ordinieren. Eine ordinierte Person wird sehr hoch geachtet in Thailand, und die Mönche rufen durch die Ordination der Bäume die Bevölkerung auf, auch den Wald zu achten.

Auch das Thema *Ausbildung aus buddhistischer Sicht* wurde besprochen. Die Weltreligion Buddhismus ist ein Bestandteil des Ethikunterrichtes an vielen Schulen. Daher werden buddhistische Zentren von Schulklassen besucht, manchmal sogar für ganze Projektwochen. Es werden buddhistische Lehrer in die Schulen eingeladen und Videos über Buddhismus gezeigt. Eltern und Lehrer werden in Fortbildungskursen an Volkshochschulen und Instituten für Lehrerfortbildung umfassend über Buddhismus informiert. Weiterhin finden Vorlesungen und Seminare an verschiedenen Universitäten statt. In Paris ist ein Institut gegründet worden, an dem man die Inhalte aller buddhistischen Traditionen studieren kann. Dies betrifft hauptsächlich das Angebot auf allgemeiner Ebene.

Natürlich geht es hier auch um die Ausbildung buddhistischer Kinder und Erwachsener. Bei den Kindern ist es wichtig, ihre Sprache zu sprechen und ihnen Inhalte zu vermitteln, die ihnen wirklichen Nutzen bringen, wie Umgang mit Störgefühlen, Konfliktbewältigung, klare Werte für ihr Verhalten und eine Vision für das ganze Leben. Als Hilfe dazu gibt es bereits umfangreiches Lehrmaterial. Hierzu soll jedoch auch eine Expertengruppe weiteres Material sammeln mit dem Ziel einer Veröffentlichung zu diesem Thema. Ein zusätzlicher Gesichtspunkt ist, dass sobald freiere Formen von Ausbildung entwickelt werden, diese sich schnell zu stark von den üblichen Formen unterscheiden können, so dass die Grenze sorgfältig ausgelotet werden muss. Bei den Erwachsenen gibt es bereits viele Studienangebote in den buddhistischen Zentren, die in den meisten Traditionen so direkt wie möglich auf die Praxis der Meditation bezogen sind.

Die *Meditationspraxis* war dann auch ein weiteres Thema, wobei hauptsächlich besprochen wurde, in welcher Form man den Teilnehmern des Kongresses 2000 Meditationserfahrungen nach den verschiedenen Traditionen vermitteln kann. Es wurde klar, dass es in dem großen Saal der UNESCO möglich sein wird, mit einfachen Mitteln eine entsprechende Atmosphäre herzustellen. Hierbei wurde auch die Frage diskutiert, die zum nächsten Thema hinführt, nämlich in wieweit der kulturelle Aspekt bei der Übertragung in die moderne Gesellschaft eine Rolle spielt.

Welche Verbindung besteht zwischen *Buddhismus und Kunst und Kultur*? Als Antwort auf diese Frage wurde zunächst festgestellt, dass die Essenz des Buddhismus an keine bestimmte Kultur gebunden ist. Dies zeigt schon die Tatsache, dass die Lehre des Buddha von Indien aus in viele Länder mit ihren jeweiligen Formen von Kunst und Kultur übertragen wurde. Im Westen ist das Bild vom Buddhismus jedoch noch sehr stark von dem jeweiligen kulturellen Erscheinungsbild seines asiatischen Ursprungs geprägt. Das hat sowohl zur Übernahme von zahlreichen Mythen und Legenden geführt als auch verschiedener Kunstformen. Wenn dies für den Erhalt der Lehre notwendig ist, hat es einen Nutzen. Wenn diese Mythen jedoch nicht hinterfragt werden, um an den wahren Kern zu gelangen, kann dies leicht dazu führen, dass der Buddhismus als exotisch betrachtet wird und damit seine Verwendung für das Leben in der modernen Gesellschaft erschwert oder sogar ausgeschlossen wird.

Tatsächlich ermöglicht die Arbeit mit dem Geist ein weit besseres Funktionieren im modernen Leben und damit auch eine höhere Wertschätzung der eigenen Kultur. Diese Integration hat ja bereits Mitte des vorigen Jahrhunderts im Westen begonnen, und nun kann man mit Recht sagen, dass der Buddhismus im Westen angekommen ist. Es wurde daher die Entscheidung getroffen, auf dem Kongress 2000 nur solche Künstler einzuladen, die auf der Grundlage des Buddhismus moderne Ausdrucksformen ihrer Kunst gefunden haben. In diesem Zusammenhang war auch eine Anfrage der bhutanesischen Regierung äußerst interessant, die darum bat, einen westlichen Dharma-Lehrer nach Bhutan zu senden, um den jungen Menschen dort den Buddhismus nahe zu bringen. Die Logik dahinter war, dass die jungen Bhutanesen sich von ihrer alten Kultur abwenden und sich stark für den Einfluss des Westens öffnen. Kommt ein buddhistischer Lehrer aus dem Westen, so sind sie eher bereit, von ihm die Lehre des Buddha anzunehmen.

Zur *Wissenschaft* steht die buddhistische Sicht nicht im Gegensatz, sondern sie hat eine weitere, ganzheitliche Perspektive davon. Die buddhistische Philosophie entfernt die Begrenzungen materialistischer oder nihilistischer Anschauungen und zeigt, wie Makrokosmos und Mikrokosmos, wie die äußere Welt, Körper und Geist des Menschen miteinander in Beziehung stehen.

Am letzten Tag der Tagung befassten sich die Dharma-Lehrer unter anderem mit den *Medien*. Dabei wurde die wichtige Rolle der Medien bei der Information der Bevölkerung über Buddhismus hervorgehoben. Sie ermöglichen vielen Menschen - ihrer Offenheit entsprechend - Verbindung mit dem Buddhismus zu bekommen. Der richtige Umgang mit den Medien bedeutet auch, achtsam zu sein, wenn der Buddhismus von außerhalb angegriffen wird (wie z.B. in Griechenland gelegentlich von der orthodoxen Kirche), dafür zu sorgen, dass korrekte Informationen weitergegeben werden, z.B. durch vorbereitete Pressemappen, Medienexperten in den Zentren, usw. Es bedeutet auch, als buddhistischer Lehrer zu trainieren, komplexe Sachverhalte für die Presse in wenigen Sätzen zusammenfassen zu können. In diesem Zusammenhang wurde auch besprochen, dass Auseinandersetzungen innerhalb buddhistischer Schulen möglichst intern ausgetragen werden sollten und nicht über die Presse. Hier muss der Buddhismus vor Verallgemeinerungen geschützt werden und die Konflikte müssen immer wieder an den Punkt zurückgeführt werden, wo sie tatsächlich stattfinden.

Abschließend sprachen viele Teilnehmer ihren Dank und ihre Freude darüber aus, dass dieses Treffen äußerst inspirierend und nützlich war, dass sich dabei Freundschaften entwickelt oder weiter gefestigt hätten, und dass es in einer konzentrierten und gleichzeitig entspannten Atmosphäre stattfand. Die EBU warb außerdem um Unterstützung für ihre Arbeit, die die weitere Integration des Buddhismus in die moderne Gesellschaft auf europäischer Ebene zum Inhalt hat.

Abb. 09 › S. H. der 16. Karmapa (rechts) und Jigme Rinpoche (links)

S. H. DES 16. KARMAPAS VORSTELLUNGEN ÜBER DIE ENTWICKLUNG DES DHARMA IM WESTEN

Vortrag von Jigme Rinpoche, Hamburg / Januar 1989
Neue Übersetzung und Bearbeitung: Manfred Seegers

Diesen mittlerweile historischen Vortrag hielt Jigme Rinpoche im Januar 1989 im buddhistischen Zentrum Hamburg. Zu dieser Zeit war die Gemeinschaft der Praktizierenden in Hamburg noch sehr überschaubar und neben den westlichen wurden auch sehr viele traditionelle Lehrer eingeladen. Das geschah noch kurz vor der Spaltung in der Karma Kagyü-Linie aufgrund der zwei Karmapa-Kandidaten. Deswegen war es umso wichtiger für alle Praktizierenden, mehr über S.H. den 16. Gyalwa Karmapa und seine Wünsche für den Westen zu erfahren. Gleichzeitig beschrieb Lama Jigmela als tibetischer Lama und Vertrauter des 16. Karmapa sehr genau die Rolle, die Lama Ole Nydahl und seine Frau Hannah bei der Umsetzung dieser Wünsche spielten und noch spielen.

Zu der Zeit sprach Lama Jigmela nur gebrochen Englisch. Sein Vortrag musste zunächst in flüssiges gesprochenes Englisch ,übersetzt' und anschließend für einen schriftlichen Artikel ins Deutsche übersetzt und bearbeitet werden. Dankenswerterweise gab er seine Zustimmung für die Veröffentlichung und die damit verbundene Überarbeitung seines Vortrags. Zusammen mit Frank Wiemer, der an der deutschen Bearbeitung beteiligt war, habe ich damals lange Zeit an der Formulierung gefeilt, um möglichst genau und verständlich den Sinn von Lama Jigmelas Worten zu treffen.

Inzwischen wurde der Vortrag als Artikel sowohl in der deutschen Buddhismus Heute als auch in der amerikanischen Buddhism Today gedruckt (die genauen bibliografischen Angaben zu den Artikeln finden sich am Ende des Buches.). Für die Auswahl der Artikel in diesem Buch scheint mir der Vortrag von Lama Jigmela wichtig zu sein, denn er zeigt sehr deutlich einige der Richtlinien für die Aktivität S.H. des 16. Gyalwa Karmapa und der Lamas und Lehrer, die für ihn arbeiten. Wiederum habe ich die Fassung von damals überarbeitet und auf den neuesten Stand der buddhistischen Begrifflichkeit und der deutschen Grammatik gebracht. Heute (im Jahr 2013) ist Jigme Rinpoche Generalsekretär der Karma Kagyü-Linie unter S.H. dem 17. Gyalwa Karmapa Thrinle Thaye Dorje. Hier folgt nun sein Vortrag aus dem Jahr 1989.

„Ein Verständnis des Hintergrundes für Gyalwa Karmapa ist sehr wichtig, denn er ist ein Beispiel dafür, wie wir selbst in der Zukunft nach und nach die Natur unseres Geistes erkennen werden. Der Hintergrund ist für alle gleich, nämlich wie man beginnt, die Erleuchtete Geisteseinstellung zu entwickeln, um zur Erleuchtung zu kommen. So war es auch mit Karmapa. Er ist ein großer Bodhisattva, der sich im Laufe der Geschichte genau in derselben Weise entwickelt hat wie der Buddha. Zuerst war er ein gewöhnliches Wesen, das zur Erleuchtung kommen wollte. Er praktizierte und führte die Handlungen eines Bodhisattvas aus. ‚Handeln wie ein Bodhisattva' bedeutet, das Bodhisattva-Versprechen zu nehmen und die Erleuchtete Geisteseinstellung zu entwickeln. Wir bemühen uns, Gutes zu tun und den Wesen in jeder nur möglichen Weise zu nutzen.

So beschloss Karmapa vor vielen tausend Jahren, ein Bodhisattva zu sein. Er hatte schon bald die Ebene des erleuchteten Geistes erreicht und wurde von da an unzählige Male in gewöhnlichen und außergewöhnlichen Formen, d.h. als Lebewesen der niederen Bereiche und als Bodhisattva oder als Lehrer wiedergeboren, um den Wesen zu helfen. In jedem Leben sprechen die Karmapas ein wenig darüber, und wenn wir all das, was wir erfahren, richtig verstehen, dann begann ihre Geschichte bevor diese Welt angefangen hat. Vor unvorstellbar langer Zeit hatten sie bereits die Bodhisattva-Einstellung mit dem Ziel, für alle fühlenden Wesen Gutes zu tun. S.H. Karmapa erschien in all diesen früheren Leben in verschiedenen Formen und unter verschiedenen Namen.

Zu einer bestimmten Zeit meditierte dieser Bodhisattva auf dem Weltenberg Meru (den wir aus den Vorbereitenden Übungen kennen). Seine Meditation dauerte 10 Millionen Jahre. Hohe Bodhisattvas sehen in der Meditation vieles vollkommen klar im Geist. Sie verstehen beispielsweise, wohin die Aktivität in der Zukunft gehen wird. Wenn wir im Dharma von Aktivität sprechen, meinen wir immer: Nutzen für die Wesen. Nun erkannten alle anderen Bodhisattvas, dass dieser Bodhisattva außerordentlich nützlich für die Lebewesen sein würde. Daher strahlten sie viele verschiedene Formen aus und gaben ihm den Namen ,Karmapa'. Das bedeutet ,Mann der Aktivität aller Buddhas'.

Zur selben Zeit erschienen auch 100.000 Dakinis und schenkten ihm ein besonderes Symbol - ein besonderes Siegeszeichen. Sie brachten ihm als Zeichen seiner Verwirklichung das Symbol eines großen Bodhisattvas dar. Sie erschufen aus ihrem Haar - was bedeutet, dass es sehr wertvoll ist und von jedem respektiert wird - eine Krone und schenkten sie ihm. Diese Krone ist eigentlich nicht physisch oder materiell, sondern sie drückt die zeitlose Qualität des Karmapa aus. Seit jener Zeit, wenn er in dieser Welt erscheint, ist sein Name Karmapa; und seitdem er diesen Namen trägt, hat er auch das Symbol der Schwarzen Krone. Er ist somit der Repräsentant der Aktivität aller Buddhas.

Doch nun zur Zukunft: Der Buddha, der die Handlungen der Erscheinungsform dieses Bodhisattvas fortsetzt, wird der sechste Buddha sein. Nach Buddha Shakyamuni, dem vierten Buddha, und dem nächsten Buddha Maitreya, wird der Buddha mit dem Namen ,Singhe' (tib. Senge) kommen. Das bedeutet ,Löwe'. So wird Karmapa also unter dem Namen ,Singhe' erscheinen. Er wird in derselben Funktion lehren wie Buddha Shakyamuni und bis dahin die Erscheinungsform als Bodhisattva fortsetzen.

Von Buddha Shakyamuni wird gesagt, dass nach seiner Erleuchtung, als er zu lehren begann, viele Tausende von Menschen seine Schüler wurden und in sehr kurzer Zeit zur Erleuchtung kamen. So steht auch in den Lehren über Karmapa: Falls es einige Praktizierende gibt, die bis dahin nicht zur Erleuchtung kommen konnten, (jeder kann jetzt sofort diesen Weg gehen, aber...) die alle Gelegenheiten verpasst haben, können sie Wünsche machen, in dieser Zeit als seine Hauptschüler wiedergeboren zu werden. Dadurch werden sie dann in der Lage sein, die Chance zur Erleuchtung zu nutzen. Karmapa gab dies als äußerst starken Wunsch in die Welt hinein. In dieser Weise wirkt Karmapas Aktivität jederzeit, nicht nur in dieser Welt, sondern auch in früheren Welten und in vielen anderen, späteren Welten.

Wenn wir nun über die Zeit sprechen, seit der Buddhismus nach Tibet gekommen ist, so begann dies etwa im siebten Jahrhundert und entwickelte sich langsam. Die erste offizielle Erscheinungsform von Karmapa, die in Tibet wiedergeboren wurde, erschien im 12. Jahrhundert - der erste Karmapa. Wir wissen, dass Karmapa schon vorher in Indien in vielen Formen als Yogi, Siddha oder Gelehrter gelebt hatte. Einige kennen wir, wie z.B. Saraha und andere, aber einige sind auch unbekannt geblieben. Bevor nun Karmapa nach Tibet kam, gingen viele Tibeter nach Indien, studierten die Praxis des Buddhismus und brachten sie anschließend mit zurück in ihre Heimat.

Jeder Kagyü kennt wohl Marpa, den Übersetzer. Er war einer der stärksten Persönlichkeiten. Marpa übersetzte alle Lehren, die er selbst in Indien praktiziert und verwirklicht hatte, ins Tibetische. Aber auch bei ihm spielte der Wunsch nach Verbindung mit dem Karmapa eine entscheidende Rolle, denn Marpa bekam in Indien immer wieder Kontakt mit Karmapas früherer Aktivität - z.B. mit Saraha. Saraha gab die ganze Mahamudra-Übertragung weiter, und in seiner Übertragungslinie gab es viele Mahasiddhas. Unter ihnen gab Tilopa all die Yogas weiter, die das Erreichen der Verwirklichung ermöglichen. Wir nennen diese Praktiken zwar die ‚Sechs Lehren von Naropa', aber sie waren schon von Tilopa, Saraha und Shawaripa gelehrt worden. Die Übertragung wurde also von allen Siddhas gemeinsam an Marpa weitergegeben.

Karmapa hat also vorher in Indien als Saraha gelebt, der der wichtigste Linienhalter der Mahamudra-Übertragungslinie war. Nach Tibet zurückgekehrt, gab Marpa die Übertragung an seinen Hauptschüler Milarepa weiter. Dann erhielt sie Gampopa und von diesem wurde sie Karmapa wieder zurückgegeben, als er in seiner offiziellen Form, für jeden sichtbar, nämlich als der erste Karmapa erschien. Karmapa inkarnierte sich dann als solcher immer wieder in Tibet, und sorgte auf diese Weise dafür, dass die Frische der Lehren erhalten blieb.

Der Grund, warum er nach Tibet gegangen war, ist leicht einzusehen: Zu dieser Zeit zerfiel der Buddhismus in Indien, da eine Menge Hindernisse entstanden waren, während er sich in Tibet langsam verbreitete. Alle Bodhisattvas, die vorher in Indien gelebt hatten, wurden allmählich in Tibet wiedergeboren. Man kann sehen, dass all die Shamarpas, Situ Rinpoches, Jamgon Kongtrul Rinpoches, Gyaltsap Rinpoches und Pawo Rinpoches in ihren vergangenen Inkarnationen auch schon in Indien gelebt hatten. Ebenso war es auch mit den Schülern, die Saraha oder Tilopa umgaben oder zur Zeit von Naropa lebten - alle wurden später nach und nach in Tibet wiedergeboren. Die Tibeter geben ja jedem einen neuen Namen, aber die großen Bodhisattvas hatten die Wurzeln ihrer Inkarnation bereits in Indien. Sie wurden in Tibet wiedergeboren, wo mehr Leute an der Praxis interessiert waren und gaben dort die Lehren weiter. Die Leute praktizierten sie und kamen dadurch zur Erleuchtung.

Seitdem es in Tibet wiederum Schwierigkeiten gibt - Zerstörung durch die Chinesen und einige andere Umstände - bat S.H. Karmapa bestimmte hohe Lamas, wie z.B. Trungpa Rinpoche oder Kalu Rinpoche, in die westlichen Länder zu gehen und den Leuten dort nützlich zu sein. So kam es dazu, dass jetzt in allen westlichen Ländern die Grundlage vorhanden ist, die Übertragung weiterzugeben. Ebenso haben jetzt die Menschen im Westen die Fähigkeit zu praktizieren, um die Erleuchtung zu erreichen. Man kann ja nie wissen, ob ihr Kontakt mit dem Buddhismus neu ist, oder ob sie schon eine alte Verbindung haben - z.B. als Schüler großer Meister oder als Personen, die bereits in Tibet gelebt haben und vielleicht früher sehr faul waren. Bei vielen gab es wohl immer eine Verbindung zum Dharma, aber sie waren nicht völlig befreit. Diese Leute machten dann starke Wünsche. Unser Karma gibt uns immer eine bestimmte Richtung - in diesem Fall die Richtung, sich an bestimmten Orten wieder zu treffen und die Gewohnheiten der Vergangenheit fortzusetzen, wobei wir hier nur über die Verbindung mit dem Dharma sprechen.

Zu bestimmten Zeiten hat man also die Gelegenheit, wieder Kontakt aufzunehmen, und so sollten wir dieses Mal einen geeigneten Weg verwenden. Wenn wir nicht den richtigen Weg gehen, so gibt es wieder eine Verzögerung und die Zeiten ändern sich wieder. Dass wir den richtigen Weg gehen, ist sowohl der Wunsch eines Bodhisattvas wie Karmapa, als auch unser eigener, und auf diesen Wunsch haben Fleiß und Faulheit einigen Einfluss. So führt z.B. Faulheit immer zu Verzögerungen. In dieser Weise entwickeln sich die karmischen Verbindungen. Wir verlieren sie zwar nicht so leicht, aber wenn wir uns nicht weiterentwickeln, erlangen wir auch nie die Befreiung. So ist der Wunsch der Bodhisattvas und ihr Segen nie weit entfernt. Aber die Fehler, die mit den Umständen des Samsara verbunden sind, ziehen uns immer nach unten, wenn wir uns nicht anstrengen. Das bringt dann weitere Verzögerung, es geht immer wieder im Kreis für eine bestimmte Zeit, und dann treffen wir uns wieder - Ihr kennt diese Umstände.

Dies ist jetzt eine wichtige Zeit für uns, denn wir können den gleichen Weg gehen wie die Bodhisattvas. Wir haben die Möglichkeit dazu, und wir haben auch die gleiche Gelegenheit, zur Erleuchtung zu kommen. Das Problem liegt aber in den gegenwärtigen Umständen, d.h. in den gegenwärtigen Bedingungen des Kreislaufs der Existenz, den Bedingungen unserer eigenen Störgefühle. Daraus entstehen eine Menge Gründe, diese Chance zu verpassen. Manchmal ändert sich unser Geist: Zu einer bestimmten Zeit sind wir sehr an der Dharmapraxis interessiert - das ist ein sehr guter Weg. Zu einer anderen Zeit erleben wir bestimmte Umstände, die uns das Interesse verlieren lassen. Ich meine, das ist kein grundlegendes Karma, sondern eher eine Art ‚Umstände-Karma‘, wenn wir uns etwas zu weit entfernen und dann wieder zurückkommen und ein klein wenig tun. Das vergeudet viele Gelegenheiten - wir alle haben ja den Weg der Praxis noch nicht vollendet. Manchmal haben wir starkes Vertrauen, manchmal weniger Vertrauen, manchmal sehen wir nur die äußeren Umstände: „Ich kann das tun“ - oder „Ich kann es nicht“ - all diese Dinge.

Eigentlich hat jeder hier die Verbindung. Es ist vollkommen sicher, dass es eine grundlegende Verbindung aus der Vergangenheit gibt.

Sonst wäre es unmöglich, sich hier in einem tibetisch-buddhistischen Zentrum zu begegnen. Andererseits sind wir immer noch nicht befreit oder erleuchtet. Da muss früher etwas schief gelaufen sein. Das darf uns nicht wieder passieren. Bei jedem gibt es viele Veränderungen, das ist ganz normal, aber es gibt doch einige wichtige Dinge zu beachten, wie z.B. den Weg der Sechs Paramitas, besonders Fleiss, Geduld und Meditationspraxis. Wenn wir selbst tiefer darin eindringen, werden wir nicht mehr von den Umstände-Hindernissen fortgerissen. Das ist sehr wichtig. Wir machen die Praxis und entwickeln die Erleuchtete Geisteseinstellung (*Bodhicitta*).

Am Anfang können wir keine großen Dinge vollbringen, aber selbst kleine Ideen werden allen fühlenden Wesen helfen. Zur selben Zeit wächst unsere Praxis sehr leicht und mehr und mehr kommt auch die Erkenntnis von der Natur unseres Geistes. Dies geschieht genauso wie bei den Bodhisattvas der Vergangenheit. Als erster Schritt ist Engagement sehr wichtig, und danach ist Handeln sehr wichtig. Handelt weiterhin!

Die Vorstellungen S.H. des 16. Karmapa

Welche Vorstellungen hatte Karmapa, was wollte er in Europa und im Westen tun? Bis zum Jahre 1974 waren durch die ersten Lamas, die hierher kamen, einige Vorbereitungen getroffen worden. Dann besuchte Seine Heiligkeit Amerika und auch für kurze Zeit Europa. Er sah, dass er sowohl in Amerika als auch in Europa den Wesen nützlich sein konnte und wählte daher zu jener Zeit einen Ort, dem er den Namen ‚Sitz von Karmapa' gab. Damit ist nicht etwa ein Gebäude gemeint oder etwas Ähnliches, sondern es ist die Übertragung, die auf einen Platz gelegt wird.

Diese Übertragung gilt nicht nur für einige Lebenszeiten, sondern ich denke, hier geschieht alles in genau derselben Weise wie damals in Tibet: Zuerst schaffen bestimmte Leute die Voraussetzungen, dass die Lehren in die westliche Kultur und Sprache übertragen werden, und dann, so nach und nach, werden auch die Bodhisattvas dort wiedergeboren. Dies geschieht in Asien oder Europa oder auch in

Amerika - jeweils dort, wo die Möglichkeit für die Entwicklung des Dharma größer ist - genauso wie in Tibet. S.H. Karmapa hat nicht klar gesagt, dass er hier oder da wiedergeboren wird, aber ich denke, wenn er den Namen ‚Sitz von Karmapa' gibt, so bedeutet das, dass allmählich einige seiner Schüler dort wiedergeboren werden und sehr hart arbeiten, um die notwendigen Voraussetzungen für jeden zu schaffen.

Nach einiger Zeit wird er dann in der Lage sein, auch zu kommen. So traf er also eine sehr wichtige Wahl sowohl in Amerika als auch in Europa. Danach trieb er aber die Entwicklung nicht an, sondern ließ es so, wie es war, er ließ es so wie einen leeren Platz liegen. Nun arbeiten wir ganz langsam damit. Aber arbeiten heißt: nicht nur für eine Lebenszeit, sondern viele Jahrhunderte zum Nutzen aller Leute im Lande, genauso wie damals, als sie in Tibet begannen.

Karmapa gab auch keine genauen Anweisungen, er will zum Beispiel nicht jeden zum Buddhismus hin umwandeln oder alles vereinnahmen, sondern er möchte durch den Platz nur eine Gelegenheit bieten. Er lässt die Leute entsprechend ihrem eigenen Wunsch weitergehen und Entschlüsse fassen, und sie machen ihre Praxis. Sie werden auch nicht von den Lamas gezwungen, sondern Leute mit allen Arten von Fähigkeiten bekommen Hilfe, um im Dharma zu wachsen. Die Menschen, die eine Verbindung mit dem Karmapa haben, sind ja sehr verschieden. Sie arbeiten, um sich gegenseitig zu helfen und für eine wachsende Möglichkeit, den Weg zu gehen.

So geschieht alles nach dem Wunsch und auch nach dem Karma der Leute. Karma bedeutet hier nicht gutes oder schlechtes Karma, sondern was du vorher warst. Viele hatten ja schon früher den Kontakt, sind aber noch gewöhnliche Leute, die wieder und wieder unter dem Einfluss von Unwissenheit in Samsara wiedergeboren werden und durch das Karma zurückkommen.

Einige haben starke Wünsche gemacht und sich entschlossen, die Erleuchtete Geisteseinstellung zu entwickeln. Sie sind daher Bodhisattvas - nicht auf einer hohen, sondern auf einer normalen Ebene. Sie kommen durch den Bodhisattva-Wunsch zurück. Ihre Leben sind sehr aktiv und sie können vielen Leuten helfen. Einige haben eine höhere Verwirklichung, aber Bodhisattva sein bedeutet nicht, dass jemand in jedem Fall auf einer hohen Stufe ist. Es gibt viele verschiedene Ebenen. Einige kommen sogar in einer gewöhnlichen Form, obwohl sie auf einer hohen Stufe sind. Sie tun dies in Übereinstimmung mit den Leuten, wo es notwendig ist zu helfen. So sind viele Dinge möglich. In dieser Weise wird den westlichen Ländern ebenfalls eine Gelegenheit geboten. Jeder Bodhisattva engagiert sich mit seinem Wunsch und versucht, den fühlenden Wesen zu helfen. Das ist der Grund, warum man auch andere Schulen im Buddhismus akzeptieren sollte. Es gibt nicht etwa eine, die gut ist und eine, die schlecht ist, sondern alle sind gut.

Es kommen aber bei der Übertragung des Dharma in den Westen immer noch die alten Gefühle und Verbindungen hoch. In Deutschland kam zum Beispiel zu allererst die Karma-Kagyü-Tradition in Hamburg auf. Bei seinem zweiten Besuch in Europa, 1977, besuchte seine Heiligkeit Karmapa nach Dänemark auch Deutschland. Obwohl einige Leute gerne ein Zentrum für ihn gemacht hätten, gab er ihnen keine Antwort auf ihre Bitte. Stattdessen ließ er Freunde von Lama Ole, die gerne ein Karma-Kagyü Zentrum aufbauen wollten, dies auch tun, indem er zu Lama Ole sagte: „Es ist schon spät und es sollte jetzt beginnen, darum lass sie es machen, wenn sie es wünschen, es muss anfangen." Das bedeutet, dass nicht einfach eine willkürliche Sammlung von Leuten stattfindet, die die eigene Tradition weiterführen, sondern dass es aus dem Karma heraus geschieht, als Resultat des Karmas der Vergangenheit. So können die, die jetzt hier wiedergeboren sind, sich diesmal weiterentwickeln, besonders in Bezug auf die Lehren, die sie früher bekommen haben. Dies fortzusetzen, gibt der Entwicklung eine viel tiefere Qualität als ein neuer Kontakt.

Wir wissen es natürlich nicht, jeder ist unwissend - niemand kann sagen: „ich war dies", oder „ich war das" - aber es ist ganz sicher, dass es eine Menge Verbindung gibt. Das ist wohl der Grund, warum seine Heiligkeit alles in der gleichen Weise formen wollte, wie es der Name ‚Karma-Kagyü' schon sagt: ‚Karma' bedeutet die Aktivität des Karma, ‚Ka' die Lehren und ‚gyü' bedeutet Übertragung. Der Name ‚Karma' steht auch für die Aktivität aller Buddhas - Karmapa, und ‚Kagyü' ist die Übertragung der Lehren von früher bis jetzt. So wollte Karmapa weiterhin Leute bekommen, die die Verbindung aus der vergangenen Zeit haben.

Dann wuchs es hier in Hamburg und an bestimmten anderen Plätzen. Später sagte S.H. Karmapa auch zu Lama Ole: „Du gehst nicht ins Retreat." Zuerst wollten Hannah und Ole das allererste Drei-Jahres-Retreat unter Kalu Rinpoche in Plaige mitmachen. Aber seine Heiligkeit sagte zu der Zeit: „Ihr solltet nicht ins Drei-Jahres-Retreat gehen, ihr müsst Energie in den Norden Europas stecken, Dänemark, Deutschland usw. Ihr solltet wirklich starke Anstrengungen machen, die notwendig für die Entwicklung der Leute sind, und es sollten auch alle zusammen den Weg gehen." Das bedeutet, er bat sehr energisch darum, eine gute Grundlage zu schaffen, und daher arbeiten alle zusammen und machen keine Spaltung.

Später bat S.H. Karmapa auch mich, bei den notwendigen Dingen zu helfen. Das ist also der Grund, warum Lama Ole am Anfang sehr stark betonte, dass alle Zentren zusammen sein sollten, der Grund, warum ihnen Seine Heiligkeit gesagt hat, dass sie den Weg zusammen gehen müssen. Zusammen heisst aber, dass später ganz langsam die Lehren kommen, die notwendig sind. Es hat sich ja beispielsweise in Deutschland seither vieles entwickelt. Deshalb gibt es inzwischen viele Möglichkeiten: Die Leute können den traditionellen Weg des Drei-Jahres-Retreats gehen und ebenso die normale Art der Praxis machen. Sie können auch studieren - langsam entwickelt sich auch die Gelegenheit dazu. Es steht also eine bestimmte Form von grundlegenden Möglichkeiten offen.

Nun gilt es, einige wichtige Dinge im Geist zu halten: Der erste wichtige Punkt ist das individuelle Engagement, den Buddhismus zu praktizieren. Der zweite wichtige Punkt ist die Entwicklung der Erleuchteten Geisteseinstellung, denn dies ist am wichtigsten für uns selbst. Dann ein weiterer Punkt: hier gibt es ein paar Möglichkeiten - z.B. die, dass wir fähig sind, die Übertragung zu empfangen in Übereinstimmung mit unserer eigenen Kapazität. Wir sind fähig, die Lehren zu empfangen und dadurch anderen nützlich zu sein. Weiter ist es sehr wichtig, dass wir mehr Lehren von Buddha selbst studieren. Wir lernen mehr und übersetzen alles, was an Lehren in Tibet existiert, in die jeweilige Sprache des Landes, ins Deutsche, Französische oder Dänische usw., und zur selben Zeit machen wir auch unsere Praxis.

Wir machen z.B. die Karmapa-Meditation, den Guru-Yoga auf Karmapa. In jeder Funktion, in jeder Praxis, in allem, was wir tun, sind wir, wenn wir den Guru-Yoga machen, untrennbar von Karmapas Segen und von der Natur unseres Geistes, die wie Buddha ist. Untrennbar von Karmapa zu sein, das bedeutet, dass wir seinen Segen und alle seine Qualitäten bekommen. Wenn wir das also machen und praktizieren oder irgendeine Aktivität ausführen, erhalten wir dabei auf ganz natürliche Weise viel Segen und Hilfe von Karmapa.

Jedesmal wenn eine Erfahrung aus unserer Praxis entsteht, können wir tiefer hineingehen. Am Anfang können wir noch nicht sehr tief eindringen, denn alle Lehren sind in Übereinstimmung mit unserem Geist. Wenn wir also praktizieren, die Praxis lernen und anwenden, jedesmal wenn eine Erfahrung entsteht, gibt sie uns mehr Bedeutung. Gewöhnlich sind alle Lehren so. Am Anfang verstehen wir einen Teil davon. Wenn wir dann praktizieren, können wir tiefer hineingehen. Solange wir keine Praxis machen, können wir nicht tief hineingehen. Es ist nicht so wie mit der Technik. Technische Dinge braucht man oft nur zu sehen, und schon kann man damit umgehen. Aber bei den Lehren, der Begründung der Lehren der Übertragungslinie, studiert man zuerst, dann kann man es verstehen, und weiterhin muss man praktizieren. Wenn man praktiziert, erlangt man als Resultat der Praxis ein tieferes Verständnis. So soll man sich mehr und mehr entwickeln.

Das ist dieselbe Art und Weise, wie Marpa und viele andere Übersetzer in Tibet es gemacht haben: Sie entwickelten sich immer weiter und am Ende verwirklichten sie die volle Bedeutung. So konnten sie alles in die tibetische Sprache übertragen, denn Indien und Tibet sind völlig verschieden. Die Kultur ist verschieden, die Ideen sind verschieden, das Wissen ist verschieden. Aber Buddha gab die Lehren insgesamt in indischer Sprache, in der indischen Art und Weise. Daher sind die Tibeter nach Indien gegangen und lernten alles, um es ins Tibetische zu übersetzen. Ich denke, der Grundgedanke von S.H. Karmapas Wunsch ist der gleiche.

Europäische Buddhisten werden all die Lehren in die europäischen Ideen übertragen. Dasselbe werden Amerikaner tun, jeder. Aber die Leute werden auch die Praxis machen, lernen und übersetzen und mehr und mehr Verständnis entwickeln, tiefer und tiefer. Das bedeutet, mit bestimmten Wünschen können einige Europäer sogar Übersetzer wie Marpa werden. Viele von ihnen können wie Marpa werden, das heisst eine wirkliche Übertragung weitergeben. Bis dahin können wir uns entsprechend unseren Fähigkeiten entwickeln. Das ist die Grundidee S.H. Karmapas: Alle Lehren in die westlichen Sprachen, Kulturen, Ideen usw. zu übertragen. Das bewirkt einen großen Nutzen, genauso wie damals in Tibet."

Schauen wir ausgehend von diesem Vortrag im Jahr 1989 auf die weitere Entwicklung des Dharma im Westen, so hat die Vision S.H. des 16. Karmapa nichts von ihrer großen Bedeutung verloren. Der 16. Karmapa hat noch vor seinem Tod im Jahr 1981 durch seine Reisen in den Westen selbst den Grundstein für die Übertragung der Karma Kagyü-Lehren gelegt. Von dieser Zeit an haben viele Lamas der Linie, allen voran Hannah und Lama Ole Nydahl, durch ihre weitreichende und unermüdliche Aktivität im Auftrag Karmapas und auf Einladung ihrer Freunde im Westen viele Meditationsgruppen und Zentren gegründet. Sie sind daher ebenso mit Marpa, dem Gründungsvater der Kagyü-Tradition, zu vergleichen. Durch ihre Arbeit rund um die Welt haben sie unzähligen Menschen die kraftvollen Mittel des Diamantwegs zugänglich gemacht und sie auf ihrem Weg angeleitet. Ihnen ist offensichtlich die historische Wende zu verdanken, dass die höchsten Lehren Buddhas nicht in einem großen Museum namens Tibet verschwunden sind, sondern heute von gut ausgebildeten Menschen in der modernen westlichen Gesellschaft tatsächlich mit großem Nutzen verwendet werden.

Abb. 10 › Buddha zeigt den Weg zu bleibendem Glück

MIT WELTANSCHAUUNGS-BEAUFTRAGTEN IM GESPRÄCH

Der Anlass für diesen Artikel war ein Gespräch des Autors mit Weltanschauungsbeauftragten der christlichen Kirchen über den Diamantweg-Buddhismus im Rahmen des sogenannten „Interreligiösen Dialogs". Es gab dabei neben einigen aktuellen Fragen vor allem Gesprächsthemen von allgemeiner Natur. Diese Themen hatten die Kirchenvertreter schon vorher beschäftigt und waren ihnen offensichtlich wichtig. Sie verdienen es, hier dokumentiert zu werden.

Nach einer kurzen einführenden Erklärung über den Diamantweg-Buddhismus ging es zunächst um die Karmapa-Krise in der Kagyü-Linie, und wie der Diamantweg-Buddhismus zum Dalai Lama stünde. Die Antwort war, dass es schon öfter in der Geschichte der Linie zwei oder mehr Kandidaten für die Rolle des Karmapa gegeben hat, und dass sich im Laufe der Zeit immer eindeutig gezeigt hat, welcher Kandidat die notwendigen Qualitäten eines Karmapa besaß. Darauf können wir auch im aktuellen Fall vertrauen. Bezüglich der Verbindung zum Dalai Lama: Es finden immer wieder Gespräche über dieses Thema zwischen der Leitung der Karma Kagyü-Linie und dem Dalai Lama statt, um eine Lösung zu finden.

Die nächste Frage war, wie es um Lama Ole Nydahl als ‚Lifestyle-Lama' steht, ob nicht das Ideal des Buddhismus asketische Praxis wäre. Die Antwort darauf war, dass dieses Ideal eher im Theravada eine Rolle spielt, aber im Mahayana oder Vajrayana nicht im Vordergrund steht. Lama Oles Stil wäre es, einen modernen Buddhismus zu vertreten, den man auch im täglichen Leben verwenden kann. Andernfalls bestünde die Gefahr, dass der Buddhismus zu exotisch wäre und mit der modernen Gesellschaft nichts zu tun hätte. Das schnelle Motorrad Fahren und Fallschirm Springen wäre eine Möglichkeit, zu testen, ob die Meditation tatsächlich solche Qualitäten wie Furchtlosigkeit und Freude bei den länger Praktizierenden entwickelt.

Dann ging es darum, wie einige strittige Punkte auf dem Gebiet Karma zu verstehen seien, z.B. ob Karma immer individuell ist, oder ob es auch kollektives Karma gibt, wie bei Naturkatastrophen usw. Die Antwort, dass auch bei gemeinsamen Erlebnissen die Erfahrung immer individuell ist, war zunächst schwer zu verstehen. Erst die weitere Erklärung, dass jeder eine bestimmte Situation sehr unterschiedlich erfährt, dass es z.B. für jeden einzelnen möglich ist, alle Schwierigkeiten, auch die gemeinsam erfahrenen, in Lernprozesse umzuwandeln und dadurch besser mit Problemen umzugehen, leuchtete ein. Es wurde auch deutlich, dass aus buddhistischer Sicht das Heranreifen von Karma nichts mit Vergeltung zu tun hat, was eine eher moralische Interpretation wäre, sondern dass hier ein klares, fast wissenschaftlich nüchternes Verständnis von Ursache und Wirkung angebracht ist. Denn positives Handeln bringt Glück und negatives Handeln Leid, wobei die Wurzel-Ursache für alle Schwierigkeiten grundlegende Unwissenheit ist. Dieses Verständnis führt dazu, die Verantwortung für das eigene Leben selbst in die Hand zu nehmen.

Ein weiteres Thema war, wie man denn Konvertit wird, also zum Buddhismus übertritt. Die Antwort war, dass nicht alle von der einen Religion zu der anderen ,übertreten', sondern dass viele schon lange auf der Suche nach bleibenden Werten sind und dann z.B. ausprobieren wollen, ob ihnen die buddhistische Praxis etwas bringt. So kommen sie zum Buddhismus und testen die Meditation bei einer alteingesessenen Übertragungslinie. Wenn sie dann feststellen, dass es ihnen gut tut, bleiben sie, sonst gehen sie woanders hin. Wenn möglich, hilft ihnen jedes buddhistische Zentrum auch gerne dabei herauszufinden, was für sie passt. Die Leute können einfach mal ausprobieren. Viele kommen und gehen. Es wird niemals missioniert, sondern jeder freut sich, wenn sie etwas finden, das sie wirklich froh macht. Eine weitere Möglichkeit sind öffentliche Veranstaltungen wie Vorträge, Kurse oder Ausstellungen für buddhistische Kunst, durch die immer wieder viele Menschen auf die Qualitäten in ihrem eigenen Geist aufmerksam werden und anfangen zu meditieren.

Ein auch allgemein viel diskutiertes Thema sind die Gemeinsamkeiten und die Unterschiede zwischen Buddhismus und Wissenschaft. Man kann den Buddhismus durchaus als eine Art Geisteswissenschaft verstehen. Allerdings muss hier der Unterschied zwischen Wissen und Erfahrung beachtet werden. Wissenschaft schafft Wissen, welches positiv oder negativ verwendet werden kann. Buddhismus zielt auf Erfahrung ab, die Erfahrung von bleibendem Glück. Alle Religionen haben die Verantwortung, eine Grundlage für ethisches Verhalten zu geben, damit die Menschen klare Anhaltspunkte dafür bekommen, was richtig ist und was falsch, was Glück bringt oder Leid.

Eine weitere wissenschaftliche Frage, die auch allgemein oft gestellt wird, ist, welche Rolle das Gehirn in den Erkenntnisprozessen spielt. Dazu die Antwort: Die Wissenschaft braucht in der Regel etwas, das sie messen und statistisch untersuchen kann. Daher ist die heutige Hirnforschung noch immer sehr stark von materialistischen Vorstellungen geprägt. Hier wird das Gehirn oft als Ursache für den Geist betrachtet. Die buddhistische Sicht steht in Bezug auf die messbaren Forschungsergebnisse nicht im Widerspruch zur wissenschaftlichen Sicht, hat aber eine andere Perspektive darauf - nämlich die Perspektive des Geistes. Der Geiststrom ist die Ursache für das Erleben und die Erkenntnisprozesse, das Gehirn eine mitwirkende Bedingung. Man kann auch sagen, das Gehirn ist ein Instrument für den Geist. Fällt diese Bedingung weg, geht das Erleben weiter, was z.B. Nahtod-Erfahrungen belegen. Weil der Geist kein Ding ist, sondern die Bewusstheit von den Dingen, kann er nicht verloren gehen oder zerstört werden. Der Geiststrom ist auch die Grundlage für eine Wiedergeburt, solange wir nicht vom Kreislauf der Existenz befreit sind.

Eine etwas speziellere Frage war ebenfalls von Interesse: Was ist die Bedeutung von Mantras im Tibetischen Buddhismus und wie werden sie verwendet? Die Antwort: Der Begriff ‚Mantra' bedeutet wörtlich ‚Schutz für den Geist'. Durch die Rezitation eines Mantras wird der Geist vor Störungen geschützt und die Schleier der Rede gereinigt. Gleichzeitig wird eine bestimmte Qualität wie Furchtlosigkeit, Freude oder Mitgefühl im Geist aktiviert und zur vollen Entfaltung gebracht. Diese Qualität wird durch den jeweiligen Buddha-Aspekt ausgedrückt, dessen Namen in dem Mantra enthalten ist. Da das Mantra hauptsächlich auf der Ebene der Schwingung wirkt und mit den Wünschen des Buddha zum Besten der Wesen aufgeladen ist, wird es immer in der Originalsprache Sanskrit belassen.

Ein eher psychologisches Thema schnitt folgende Frage an: Was ist die Rolle der Emotionen bei der Geistesschulung im Diamantweg? In der allgemeinen Psychotherapie wird geraten, die Emotionen nicht zu unterdrücken, sondern unmittelbar auszuleben. Dies mag ein probates Mittel sein, um unterdrückte Emotionen bewusst zu machen und eventuelle Störungen in diesem Bereich zu beheben. Allerdings wirken die buddhistischen Mittel schwerpunktmäßig vom gesunden bis zum befreiten und erleuchteten Zustand. Hier wäre es ein Fehler, Energie in irgendwelche störenden Emotionen oder Trips zu investieren. Am Anfang vermeiden wir daher nach Möglichkeit Situationen, die Störgefühle hervorrufen können. Ist der Geist stabiler, können wir das jeweilige Gegenmittel verwenden, so wie Freigebigkeit gegen Anhaftung, Geduld und Mitgefühl gegen Zorn und das Verstehen von Zusammenhängen gegen Unwissenheit. Auf höchster Ebene lassen wir die Emotionen einfach vorbeiziehen und erkennen ihre wahre Essenz als Weisheit. Dies ist allerdings nur auf der Grundlage einer regelmäßigen Arbeit mit dem Geist möglich.

Eine Reihe weiterer Fragen zielte auf bestimmte Praktiken, die im Sterbeprozess angewandt werden, wie die ‚Übertragung des Bewusstseins in ein Reines Land' (‚Phowa') oder auch Rituale und Praktiken, die andere buddhistische Schulen in Asien verwenden, wie z.B. der Zen-Buddhismus. Zum ersten Themenbereich gibt es ein Buch von Lama Ole Nydahl mit dem Titel „Von Tod und Wiedergeburt". Hier findet man Antworten zu fast allen Fragen, die in diesem Zusammenhang auftauchen können. Zu den Meditationspraktiken anderer Traditionen werden die genauen Erklärungen nur dann gegeben, wenn man selbst die entsprechende Praxis in dieser Tradition erlernt. Denn es geht im Buddhismus nicht in erster Linie um Wissen, sondern um Erfahrung. Wissen ist nur in dem Maß nützlich, wie es als Mittel gebraucht wird, um zur direkten, klaren Erfahrung von der Natur des Geistes zu gelangen.

Die Kirchenvertreter waren sehr froh über das Gespräch und die offene und gastfreundliche Atmosphäre im buddhistischen Zentrum. Einige blieben auch noch zur anschließenden Abendmeditation. Damit die Begegnung nicht einseitig bleiben würde, boten wir ihnen später einen Gegenbesuch an, um Fragen zu ihren Lehrinhalten zu stellen. Zumindest in der Zeit unmittelbar nach diesem Gespräch kam kein weiterer Austausch zustande. Da der Buddhismus einige hundert Jahre älter ist als das Christentum, braucht er sich aber auch nicht auf eine Beurteilung oder Einmischung von außen einzulassen. Glücklicherweise begegnen sich beim Interreligiösen Dialog die Weltreligionen in Deutschland im Allgemeinen mehr oder weniger auf Augenhöhe.

TEIL 3

SPEZIFISCHE PERSPEKTIVEN

1. Gesundheit und Krankheit aus buddhistischer Sicht

2. Die Fünf Skandhas - die Bestandteile der Persönlichkeit

3. Die Abhidharma-Lehren - Wissen über uns und die Welt

4. Die buddhistische Erkenntnislehre

5. Philosophische Grundlagen der Wahrnehmung –
   die Beziehung zwischen Materie und Geist

6. Die Bedeutung von Einweihungen

Abb. 11 › Medizinbuddha (skt. *Baisajyaguru*, tib. *Sangye Menla*)

GESUNDHEIT UND KRANKHEIT AUS BUDDHISTISCHER SICHT

Der Buddha hat uns durch sein Beispiel und durch seine Lehre gezeigt, dass es möglich ist, die Grundprobleme des Menschseins, Geburt, Krankheit, Alter und Tod, zu überwinden. Die gesamte Lehre Buddhas kann in ein einziges Thema zusammengefasst werden, nämlich wie wir bleibendes Glück erreichen können. Solange wir das Glück außerhalb in angenehmen Sinneserfahrungen suchen, kann auch das schönste Erlebnis niemals dauerhaft sein. Die bedingte Welt ändert sich ständig. Einzig unser eigener Geist, der Erleber aller Dinge, bietet bleibendes Glück, weil er selbst kein Ding und daher unzerstörbar ist. Durch die Arbeit mit dem Geist gelingt es uns mehr und mehr, die in uns liegenden Eigenschaften von Furchtlosigkeit, Freude, Mitgefühl sowie Heilfähigkeiten zu entwickeln und letztendlich dauerhaftes Glück zu erreichen.

Gesundheit durch nützliches Verhalten

Buddha gab bei entsprechenden Anlässen auch medizinische Ratschläge an seine Schüler, um verschiedene Krankheiten zu beseitigen. Aus vielen einzelnen Fällen entstanden im Laufe der Zeit ganze Sammlungen von Anweisungen, die den bestmöglichen Gebrauch von Medizin zum Inhalt hatten. Sie dienten damit sogar als Modelle für spätere medizinische Handbücher. In dem Buch *Mahavagga*, das den Verhaltenslehren (*Vinaya*) des Pali-Kanon und damit vor allem dem südlichen Buddhismus (skt. *Theravada*) zugeordnet wird, finden wir ein ganzes Kapitel über Medizin. Hier lehrt der Buddha, wie man sich und andere gesund erhält und welche Arten von Medizin im Fall von Krankheit für seine Schüler erlaubt sind. Er empfahl unter anderem als besondere Speise mit vielen gesundheitlichen Vorzügen Milchreis mit Honig. Um den Buddha und seine Schüler zu unterstützen, richtete Jivaka, der Leibarzt des Buddha, am Fuß des Geierbergs bei Rajgir im Norden Indiens das erste buddhistische Krankenhaus ein.

Zu den allgemeinen buddhistischen Regeln gehört, dass wir im Alltag so gut es geht schädliche Gewohnheiten vermeiden und nützliche stärken sollten. Wichtige Voraussetzungen dafür sind, Ursache und Wirkung zu beachten, sowie in allem das rechte Maß zu finden, d.h. sich von Extremen fernzuhalten. Auch als Arzt sollte man beim Untersuchen des Patienten die Mitte bewahren. Als Behandlung sollte man nicht zu starke oder zu schwache Mittel verabreichen, sondern auch hier in allem das richtige Maß finden. Besonders für unheilbar Kranke empfahl der Buddha, ein tiefes Verständnis von der Vergänglichkeit der bedingten Welt zu entwickeln und gleichzeitig Vertrauen in die Qualitäten des eigenen Geistes, des Erlebers aller Dinge, aufzubauen.

In besonderen Fällen verwendete der Buddha einige eher ungewöhnliche Mittel, die auf seinem vollständigen Verständnis von Ursache und Wirkung beruhten. In den *Mahavamsa*-Chroniken aus Sri Lanka wird etwa berichtet, dass gelegentlich eine bestimmte Schutz-Rezitation und Meditation (Pali: *Paritta*), wie z.B. die der Sieben Qualitäten auf dem Weg zur Erleuchtung, Krankheiten beseitigte. Ein anderes Beispiel: Nach dem „Großen Buch des Schutzes (*Sinhala-maha-pirit-pota*)" brach zu Lebzeiten des Buddha in der nordindischen Stadt Vaishali eine Pest-Epidemie aus. Die Bewohner baten daraufhin den Buddha um Hilfe und dieser sprach das „Ratana-Sutra", das vor bestimmten Arten von Störungen schützt. Sein Schüler Ananda ging mit der gesamten Anhängerschaft um die Stadt und sie rezitierten ebenfalls dieses Sutra, während sie Wasser aus der steinernen Bettelschale des Buddha versprenkelten. Nach dieser Zeremonie verschwand die Epidemie vollständig.

Die gute Einstellung im Umgang mit Krankheit

Aus buddhistischer Sicht haben alle Krankheiten ihren eigentlichen Ursprung in grundlegender Unwissenheit und Selbstbezogenheit mit den daraus hervorgehenden Störgefühlen. Daher besteht das Gegenmittel in der Entwicklung von Weisheit und Mitgefühl, einer auf das Glück anderer ausgerichteten Geisteseinstellung. Hier werden besonders im nördlichen

Buddhismus die sogenannten vier ‚Unermesslichen Qualitäten' praktiziert: Liebe, Mitgefühl, Freude und Gleichmut. Liebe ist eine aktive Haltung mit dem Wunsch, den Wesen zu Glück zu verhelfen. Mitgefühl sollte allen Leidenden gegenüber entwickelt werden, gleich ob arm oder reich, berühmt oder unbekannt. Freude ist Freiheit von Leid und das Gefühl von Glück, dass man anderen helfen kann. Gleichmut oder Ausgeglichenheit bedeutet, niemanden zu bevorzugen oder zu benachteiligen.

Eine auf die Stärkung von Mitgefühl und Weisheit ausgerichtete Praxis im Großen Fahrzeug (skt. *Mahayana*) ist die Geben-und-Nehmen-Meditation. Hier sollten wir uns zunächst der Leiden im Kreislauf der Wiedergeburten während unzähliger vergangener Leben bewusst sein und an den Nutzen aller Wesen denken. Sie alle wollen genauso wie wir möglichst dauerhaftes Glück erleben. Zusammen mit dem Ein- und Ausatmen tauschen wir dann das eigene Glück gegen das Leid anderer aus. Führen wir bereits eine regelmäßige Meditationspraxis durch, so ist es möglich, die Geben-und-Nehmen-Meditation an das Ende der Hauptpraxis als besondere Form der Widmung der angesammelten guten Eindrücke zum Wohl aller Lebewesen anzufügen.

Meditation ist ein wichtiges Heilmittel. Dabei sollte allerdings das Ziel klar sein: entweder allgemeine Gesundheit oder volle Erleuchtung, die Erkenntnis der Natur des eigenen Geistes. Um das erstere Ziel zu erreichen, verwendet die Medizin die heilende Kraft der Meditation gezielt in Krankenhäusern. In vielen Bundesstaaten der USA gehört Meditation zum festen Gesundheits-Programm. Professor Siegel, Chirurg an der Yale University, beschreibt einige Vorzüge der Meditation: „Sie trägt dazu bei, den Blutdruck, die Pulsfrequenz und den Pegel der Stresshormone im Blut zu senken oder zu normalisieren. Meditation hebt auch die Schmerzschwelle an und senkt das biologische Alter. Kurz, sie verringert den Verschleiß, dem Körper und Geist gleichermaßen ausgesetzt sind und verhilft den Menschen zu einem besseren und längeren Leben." (siehe Tulku Thondup: „Die heilende Kraft des Geistes", Freiamt 2007, S. 27 - 28). Dazu gibt es neuere Untersuchungen in der Hirnforschung, speziell darüber, wie Meditation langfristig die für das Erleben von Glück zuständigen Areale im Gehirn positiv beeinflusst.

Was das zweite Ziel betrifft, das Erlangen der Erleuchtung, meditieren wir hier im besten Fall mit einer auf die Erleuchtung aller Lebewesen ausgerichteten Geisteshaltung. Gelingt es uns, zum Wohl aller Lebewesen zu meditieren, ist deutlich mehr Kraft in der Praxis enthalten und wir können nicht so leicht durch widrige Umstände behindert werden. Über die allgemeine Gesundheit hinaus entfernen wir die Wurzel für alle Krankheiten, die grundlegende Unwissenheit, aus dem Geist. Die Erkenntnis der Selbstlosigkeit der Person und der Erscheinungen bedeutet schließlich höchste Weisheit und damit Freiheit von allen Störungen, einen Zustand von bleibendem Glück.

Heilung auf höchster Ebene

Im buddhistischen Diamantweg (skt. *Vajrayana*), der mehr oder weniger mit dem Tibetischen Buddhismus gleichzusetzen ist, wird die von Buddha gelehrte Sichtweise verwendet, dass unser Geist von seiner Natur her rein ist und eine Fülle hervorragender Eigenschaften besitzt. Diese sind allerdings zumindest teilweise noch von oberflächlichen Schleiern verdeckt. Die sogenannte Reine Sicht ermöglicht es, sich unmittelbar auf Buddhaformen als Symbole der erleuchteten Qualitäten auszurichten. Zu diesem Zweck hat der historische Buddha in den Medizin-Sutras und -Tantras gegen alle Krankheiten die Meditation auf den Medizinbuddha gelehrt. Er drückt zusammen mit dem lapislazuli-blauen Licht, das er ausstrahlt, die in unserem Geist vorhandenen Heilfähigkeiten aus. Es gibt diese Meditation in kurzer oder längerer Form. Patienten, Ärzte und Heiler können die Praxis zur Unterstützung aller Heilungsprozesse sowohl für sich selbst als auch für andere verwenden.

Auf der Grundlage der Sichtweise von der reinen Natur des Geistes gelingt es uns mehr und mehr, die Weisheit auch in den schwierigen Erfahrungen des Lebens zu erkennen. Wir verwenden dann alle Krankheiten und Hindernisse als Schritte auf dem Weg, als Lernprozesse. So dienen sie eher dazu, unsere eigene Entwicklung zu beschleunigen, als sie zu blockieren. Ihre letztendliche Funktion besteht darin, tiefes Mitgefühl und mehr Offenheit für geistige Entwicklung hervorzurufen. Wir lernen z.B., Schmerz oder andere Symptome leichter zu akzeptieren, indem wir die Weisheit darin erkennen. Auch wenn niemand Schmerzen mag - ohne die Signale des Schmerzes würden wir nicht auf eine Fehlfunktion im Körper aufmerksam. Zu irgendeiner Zeit würde ohne diese Signale das gesamte System zusammenbrechen, weil wir die anfänglichen Probleme nicht bemerkt hätten.

Die tibetische Medizin stützt sich sehr stark auf die buddhistischen Lehren über die Funktionsweise und die Natur des Geistes. Sie geht davon aus, dass Krankheiten ihren Ursprung in einem Ungleichgewicht der drei Prinzipien von Wind, Galle und Schleim haben, die jeweils aus Anhaftung, Abneigung und Unwissenheit heraus entstehen. Befinden sich umgekehrt diese drei Prinzipien im Gleichgewicht, sind Geist und Körper in Harmonie und der Mensch ist gesund. Durch Puls-Diagnose, Befragung und andere Methoden können tibetische Ärzte Krankheiten sehr genau erkennen. Als Therapie werden zunächst sanfte Methoden verwendet wie Ratschläge zur Ernährung und zum Verhalten. Wenn diese nicht genügend wirksam sind, werden kraftvollere Mittel wie Medikamente verschrieben, die aus bis zu 150 verschiedenen Bestandteilen zusammengesetzt sein können. Heilkräuter aus dem Himalaya haben den größten Anteil daran.

Ist der Patient in der Lage, buddhistische Meditation zu praktizieren, so empfehlen tibetische Lamas gegen verschiedene Arten von Krankheiten außer der Meditation auf den Medizinbuddha auch Rezitationen unterschiedlicher Mantras. Mantras sind Sanskrit-Silben, die bestimmte Qualitäten wie Weisheit oder Mitgefühl zum Ausdruck bringen. Ihre Rezitation kann Körper und Geist vor Störungen schützen. So schützt z.B. das Mantra der Grünen Befreierin (skt. *Tara*) vor Ängsten und Frustrationen. Das Mantra des Langlebens-Buddha (skt. *Amitayus*) stärkt die Lebenskraft und schützt vor vorzeitigem Tod. Kraftvoll schützende Buddha-Aspekte können manchmal auch schwere Krankheiten und

Hindernisse beseitigen. Es hängt von den gewohnheitsmäßigen Neigungen im Geist ab, ob jemand sich mit dieser Art von Praxis gut fühlt. Letztendlich geht es in der buddhistischen Meditation darum, Geist und Körper vollständig zu heilen und den Zustand der vollkommenen Erleuchtung zu verwirklichen.

Zusammenfassend kann man sagen: In innerem Frieden, ohne emotionale Beschwerden zu leben und uns von unserem Festhalten an einem Selbst zu lösen, ist der tibetischen Heilkunde zufolge das ultimative Mittel für geistige und ebenso für körperliche Gesundheit.

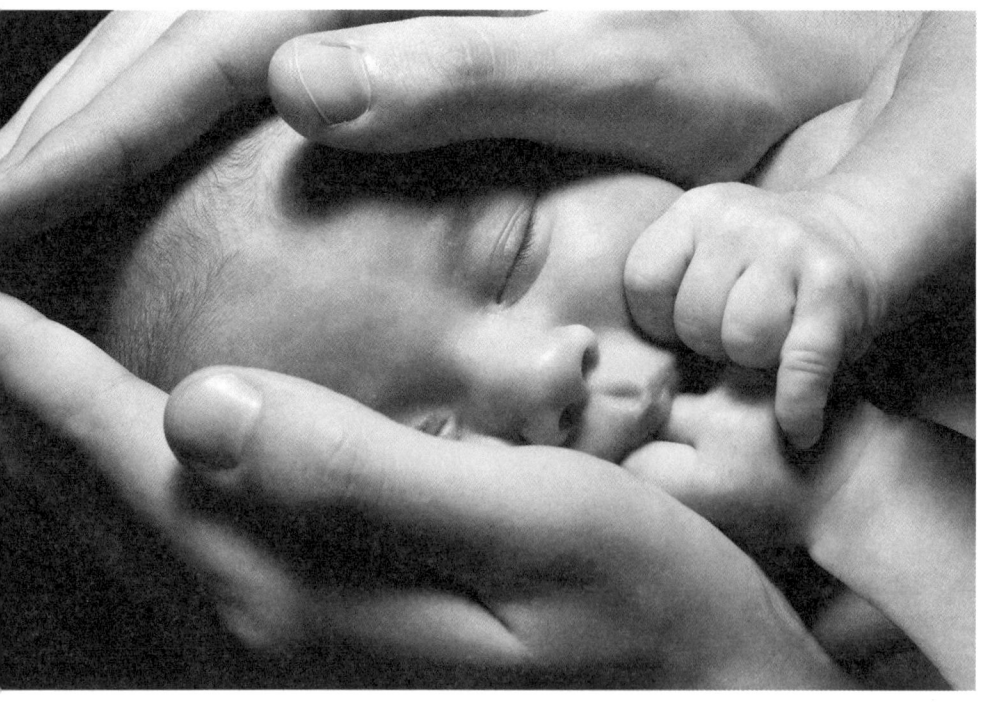

Abb. 12 › Name und Form - eine neue Existenz

DIE FÜNF SKANDHAS –
DIE BESTANDTEILE
DER PERSÖNLICHKEIT

Der Glaube an ein wirkliches, einheitliches und gleichbleibendes Ich ist eine grobe Täuschung, auf die wir aus alter Gewohnheit immer wieder hereinfallen. Die feste Vorstellung von der eigenen Person als einer wirklichen Einheit ist das größte Hindernis auf dem Weg zu Befreiung und Erleuchtung, denn aus dem Festhalten an einer wirklich existenten Einheit der Person entstehen alle weiteren Störgefühle, negativen Handlungen und Leiden. Es lohnt sich also, die Sache einmal genauer zu betrachten.

Wissenschaftler beschäftigen sich heute intensiv mit der Frage, was denn eigentlich eine Persönlichkeit ausmacht. Je nachdem ob man sich mehr mit dem physischen oder dem geistigen Aspekt auseinandersetzt, kann man dabei zu sehr unterschiedlichen Antworten kommen. Der physische Aspekt kann zum Beispiel von der Entwicklungsgeschichte der Menschheit, von der ethnologischen, biologischen oder medizinischen Seite aus betrachtet werden. Legt man den Schwerpunkt mehr auf den geistigen Aspekt, so wird man sich dieser Frage eher von der soziologischen, psychologischen oder philosophischen Seite her annähern. All diese Gebiete zeigen jedoch nur einen bestimmten Teilaspekt der Persönlichkeit. Um ein volles Verständnis davon zu erlangen, ist es notwendig von einer ganzheitlichen Betrachtungsweise auszugehen und diese Gebiete im Zusammenhang zu sehen.

Fragt man eine beliebige Person auf der Straße, was denn ihre Person eigentlich ausmacht, so wird sie selbstverständlich antworten: „Das bin ich." Sie wird dabei von einer wirklich existierenden Einheit der Person ausgehen. Aber die Tatsache, dass hier Geist und Körper zusammentreffen, zeigt bereits, dass die Vorstellung von der eigenen Person als einer wirklichen Einheit nichts weiter als eine Vereinfachung im Alltag ist, die nur solange gilt, wie sie nicht genauer untersucht wird.

Name und Form

Der Buddha beschreibt die beiden Aspekte von Geist und Körper mit dem Begriff ‚Name und Form'. ‚Name' steht für die geistigen Bestandteile der Person, also Gefühle, Unterscheidungen, Geistesaktivität und Bewusstsein. ‚Form' ist hauptsächlich der eigene Körper, auf den sich ja die Identifikation mit einer Person stützt, aber auch andere Formen, nämlich diejenigen, zu denen die eigene Person im Gegensatz erlebt wird. Im Zusammenhang mit den Zwölf Gliedern des Abhängigen Entstehens steht ‚Name und Form' als viertes Glied in der Kette von allen Ursachen und Wirkungen, die eine Geburt im Kreislauf der Existenz hervorbringen. Auf der Grundlage von Unwissenheit und starken Gewohnheitstendenzen aus früherer Zeit wendet sich der Geist in eine bestimmte Richtung. Bewusstsein entsteht, und damit die Funktion des Geistes, sich auf Objekte auszurichten. Die Vorstellung von jemandem, der sich von etwas bewusst ist, bringt dann die Identifikation mit Name und Form hervor. Das ist wiederum die Grundlage für weitere begrenzte Funktionsweisen des Geistes, wie Störgefühle, Handlungen und deren Resultate, also eine Geburt im Kreislauf der Existenz mit all den damit verbundenen Erfahrungen.

Ganz speziell bezeichnet ‚Name und Form' aber auch den Moment, in dem sich das Bewusstsein, aus dem Zwischenzustand zwischen Tod und Wiedergeburt kommend, mit einer neuen Form verbindet, also die Empfängnis. Hier steht Form für Ei und Samen, das Erbgut der Eltern, das die materielle Grundlage, das heißt die wesentliche Bedingung für die neue Existenz bildet. Name, das Kontinuum des Bewusstseins mit all den darin gelagerten Tendenzen, ist jedoch die hauptsächliche Ursache für die neue Identifikation mit einer bestimmten Person in dem nun beginnenden Leben. Das ist auch der Grund, dieses Kontinuum ‚Name' zu nennen.

Das unter dem Begriff ‚Name' Zusammengefasste hat eigentlich zwei verschiedene Facetten. Einerseits ist es das grundlegende Bewusstsein, die Tatsache des Erlebens selbst, andererseits die verschiedenen Färbungen oder Zustände dieses Bewusstseins. Diese werden auch geistige Ereignisse, Geistesfaktoren oder Geistesaktivität genannt. Dabei ist sich das grundlegende Bewusstsein der Natur oder des Wesens der Objekte bewusst, die Geistesaktivität unterscheidet die besonderen Merkmale der Objekte.

Die dabei entstehenden Gefühle sind für uns normalerweise sehr wichtig. Sie bestimmen sehr stark unser Verhalten. Daher werden sie noch einmal von allgemeiner geistiger Aktivität unterschieden. Ebenso werden Unterscheidungen durch bestimmte Sichtweisen oft sehr wichtig genommen und deswegen hervorgehoben. Wir sprechen aus diesem Grund auch von den vier nicht-materiellen Bestandteilen der Person, nämlich Gefühlen, Unterscheidungen, geistiger Aktivität und Bewusstsein. Zusammen mit Form bilden sie die sogenannten Fünf Ansammlungen oder Fünf Skandhas.

Die fünf Ansammlungen

Die Skandas werden ‚Ansammlungen‘ genannt oder ‚Haufen‘, was der tibetische Begriff ‚phungpo‘ wörtlich bedeutet, weil jeder einzelne dieser fünf Bestandteile einer Person wiederum aus unzähligen weiteren Facetten besteht. Die Grundlage für die Identifikation mit einer Person ist tatsächlich das Zusammenwirken von den verschiedensten Formen, Gefühlen, Unterscheidungen, Geistesaktivitäten und Funktionen des Bewusstseins, die dabei niemals gleich bleiben, sondern sich in ständiger Veränderung befinden. Der Glaube an ein wirkliches, einheitliches und gleichbleibendes Ich ist daher eine grobe Täuschung, auf die man aus alter Gewohnheit heraus immer wieder hereinfällt.

Ein Beispiel, um das Zusammenwirken dieser fünf Ansammlungen zu illustrieren, ist die folgende Situation: Eine Person kommt uns von weitem auf der Straße entgegen. Zunächst erkennen wir nur eine Form, groß oder klein, weiblich oder männlich. Dann kommt die Person näher und es entstehen verschiedene Gefühle, sobald wir genauere Merkmale wahrnehmen können. Wir erleben die Person als angenehm, unangenehm oder neutral. Vielleicht kennen wir sogar den Namen der Person. Die genauere Unterscheidung ermöglicht es, angemessen zu reagieren, das heißt eine geistige Aktivität findet statt. Vielleicht begrüßen wir die Person oder gehen stur an ihr vorbei. Die Grundlage für diesen Prozess ist das Erleben selbst, also Bewusstsein. So arbeiten diese fünf Faktoren ständig zusammen. Um die ganze Vielfalt der Aspekte zu zeigen, die eine Person ausmachen, werden im Folgenden die Fünf Ansammlungen genauer beschrieben.

Die Bestandteile der Persönlichkeit im Einzelnen

Das *Skandha der Form* besteht aus der ursächlichen Form, den vier Elementen und der bewirkten Form, den fünf Sinnesfähigkeiten und den fünf äußeren Objekten der Sinne wie sichtbare Formen, Klänge, Gerüche, Geschmäcker und berührbare Objekte, sowie Formen für das Geistbewusstsein. Die Sinnesfähigkeiten sind die subtilen Sinnesorgane, der Sehnerv, usw. Die Sinnesobjekte gliedern sich grob in acht Arten von Gestalt und zwölf Arten von Farbe für das Auge, acht Arten von Klängen, vier Arten von Gerüchen, sechs Arten von Geschmack und elf Arten von Körpergefühlen. Hinzu kommen fünf Arten von Formen für das Geistbewusstsein, wie zum Beispiel alle Arten von vorgestellten Formen.

Das *Skandha des Gefühls* ist gleichzeitig einer der Geistesfaktoren. Allgemein unterscheidet man drei Arten von Gefühlen, angenehme, unangenehme und neutrale Gefühle, die sich jeweils auf Körper oder Geist beziehen können. Besonders die geistigen Gefühle kann man dabei jedoch in unendlich viele weitere Facetten unterscheiden, die unter anderem in der Meditation erfahren werden, wie Gefühle von Furchtlosigkeit, Freude, Mitgefühl, usw. Das charakteristische Merkmal der Gefühle ist ganz allgemein Erfahrung oder Erlebnis.

Auch das *Skandha der Unterscheidung* ist gleichzeitig einer der Geistesfaktoren. Hier gibt es Unterscheidung ohne Namen, wenn man den Namen nicht kennt, wie bei Babys, oder mit Namen, wie Beurteilungen als gut oder schlecht oder andere Benennungen. Dieses Skandha wird besonders hervorgehoben, weil die Unterscheidung für die Entwicklung bestimmter Weltanschauungen oder Sichtweisen sehr wichtig ist. Im Begierde-Bereich findet man geringe Unterscheidung, im Formbereich ausgedehnte Unterscheidung und im Formlosen Bereich grenzenlose

Unterscheidung. Menschen können außer dem Tierbereich andere Bereiche nicht direkt wahrnehmen, während umgekehrt die Wesen anderer Bereiche, zum Beispiel des Bereichs der Form und der Formlosen Bereiche, Menschen wahrnehmen können.

Das *Skandha der Geistesfaktoren* färbt das Bewusstsein. Es besteht aus sechs verschiedenen Gruppen von geistigen Ereignissen. Im Fahrzeug der Älteren werden insgesamt 47 Faktoren aufgezählt, im Großen Fahrzeug 51 Faktoren, die auch noch weiter unterteilt werden können. Dies sind alle positiven, negativen und wandelbaren Zustände im Geist. Hier finden wir fünf allgegenwärtige Faktoren, die jede geistige Erfahrung begleiten, wie Absicht, Kontakt, usw. Dazu kommen fünf eindeutige Faktoren, die den Geist auf bestimmte Objekte ausrichten, wie Streben, Wertschätzung, Achtsamkeit, usw., elf positive Faktoren, wie Vertrauen, Schamgefühl, Respekt, usw. Es gibt sechs Hauptstörungen wie Unwissenheit, Begierde, Hass, usw., zwanzig Nebenstörungen wie Feindseligkeit, nachtragend sein, Groll, usw., vier wandelbare Faktoren, die entweder positiv oder negativ sein können wie Schlaf, Bedauern, usw. Weiterhin gehören zu den Geistesfaktoren auch solche, die weder eindeutig geistig noch eindeutig materiell sind, so wie Geburt, Lebenskraft, Begriffe oder Worte usw.

Beim *Skandha des Bewusstseins* unterscheidet man begriffliche Aspekte des Bewusstseins und solche, die frei sind von Begriffen, wobei Bewusstsein das ist, was Objekte wahrnimmt, was klar ist und erkennend. Man unterteilt Bewusstsein im Fahrzeug der Älteren und teilweise im Großen Fahrzeug in sechs Aspekte, die fünf Sinnesbewusstseine und das Geistbewusstsein. In anderen Schulen des Großen Fahrzeugs, der Nur-Geist-Schule (skt. ‚*cittamatra*‘) und der ‚Shentong‘-Madhyamaka-Schule, unterteilt man es in acht Aspekte, die fünf Sinnesbewusstseine, das Geistbewusstsein, das Verschleierte Bewusstsein und das Basis- oder ‚Speicherbewusstsein‘ (ihre Funktion siehe nächster Artikel über die Abhidharma-Lehren).

Auflösung der Vorstellung von der Einheit der Person

Die genaue Betrachtung dieser ganzen Ansammlungen, dieser großen Vielfalt der verschiedensten Bestandteile der Person, löst die feste Vorstellung von einer wirklichen Einheit auf. Ein klares Erkennen möglichst vieler dieser Facetten wirkt vor allem der Gewohnheit entgegen, die Person auf ein gleich bleibendes Ich einzuschränken, das auf ein bestimmtes Bild festgelegt ist. Diese Gewohnheit bringt zahllose weitere falsche Anschauungen und Störungen mit sich. Weiterhin ermöglicht diese Erkenntnis, bei einem selbst und bei anderen den riesigen Reichtum anzunehmen, den diese vielen Facetten eigentlich ausmachen. In einer Person ist ein unendlicher Schatz an Möglichkeiten enthalten, aus dem wir zu schöpfen lernen. Wir werden uns selbst und anderen gegenüber offener und natürlicher und nehmen die Dinge eher so an, wie sie wirklich sind.

Dabei wirken die Erklärungen zu den fünf Ansammlungen besonders der Illusion entgegen, dass der Geist aus einer Einheit bestünde, denn es gibt vier nicht-materielle Ansammlungen und die eine materielle Ansammlung der Form. Die Vorstellung von einem wirklichen Ich, einem unabhängig existenten Selbst der Person, basiert auf der Anhaftung an diesem Kontinuum der fünf Ansammlungen. Sie ist die Grundlage für die Identifikation mit einem bestimmten Individuum in einem der ‚Daseinsbereiche' im Kreislauf der Existenz. Löst sich diese Illusion auf, so ist Befreiung von allem Leid, Befreiung vom Kreislauf der Existenz, erreicht.

Der 7. Karmapa Chödrak Gyamtso schreibt im „Ozean der Lehrsysteme zur Logik": „Spricht man von den Skandhas, so muss man sagen ‚leidhafte Skandhas' da sie für alle Schwierigkeiten verantwortlich sind, solange wir sie als wirklich existent ansehen." Wir halten dieses Kontinuum durch unsere Unwissenheit aufrecht. Die Skandhas an sich sind nicht negativ, sondern Ausdruck der Klarheit unseres Geistes. Nehmen wir sie jedoch als Grundlage für unser ‚Selbst', wird Leiden daraus. Rein logisch gesehen kann es auch keine wirkliche, das heißt unabhängig existente Einheit geben, denn Einheit ist immer von Vielheit abhängig, so wie Vielheit wiederum von Einheit abhängt. Man kann es natürlich

130

nennen, wie man will, aber ob ‚Ich' genannt oder anders, es ist in keinem Fall wahrhaft existent.

Auf dem Weg zu Befreiung und Erleuchtung geht es darum, die Ursachen für alles Leiden zu entfernen, um wirklich bleibendes Glück zu erlangen. Von den groben Störungen bis hin zu den feinsten Gewohnheitstendenzen der grundlegenden Unwissenheit werden dabei alle Schleier im Geist gereinigt und gleichzeitig die dem Geist innewohnenden perfekten Qualitäten entfaltet. Besonders im Diamantweg hat der Buddha sehr kraftvolle Methoden gelehrt, um die Natur des Geistes unmittelbar zu erkennen. Hier richten wir uns von Anfang an auf die an sich reine Essenz der Störungen aus und identifizieren uns mit den Qualitäten im eigenen Geist.

Die reine Essenz der fünf Ansammlungen drückt sich durch die männlichen Buddhas der fünf ‚Buddha-Familien' aus. Die Ansammlung der Form ist in ihrer reinen Essenz der Buddha Akshobya, Gefühl der Buddha Ratnasambhava, Unterscheidung der Buddha Amitabha, Geistesaktivität der Buddha Amoghasiddhi, und die reine Essenz des Bewusstseins der Buddha Vairocana. Aber auch ganz allgemein beseitigt jede Identifizierung mit einem Buddha-Aspekt die Anhaftung an die fünf Ansammlungen und wirkt damit als Gegenmittel gegen alle Störungen im Geist.

Hier ist besonders die Meditation auf den Buddha Diamantgeist zu erwähnen, den reinigenden Aspekt aller Buddhas. Diese Meditation reinigt natürlich auch die Anhaftung an alle fünf Ansammlungen, aber ihre Funktion besteht besonders darin, die Geistesfaktoren oder geistige Aktivität zu reinigen. Alle negativen geistigen Zustände werden zusammen mit den seit anfangsloser Zeit bereits im Geist gelagerten karmischen Tendenzen durch diese Praxis aufgelöst. Damit wird deren Heranreifen zu leidvollen Erfahrungen verhindert. Dies ist ein wirklich großes Geschenk, denn wenn die schweren karmischen Eindrücke aus dem Geist entfernt sind, ist es leicht, ihn in sich ruhen zu lassen und daraufhin tiefe Einsicht in seine Natur zu erlangen.

Dies ist nur eine sehr kurz gefasste Darstellung der fünf Ansammlungen. Das Thema wird in großem Umfang in den Abhidharma-Werken sowie in den verschiedenen Kommentaren der indischen und tibetischen Meister behandelt. Leider gibt es dazu noch.nicht viel Literatur in deutscher Sprache. Wer mehr Einzelheiten wissen will, muss sich hauptsächlich an englische Bücher halten. Es wird aber sicher in der Zukunft mehr Bücher in deutscher Sprache geben, die entweder Übersetzungen der Originalwerke sind oder das Thema in größerem Umfang darstellen. Als direkte Abhilfe für dieses Problem bietet der nächste Artikel eine kurz gefasste Übersicht über die Abhidharma-Lehren. Ansonsten kann man sich auf Aufnahmen oder Mitschriften von Vorträgen und Kursen stützen, die regelmäßig in den Diamantweg-Zentren stattfinden.

Abb. 13 › das Mandala des Universums

DIE ABHIDHARMA-LEHREN – WISSEN ÜBER UNS UND DIE WELT

Bei seinem Kurs im Europazentrum 2012 empfahl Gyalwa Karmapa, das Oberhaupt der Karma Kagyü-Linie, unter anderem, einige Punkte des Abhidharma zu studieren. Dies führte in der Folge zu vielen Fragen rund um das Thema und bildete den Anlass, hier eine kurze Übersicht über die Abhidharma-Lehren zu geben. Als Grund für seine Anregung gab Gyalwa Karmapa beim anschließenden Treffen der Reiselehrer an, dass es ihm bei den Fragen und Antworten zu seinen Vorträgen hauptsächlich um die Klarheit der verwendeten Begriffe ging. Wenn die Fragen stärker themenbezogen gestellt werden, können auch die Antworten genauer sein. Als Rahmen für viele wichtige Themen bieten sich hier besonders die Abhidharma-Lehren an, denn sie behandeln alles, was wir über uns und die Welt wissen können.

Der Begriff ‚Abhidharma‘

Der Begriff ‚Abhidharma‘ hat zwei Hauptbedeutungen: 1. die wörtliche Übersetzung des Begriffs ‚höhere Lehren‘ im Sinne ‚der Essenz aller anderen Lehren‘ und 2. ‚der Korb‘ des Abhidharma als Sammlung und Systematisierung dieser Lehren. Schauen wir uns zunächst die erste dieser beiden Bedeutungen genauer an. Die wörtliche und gleichzeitig inhaltliche Bedeutung bezieht sich hauptsächlich auf Wissen. Hier geht es wie oben erwähnt um alles, was wir über uns als Person und die äußere Welt wissen können. Der Begriff ‚Dharma‘ kann auch als ‚Erscheinungen‘ oder ‚Phänomene‘ übersetzt werden. Wenn wir alle zehn möglichen Bedeutungen dieses Begriffs in einem Ausdruck zusammenfassen, ergibt sich daraus ‚wie die Dinge sind‘ oder ‚die Lehren des Buddha darüber, wie die Dinge sind‘. Hiermit ist gemeint, dass der Buddha in seinen Lehren die eigentliche Natur aller Erscheinungen gezeigt hat.

Nun würde ja eigentlich der ‚Dharma‘ genügen, um die Natur der Erscheinungen erkennen zu können, aber in dem Ausdruck ‚Abhidharma‘, also ‚Höhere Lehren‘, bezeichnet ‚höher‘ die Zusammenfassung oder die Essenz aller anderen Lehren. Wir finden hier die Hauptpunkte von Buddhas Lehre übersichtlich aufgelistet und erklärt. Dies kann allerdings auch eine besondere Herausforderung sein. Wenn wir z.B. das Protokoll eines Treffens lesen, mögen die Themen noch so interessant gewesen sein, so kann die reine Auflistung dieser Themen auch sehr anstrengend zu verarbeiten sein, vor allem wenn man nicht selbst bei dem Treffen anwesend war. So ist es auch mit den Abhidharma-Lehren. Sie enthalten Zusammenstellungen, oft in Form von vielen einzelnen Punkten, bezogen auf die Bestandteile der Person und der Welt.

Die Notwendigkeit für diese Art der Darstellung ergibt sich u.a. aus dem Stil der anderen Lehren. Die meisten Sutras und Tantras klingen von ihrer Sprache her wenigstens am Anfang und am Ende ein wenig wie Märchen. Wir lesen zum Beispiel am Anfang des Lotus-Sutras: „So habe ich gehört. Zu einer bestimmten Zeit weilte der Buddha in Rajgir auf dem Geierberg mit einer großen Versammlung von 1200 Schülern, alle verwirklichte Arhats, die ihr Ziel erreicht hatten ...“ usw. Hier werden Zeit, Ort, Lehrer und Umgebung, die gesamte Situation, zunächst in allen Einzelheiten blumig dargestellt, um die tiefe Bedeutung der Lehren des Sutras oder Tantras hervorzuheben. Oft stellt ein Schüler des Buddha erst nach vielen Seiten die Frage, deren Beantwortung den eigentlichen Inhalt des Sutras oder Tantras ausmacht.

Für viele Anhänger Buddhas, vor allem wenn sie einen eher technisch orientierten Geist haben, so wie viele Menschen im Westen, ist diese blumige Beschreibung so schwierig, dass sie nicht einmal bis zu der Seite vordringen, wo das eigentliche Thema anfängt. Daher haben die dem Buddha nachfolgenden Schüler - tibetische Gelehrte sagen, dass dies auch schon zur Zeit vom Buddha selbst geschah - sehr geschickt die wesentlichen Punkte aus den Lehren herausgenommen und konzentriert aufgearbeitet. Dies ermöglicht den besonderen Zugang zu diesen Lehren über das Wissen. Auch dies passt sehr gut für moderne Menschen, denn Wissen wird in unserer Gesellschaft als sehr wichtig erachtet. Dieser Ansatz kann uns den Zugang zur Erfahrung erleichtern, wenn wir das Wissen als Mittel auf dem Weg verwenden und nicht als das eigentliche

Ziel ansehen. Daher beschreibt Lama Ole in seinem Buch „Wie die Dinge sind" die Funktion des Abhidharma folgendermaßen: „Hier zeigt Buddha, wie man folgerichtig denken kann, aber nicht, was man zu denken hat. Er entfernt dadurch die Wurzel von Verwirrung und unklarem Denken".

Kommen wir nun zu der zweiten Bedeutung: Abhidharma als einer der ‚drei Körbe'. Hier handelt es sich um die Sammlung und Systematisierung aller Lehren, die dem Abhidharma zugeordnet werden können. Die grundlegenden Lehren Buddhas können ja in drei Gruppen unterteilt werden, die unter dem Oberbegriff ‚Sutra' zusammengefasst sind. Dazu kommen dann als vierte Gruppe die buddhistischen ‚Tantras'. Die ersten drei bezeichnet Lama Ole im ‚Gebäude der Lehre' als die ‚drei Pfeiler': „Wissen als Grundlage für die *Sichtweise, Meditation* und schließlich das Absichern des erreichten Wachstums durch das *Verhalten*." Sie entsprechen den Abhidharma-, Sutra-, und Vinaya-Lehren und wirken als Gegenmittel gegen Unwissenheit, Abneigung und Anhaftung.

Die Abhidharma-Literatur

Der Meister Vasubandhu (ca. 420 – 500 n. Chr.) hat in seiner Abhandlung *Abhidharmakosha* (*Schatz* oder *Schatzhaus des Abhidharma*) die sieben wichtigsten Pali-Werke zu diesem Thema zusammengefasst und in der Folge einen Kommentar dazu geschrieben. Hierin gibt es zwar auch einige Bezüge zu den Mahayana-Lehren, aber insgesamt ist es eher ein Theravada-Text, d.h. mit einem stärkeren Bezug zu den grundlegenden Lehren Buddhas. Er wurde zusammen mit sechs weiteren Kommentaren aus dem Sanskrit ins Tibetische übersetzt. In der Kagyü-Linie stammt der wichtigste und umfangreichste Kommentar zum *Abhidharmakosha* vom 8. Karmapa Mikyö Dorje (1507 – 1554). Inhaltlich geht es in diesem Werk von Vasubandhu um die Unterscheidung von unreinen und reinen Erscheinungen. Neben den ‚vier Edlen Wahrheiten' und verschiedenen Aspekten von Weisheit beinhaltet dies die ‚fünf Grundlagen' Form, Geistesfaktoren, Bewusstsein, nicht eindeutig der Materie oder dem Geist zuzuordnende Erscheinungen sowie nicht zusammengesetzte Erscheinungen.

Der Meister Asanga (ca. 410 - 490 n. Chr.), Vasubandhus älterer Bruder, schrieb ebenfalls ein wichtiges Werk zu diesem Thema mit dem Titel „Abhidharmasamuccaya (*Leitfaden des Abhidharma*)". Hierin fasst er in derselben Weise sieben zentrale Abhidharma-Werke zusammen, die allerdings nur noch in chinesischer Sprache erhalten sind. Er stützt sich bei seiner Darstellung ganz auf die Mahayana-Lehren, speziell die Sichtweise der sogenannten ‚Yogacara-Schule' mit ihrer Betonung des Geistes. Obwohl die Thematik in den Werken der beiden Brüder die gleiche ist, erläutern sie diese damit aus unterschiedlichen Perspektiven: Vasubandhu eher grundlegend und Asanga eher fortgeschritten. Eine spätere, ins Englische übersetzte Zusammenfassung der Abhidharma-Lehren bietet das Werk *The Gateway to Knowledge* vom 1. Mipham Rinpoche (1846 - 1912).

Das Abhidharma-Modell des Universums

Schauen wir nach außen, so werden im „Abhidharmakosha" die Bestandteile der Welt erklärt. Hier haben wir drei ‚Bereiche', in denen Wesen leben: den Begierdebereich, den Formbereich und den Formlosen Bereich. Der Menschenbereich ist dabei einer der sechs Bereiche innerhalb des Begierdebereichs. Die Form- und Formlosen Bereiche sind eigentlich sehr stabile Konzentrationszustände mit oder ohne Form, die aber oft auch als Götterbereiche verstanden werden. Nach einer extrem langen Zeitspanne fallen die darin lebenden Wesen normalerweise wieder zurück in niedrigere Bereiche. Solange die Einsicht in die Natur des Geistes nicht weit genug entwickelt ist, bedeuten diese Bereiche noch keine Befreiung von Leid. Die drei Bereiche machen insgesamt das Abhidharma-Modell des Universums aus.

Die klassische Darstellung des Abhidharma-Modells des Universums ist bei uns schon sehr bekannt. Im Diamantweg wird es innerhalb der Grundübungen bei den ‚Mandala-Gaben' verwendet. Hier ragt der Berg Meru im Zentrum eines Weltenmeeres auf und ist von vier Haupt- und acht Nebenkontinenten umgeben. Unsere Welt ist in diesem System mit dem südlichen Kontinent Jambudvipa identisch. In der Meditationspraxis wirkt dieses Modell wie eine Art Landkarte, die alle möglichen Reichtümer in sich vereint. Es entsprach aber auch der einfachen Vorstellung vieler Leute zur Zeit Buddhas. Für fortgeschrittene Schüler hat Buddha allerdings auch andere Modelle gelehrt, z.B. die Zylinderform des Universums im Kalachakra-Tantra.

Die Bestandteile der Persönlichkeit - der innere Aspekt

Da das Festhalten an der wahrhaften Existenz des Ego, der Glaube an eine wirklich existierende Einheit der Person, die Hauptursache für die Kette der Wiedergeburten im Kreislauf der Existenz bildet, werden im Abhidharma die fünf Skandhas oder fünf Ansammlungen, die Bestandteile der Persönlichkeit, ausführlich erklärt. Diese sind Form, Gefühl, Unterscheidungen, Geistesfaktoren oder Geistesaktivität und Bewusstsein. Für die genaueren Erklärungen zu den Skandhas verweise ich auf den vorherigen Artikel mit dem Titel „Die fünf Skandhas - die Bestandteile der Persönlichkeit".

Die fünf Skandhas sind aber nur einer von drei Begriffen, die nah miteinander verbunden sind. Die beiden anderen sind die zwölf Ursprünge (*Ayathanas*) und die achtzehn Elemente (*Dhatus*). Der Unterschied liegt darin, ob Geist oder Materie stärker betont wird. Bei den fünf Ansammlungen werden die geistigen Bestandteile der Persönlichkeit hervorgehoben. Nur Form ist materiell, die anderen Bestandteile sind geistiger Natur. Bei den zwölf Sinnesursprüngen, von denen die meisten materieller Natur sind und nur der Geistsinn mit seinen Objekten geistiger Natur, werden die materiellen Bestandteile stärker betont. Bei den achtzehn Elementen, bei denen die sechs Aspekte des Bewusstseins hinzukommen, werden beide Bestandteile gleichermaßen betont. Eine von Lama Ole oft verwendete Erklärung zu den Bestandteilen der Persönlichkeit ist sein Nachweis, dass wir weder dieser Körper, noch diese Gefühle, noch diese Gedanken sein können, sondern die Raum-Klarheit-Unbegrenztheit des Geistes, deren Verwirklichung zu dauerhaftem Glück führt.

Abhidharma als buddhistische Psychologie

Wenn die Bestandteile der Persönlichkeit, Erleben und Verhalten, erklärt werden, so ist dies unter den westlichen Wissensgebieten eher das Gebiet der Psychologie. Hier geht es zunächst nicht so sehr um die Natur des Geistes und der Dinge wie in der Philosophie, sondern vor allem um die Funktionsweise des Geistes. Schon auf allgemeiner, alltäglicher Ebene bringt das Verständnis der geistigen Prozesse großen Nutzen, z.B. durch den geschickten Umgang mit störenden Gefühlen und die Entwicklung von größerer Achtsamkeit. Umso mehr gilt dies für die Meditationspraxis. Man kann die Abhidharma-Lehren daher auch als buddhistische Psychologie bezeichnen. Hier wird vor allem bei den fünf Ansammlungen die ganze Bandbreite von positiven, negativen und wechselnden Zuständen im Geist erklärt, nämlich die 51 Geistesfaktoren oder geistigen Aktivitäten.

Ein oft auch im Westen der Psychologie zugeordnetes Thema sind die Erkenntnisprozesse, die wir aus buddhistischer Sicht entweder der Kategorie der Abhidharma-Lehren zuordnen oder als eigenes Fachgebiet betrachten (siehe die beiden nächsten Abschnitte). Die westlichen Erkenntniswissenschaften (engl. Cognitive Sciences) gehören zwar auch zu diesem Fachgebiet, haben aber ihren Schwerpunkt heute eher in der Hirnforschung und Informatik. Die buddhistische Erkenntnislehre oder Theorie der Wahrnehmung (skt. *pramana*, tib. *tsema*) wurde auf der Grundlage von Buddhas Lehre neben Vasubandhu vor allem durch seinen Schüler, den indischen Meister Dignaga (ca. 480 - 540 n. Chr.) begründet. Diesem folgte später Dharmakirti (ca. 600 - 660) und in Tibet in der Karma Kagyü-Linie hauptsächlich der 7. Karmapa Chödrak Gyatso (1454 - 1506).

Inhaltlich geht es hier darum, wie weit unsere Erkenntnis getäuscht oder frei von Täuschung ist. Eine getäuschte Erkenntnis kann z.B. auf Fehlern in der Sinneswahrnehmung beruhen oder darauf, die Vorstellungen über ein Objekt für das Objekt selbst zu halten. Bei der ungetäuschten Erkenntnis werden begriffliche Geisteszustände, die auf richtiger Schlussfolgerung oder Logik beruhen, von nicht-begrifflichen Geisteszuständen unterschieden, die immer direkt und klar sind und damit ihr Objekt so wahrnehmen, wie es ist. Es ist ausschließlich die Weisheit eines Buddha, die vollkommen frei von jeglicher Täuschung ist.

Ein praktisches Beispiel dazu sind Verallgemeinerungen und Besonderheiten. Bei einem kleinen Problem in einem bestimmten Bereich haben wir oft die Tendenz, das Problem zu verallgemeinern und es damit riesig groß zu machen und sogar auf andere Bereiche auszudehnen. Das kann uns dann leicht völlig blockieren. Schauen wir dagegen genau, worin das besondere Problem tatsächlich besteht, machen wir es so klein wie möglich und suchen gleich mit ganzer Energie nach der bestmöglichen Lösung. Dann können wir mit jeder Situation gut umgehen und wandeln dabei alle Schwierigkeiten in Lernprozesse um.

Die Vier Grundlagen oder Stützen

Betrachten wir nun die verschiedenen Aspekte des Bewusstseins genauer und wie sie von Weisheit unterschieden werden, so weisen darauf bereits alte indisch-buddhistische Richtlinien hin. Gyalwa Karmapa erwähnte sie ebenfalls bei seinem Kurs im Europazentrum: es handelt sich um die sogenannten ‚Vier Grundlagen' oder ‚Vier Stützen' (skt.: *catuh-pratisarana*, tib. *tönpa zhi*, engl. *Four Reliances*), die in allen buddhistischen Schulen als wichtig betrachtet werden:

1. Stütze dich nicht auf die Person, sondern auf die Lehren.

2. Stütze dich nicht auf die Worte, sondern auf die Bedeutung.

3. Stütze dich nicht auf die relative Wahrheit, sondern auf die letztendliche.

4. Stütze dich nicht auf Bewusstsein, sondern auf Weisheit.

Wie diese ‚Vier Grundlagen' oder ‚Stützen' im Einzelnen zu verstehen sind, wird auch in Mipham Rinpoches „Gateway to Knowledge" erklärt. Hier interessiert uns besonders die vierte Richtlinie, auf die der 3. Karmapa Rangjung Dorje (1284 - 1339) in der Abhandlung „Die Unterscheidung zwischen Bewusstsein und Weisheit" (auf Tibetisch kurz „Namshe yeshe") ausführlich eingegangen ist. Es ist ein Schlüssel für das Verständnis sowohl seiner tantrischen Lehren als auch seiner Abhandlungen zum Großen Siegel (*Mahamudra*). Er erklärt hier acht Aspekte des Bewusstseins und wie sie, sobald sie gereinigt sind, ihren Zustand in Weisheit verändern.

Bewusstsein und Weisheit

In kurzer Form erklärt, wenden sich sechs Aspekte des Bewusstseins nach außen. Das sind die fünf Sinnesbewusstseine und das Geistbewusstsein oder der Intellekt. Das sechste Bewusstsein hat dabei die Funktion der Koordination der Sinne und der begrifflichen Beurteilung von allen Sinneseindrücken. Diese werden dann durch das siebte Bewusstsein, den nach innen gerichteten, verschleierten Geist, weiter in den Speicher des Geistes transportiert. Dabei verschleiert das siebte Bewusstsein alle Eindrücke durch die Ich-Vorstellung und subtile Störgefühle. Der Speicher des Geistes ist dann als achter Aspekt das allem zugrunde liegende oder Speicherbewusstsein. Das Heranreifen der gespeicherten Eindrücke geschieht in umgekehrter Richtung.

Alles, was wir tun, denken und sagen, wird als Eindruck im Geist gespeichert, so wie wir bestimmte Informationen im Computer auf der Festplatte speichern und später wieder auf den Bildschirm zurückholen. Normalerweise bemerken wir diesen Speicherungsvorgang nicht, aber die Tatsache, dass wir uns an frühere Erlebnisse erinnern können, beweist, dass alles, was wir erleben, im Geist gespeichert sein muss und auch wieder abgerufen werden kann. Diese Prozesse werden als die Speicherung (die Ursache) und das Heranreifen (die Wirkung) von Karma bezeichnet. Wenn wir diesen Zusammenhang von Ursache und Wirkung besser verstehen, bemühen wir uns, so gut es geht nur noch positive Handlungen auszuführen, deren Wirkung beim Heranreifen mehr Glück bedeutet.

Wie entsteht nun die grundlegende Täuschung im Geist, die für alle Schwierigkeiten verantwortlich ist? Die Wurzel ist Unwissenheit, ein Missverständnis. Wenn der Geist nach innen schaut, missversteht er seine Raumnatur als ein Ich, ein Subjekt. Er erfährt seine Klarheit oder sein freies Spiel als eine davon getrennte äußere Welt, als Objekte. Aus dieser falschen Vorstellung von Dualität heraus, oder von Subjekt, Objekt und

142

Handlung als getrennt, entstehen alle weiteren falschen Vorstellungen, Störgefühle und negativen Handlungen.

Gelingt es uns, durch unermüdliche Arbeit mit dem Geist die groben Störungen zu überwinden, und jenseits von allen festen Vorstellungen Subjekt, Objekt und Handlung als Teile derselben Ganzheit zu erfahren, beseitigen wir dadurch die grundlegende Täuschung und erkennen die Dinge so wie sie sind. Die im Geist vorhandene Weisheit und alle anderen überragenden Qualitäten manifestieren sich daraufhin ganz natürlich. So wie die Wolken vor der Sonne verschwinden, strahlt die Sonne immer stärker durch. Der Geist erwacht aus dem Schlaf der Unwissenheit und verwirklicht Befreiung und Erleuchtung.

Fasst man sie zusammen, so behandeln die Abhidharma-Lehren alles, was erlebt werden kann, die Objekte der Erkenntnis, dann die Erkenntnis selbst, das Subjekt, und schließlich die Prozesse, die die Verbindung zwischen Erleber und Erlebtem ausmachen. Alle drei sind immer abhängig voneinander oder leer von unabhängiger Existenz. Diese Sichtweise wird vor allem durch die Meditationspraxis des Großen Siegels mehr und mehr zur Erfahrung. So ist es möglich zu erkennen, dass auf letztendlicher Ebene kein wirklicher Unterschied zwischen den Abhidharma-Lehren, den Weisheitslehren (skt. *Prajnaparamita*), sowie den essenziellen Lehren des Großen Siegels (skt. *Mahamudra*) besteht.

Abb. 14 › Getäuschte Wahrnehmung

DIE BUDDHISTISCHE ERKENNTNISLEHRE

Die buddhistische Erkenntnislehre oder Wahrnehmungslehre untersucht alle Erkenntnisprozesse daraufhin, ob sie getäuscht sind oder nicht. Sie erforscht dabei vor allem die Beziehung zwischen dem wahrgenommenen Objekt und dem wahrnehmenden Subjekt. Denn Erleber und Erlebnis sind immer abhängig voneinander. Der Buddhismus erklärt, wie man die Fehler in der Wahrnehmung beseitigen kann.

Buddhas Lehre besteht aus drei großen Sammlungen von Lehren, die als Gegenmittel gegen alle Arten von Störungen arbeiten (skt. *Vinaya*, *Sutra* und *Abhidharma*). Diese werden durch drei Arten von Übung in die Praxis umgesetzt: das Training von nützlichem Verhalten, Meditation und Weisheit. Man kann die drei Sammlungen auch in fünf große Wissensgebiete unterteilen, wie es an den großen buddhistischen Universitäten Indiens und Tibets üblich war:

1. Vinaya: die Verhaltensregeln und Ratschläge für das Leben in der Gemeinschaft der Praktizierenden.

2. Prajnaparamita: die Weisheitslehren, der stufenweise Weg von Verständnis, Erfahrung und Verwirklichung.

3. Abhidharma: die Darstellung der Erscheinung aller Dinge, wie z.B. die Bestandteile unserer Persönlichkeit (fünf Ansammlungen, skt. *skandhas*) und der Welt.

4. Madhyamaka: der Mittlere Weg, die letztendliche Sichtweise, wie sie von dem indischen Meister ,Nagarjuna' als Gründer dieser Schule und späteren Meistern dargelegt wurde.

5. Pramana: die ,Erkenntnislehre' oder Theorie der Wahrnehmung. Ein Verständnis der Wahrnehmungsprozesse ist der Schlüssel zu den anderen Wissensgebieten.

Innerhalb dieses letzteren Wissensgebietes bedeutet der Begriff ‚Pramana' wörtlich ‚ungekünstelte, frische Bewusstheit'. Im Tibetischen heißt es ‚Tsema', was ‚richtiges Erkennen' bedeutet. Dies bezieht sich auf einen Geisteszustand, der frei von allen Fehlern in Bezug auf das Wahrgenommene ist. Doch diesen Geisteszustand wird man nicht verwirklichen, solange man die Verbindung zwischen Erleber und Erlebnis nicht genauer untersucht, denn sonst wird man sowohl dem Subjekt als auch dem Objekt immer eine unabhängige Existenz geben.

Erklärungen über die Täuschung bei Objekt und Bewusstsein gibt es auch in anderen Weltanschauungen und Religionen. Die vollständigen Erklärungen zur restlosen Beseitigung der Fehler in der Wahrnehmung werden jedoch nur im Buddhismus gegeben. Hier lehrt Buddha, dass die Illusion einer unabhängigen Existenz aus zwei Aspekten besteht: aus der Ich-Illusion und der Illusion in Bezug auf die äußere Welt. Löst man die Ich-Illusion auf, so bedeutet dies die Befreiung von allem Leid. Beseitigt man die Illusion in Bezug auf die äußere Welt, so erlangt man die volle Erleuchtung, den Zustand der Allwissenheit eines Buddha.

Zunächst werden die Objekte der Wahrnehmung definiert: Ein Objekt ist das, was vom Geist erkannt wird. Diese Definition beinhaltet, dass es keine vom erlebenden Geist unabhängig existente äußere Welt geben kann, denn niemand wüsste davon. Weiter unterscheidet man Objekte in echte und unechte Wahrnehmungsobjekte. Echte Wahrnehmungsobjekte sind immer konkrete Phänomene, die eine Funktion erfüllen. Diese konkreten Phänomene momentan wahrzunehmen, bedeutet, frei von Täuschung zu sein. Unechte Wahrnehmungsobjekte sind nicht-existente Dinge, die aber klar erscheinen, d.h. alle Arten von Abstraktionen oder geistigen Bildern, die keine konkrete Funktion erfüllen. Etwas Nicht-Existentes wird fälschlicherweise für existent gehalten. Ein Beispiel sind die im Buddhismus oft zitierten ‚Hörner eines Hasen'.

Das Subjekt der Wahrnehmung, der erkennende Geist, ist ein ununterbrochener Strom von erkenntnisfähigen Momenten. Hier unterscheidet man in Bewusstsein und Bewusstheit: Bewusstsein ist der Zustand des Geistes, wenn er auf ein Objekt ausgerichtet ist. Dies beinhaltet die Trennung in Subjekt und Objekt. Sich etwas bewusst zu sein, ist eine begrenzte

Funktion, denn außer dem jeweiligen Objekt wird alles andere ausgeschlossen. Bewusstheit oder Gewahrsein ist der Erleber, der in einem Wahrnehmungsprozess erfährt. Die innere Facette des Geistes besitzt die Fähigkeit zu wissen, zu verstehen und bewusst zu sein, ohne sich unbedingt etwas – ‚einer Sache' – bewusst sein zu müssen. Dass ein Erleben stattgefunden hat, kann man daran erkennen, dass danach eine Erinnerung an das Erlebnis möglich ist.

Wahrnehmung unterteilt sich in zwei Aspekte: begriffsfreies und begriffliches Erkennen. Begriffsfreies Erkennen kann fehlerfrei oder getäuscht sein. Das fehlerfreie begriffsfreie Erkennen hat immer ein konkretes Wahrnehmungsobjekt, mit dem eine direkte Interaktion stattfinden kann. Umgekehrt erlebt das getäuschte begriffsfreie Erkennen eine fehlerhafte Wahrnehmung des Objektes, und es kann keine direkte Interaktion stattfinden.

Fehlerfreies begriffsfreies Erkennen kann von einer gewöhnlichen oder auch geistig verwirklichten Person erlangt werden. Diese direkte, klare Wahrnehmung hat zwei Aspekte:

Direkt bedeutet, dass das Objekt begriffsfrei und konkret erlebt wird, damit durch den Erleber ein unmittelbarer Bezug dazu hergestellt werden kann. Etwas, das vorher noch nicht erkannt wurde, wird neu erkannt. Klar bedeutet, dass das Erkennen ungetäuscht, fehlerfrei ist, d.h. dass z.B. kein Fehler des Sinnesorgans wie eine Krankheit oder Täuschung beteiligt ist.

Wenn diese beiden Aspekte zusammenkommen – frisches und ungetäuschtes Erkennen – dann ist dies letztendlich das richtige, authentische Erkennen eines Buddha. Aber auch schon auf dem Weg dorthin ist es möglich, frei von Dualität wahrzunehmen und auf dieser Grundlage besondere Fähigkeiten zu entwickeln. Die Bewusstheit dehnt sich immer weiter aus, bis sie zur Allwissenheit eines Buddha wird.

Begriffliches Erkennen wird ebenfalls danach unterschieden, ob ein Geisteszustand sein Objekt richtig erfasst oder nicht. Ersteres ist richtiges schlussfolgerndes Erkennen, das zweite ist fehlerhaftes schlussfolgerndes Erkennen. Beim ersten wird man in der Anwendung von Logik erfolgreich sein, weil man die entsprechenden Zusammenhänge versteht und zu einer Interaktion mit dem konkreten Objekt gelangt. Beim zweiten ist die Logik fehlerhaft, und es kommt nicht zu einer solchen Interaktion mit dem konkreten Objekt, wie z.B. bei falschen Prämissen.

Dies ist nur eine kurze Einführung in das äußerst umfangreiche Gebiet der Erkenntnislehre. Die indischen Meister Dignaga und Dharmakirti haben die Lehren Buddhas zu diesem Thema im Einzelnen erläutert und werden damit als Gründungsväter dieses Fachgebietes betrachtet. In der Karma Kagyü-Linie hat vor allem der 7. Karmapa Chödrak Gyatso (1454 - 1506) mit seinem Werk „Ozean der Lehrsysteme zur Logik" den bedeutendsten Kommentar zur Erkenntnislehre verfasst. Leider liegt von diesem Werk noch keine vollständige Übersetzung in eine westliche Spache vor.

Abb. 15 › das Abhängige Entstehen am Beispiel der Reissprösslinge

PHILOSOPHISCHE GRUNDLAGEN DER WAHRNEHMUNG - DIE BEZIEHUNG ZWISCHEN MATERIE UND GEIST

Wir haben eine sehr starke Gewohnheit, an der bedingten Welt festzuhalten. Daher ist es notwendig, Klarheit über die Merkmale der materiellen Welt und über die Merkmale des Geistes zu bekommen. Dann erst kann man verstehen, dass der Geist kein Ding ist und welche Art von Verbindung Materie und Geist miteinander haben. Dies ist zunächst eine logische Untersuchung, die aber durch Meditation in Erfahrung umgesetzt werden sollte.

Dinge bzw. Materie haben die Merkmale, unbelebt und substanziell zu sein. Geist dagegen hat die Merkmale, bewusst und klar zu sein. Der Geist kann wissen, erleben und erkennen ohne die einzelnen Momente des Erlebens zu vermischen. Er hat weder Farbe, noch Gewicht, noch Maßeinheit, noch irgendetwas Substanzielles. Auf der allgemeinen konventionellen Ebene muss klar zwischen der belebten und der unbelebten Welt unterschieden werden.

Zur belebten Welt gehören alle Lebewesen, wie z.B. Menschen und Tiere. Zur unbelebten Welt gehören Pflanzen und Steine, die keine Eigenbewusstheit, kein Erleben besitzen. Pflanzen reagieren zwar auf physikalische, chemische oder magnetische Reize, aber sie sind sich dessen nicht bewusst. Sonst würde man jedes Mal, wenn man einen Blumenstrauß pflückt, viele Lebewesen töten. Das ist nicht der Fall.

Nach den Erklärungen Buddhas über das Abhängige Entstehen der Dinge, die er im „Reisssprössling Sutra" gegeben hat, gibt es immer direkte Ursachen, die zu ihren entsprechenden Wirkungen führen. Des Weiteren sind beeinflussende oder mitwirkende Bedingungen indirekt beteiligt. In der äußeren Welt entsteht z.B. aus einem Samen ein Sprössling, und die mitwirkenden Bedingungen in diesem Prozess sind die fünf Elemente von Erde, Wasser, Feuer oder Wärme, Luft und Raum. So ist es auch mit unserer

Person: Die direkten Ursachen sind die einzelnen Bewusstseinsmomente in unserem Geist. Diese bilden eine unaufhörliche Kette (den ‚Geiststrom') durch diesen Tag, das ganze Leben, den ‚Zwischenzustand' (zwischen Tod und Wiedergeburt) sowie alle folgenden Leben hindurch. Die mitwirkenden Bedingungen sind die ‚Elemente', aus denen unser Körper zusammengesetzt ist. Die Festigkeit im Körper ist das Erdelement, die Flüssigkeiten sind das Wasserelement, die Wärme ist das Feuerelement, die Atmung ist das Windelement, der Platz für die Organe ist das Raumelement.

Das Bewusstsein durchdringt den Körper, wobei *Name und Form* (siehe auch die fünf Ansammlungen) oder Geist und Körper zusammenkommen. Untersucht man nun irgendeinen materiellen Teil des Menschen, so befindet man sich im Bereich der mitwirkenden Bedingungen. Ob das nun das Erbmaterial der Eltern ist, mit dem sich der Geist bei der Empfängnis verbindet, oder ob es das Gehirn ist, das als Instrument für den Geist dient, immer geht es um die Bedingungen für unsere Existenz. Diese sind zwar wichtig, man darf sie aber trotzdem nicht mit den eigentlichen Ursachen verwechseln, nämlich mit dem Strom des bewussten und klaren Erlebens, unserem Geist.

Nun gilt diese Einteilung in die belebte und unbelebte Welt, in Geist und Körper, nur auf allgemeiner Ebene, solange man die Natur des Geistes und damit auch die Natur der Dinge nicht erkannt hat. Der Buddha lehrt, dass es keine objektive, d.h. für sich unabhängig existierende Welt gibt, denn niemand wüsste davon. Man kann nur von einem Objekt im Verhältnis zu einem Subjekt sprechen. Das, was erlebt wird, ist immer abhängig von einem Erleber, dem wahrnehmenden Geist.

Die Merkmale von Materie und Geist sind völlig entgegengesetzt. Somit können sie auch kein Ursache-Wirkungs-Verhältnis miteinander haben, denn Ursache und Wirkung müssen immer von der gleichen Art sein. Aus einem Reissamen kann auch nur Reis entstehen und nicht Gerste. Daraus folgt, dass entweder alles Materie sein muss oder alles Geist, damit überhaupt eine Verbindung zwischen ihnen bestehen kann. Wenn alles Materie wäre (was die Materialisten glauben), würden die Merkmale für Geist, vor allem das Erleben, die Erkenntnis, nicht vorkommen. Weil wir aber die Dinge erleben, gibt es nur die zweite Möglichkeit, der Geist muss die Grundlage für alles sein.

Aus Gewohnheit erscheint uns Materie als unterschiedlich vom Geist. Tatsächlich ist jedoch Materie nur eine Projektion unseres Geistes. Wir glauben, dass da etwas unabhängig existieren würde, was eigentlich das freie Spiel unseres Geistes ist. Wir halten gerade jetzt die Projektion des Tages für wirklich und in der Nacht geben wir unseren Träumen dieselbe Wirklichkeit. Erst wenn wir aufwachen, erkennen wir, dass es nur eine Täuschung war. Die Eindrücke im Spiegel des Geistes ändern sich die ganze Zeit. Da sie sich ändern, haben sie jedoch keine unabhängige Existenz. Der Geist als Grundlage unserer Welt ist im Gegensatz dazu nicht vergänglich. Der Spiegel oder Erleber hinter den Bildern ist kein Ding und kann daher niemals verloren gehen oder Schaden erleiden. Man kann völlig furchtlos sein, denn seine Natur ist wie der Raum. Erkennen wir die Natur unseres Geistes, so bedeutet dies gleichzeitig, die Natur aller Erscheinungen zu erkennen und aus dem Schlaf der Unwissenheit zu erwachen.

Abb. 16 › S. H. der 17. Karmapa Thaye Dorje

DIE BEDEUTUNG VON EINWEIHUNGEN

Alle Lehren Buddhas können in die beiden Gruppen ‚Sutra' und ‚Tantra' zusammengefasst werden. Das Sutra-Fahrzeug wird auch Ursache-Fahrzeug genannt, da hier die Ursachen für Erleuchtung gesetzt werden. Es handelt sich hierbei um den Bodhisattva-Weg. Eine andere Bezeichnung für das Tantra-Fahrzeug ist Frucht-Fahrzeug, da es hierbei um die Identifikation mit der Frucht - mit der Erleuchtung selbst - geht. Das Tantra-Fahrzeug ist allgemein unter dem Namen Diamantweg (skt. *vajrayana*) bekannt.

Beide Wege arbeiten sehr eng zusammen, denn wir praktizieren den Diamantweg mit der Bodhisattva-Einstellung. Dies bedeutet, dass wir die Praxis mit dem Ziel machen, die Erleuchtung zum Wohl aller Lebewesen zu erlangen. Die Praxis des Diamantwegs basiert auf den verschiedenen Tantra-Klassen, die vom Buddha gelehrt wurden. Man kann sagen, dass der Diamantweg die verschiedenen Tantra-Lehren der vier Tantra-Klassen beinhaltet, die über eine ununterbrochene Übertragungslinie vom Buddha zu uns gekommen sind. Die Methoden, die wir auf der Grundlage der Tantras verwenden, erfordern als Voraussetzung in der Regel eine ‚Einweihung'.

Um die Tantras oder den Diamantweg praktizieren zu können, braucht man eine ‚Übertragung' von einem qualifizierten Lehrer. Übertragungen im Diamantweg bestehen aus Einweihungen (tib. *wang*), Übertragung durch Lesen (tib. *lung*), sowie Erklärungen für die Praxis (tib. *thri*). Einweihungen werden immer vor dem Hintergrund von einer der vier Tantra-Klassen gegeben. Die vier Tantra-Klassen heißen Kriya-, Carya-, Yoga- und Annuttarayoga-Tantra. Sie unterscheiden sich nach der Art von Praktizierenden, für die sie gegeben wurden. Die beiden ersten, das Kriya- und das Carya-Tantra, legen ihren Schwerpunkt auf das äußere Verhalten. Bestimmte Rituale und die Reinlichkeit bei der Praxis spielen hier eine große Rolle. In den beiden höheren Klassen (eingeteilt nach den Fähigkeiten der Praktizierenden und nach der Tiefgründigkeit der Praxis), dem Yoga- und dem Anuttarayoga-Tantra, sind die äußeren Verhaltensweisen weniger wichtig. Hier arbeiten wir so direkt wie möglich mit der Natur des Geistes selbst.

Der Begriff ‚Einweihung' oder ‚Ermächtigung' bedeutet wörtlich übersetzt ‚Kraftübertragung' oder ‚Einweihung, indem Wasser gesprenkelt wird' (skt. *abhisheka*). Es ist eine schnelle Methode, um den Geist des Schülers zur Reife zu bringen. Der Lehrer, der die Einweihung gibt, meditiert auf einen bestimmten Buddha-Aspekt und verbindet uns mit diesem. Er überträgt seine Erfahrung dieser erleuchteten Qualität auf uns, indem er uns schrittweise in den Kraftkreis des jeweiligen Buddha-Aspektes einführt und damit den Samen für die Entwicklung dieser Qualität in unseren Geist einpflanzt. Die Schleier von Körper, Rede und Geist werden gereinigt, und die regelmäßige Meditationspraxis bringt dann die uns innewohnenden Qualitäten zur Entfaltung. Das führt schließlich zur Verwirklichung der drei Zustände eines Buddha.

Alle Buddha-Aspekte können den vier Tantra-Klassen zugeordnet werden. Der Ablauf einer Einweihung, also die Anzahl der Stufen, die Funktion der einzelnen Stufen und die Form der damit verbundenen Meditationspraxis, hängen von der Tantra-Klasse ab, zu der der jeweilige Aspekt gehört. Von ihrer Essenz her sind Einweihungen nichts anderes als geleitete Meditationen, bei denen nach jedem Abschnitt der Segen an die Schüler weitergegeben wird.

Die meist verwendete Form der Einweihung ist die sogenannte ‚Erlaubnis-Einweihung' (tib. *dje nang*). Sie besteht oft aus fünf Stufen, wobei ein Segen für Körper, Rede, Geist, Qualitäten und Aktivitäten übertragen wird. Zum Abschluss wird hier meistens noch eine ‚Torma-Einweihung' gegeben, die alle vorherigen Stufen zusammenfasst. Der ‚Torma' oder ‚rituelle Kuchen' steht hier stellvertretend für den Buddha-Aspekt selbst. Wie der Name ‚Erlaubnis-Einweihung' sagt, ist mit dieser Einweihung die Erlaubnis verbunden, die vollständige Praxis des jeweiligen Buddha-Aspektes auszuführen. Es bleibt einem aber freigestellt, ob man die entsprechende Praxis regelmäßig verwendet oder nicht.

Die Erlaubnis-Einweihung ist vor allem ein Segen für jede Meditationspraxis, die wir ausführen. Zusätzliche Erklärungen, die eigentlich zu jeder Einweihung und Praxis gehören, werden jedoch oft geheim gehalten, da ihre volle Verwendung von vielen Bedingungen abhängt. Weiterhin können sie auch leicht missverstanden werden, wenn man nicht genau weiß, was geschieht. Bei einer Erlaubnis-Einweihung erhalten wir die Einweihung auch dann, wenn wir nicht alle Einzelheiten verstehen. Wir folgen einfach den einzelnen Abschnitten der Einweihung so gut wie möglich, auch wenn wir die Bedeutung der uns vielleicht ein wenig exotisch anmutenden äußeren Rituale nicht genau kennen.

Der Sinn der Einweihungen kann weiterhin folgendermaßen erklärt werden: Normalerweise haben wir eine starke Anhaftung an unseren Körper. Wir identifizieren uns sehr mit dem, was wir sagen, und betrachten auch unsere Gedanken als wirklich. Durch die Methoden der Einweihung werden all diese allgemeinen Gewohnheiten schneller aufgelöst. Wir lernen, uns selbst und andere nicht mehr als gewöhnliche Lebewesen, sondern als Buddhas wahrzunehmen. Allgemeine Gewohnheiten werden auf eine reine Ebene gebracht und in die reine Sicht umgewandelt. Alle Lebewesen werden zu Buddhas, die von reinen Ländern umgeben sind, alle Klänge sind ‚Mantras‘, Gedanken selbstentstandene Weisheit und alle äußeren Erscheinungen das freie Spiel des Geistes. Diese letztendliche, reine Sicht entspricht der Wirklichkeit und bringt, wenn sie in Erfahrung umgewandelt wird, bleibendes Glück, eine Freude, die über alle Vorstellungen hinausgeht.

Haben wir durch eine Einweihung eine Verbindung mit einem qualifizierten Lehrer aufgebaut, werden die befreiten ‚Kraftkreise‘ der Buddhas, solange wir die Verbindung halten, bei uns bleiben, sogar von Leben zu Leben. Sie sorgen für Schutz und schnelle Entwicklung zur Erleuchtung. So erwecken Einweihungen die offene, klare Unbegrenztheit unseres Geistes und ermöglichen uns, die reinen Länder der Buddhas in unserem Leben immer stärker zu erfahren.

Nun noch einige praktische Ratschläge: Für die Teilnahme an einer Einweihung ist es gut, vorab ein ‚Reinigungs-Mantra‘ wie das vom Buddha ‚Diamantgeist‘ zu verwenden und sich damit für die Übertragung zu öffnen. Während der Einweihung ist es wichtig, den Lama, der die Einweihung gibt, so gut wie möglich als den betreffenden Buddha-Aspekt zu sehen. So werden wir aufnahmefähiger für den Segen. Am Ende der Einweihung gibt der Lama persönlich Segen durch die verschiedenen Attribute, die während der Einweihung verwendet wurden. Zu diesem Zeitpunkt ist es möglich, dem Lama aus Dankbarkeit ein Geschenk zu machen. Während die Schlange der Schüler am Lehrer vorbeizieht, ist es wichtig, die Atmosphäre der Konzentration und Offenheit so gut wie möglich beizubehalten. Die enge Verbindung, die durch eine Einweihung auch unter den Schülern des gleichen Lehrers entsteht, wird sie noch oft zusammen führen und dieses große Ereignis auch später gebührend feiern lassen.

TEIL 4

BUDDHISMUS STUDIEREN

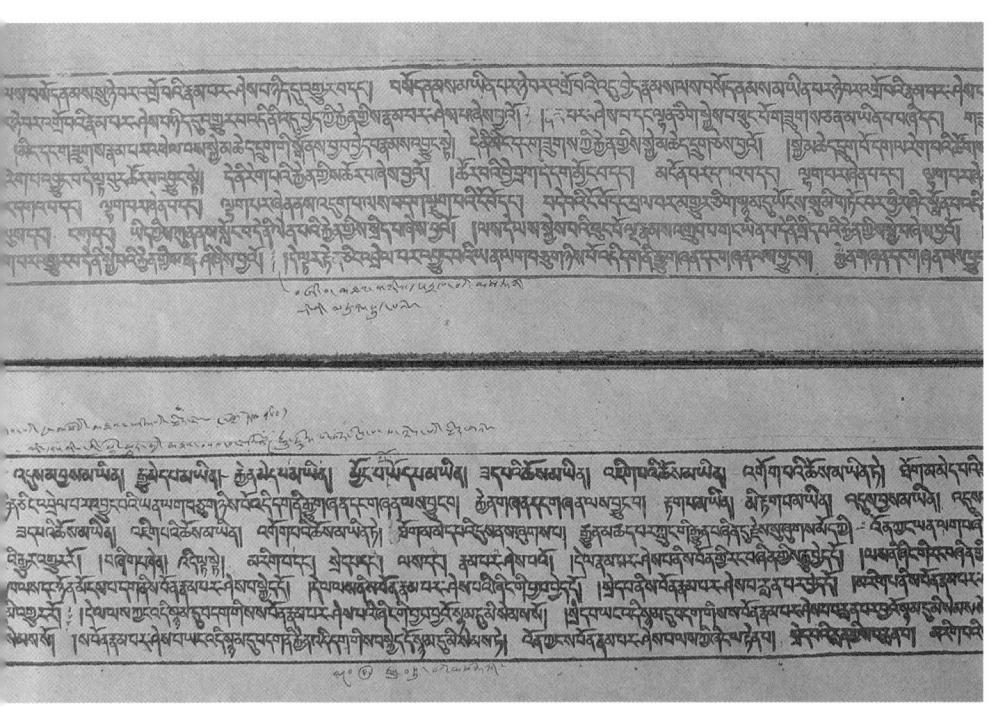

Abb. 17 › Ausschnitt aus dem Reisssprössling Sutra, in tibetischer Sprache

AUSWAHL BUDDHISTISCHER GRUNDBEGRIFFE

Aus dem „Schatz des Wissens" von Jamgön Kongtrul Lodrö Thaye

Buddha, Dharma, Sangha – Die drei Juwelen

Buddha stammt von der Sanskritwurzel ‚bodhi - erwacht' ab, erwacht vom Schlaf der Unwissenheit. Im Tibetischen heißt Buddha ‚sang gyä', wobei ‚sang' gereinigt oder erwacht und ‚gyä' entfaltet oder aufgeblüht bedeutet. Dies bezieht sich auf die Reinigung aller Schleier und die Entfaltung aller innewohnenden Qualitäten.

Gereinigt sind die drei Arten von Schleiern:

1. die Schleier der störenden Gefühle und negativen Handlungen

2. die Schleier des Wissens, d.h. der falschen Vorstellungen, besonders in Bezug auf die Wahrnehmung

3. die subtilen Schleier der Gewohnheitstendenzen

Entfaltet ist die ursprüngliche Weisheit, die Weisheit, die entsteht, wenn der Geist seine ursprüngliche Natur erkennt. Diese kann man auch in zwei Weisheiten unterteilen:

1. die Weisheit, die die Natur aller Phänomene erkennt, die absolute Wahrheit

2. die Weisheit, die die Erscheinungsweise aller Phänomene erkennt, die relative Wahrheit

Buddha, der Erwachte, ist also jemand, der alle Schleier gereinigt hat und alles weiß, was es zu wissen gibt. Er ist der Höchste, der Erhabenste unter den Menschen. Er ist der einzige, der diese Allwissenheit hat. Daher ist er

163

der erste in der Reihenfolge von Buddha, Dharma und Sangha. Der Buddha hat, verbunden mit der Allwissenheit, Liebe und Mitgefühl allen Wesen gegenüber und gibt ihnen deshalb Lehren, mit denen sie sich vom Leiden befreien können. Daher steht an zweiter Stelle dieser Anordnung der **Dharma**, die Lehre. Hier unterscheidet man den Dharma der Schriften und den Dharma der Verwirklichung.

Der *Dharma der Schriften* wird eingeteilt in Sutra und Tantra. Sutra wird in die Drei Körbe von Vinaya, Sutra und Abhidharma unterteilt, Tantra in die vier Tantraklassen (siehe vorheriger Artikel).

Der *Dharma der Verwirklichung* wird in die drei Arten von Training eingeteilt, das Training von nützlichem Verhalten, Meditation und Weisheit. Die Drei Körbe werden durch die drei Arten von Training, die ihnen jeweils entsprechen, in die Praxis umgesetzt.

Wenn die Menschen, die die Lehren vom Buddha hören, in den Weg eintreten, d.h. wenn sie die Lehren hören, darüber nachdenken und sie schließlich praktizieren, bildet sich die **Sangha**, die Gemeinschaft der Praktizierenden. Deshalb ist der dritte Punkt dieser Anordnung die Sangha. Auch hier unterscheidet man zwei Arten, die gewöhnliche Sangha und die außergewöhnliche oder Edle Sangha.

Die *gewöhnliche Sangha* sind die Praktizierenden, die noch keine Verwirklichung der Natur ihres Geistes erlangt haben.

Die *Edle Sangha* sind diejenigen, die eine der vier Stufen der Verwirklichung im Fahrzeug der Älteren (siehe auch: Frucht des Shravakayana) oder eine der Bodhisattva-Stufen im Großen Fahrzeug erlangt haben.

Buddha, Dharma und Sangha, *die Drei Juwelen*, bilden die gemeinsame Zuflucht aller Buddhisten in der ganzen Welt.

Lama, Yidam, Schützer - die Drei Wurzeln

Speziell am Tibetischen Buddhismus ist, dass man zusätzlich zu den Drei Wurzeln Zuflucht nimmt:

Der **Lama** schafft für uns die lebendige Verbindung zur Erleuchtung, indem er als Teil der ungebrochenen Übertragungslinie vom historischen Buddha Shakyamuni bis in unsere heutige Zeit die direkte Erfahrung und den Segen für die Praxis weitergibt.

Insbesondere gibt er die befreienden Methoden, die verschiedenen Meditationsaspekte oder **Yidams**, die die Qualitäten der Erleuchtung ausdrücken und die es uns ermöglichen, schnell die gewöhnlichen und außergewöhnlichen Verwirklichungen (skt. *siddhis*) zu erlangen.

Schließlich beseitigt der Lama auch alle inneren und äußeren Hindernisse für die Praxis durch die **Schützer** (skt. *dharmapala*, tib. *chö kyong*), die die spontane und mühelose Buddha-Aktivität ausführen und alle Erfahrungen zu einem Schritt auf dem Weg zur Erleuchtung machen.

Diese drei Aspekte, Lama, Yidam und Schützer, sind die Drei Wurzeln, welche nicht von den Drei Juwelen zu trennen sind. Alle sechs Aspekte sind in dem sogenannten ‚Zufluchtsbaum' angeordnet, einem wunscherfüllenden Baum, der nach der Mythologie im Götterbereich steht und dort spontan alle Wünsche erfüllt. Hier symbolisiert der Baum die wunscherfüllenden Qualitäten der Erleuchtung.

Die Quelle sowohl der Drei Juwelen als auch der Drei Wurzeln ist der historische **Buddha Shakyamuni**, der vor ca. 2500 Jahren gelebt hat. In diesem Zeitalter erscheinen nach dem Bhadrakalpika-Sutra 1000 Buddhas, von denen unser Buddha Shakyamuni (tib. *Shakya Thubpa*) der vierte ist. Die Namen der ersten drei Buddhas waren:

1. Krakucchanda (tib. *Khorvadjig*),

2. Kanakamuni (tib. *Serthub*),

3. Mahakashyapa (tib. *Ösung chenpo*).

Der fünfte und nächste Buddha wird Maitreya (tib. *Djampa*) sein. Jeder dieser Buddhas ist mit den 32 Haupt- und 80 Nebenmerkmalen der Buddhaschaft ausgestattet und zeigt zwölf besondere Taten.

Die Zwölf Taten eines Buddha

Aufgrund seines unermesslichen Mitgefühls für alle Wesen zeigt jeder Buddha zwölf Taten. Ausgestattet mit allumfassender Weisheit kann er alle Phänomene in den verschiedenen Bereichen erkennen. Mit dieser Weisheit der Allwissenheit zeigt er die zwölf Taten.

Zuerst weilte Buddha Shakyamuni im Tushita-Bereich und entfaltete dort seine unermessliche Aktivität, indem er den Göttern Lehren gab. Er sah durch seine Weisheit den unreinen Bereich der Menschen und nachdem er einen Stellvertreter, nämlich Maitreya, eingesetzt hatte, entschloss er sich, in den Menschenbereich hinabzugehen. In der gleichen Weise wird auch der zukünftige Buddha Maitreya einen Stellvertreter einsetzen und sich im Menschenbereich inkarnieren. Die Lebensgeschichte des Buddha ist teilweise mythologisch überhöht dargestellt, um zu zeigen, dass er ein außergewöhnlicher Mensch war.

1. **Herabsteigen aus dem Tushita-Bereich**
   Die erste Tat bestand nun darin, dass er in der Form eines weißen Elefanten mit sechs Stoßzähnen aus dem Tushita-Bereich herabkam.

2. **Eintritt in den Mutterleib**
   Er trat in den Mutterleib seiner Mutter Mayadevi ein, einer Königin des Shakya-Geschlechts.

3. **Geburt**
   Er wurde in Lumbini aus ihrer rechten Seite geboren. Dazu gibt es noch andere Lehren, nämlich dass er gleichzeitig mit dem Eintritt in den Mutterleib auch in andere Bereiche gegangen ist und dort Dharmalehren gegeben hat. Unmittelbar nach seiner Geburt machte er

sieben Schritte in östliche Richtung. Dabei entstand bei jedem Schritt eine Lotusblüte unter seinen Füßen und er lehrte dabei je einen Vers.

4. **Studium des Handwerks und der Künste**
Später war er sehr geschickt in den Handwerken und Künsten, im Bogenschießen usw.

5. **Sich Erfreuen am Leben im Palast**
Er war verheiratet mit Yasodhara und anderen Frauen und lebte als Prinz, wie es damals üblich war.

6. **Entsagung**
Eines Tages verließ er den Palast und begegnete Krankheit, Alter und Tod. Nachdem sein Begleiter ihm bestätigt hatte, dass dies allen Lebewesen widerfährt, entstand große Entsagung in ihm. Als alle im Palast schliefen, seine Eltern, seine Frauen und seine Diener, schlich er sich davon und zog in die Hauslosigkeit. Er wurde nur von einem Diener begleitet, und als sie weit genug vom Palast entfernt waren, schickte er den Diener mit seinem Pferd zurück.

7. **Askese**
Er schnitt sich die Haare und übte sechs Jahre lang Askese. Dies geschah am Ufer des Flusses Neranjana, in der Nähe von Bodhgaya.

8. **Nach Bodhgaya gehen**
Später ging er dann nach Bodhgaya, um dort, wie alle anderen Buddhas dieses Zeitalters, unter dem Bodhibaum die Erleuchtung zu manifestieren.

9. **Besiegen der Hinderniskräfte**
Am Abend vor der Erleuchtung hat Mara alle möglichen Heerscharen geschickt, zornvolle Manifestationen und auch schöne, betörend duftende Frauen, die ihre Reize zeigten. Aber der Buddha

saß im Versenkungszustand und war durch sein großes Mitgefühl unerschütterlich.

10. Die Erleuchtung

Kraft seiner vajragleichen Konzentration manifestierte er in der Morgendämmerung des Vollmondtages im Mai die vollkommene Erleuchtung. Nachdem er die Buddhaschaft erlangt hatte, verkündete er sieben Wochen lang keine Lehre, obwohl man Buddhaschaft erlangt, um allen Wesen zu helfen.

Dazu gibt es eine gewöhnliche und eine außergewöhnliche Darstellung. Zuerst die gewöhnliche Darstellung: Es hat in dieser Zeit keine Wesen gegeben, die das gute Karma gehabt hätten, Lehren von ihm zu bekommen. Dann die außergewöhnliche Darstellung: Er hat in dieser Zeit tantrische Lehren gegeben, geheime Lehren wie z.B. das Hevajra-Tantra.

Nach diesen sieben Wochen schenkte ihm Brahma eine wunderschöne Muschel, deren Spirale nach rechts drehte, so schön, wie es sonst keine auf dieser Welt gibt, und Indra gab ihm ein 1000-speichiges Dharmarad.

11. Das Drehen des Dharmarades

Darauf ging er nach Varanasi, nicht direkt in die Stadt, sondern in die Nähe, in einen Gazellenhain und lehrte dort das erste Dharmarad: die vier Edlen Wahrheiten. Es waren hauptsächlich Götter wie Brahma und Indra und auf der Erde viele Tiere wie Gazellen und Hirsche, die ihm zuhörten. Insgesamt waren nur fünf Menschen zugegen, nämlich seine früheren Begleiter aus der Zeit der Askese. Das zweite Drehen des Dharmarades geschah in Rajgir, wo er die Prajnaparamita-Lehren gab, und das dritte Drehen geschah an verschiedenen Orten, wobei der Buddha die allen fühlenden Wesen innewohnende Buddha-Natur erklärte. Alle drei Drehungen des Dharmarades gelten als eine Tat.

12. Eingehen ins Parinirvana

Schließlich, im Alter von 84 Jahren, ging er in Kushinagara ins Parinirvana ein, d.h. er ging über die Gegensätze des Kreislaufs der Existenz (skt. *samsara*) und der Befreiung der Arhats (des begrenzten *Nirvana*) hinaus.

Dies sind die Zwölf Taten eines Buddha. Er zeigt sie, um eine Verbindung zum Menschenbereich herzustellen. Er zeigt den Menschen einen Weg, wie sie sich aus der bedingten Welt befreien können.

Das dreimalige Drehen des Dharmarades

Das Dreimalige Drehen des Dharmarades bedeutet, dass der Buddha nicht nur für die Schüler, die ihn persönlich treffen konnten, gelehrt hat, sondern dass seine Lehren von jener Zeit an für das ganze kommende Zeitalter zur Verfügung stehen.

In der Nähe von Varanasi, im Gazellenhain von Sarnath, lehrte der Buddha das **erste Dharmarad**. Bevor er überhaupt das Dharmarad drehte, wussten die Menschen nichts von vollständig befreienden Lehren - sie hatten noch niemals davon gehört. Deshalb erklärte der Buddha zuerst, was positives Handeln ist, wie man negatives Handeln vermeidet, was die vier Edlen Wahrheiten sind, usw. Allgemein erklärte er die Verbindung von Ursache und Wirkung, also die Funktionsweise von Karma (Handlungen).

Die meisten Menschen haben sehr starke Anhaftung an *Samsara*, den Kreislauf der Existenz, an diese Welt. Deshalb war es notwendig zu zeigen, dass die Erfahrungen dieser Welt mit Leiden verbunden sind. Daher gab der Buddha zuerst diese Lehren. Mit diesen Lehren kann man das eigene negative Karma reinigen und erlangt als Frucht die Arhatschaft, den Zustand von Frieden im Geist. Arhat bedeutet wörtlich ‚Feindzerstörer', jemand, der die Feinde im eigenen Geist, die störenden Gefühle, überwunden hat.

169

Das **zweite Drehen des Dharmarades** geschah in Rajgir, wo er hauptsächlich die Prajnaparamita-Lehren, die höchsten Weisheitslehren, gab. Diese bilden die Grundlage für das Große Fahrzeug oder Mahayana. Das Mahayana zeichnet sich durch großes Mitgefühl und ein Verständnis der Leerheit aus, der raumgleichen Natur unseres Geistes. Dadurch ist man fähig, zum Wohle anderer zu wirken. Durch die Methoden des Theravada ist man in der Lage, die groben Störungen zu reinigen und einen Zustand von Frieden zu erreichen. Aber es besteht dabei eine Tendenz, in erster Linie an sich selbst zu denken. Es ist sehr schwer umzudenken, d.h. zuerst an andere zu denken und dann erst an sich selbst. Wenigstens hat man als Arhat schon die groben Störungen, jede Art von Leiden, beseitigt. Auf den Bodhisattva-Stufen vollendet man dann die Befreienden Handlungen, die *Paramitas*, entwickelt sich weiter und erhält schließlich auf der achten Bodhisattva-Stufe eine Prophezeiung über die zukünftige Buddhaschaft.

Das **dritte Drehen des Dharmarades** geschah an verschiedenen Orten - erwähnt werden Vaishali oder auch Shravasti. Außer diesen beiden sind die Orte größtenteils unbekannt, da der Buddha hier das geheime Mantrayana gelehrt hat und nur besonders fortgeschrittene Schüler zuhören durften, die starkes Vertrauen zu Buddha und zur Natur ihres eigenen Geistes hatten. Der Buddha gab alle Lehren immer entsprechend den Fähigkeiten der Schüler, und beim ersten und zweiten Drehen gab er nur vorläufige Lehren, d.h. er hat immer den nächsten Schritt auf dem Weg gezeigt. Hier, beim dritten Drehen des Dharmarades, lehrte er dann die endgültige oder letztendliche Bedeutung, hauptsächlich die allen Wesen innewohnende Buddha-Natur, die schon mit den perfekten Qualitäten der Erleuchtung ausgestattet ist. Diese Lehren ermöglichen es uns, durch Identifikation mit den Buddha-Eigenschaften in uns, sehr schnell, d. h. im besten Fall in einem einzigen Leben, die volle Erleuchtung zu erreichen.

Fasst man es zusammen, so kann man folgendes sagen:

Beim ersten Drehen des Dharmarades lehrte der Buddha, wie man positive Eindrücke oder Verdienst ansammelt, wie man negative Handlungen aufgibt

170

usw., um dadurch später die Befreiung zu erlangen. Er sprach in diesem Zusammenhang von Existenz: Wenn du dies oder jenes tust, so passiert dies oder das - als wenn Karma wirklich existieren würde. Beim zweiten Drehen erklärte er die Leerheit aller Erscheinungen, um die Anhaftung an Existenz zu überwinden. Hier sprach er von der nicht wahrhaften Existenz, davon, dass alle Dinge in Abhängigkeit entstehen und gleichzeitig ihrer Natur nach leer von unabhängiger Existenz sind. Um aber zu vermeiden, dass die Leute in die Extreme von Existenz oder Nichtexistenz fallen, gab er schließlich das dritte Drehen des Dharmarades. Hier lehrte er die letztendliche Bedeutung, das Freisein von den Extremen, die ursprüngliche Weisheit jenseits von allen festen Vorstellungen.

Yana - Fahrzeug (Tib. Thegpa)

Alle Lehren, die der Buddha gegeben hat, kann man in verschiedene Fahrzeuge (skt. *yanas*) unterteilen. Traditionellerweise werden zwei, drei oder neun Fahrzeuge in den Lehren genannt.

Spricht man von zwei Fahrzeugen, so gibt es dazu folgende Erklärung:

Ein Fahrzeug ist das, was einen zur Frucht, zum Ziel, hinführt. Daher hat es die Aspekte Ursache und Frucht.

Das erste wird als Ursachefahrzeug bezeichnet, da der Schwerpunkt darauf liegt, die Ursachen für die Erleuchtung zu schaffen. Es ist ein ziemlich langer Weg, auf dem man zuerst die Natur der Dinge genau untersucht und sie dann direkt erfährt. Dieses Ursachefahrzeug wird auch Fahrzeug der Charakteristik genannt und ist der Sutraweg. Fahrzeug der Charakteristik bedeutet, dass es die Charakteristik hat, ein authentisches Fahrzeug zu sein, welches zur vollkommenen Buddhaschaft hinführt.

Das zweite, das Fahrzeug des geheimen *Mantrayana*, auch Fruchtfahrzeug (skt. *tantrayana*) oder Diamantweg (skt. *vajrayana*) genannt, ist ein sehr kurzer, sehr schneller Weg. Man identifiziert sich auf diesem Weg mit der Frucht - den verschiedenen Aspekten der Erleuchtung.

Der Unterschied zwischen Theravada und Mahayana

Allgemein gibt es im „Schatz des Wissens" die Einteilung in *Hinayana* und *Mahayana*, das Kleine und das Große Fahrzeug. Allerdings ist mit dem Begriff *Hinayana* eher eine bestimmte Sichtweise gemeint als eine Schule. Diese Sichtweise wird zwar heute immer noch wenigstens teilweise im ‚südlichen Buddhismus' praktiziert, dieser bezeichnet sich aber selbst als *Theravada* (die Schule der Älteren in der Gemeinschaft). Auf dem Konzil von Rangoon (Myanmar) im Jahr 1956 wurde der Begriff *Hinayana* wegen seines abwertenden Beigeschmacks für die südlichen Schulen verboten. Wenn also hier der Begriff Theravada verwendet wird, ist ausschließlich der Teil dieser Schule gemeint, der die weiter unten aus der Mahayana-Perspektive erklärte grundlegende Sichtweise vertritt.

Das *Mahayana* wird auch *Bodhisattvayana* genannt und entspricht dem ‚nördlichen Buddhismus'.

Es gibt fünf Aspekte des Mahayana, die es vom *Theravada* unterscheiden:

1. Es werden beide Aspekte der Selbstlosigkeit verwirklicht, die Selbstlosigkeit der Person und der Phänomene.

2. Man entwickelt die Erleuchtete Geisteseinstellung (skt. *bodhicitta*) und praktiziert auf dieser Basis die sechs oder zehn Befreienden Handlungen.

3. Man gibt beide Arten von Schleiern auf, die Schleier der störenden Gefühle und die Schleier der falschen Anschauungen sowie die Tendenzen zu solchen Schleiern.

4. Man erlangt das letztendliche oder Nicht-verweilende *Nirvana* jenseits der begrenzenden Zustände von *Samsara* und *Nirvana*.

5. Nach den Lehren des 8. Karmapa Mikyö Dorje sind in Bezug auf das Durchschreiten des Pfades des Mahayana sieben große Eigenschaften

erfüllt. Das ist der Grund, warum das Große Fahrzeug im Vergleich zum Fahrzeug der Älteren ,groß' genannt wird:

› Eine große Ausrichtung (tib. *migpa tschenpo*) - es ist auf das Wohl aller Wesen ausgerichtet, speziell durch die Fülle der Lehren zum Nutzen der Wesen.

› Große Motivation (tib. *drubpa tschenpo*) - die Befreienden Handlungen (skt. *paramitas*) werden sowohl für den eigenen Nutzen, als auch für den Nutzen anderer vervollkommnet.

› Die Verwirklichung ist große ursprüngliche Weisheit (tib. *yeshe tschenpo*), d.h. beide Aspekte der Essenzlosigkeit werden durch Studieren, Reflektieren und Meditieren erkannt.

› Man hat großen Fleiß (tib. *tsöndrü tschenpo*) im Großen Fahrzeug. Man praktiziert durch drei endlose Weltzeitalter hindurch und nimmt dabei große Härten auf sich.

› Das Große Fahrzeug hat große geschickte Mittel oder Methoden (tib. *thab tschenpo*), d. h. mit der Erleuchteten Geisteseinstellung kann man sogar die sieben negativen Handlungen von Körper und Rede ausüben. Sie werden durch diese Einstellung zu positiven Handlungen.

› Es gibt eine letztendliche Vervollkommnung (tib. *drubpa tschenpo*) - die große Erleuchtung charakterisiert durch die zehn Kräfte des Perfekten Wissens, die vier Furchtlosigkeiten, die achtzehn Unvermischten Qualitäten usw.

› Daraus entsteht große verbreitete Buddha-Aktivität (tib. *thrinle tschenpo*), die spontan und ununterbrochen zum Wohle der Wesen wirkt.

Warum hat der Buddha eine fortschreitende Reihenfolge in den Fahrzeugen gelehrt? Wenn man denkt, man könne ohne die Grundlage des Theravada das Mahayana praktizieren, so ist das ein Ausdruck von Stolz. Dieser Stolz hindert einen daran, das Leiden der Wesen wirklich zu verstehen. Nur durch ein Verständnis des Leidens im Kreislauf der Existenz ist es möglich, tiefes Mitgefühl für die Wesen zu entwickeln.

Viele Menschen wollen zuerst *Theravada* praktizieren und danach zum Mahayana weitergehen. Indem man das Gesetz von Karma, von Ursache und Wirkung, immer mehr versteht, entwickelt man bessere Gewohnheiten und vermeidet nach Möglichkeit, anderen zu schaden. Der Geist bekommt dadurch mehr Vertrauen zu sich selbst und wird ruhiger. Durch die Meditationspraxis entsteht schließlich mehr Raum im Geist, ein Abstand zu den Dingen, der es einem ermöglicht, selbst zu entscheiden, was man erleben will. „Man kann dann bewusst wählen, den Tragödien fernzubleiben und in den Komödien mitzuspielen", wie Lama Ole Nydahl es ausdrückt. Aus der Kontrolle über die störenden Gefühle entwickeln sich schließlich Überschusskräfte, die man zum Nutzen anderer einsetzen kann. Dann geht man auf der Mahayana-Ebene weiter.

Die Notwendigkeit, beide Wege nacheinander zu praktizieren, wird auch von Asanga und Nagarjuna vertreten. In jeder Meditation nehmen wir zuerst Zuflucht, was der *Theravada*-Einstellung entspricht, dann entwickeln wir die Erleuchtete Geisteseinstellung (*Mahayana*). Schließlich kommen wir zur eigentlichen Praxis, was dem Diamantweg (*Vajrayana*) entspricht. Die Widmung des Verdienstes am Ende jeder Praxis stellt wieder die Verbindung zur Basis des Mahayana her.

Spricht man von **zwei Yanas**, so sind dies *Sutrayana* und *Tantrayana*, das Ursachefahrzeug und das Fruchtfahrzeug.

Spricht man von **drei Yanas**, so sind dies: *Shravakayana* (wörtl. das Fahrzeug der Hörer), *Pratyekabuddhayana* (wörtl. das Fahrzeug der Einzelverwirklicher) und *Bodhisattvayana* (wörtl. das Fahrzeug der Helden des Erleuchtungsgeistes).

Die **neun Yanas** sind *Shravakas*, *Pratyekabuddhas* und *Bodhisattvas*, *Krija-Tantra*, *Carja-* oder *Upa-Tantra* und *Yoga-Tantra*, sowie *Anuttarayoga-Tantra* mit Vater-, Mutter- und Nondualem-*Tantra*. Die neun Yanas werden hauptsächlich in der Nyingma-Tradition des Tibetischen Buddhismus gelehrt. Hier werden die drei höchsten *Tantra*-Klassen *Mahayoga-Tantra*, *Anuyoga-Tantra* und *Atiyoga-Tantra* genannt.

Die Vier Philosophischen Schulen im Buddhismus

Innerhalb der drei Fahrzeuge des Buddhismus gibt es verschiedene philosophische Schulen, die von den Nachfolgern des Buddha entwickelt wurden, nachdem sie seine Lehren sorgfältig analysiert hatten und über ihre Bedeutung nachgedacht hatten. Diese Schulen entsprechen der daraus jeweils resultierenden Sichtweise. Der Buddha selbst hat diese Lehren im *Kalachakra-Tantra* und im *Hevajra-Tantra* gegeben, ohne sie jedoch systematisch auf Basis, Weg und Frucht zu beziehen, wie es später geschah.

Zwei der vier hauptsächlichen philosophischen Schulen gehören zum Fahrzeug der Hörer (*Shravakas*) und werden damit der *Theravada*-Tradition zugeordnet. Dies sind die *Vaibashikas* und *Sautrantikas*.

Die **Vaibashikas** vertreten die Sicht, dass äußere Phänomene aus subtilen unteilbaren Teilchen (Atomen) bestehen und dass Bewusstsein oder Geist, der innere Aspekt, aus unteilbaren Bewusstseinsmomenten zusammengesetzt ist. Diese unteilbaren Teilchen und Bewusstseinsmomente sollen relative und absolute Existenz haben: relativ in Bezug auf das Zusammengesetztsein der groben physikalischen Materie aus vielen subtilen Teilchen und absolut in Bezug auf ihre Unteilbarkeit. Sie behaupten weiterhin, dass Objekte direkt durch die Sinnesfähigkeiten wahrgenommen werden.

Die **Sautrantikas** glauben generell auch an kleinste wahrhaft existierende Teilchen und Bewusstseinsmomente, sagen aber, dass Objekte nicht direkt durch die Sinnesfähigkeiten wahrgenommen werden können, da zwischen dem nicht-materiellen Geist und der materiellen Welt keine direkte Verbindung bestehen könne. Sie gehen von einer versteckten Substanz aus, von der nur ein Abbild durch das Sinnesbewusstsein wahrgenommenen werden kann.

Dies wird von der **Cittamatra-** oder **Nur-Geist-Schule** im *Mahayana* widerlegt. Diese Schule sagt: Wenn man die äußeren, materiellen Objekte nicht direkt wahrnehmen kann, weil sie im Wesen verschieden vom wahrnehmenden Geist sind, folgt daraus, dass es überhaupt nichts anderes geben kann als Geist. Denn das, was man wahrnimmt, muss von der gleichen Natur wie der Geist sein, um es überhaupt wahrnehmen zu können. Eine hinter einem Abbild verborgene Substanz könne man niemals wahrnehmen und daher könnte sie auch für unser wahrnehmendes Bewusstsein niemals existieren.

Die *Cittamatra*-Anhänger glauben an einen wahrhaft existenten Bewusstseinsmoment. Sie sprechen von den *drei Naturen oder Merkmalen der Existenz*:

Benannte Phänomene: Dies bezieht sich auf die Benennung der sechs Objekte des Bewusstseins, verbunden mit einer falschen Vorstellung von wirklicher, unabhängiger Existenz.

Abhängige Phänomene: Das Basisbewusstsein, das alle gespeicherten Eindrücke als Samen enthält und die anderen Aspekte des Bewusstseins existieren als ein Kontinuum ähnlicher Momente, die in der Form von Ursache und Wirkung ständig aufeinander einwirken. Man trennt die Wahrnehmung von äußeren Objekten vom inneren wahrnehmenden Geist ab und entwickelt so dualistische Anhaftung.

Diese beiden Merkmale bilden die relative Wahrheit. Die absolute Wahrheit besteht in dem dritten Merkmal der Existenz:

Absolute Gegenwart: Der Geist ist in seiner Natur nicht zusammengesetzt und frei von allen benannten und abhängigen Phänomenen. Dies wird als ‚nicht-begriffliche Bewusstheit frei von Dualität' bezeichnet.

Man unterscheidet jedoch innerhalb der *Cittamatra*-Schule die ‚Vertreter des wahrhaften Aspektes' und die ‚Vertreter des täuschenden Aspektes' voneinander, je nachdem, ob sie glauben, dass die äußeren Phänomene vom wahrnehmenden Geist so wahrgenommen werden, wie sie wirklich sind oder nicht.

Die höchste philosophische Schule im Buddhismus ist die *Madhyamaka-Schule* (tib. *Uma*). Eine Übersetzung des Namens ist „Nicht einmal die Mitte". Gemeint ist damit, dass diese Anschauung noch nicht einmal zwischen den Extremen von Existentialismus und Nihilismus liegt. Sie ist jenseits von festen Bezugspunkten. Die Phänomene sind jenseits von allen Gegensatzpaaren.

Fehlerlose Erkenntnis der relativen Wahrheit bedeutet, zu sehen, dass alle Phänomene ohne wahre Substanz sind. Obwohl sie erscheinen, sind sie wie die Reflexion des Mondes im Wasser.

Fehlerlose Erkenntnis der absoluten Wahrheit ist der Zustand, in dem alle geistigen Schöpfungen befriedet sind, der natürliche Zustand, in dem man erkennt, dass alle Phänomene leer von wahrhafter Existenz sind.

Damit ist die *Grundlage* der *Madhyamaka*-Anschauung die Untrennbarkeit der beiden Wahrheiten, der relativen und der absoluten Wahrheit.

Der *Weg* wird durch die Praxis der Untrennbarkeit der beiden Ansammlungen durchschritten, der Ansammlungen von Verdienst und Weisheit.

Die *Frucht* ist die Verwirklichung der Untrennbarkeit der beiden Buddhazustände, des Wahrheitszustandes und des Formzustandes, die durch die Vollendung des Nutzens für einen selbst und für andere erlangt wird.

Weiterhin unterscheidet man *Sutra-* und *Tantra-Madhyamaka* voneinander. *Sutra-Madhyamaka* wird weiter unterteilt in **Rangtong** (leer von einem Selbst) und einen Teil der Lehren über **Shentong** (leer von anderem). Der andere Teil bezieht sich auf *Tantra-Madhyamaka*. Rangtong wird wiederum unterteilt in die **Svatantrika**- und **Prasangika**-Schulen. Diese beiden Anschauungen halten sowohl das Selbst der Person als auch das Selbst der Phänomene für nicht wahrhaft existent. Sie widerlegen die beiden Extreme von Existentialismus und Nihilismus durch fünf hauptsächliche Beweisführungen.

Der Unterschied zwischen den beiden Anschauungen liegt darin, dass die *Svatantrikas* über die relative Wirklichkeit sprechen, um zur absoluten Wirklichkeit zu gelangen, während die *Prasangikas* alles durch Schlussfolgerungen widerlegen und gar nicht auf die relative Wirklichkeit eingehen.

Die Lehren der **Shentong**-Schule beziehen sich auf das dritte Drehen des Dharmarades, in dem die letztendliche Wirklichkeit als die Buddha-Natur bezeichnet wird, die in allen fühlenden Wesen vorhanden ist.

Praktiziert man das geheime Mantra- oder Tantra-Fahrzeug, so sollte man die *Rangtong*- und *Shentong*-Sichtweise kombinieren wie die zwei Flügel eines Vogels. Die in diesem Zusammenhang verwendete Sichtweise wird auf Tibetisch entweder der **Große Mittlere Weg** (tib. *uma chenpo*) oder **Detong** genannt, was ‚Freude und Leerheit (oder Raum) in Vereinigung' bedeutet. Dies ist ein zentraler Begriff in den buddhistischen Tantras und wird vom 1. Kongtrul im „Schatz des Wissens" als ‚Geheimes Mantra-Madhyamaka' bezeichnet (siehe mein Artikel: Der 3. Karmapa Rangjung Dorje, Lehrer der Reinen Sicht, BH 48, S. 62 - 65).

Ein klares Verständnis dieser vier philosophischen Schulen des Buddhismus beseitigt alle falschen Anschauungen und ist damit ein äußerst bedeutsames Mittel zum Erreichen der vollkommenen Buddhaschaft.

Die Drei Körbe: Vinaya - Sutra - Abhidharma

Die drei großen Sammlungen von Lehrreden oder ‚Körbe' - *Vinaya*, *Sutra* und *Abhidharma* - wurden auf dem ersten buddhistischen Konzil in Rajgir bereits ein Jahr nach Buddhas Tod von drei seiner Hauptschüler zusammengestellt. Dabei rezitierte Upali (tib. *Njewakor*) die *Vinaya*-Lehren, Ananda (tib. *Küngao*) die *Sutra*-Lehren und Kashyapa (tib. *Ösung*) die *Abhidharma*-Lehren. Auf den folgenden Konzilen wurden diese Schriftsammlungen mehrmals überarbeitet und kodifiziert. Als man die Texte schließlich ins Tibetische übersetzte, wurden ihnen jeweils Preisungen vorangestellt, an denen man erkennen konnte, zu welchem der ‚Drei Körbe' der Text gehört:

Die *Vinaya*-Schriften lehren hauptsächlich Verhaltensregeln. Sie sind in erster Linie für Mönche. Daher wird am Anfang eines *Vinaya*-Textes nur der Buddha gepriesen. Es gibt außerordentlich viele Regeln, warum z. B. Mönche so handeln müssen und nicht anders, warum sie Kleider ohne Arm tragen müssen usw. Warum dies so gemacht werden muss, das weiß nur der Buddha, kein anderer. Auch die Bodhisattvas wissen es nicht so genau in all den Details. Deshalb wird in einem *Vinaya*-Text nur der Buddha gepriesen.

Das Hauptthema der *Sutra*-Schriften ist die Anwendung der Meditationspraxis. Die Bodhisattvas wenden diese an. Und die Frucht, wenn man sie anwendet, ist der Buddha-Zustand. Deshalb gibt es am Anfang von *Sutra*-Texten eine Preisung an die Buddhas und Bodhisattvas oder eine Verbeugung vor ihnen.

In den *Abhidharma*-Schriften geht es um alle Wissensobjekte. Es wird genau beschrieben, was es alles gibt - welche Formen von Lebewesen und wie sie aussehen, welche Formen von Objekten und ihrer Wahrnehmung es gibt, wie das Universum entsteht und sich wieder auflöst usw. Es ist eine umfassende Beschreibung von allem Wissenswerten. Derjenige, der all das am besten weiß, was zu wissen ist, ist der Edle Manjushri, die Manifestation der Weisheit aller Buddhas. Daher gibt es am Anfang der *Abhidharma*-Werke eine Preisung an Manjushri.

Vinaya, *Sutra* und *Abhidharma* wirken jeweils gegen Anhaftung, Abneigung und Unwissenheit.

Die Vier Siegel

Im *Theravada* sind die ‚vier Siegel der Lehrrede des Buddha' eine der zentralen Lehren, die buddhistische Anschauungen von nicht-buddhistischen Anschauungen unterscheidet:

1. Alle zusammengesetzten Dinge sind momentan und vergänglich.

2. Alle unreinen Phänomene haben die Natur der drei Arten von Leiden.

3. Alle vollkommen unreinen und reinen Phänomene (*Samsara* und *Nirvana*) sind leer und ohne Selbst.

4. Einzig Nirvana ist Frieden und Befreiung.

Nachdem man gut über sie nachgedacht und sie verstanden hat, sollte man Gewissheit darüber entstehen lassen.

Samsara und Nirvana

Da der Begriff ‚*Nirvana*' oft missverstanden wird, soll das Gegensatzpaar ‚*Samsara - Nirvana*' genauer erklärt werden:

Samsara, der Kreislauf der Existenz, bedeutet: der vollkommen verschleierte Zustand des Geistes.

Nirvana, die Befreiung vom Kreislauf der Existenz, bedeutet: der vollkommen gereinigte Zustand des Geistes oder wörtlich: ‚herausgegangen aus dem tiefen Elend'.
Die Definition von *Nirvana* ist: „Einzig *Nirvana* ist dauerhafte Befreiung, die Freude ist und wahrer Friede, der nicht mehr von den Wellen der störenden Gefühle bewegt wird".

Samsara hat nach Gampopa die folgenden drei Merkmale:

› seine Natur ist Leerheit

› seine Erscheinungsform ist Illusion und

› sein charakteristisches Merkmal ist Leiden.

Nirvana hat nach Gampopa ebenfalls drei Merkmale:

› seine Natur ist Leerheit

› seine Erscheinungsform ist Freiheit von Illusion und

› sein charakteristisches Merkmal ist daher Freisein von allem Leiden.

Es gibt aber verschiedene Arten von *Nirvana*, die in den jeweiligen Abhandlungen auch unterschiedlich verwendet werden:

› Die Soheit aller Phänomene, die Reinheit von Natur aus, ist das ‚natürliche *Nirvana*‘.

› Das Aufhören von Unterscheidungen und Gefühlen aufgrund des Vergehens der Samen auf dem weltlichen Pfad ist das ‚namentlich beigelegte (begriffliche) *Nirvana* des Aufhörens‘. Auf den vier Versenkungsstufen der Formlosigkeit werden die karmischen Eindrücke, die Samen, aufgebraucht und es entsteht ein fälschliches *Nirvana*.

› Das durch den Pfad des Sehens im Fahrzeug der Älteren erlangte Aufhören des Leidens und seiner Ursachen ist das ‚*Nirvana* der *Arhats*‘.

› Das Nirvana, das durch die Kraft der unterscheidenden Weisheit und des Mitgefühls der Buddhas und Bodhisattvas nicht in die Extreme von Existenz und Frieden fällt, ist das ‚Nicht- verweilende *Nirvana*‘.

Diese letzteren beiden, das ‚*Nirvana* der Arhats‘ und das ‚Nicht-verweilende *Nirvana*‘, der Buddha-Zustand, sind die beiden wichtigsten und müssen sorgfältig voneinander unterschieden werden.

Die Vier Edlen Wahrheiten

Die *Wahrheit des Leidens* ist vergleichbar mit einer Krankheit, die als solche erkannt werden muss.

Die *Wahrheit von der Ursache des Leidens* ist wie die Krankheitsursache, die überwunden werden muss.

Die *Wahrheit des Aufhörens des Leidens* entsteht aus dem Glück, das frei ist von Leiden, und muss erlangt werden.

Die *Wahrheit des Pfades* ist wie eine Medizin, und man muss sich auf sie stützen.

› Die Definition der Wahrheit des Leidens ist die Kontinuität der Aggregate (skt. *skandhas*), die durch Karma und störende Gefühle aus früheren Leben entstehen.

› Die Skandhas können nur aufgrund von Kontinuität, von Gedächtnis usw. existieren. Ohne Karma und störende Gefühle hätten wir keine Skandhas. Daher ist die Definition von der Ursache des Leidens: Karma und die störenden Gefühle bilden die Ursache der Skandhas (Bestandteile der Persönlichkeit).

› Die Definition der Wahrheit des Aufhörens ist das Aufgeben, das durch die Zerstörung des Ursprungs des Leidens entsteht, indem alle Objekte aufgegeben werden, die auf dem Pfad aufgegeben werden müssen, welcher das Heilmittel ist.

› Die Definition der Wahrheit des Pfades ist: Die Weisheit der Edlen, die die Fähigkeit haben, das Aufhören des Leidens zu erlangen, indem sie den Ursprung des Leidens aufgeben. Man kann auch sagen: Durch Aufgeben des Ursprungs erlangt man das Aufhören des Leidens.

Die Zufluchtnahme

Der Begriff Zuflucht (tib. *kjab dro*) bedeutet wörtlich ‚Schutz vor Leid'. Die Begriffe Buddha, Dharma und Sangha - die Drei Juwelen - sowie Lama, Yidam und Schützer - die Drei Wurzeln, zu denen wir Zuflucht nehmen - wurden bereits erklärt. Im Tibetischen Buddhismus nehmen wir speziell zum Lama Zuflucht, der uns durch Segen, Inspiration und Schutz auf dem Weg hilft.

Hier die eigentliche Zufluchtsformel:
Meister (Lama Karmapa), alle Buddhas und Bodhisattvas, bitte hört mich.

Von nun an bis zur Verwirklichung nehme ich Zuflucht zum Buddha, der das Beispiel meiner eigenen Natur ist. Ich nehme Zuflucht zum Dharma, der der Weg zur Befreiung, zur Vervollkommnung dieser Natur ist, und ich nehme Zuflucht zur Sangha, den verwirklichten Freunden und Helfern auf diesem Weg. Vor allem nehme ich Zuflucht zum Lama, der Segen, Mittel und Schutz in sich vereint. Alle Buddhas und Bodhisattvas der drei Zeiten und zehn Richtungen, erkennt mich als einen, der Zuflucht sucht beim Lama und beim Dreifachen Juwel zum Wohle aller Wesen.

Wir sagen, dass wir Zuflucht zum Wohle aller fühlenden Wesen nehmen, doch am Anfang können wir ihnen in Wirklichkeit nur auf der relativen Ebene nutzen. Später, wenn wir Verwirklichung erlangt haben, werden wir es auch auf der absoluten Ebene tun können.

Wir müssen unsere Schleier reinigen und werden so die große Befreiung erlangen, die schon in uns enthalten ist. Es ist die Verwirklichung selbst, die die Kraft in sich enthält, anderen zu helfen. Daher sollte unsere innere Verpflichtung sie zu erlangen, tief empfunden sein.

Symbolisch für diese starke Verpflichtung bringen wir ein Geschenk dar, das Geschenk unseres Haares, weil unser Kopf unser wichtigster Körperteil ist und das Haar vom Scheitelpunkt des Kopfes genommen wird. Wenn wir etwas von unserem Haar geben, so steht das sinnbildlich dafür, dass wir die Handlungen, Worte und Gedanken, also Körper, Rede und Geist dem Weg der Befreiung darbringen, so wie es Buddha selbst gezeigt hat, als er den Weg zur Erleuchtung beschritten hat. Dann erhalten wir einen neuen Namen, einen Dharma-Namen, der unsere Verbindung mit diesem Weg bestärkt.

Liebe und Mitgefühl

Die Entwicklung von Liebe und Mitgefühl ist die Grundlage für den Wunsch, zur Erleuchtung zu gelangen, um allen Wesen dabei zu helfen, sich vom Leiden zu befreien.

Liebe ist der Wunsch, dass alle Wesen glücklich sein mögen.

Mitgefühl ist der Wunsch, dass alle Wesen frei von Leiden sein mögen.

Diese beiden Begriffe werden ausführlich im „Juwelenschmuck der Befreiung" von Gampopa erklärt.

In den Grundübungen (tib. *Ngöndro*) heißt es bei der Zufluchtnahme:

Mögen alle Wesen Glück und die Ursache des Glücks haben.

Mögen sie frei von Leiden und der Ursache des Leidens sein.

Mögen sie nicht vom wahren Glück, welches ohne Leid ist, getrennt sein.

Mögen sie in großem Gleichmut verweilen, frei von Anhaftung und Abneigung.

Dies sind die sogenannten ‚vier unermesslichen Qualitäten', die im Folgenden erklärt werden.

Die Vier Unermesslichen

Liebe - man sollte unermessliche Liebe gegenüber allen fühlenden Wesen praktizieren.

Mitgefühl - man sollte unermessliches Mitgefühl besonders gegenüber dem Feind praktizieren.

Freude - man sollte allen Wesen unermessliche Freude wünschen, so wie unseren nahen Freunden.

Gleichmut - man sollte unermesslichen Gleichmut gegenüber Freunden, Feinden und allen, die dazwischen sind, praktizieren.

Die vier Unermesslichen entsprechen auf der Mahayanaebene den vier Edlen Wahrheiten:

1. Mögen alle Wesen glücklich sein und die Ursache des Glücks besitzen. Hier wird die Wahrheit des Leidens in den Wunsch nach Glück umgesetzt.

2. Mögen alle Wesen frei von Leiden und den Ursachen des Leidens sein. Man hat Mitgefühl mit den Wesen und wünscht ihnen besonders, keine neuen Ursachen für Leiden mehr zu setzen.

3. Mögen sie niemals von der Glückseligkeit getrennt sein, die von allem Leiden frei ist. Diese höchste Glückseligkeit, die nie mehr vorbeigeht, ist das Aufhören des Leidens.

4. Mögen sie in großem Gleichmut verweilen, frei von Anhaftung an das, was sie mögen und Abneigung gegenüber dem, was sie nicht mögen. Hier liegt die Wahrheit des Weges darin, frei zu werden von allen störenden Gefühlen und festen Vorstellungen, die die wahre Natur des Geistes verschleiern.

Auf der Tantra-Ebene werden die vier Edlen Wahrheiten beispielsweise symbolisch durch die vier Arme von Liebevolle Augen, Chenrezig, dem Buddha des Mitgefühls, ausgedrückt:

1.+2. Die beiden am Herzen zusammengelegten Hände, die den wunscherfüllenden Edelstein des Geistes halten, symbolisieren die Entwicklung des kostbaren Erleuchtungsgeistes zum Wohle aller Wesen, also das Versprechen, aufgrund von Liebe und Mitgefühl alle Wesen vom Leiden und seiner Ursache zu befreien.

3. Die zweite linke Hand hält die geöffnete Lotusblüte als Zeichen, dass Liebevolle Augen die höchsten Qualitäten erlangt hat und frei ist von jeder Art von Leiden.

4. Die Perlenkette (skt. *mala*) in der 2. rechten Hand symbolisiert die Wahrheit des Weges, nämlich das Rezitieren des Mantras OM MANI PEME HUNG, das alle Wesen aus dem Daseinskreislauf befreit.

Ebenso stehen die siebenteiligen Wünsche mit den vier Edlen Wahrheiten in Verbindung:

1. Sich Verbeugen vor den Buddhas und Bodhisattvas reinigt Körper, Rede und Geist, besonders aber den Körper, der ja die physische Grundlage für unser Leiden ist.

2. Schenken reinigt Anhaftung, Bekennen reinigt alle störenden Gefühle, besonders Abneigung, und sich Erfreuen am Verdienst aller Wesen reinigt Eifersucht und Neid. So werden die Ursachen für Leiden, die störenden Gefühle, überwunden.

3. Die Bitte an die Buddhas und Bodhisattvas, nicht ins Nirvana einzugehen, steht mit dem Aufhören des Leidens in Verbindung.

4. Das Ersuchen, das Dharmarad des höchsten Fahrzeugs weiterzudrehen, steht mit der Wahrheit des Pfades in Verbindung.

Die Widmung des Verdienstes macht das Verdienst grenzenlos und ist daher eine Methode zur Verwirklichung der höchsten Erleuchtung.

Die Entwicklung des Kostbaren Erleuchtungsgeistes (skt. *bodhicitta*)

Es gibt zwei Arten von Bodhicitta: den Erleuchtungsgeist des Strebens und den der Anwendung.

Der Erleuchtungsgeist des Strebens hat fünf Hauptpunkte:

1. Wir sollten niemals den Geist vor den Wesen verschließen, also keines aus unseren Gedanken ausschließen.

2. Wir sollten uns immer an den relativen und den absoluten Nutzen des Erleuchtungsgeistes erinnern. Dazu gibt es 22 Beispiele, die den Wert der Entwicklung des Erleuchtungsgeistes illustrieren.

3. Wir sollten Verdienst und Weisheit ansammeln. Dadurch wird der Erleuchtungsgeist gestärkt und entwickelt.

4. Wir sollen die Quelle, die Essenz und die Handlungsweise der Erleuchteten Geisteseinstellung praktizieren:

> Die Quelle sind die vier Unermesslichen Betrachtungen.

> Die Essenz ist das Verlangen nach dem Eintreten in die Erleuchtete Geisteseinstellung und nach der Erleuchtung selbst.

> Die Handlungsweise ist die Widmung aller positiven Dinge an alle Wesen.

5. Wir sollen die vier schwarzen (negativen) Dharmas aufgeben und die vier weißen (positiven) praktizieren:

> Den Lehrer zu täuschen. Das Gegenteil ist, nicht zu lügen, selbst wenn es das Leben kostet.

> Jemanden zu veranlassen, etwas zu bedauern, was er nicht bedauern sollte. Das Gegenteil ist, sich an positiven Handlungen anderer zu erfreuen.

> Die Drei Juwelen oder die Drei Wurzeln zu kritisieren oder das eigene Urteil für das Beste zu halten. Das Gegenteil ist, die Drei Juwelen und die Drei Wurzeln hochzuschätzen und positiv über sie zu sprechen.

> Andere Wesen um des eigenen Vorteils willen zu betrügen. Das Gegenteil ist selbstlos für andere zu arbeiten.

Der Erleuchtungsgeist der Anwendung ist die Praxis der Bodhisattvas - die Praxis der Zehn Paramitas.

Die Zehn Paramitas

In den meisten Schriften über die Bodhisattva-Praxis werden sechs Befreiende Handlungen (skt. *paramitas*) erklärt. Die sechste befreiende Handlung der Weisheit kann aber durch vier weitere Unterteilungen ergänzt werden, wodurch die Zehn Paramitas entstehen. Die Zehn Paramitas sind folgende: Freigebigkeit, Ethik, Geduld, Fleiß, Meditative Konzentration, Unterscheidende Weisheit, sowie diese weiter unterteilt in Methode, Wünsche, Kraft und Ursprüngliche Weisheit.

Die Erklärung für die zehn Paramitas ist:

Freigebigkeit bedeutet, die Wesen zu unterstützen und alle Anhaftungen aufzulösen.

Ethik bedeutet, anderen nicht zu schaden, sondern ihnen zu nutzen, so
viel man kann.

Geduld ist Ertragen, besonders wenn einem andere schaden.

Fleiß oder freudige Anstrengung bedeutet, die Qualitäten anwachsen zu
lassen.

Meditative Konzentration bedeutet, störende Gefühle zu überwinden
und die Fähigkeit zu erlangen, andere in den Pfad eintreten zu lassen,
andere zum Dharma hinzuführen.

Weisheit bewirkt vollkommene Befreiung.

Methoden entstehen aus der Weisheit und sind vollkommen uner-
schöpflich.

Wünsche bewirken Erfüllung aller Wünsche und das Eintreten in die Welt.

Kraft schafft definitives Verständnis und

Ursprüngliche Bewusstheit schafft Gewissheit in Bezug auf höchste Freude
und vollkommenes Heranreifen (bei einem selbst und bei anderen).

Abb. 18 › die buddhistische Literatur ist umfangreich

LESEN, NACHDENKEN UND MEDITIEREN

Buchempfehlungen nach Themen geordnet (deutsch & englisch)

Diese Übersicht soll dazu dienen, das Wissen über einige der im Diamantweg immer wiederkehrenden Themen zu vertiefen. Sie enthält einerseits hoffentlich nützliche Anregungen, kann aber andererseits keinesfalls die ganze Bandbreite interessanter Literatur zu diesen wichtigen Themen abdecken, und schon gar nicht die Literatur für ein komplettes Studium des Buddhismus ersetzen. Es werden hier ausschließlich Bücher empfohlen, die mit den praxisorientierten Nyingma- und Kagyü-Linien in Verbindung stehen. Falls Interesse an Büchern anderer buddhistischer Traditionen besteht, gibt es dafür viele Angebote in den Buchläden. Viele bibliographische Angaben zu diesen Büchern werden als Quellen für die entsprechenden Themen im Literaturverzeichnis aufgeführt.

Einführende buddhistische Lehren

› Wie die Dinge sind - Lama Ole Nydahl

› Der Buddha und die Liebe - Lama Ole Nydahl

› Vom Reichtum des Geistes - Lama Ole Nydahl

› Der Dharma - Kalu Rinpoche

› Den Pfad des Buddha gehen - Kalu Rinpoche

› Buddhistische Grundbegriffe - Manfred Seegers

› Tore in die Freiheit - Chagdud Tulku

› Der Buddhismus in seiner Ganzheit - Buddhismus Stiftung Diamantweg

191

Mahayana-Lehren

› Der kostbare Juwelenschmuck der Befreiung - Gampopa

› Die kostbare Girlande für den höchsten Weg - Gampopa

› Der große Pfad des Erwachens - Jamgön Kongtrul Lodrö Thaye

› Offenes Herz - Klarer Geist - Jamgön Kongtrul Lodrö Thaye

› Die sieben tibetischen Geistesübungen - Dilgo Khyentse Rinpoche

› Das Herzjuwel der Erleuchteten - Dilgo Khyentse Rinpoche

› Sutra und Tantra - Tenga Rinpoche

› A Guide to the Bodhisattva's Way of Life - Shantideva, transl. by Stephen Batchelor

Allgemeine Bücher für die Meditationspraxis

› Die vier Grundübungen - Lama Ole Nydahl

› Das Licht der Gewissheit - Jamgön Kongtrul Lodrö Thaye

› Creation & Completion - Jamgön Kongtrul Lodrö Thaye

› Geflüsterte Weisheit - Kalu Rinpoche

› Wissen über Meditation - Manfred Seegers

› Meditation-Advice for Beginners - Bokar Rinpoche

› Chenrezig - Lord of Love - Bokar Rinpoche

› Tara, The feminine Divine - Bokar Rinpoche

› Die geheimen Dakini-Lehren-Padmasambhava, übersetzt von Padmakara

› Die Worte meines vollendeten Lehrers - Patrul Rinpoche

Mahamudra-Lehren

> Das Große Siegel - Lama Ole Nydahl

> Mahamudra - Ozean des Wahren Sinnes - IX. Karmapa Wangchuk Dorje

> Wie die Mitte des wolkenlosen Himmels - Jamgön Kongtrul Rinpoche

> Das Diamantlicht des gewöhnlichen Geistes - IX. Karmapa Wangchuk Dorje

> Mahamudra - The Quintessence of Mind and Meditation - Takpo Tashi Namgyal

> The Rain of Wisdom - Trungpa & Nalanda Translation Committee

> Masters of Mahamudra - Keith Dowman

> Herzensunterweisungen eines Mahamudra-Meisters - Gendün Rinpoche

> The Mirror of Mindfulness - Tsele Natsok Rangdröl

> Mahamudra and Related Instructions - Peter Alan Roberts

> Die Praxis von Mahamudra - Drikung Kyabgon Chetsang

Lebensgeschichten buddhistischer Meister

> Karmapa - König der Verwirklicher - Douglas & White

> The History of the Sixteen Karmapas of Tibet - Karma Thrinleypa

> Dzalendara and Sagarchupa - 16th Karmapa Rangjung Rigpe Dorje

> A Golden Swan in Turbulent Waters - Shamar Rinpoche

> Milarepa, Tibets großer Yogi - W.Y. Evans-Wentz

> Verrückte Weisheit - Leben und Lehre Milarepas - Joss Bachhofer

> Milarepas gesammelte Vajralieder, Teil I und II

> The Biographies of Rechungpa - Peter Alan Roberts

> Der Herr des Tanzes - Chagdud Tulku

> Dakinis, Lebensgeschichten weiblicher Buddhas - Angelika Prenzel

> Sky Dancer - Keith Dowman

> The Divine Madman - Keith Dowman

> The Life and Liberation of Padmasambhava - Yeshe Tsogyal

> Mother of Knowledge - The Lifestory of Yeshe Tsogyal - Tarthang Tulku

> The Lives and Liberation of Princess Mandarava - Lama Chonam & Sangye Khandro

> Tibets weise Frauen - Tsultrim Allione

> Buddha's Lions - The Lives of the 84 Mahasiddhas

> The Seven Instruction Lineages - Jonang Taranatha, transl. by David Templeman

> The Nyingma School of Tibetan Buddhism - Dudjom Rinpoche

> Der heilige Narr (Drugpa Künleg) - Keith Dowman, Franz-Karl Erhard

> Die Buddhas vom Dach der Welt - Lama Ole Nydahl

> Über alle Grenzen - Lama Ole Nydahl

Tod und Wiedergeburt

> Von Tod und Wiedergeburt - Lama Ole Nydahl

> Das Totenbuch der Tibeter - Fr. Fremantle und Chögyam Trungpa Rinpoche

> Natural Liberation: Padmasambhava's Teachings on the Six Bardos - Gyatrul R.

> Das Bardo-Buch - Chökyi Nyima Rinpoche

> Übergang und Befreiung - Tenga Rinpoche

Spezielle Themen wie buddhistische Kunst, Geschichte usw.

> The Principles of Tibetan Art - Gega Lama

> Raum & Freude - Tanja Böhnke und Manfred Seegers

> Tibetan Thangka Painting - David & Janice Jackson

> Die Symbole des Tibetischen Buddhismus - Robert Beer

> Die Legende vom großen Stupa - Padmasambhava

> Buddhist Stupas in Asia: The Shape of Perfection - Joe Cummings & Robert F. Thurman

> Taranatha's History of Buddhism in India - Debiprasad Chattopadhaya

> Light of Liberation - A History of Buddhism in India - Tarthang Tulku

> Holy Places of the Buddha - Tarthang Tulku

> Rogues in Robes - Tomek Lehnert

> Tibetische Heilkunst - Terry Clifford

Abb. 19 › das KIBI, Neu Delhi, Indien

DAS ERSTE SEMESTER

Ein Erfahrungsbericht vom ersten akademischen Jahr 1990/91
am Karmapa International Buddhist Institute (KIBI)
in New Delhi

In diesem mittlerweile historischen Artikel wird mittels eines eher
persönlichen Erfahrungsberichtes der Beginn des Lehrbetriebs am
Karmapa International Buddhist Institute (KIBI) in New Delhi beschrieben.
Die Funktion des Artikels war und ist allerdings nicht so sehr, die bunt
gemischten Eindrücke der ersten Studenten zu schildern, sondern auf ein
besonderes Studienangebot aufmerksam zu machen, das sich von Ende
1990 an mit kurzer Unterbrechung kontinuierlich weiter entwickelt hat.
Daher wird im Anschluss an den Artikel kurz die Situation des KIBI im
weiteren Verlauf dargestellt und es werden einige allgemeine Hinweise
zum Studium des Buddhismus gegeben.

Die Reise nach Indien

Nun lief der Countdown. Die letzten Tage vor der Abreise nach Indien
waren wieder einmal äußerst hektisch gewesen. Viele Fragen wie - Wie ist
das Klima im Winter in Indien? Welche Gesundheitsrisiken gibt es? Welche Texte muß ich mitnehmen? Schaffe ich es, alle wichtigen Dinge für
die fünfmonatige Abwesenheit von Hamburg zu regeln? usw. - waren in
letzter Minute auf gut Glück beantwortet worden. Nun saßen wir im
Flugzeug von London nach New Delhi und machten uns Gedanken, was
uns wohl erwarten würde.

Shamar Rinpoche, der Direktor des Instituts, hatte kurz vorher noch
über die Bedeutung des Instituts, seine Gründung durch S.H. den 16. Gyalwa
Karmapa selbst, den Aufbau bis zu seiner Eröffnung Anfang 1990 und die
Zukunftsperspektiven gesprochen. Besonders erklärte er uns seinen Plan,
dass das Institut als Teil der Indischen Universität in aller Welt anerkannt
werden sollte. Nun würde also das erste Semester beginnen.

Aber immer, das mussten wir auch diesmal unmittelbar nach der Landung in New Delhi einsehen, spült die Wirklichkeit alle Erwartungen beiseite. Mit der Taxifahrt durch die Stadt stürmte eine Flut von Bildern und Eindrücken auf uns ein, die uns selbst dann, wenn wir nicht erst eine Stunde lang das Institut hätten suchen müssen, die harten Lebensbedingungen in Indiens Hauptstadt klargemacht hätte.

Ein tibetisch-buddhistisches Institut für Westler

Neu Delhi ist zwar nicht mit Kalkutta zu vergleichen, wo die Leute in manchen Bezirken auf dem Bürgersteig leben und sterben, aber die großen Slums und die vielen Bettler und Krüppel zwischen den besseren Wohngegenden sind einfach nicht zu übersehen. Dann aber, endlich angekommen, konnten wir es kaum fassen. Das Institut ist eine wunderbare Oase am Rande der Großstadt. Es verfügt selbst für westliche Verhältnisse über einen hohen Standard.

Khenpo Tsültrim Gyamtso, ein Gelehrter und Meditationsmeister, der Gast-Lehrer am Karmapa Institut war, beschrieb es folgendermaßen: „Unser Lehrer, der Buddha, hat die zwölf Taten gezeigt. Die Basis für diese zwölf Taten ist Indien - das Edle Land. Die Hauptstadt dieses Edlen Landes ist New Delhi. Da befinden wir uns jetzt. Das Karmapa Institut ist genügend außerhalb der Stadt gelegen, an einer schönen Stelle, umgeben von Parks, und auch die Versorgung ist sehr gut. Deshalb sind wir sehr begünstigt hier. "

Das Institut ist äußerlich wie ein Mahayana-Kloster gebaut und untersteht S.H. dem 16. Karmapa. Der für das Studienprogramm verantwortliche Leiter war damals Khenpo Chödrak Tenphel. Das Institut steht Studenten aus der ganzen Welt zur Verfügung. Die Tibeter in der Karma Kagyü-Linie haben ein eigenes Institut in Kalimpong, an der Grenze zu Sikkim, und die interessierten Leute aus anderen Ländern haben das Karmapa Institut. S.H. der 16. Karmapa hat es sehr stark gesegnet. Er hat noch kurz vor seinem Tod im Jahr 1981 selbst die zentrale Buddhastatue gefüllt und vorausgesagt, dass dieses Institut von unermesslichem Nutzen für zahllose Wesen sein wird.

Der Beginn des Studiums

Nach ein paar Tagen der Eingewöhnung startete das Lehrprogramm des ersten Semesters mit einer einführenden Ansprache von Shamar Rinpoche. Es waren ungefähr 75 Studenten aus aller Welt gekommen. Aufgeteilt in insgesamt zwölf Klassen wurde die ganze Bandbreite buddhistischer Studieninhalte angeboten: vom Anfängerkurs in Tibetisch über drei verschiedene Stufen buddhistischer Philosophie und Erkenntnislehre bis hin zur fortgeschritten Klasse, die von den Khenpos nur auf Tibetisch ohne Übersetzung unterrichtet wurde. Dazu gab täglich einer der Rinpoches allgemeine Lehren für alle Studenten.

Natürlich gab es auch einige organisatorische Mängel, wie sie am Anfang, besonders in Indien, unvermeidlich sind. Diese konnten aber nach mehreren Gesprächen mit Shamar Rinpoche und mit Topga Rinpoche, dem Leiter der Verwaltung, beseitigt werden. Es wurde ein Studentenkomitee gegründet, dass sich um alle Anliegen der Studenten kümmerte - vom Speiseplan über notwendige Reparaturen bis hin zur Gestaltung der stimmungsvollen Weihnachtsfeier.

Da das Studium gleich sehr intensiv begann - die ersten mündlichen und schriftlichen Prüfungen fanden schon nach zwei Wochen statt - waren alle froh, dass die Rinpoches zur Entspannung sowohl ein Besichtigungsprogramm einiger Sehenswürdigkeiten als auch ein Picknick an einem See außerhalb der Stadt anboten. Shamar Rinpoche ermunterte uns dabei, in der schnell aufgebauten Disco zu tanzen und kümmerte sich überhaupt in rührender Weise um alle.

Gyalwa Karmapas Vision

Im Verlauf des Studiums wurde uns auch klar, warum S.H. der 16. Karmapa das Institut ausgerechnet an dieser Stelle errichtet hat. Er hatte das Grundstück von der damaligen indischen Primierministerin Indira Gandhi bekommen und auf 100 Jahre gepachtet. Es ist ein Umschlagplatz für Informationen zwischen Ost und West, ein Platz des Austausches innerhalb der verschiedenen Kulturen, ein Platz vor allem, an dem es für

Dharmastudenten aus den westlichen Ländern leichter möglich ist als sonst irgendwo in Asien, einen ersten Einblick in die unermessliche Tiefe und grenzenlose Weite von Buddhas Lehre zu bekommen. Zusätzlich besuchten verschiedene Linienhalter unserer Tradition und viele andere hohe Rinpoches und Lamas auf der Durchreise das Institut und segneten dadurch den Ort.

Gegen Ende des Semesters baten wir Shamar Rinpoche um eine Empfehlung für die Förderung unserer Studien am KIBI durch die Karma Kagyü-Stiftung, die für diesen Zweck für einige Zeit zur Verfügung stand. Er gab sie uns unter der Voraussetzung, dass wir uns für den vollständigen Studiengang entscheiden sollten, der ab dem nächsten Semester, also ab Oktober '91 starten würde. Dieser Studiengang umfasst mindestens acht Semester, also vier Jahre und führt zum Erwerb des akademischen Grades eines ‚Bachelor of Arts'. Danach wird man laut Plan auch noch weiter studieren können, um ‚Master of Arts' zu werden. Dieses System ist eine Grundbedingung, um als Teil der Indischen Universität anerkannt zu werden und daraufhin ebenso von Universitäten anderer Länder.

So ist langsam aber sicher eine Langzeitperspektive erkennbar: Damit der Dharma im vollen Umfang in den Westen kommen kann, müssen möglichst hoch qualifizierte Lehrer und Übersetzer ausgebildet werden. Das war wohl auch die große Vision S.H. Karmapas, der die Errichtung des Delhi-Instituts als einen seiner Herzenswünsche bezeichnet hat. Dieses, sein großes Geschenk, steht nun jedem ernsthaft den Dharma Studierenden offen.

Soweit der frühere Artikel, nun kurz zur neueren Entwicklung

In den folgenden Jahren ging das KIBI durch verschiedene Phasen der Entwicklung hindurch. Wie im ganzen Land Indien gab es auch hier viele Versuche der Modernisierung, aber auch gegenläufige konservative Tendenzen. Insgesamt ging es immer um die Gratwanderung zwischen dem Bewahren zeitloser Werte und der Anpassung an die Wünsche und Bedürfnisse der modernen Welt. Die asiatische Mentalität ist allerdings in vieler Hinsicht völlig unterschiedlich von der westlichen

Mentalität. Diese Erfahrung macht wohl jeder, der sich näher mit dem Buddhismus beschäftigt.

Das KIBI ist nun auf einem guten Weg, entsprechend dem ursprünglichen Plan Shamar Rinpoches, die Ausbildung der an tieferen buddhistischen Studien interessierten westlichen Kagyüs mit dem akademischen Studium des Buddhismus zu verbinden. S.H. der 17. Karmapa, der schon als Jugendlicher einige Jahre im KIBI verbrachte, hat nun selbst die Leitung übernommen und seinen eigenen Lehrer für buddhistische Studien, Professor Sempa Dorje, als Studiendirektor eingesetzt. Um den professionellen Lehrbetrieb einer Universität, angeschlossen an die Sanskrit-Universität von Varanasi, Indien, zu installieren, bekommt das KIBI die Unterstützung durch erfahrene Gelehrte und Übersetzer von verschiedenen Universitäten.

Der Vorteil dieser Annäherung an die universitäre Welt ist die Anerkennung und damit verbundene leichtere Finanzierbarkeit eines Auslandsstudiums in New Delhi. Die Ausbildung und Übersetzerarbeit in der Kagyü-Linie muss auf lange Sicht stärker gefördert werden. Die Karma Kagyü-Linie liegt aufgrund ihrer modernen Ausrichtung auf diesem eher traditionellen Gebiet weit hinter allen anderen Schulen des Tibetischen Buddhismus zurück. Weil es eine Praxis-Linie ist, liegt hier der Schwerpunkt generell eher auf Meditation als auf dem Studium, auch wenn Studieren, Nachdenken und Meditieren immer aufeinander folgen sollten.

Wir befinden uns gerade in der spannenden Pionierzeit des Buddhismus im Westen, wo Buddhas Lehren über die Arbeit mit dem Geist möglichst breit zugänglich gemacht werden sollten. Daher werden qualifizierte Übersetzer für die verschiedenen Sprachen dringend benötigt. Ist man einigermaßen flexibel, was Sprachen betrifft, hat in der Meditationspraxis seine Grundübungen beendet und findet genügend zeitlichen und finanziellen Spielraum für ein längeres Studium am KIBI, so sollte man über diese Möglichkeit ernsthaft nachdenken. Falls nicht alle Bedingungen dafür zusammenkommen, bietet sich als gute Alternative an, ein intensives Studium am ITAS in Karma Gön bei Malaga, Spanien, in Betracht zu ziehen.

Abb. 20 › die Bücherei von Karma Gön

DIE BÜCHEREI VON KARMA GÖN

Viele Besucher des buddhistischen Zentrums Karma Gön in der Nähe von Malaga in Süd-Spanien haben die Bücherei der Karma Kagyü-Linie schon gesehen. Neben dem Stupa und der riesigen Meditationshalle speziell für Gyalwa Karmapa Thaye Dorje ist dies ein weiteres der vielen Projekte in Karma Gön, das im Jahr 1987 gegründet wurde. Das Zentrum ist sowohl als Zurückziehungszentrum als auch als Studienzentrum konzipiert und wächst immer mehr in diese Rollen hinein. Darüber hinaus hat es zunehmend die Funktion, ein Zentrum für die buddhistische Kunst in ihren verschiedenen Ausprägungen zu sein. Aber auch die wissenschaftliche Erforschung von Meditation zählt zu den Aufgaben vor Ort. Für all diese Aktivitäten werden authentische Quellen benötigt. Neben der mündlichen Übertragung durch die Meditationsmeister und Gelehrten der Linie ist hier vor allem eine umfangreiche Bücherei unverzichtbar.

Wer in der Stadt lebt, ist leicht durch viele Beschäftigungen abgelenkt und hat daher oft weder die Zeit noch die Muße, verschiedene buddhistische Lehrinhalte ausgiebig zu studieren. Diese große Bibliothek der Karma Kagyü-Linie liegt auch aus diesem Grund in der Nähe von Malaga abseits in den Bergen mit Blick auf das Meer am Horizont. Karma Gön bietet die notwendige Ruhe zur Konzentration verbunden mit einem hohen Erholungswert durch das angenehme Klima.

Die Bücherei wächst ständig. Sie hat einen klimatisierten Raum für tibetische Texte und viel Platz für alle anderen Arten von buddhistischer Literatur. Darüber hinaus bietet sie Räume für Studienkurse und Übersetzungs-Arbeit. Der Schwerpunkt der Arbeit liegt auf dem Sammeln und Bewahren der tibetischen Schriften. Der tibetische Buddhismus beinhaltet die einzige mehr oder weniger vollständige Übertragung der Lehren Buddhas. Daher ist seine Literatur sehr umfangreich: Meditation, Philosophie, Erkenntnislehre, Geschichte, Medizin, Astrologie, Poesie, Kunst, Wissenschaften, Märchen und Sagen sind Teilgebiete davon.

Die tibetische Literatur ist in ihrem vollen Umfang nach der chinesischen die zweitgrößte Literatur der Welt. Und sie beinhaltet nicht nur

Quantität, sondern vor allem Qualität. Die ins Tibetische übersetzten direkten Lehren Buddhas sind im sogenannten ‚Kanjur' enthalten, die Kommentare der indischen Meister bilden den ‚Tenjur'. In Gewicht ausgedrückt wiegen diese beiden Sammlungen der Originalwerke zusammen ungefähr eine Tonne. Tibetische Meister aller vier großen Schulen haben über mehr als 1000 Jahre weitere Kommentare zu diesen indischen Originalwerken verfasst. Neben den grundlegenden Werken der anderen buddhistischen Linien liegt ein besonderes Gewicht auf den Texten der praxisorientierten Schulen.

Der Nutzen einer solch umfassenden Bibliothek liegt auf der Hand: Ein Grundstock vieler Arten buddhistischer Bücher und Texte erleichtert den Überblick und ermöglicht tiefgehende Forschung über alle Themen des Buddhismus. Die Zukunft Tibets ist heute ungewiss, und eine wichtige Aufgabe der Karma Gön-Bücherei ist die Sammlung und Aufbewahrung dieses gewaltigen Schatzes höchster Weisheit. Allen Interessierten soll ein möglichst leichter Zugang dazu vermittelt werden. Die Bücherei pflegt auch den Informationsaustausch mit anderen Zentren und ähnlichen Projekten in der ganzen Welt und arbeitet eng mit mehreren Universitäten und Bibliotheken zusammen. Dazu werden die Möglichkeiten moderner Medien genutzt. Ein Online-Katalog hält alle wichtigen Informationen zu den Projekten weltweit ständig abrufbereit. Die Bücherei ist auch für den 17. Gyalwa Karmapa Thaye Dorje und andere Lehrer nützlich - wenn sie zum Beispiel längere Kurse oder besondere Übertragungen geben wollen.

Für eine weit in die Zukunft hinein reichende Übersetzerarbeit ist zunächst Dokumentation notwendig, denn die Informationen über schon vorhandene Übersetzungen und Übersetzerprojekte ersparen möglicherweise viel doppelte Arbeit. Dann ist eine solide Ausbildung notwendig, denn die Verantwortung beim Übersetzen ist sehr groß - zukünftige Generationen von Buddhisten haben kaum eine andere Wahl, als sich auf die schon angefertigten Übersetzungen zu verlassen. Deswegen gibt es im Zusammenhang mit dem Bücherei-Projekt ein Ausbildungsangebot: Jeder Interessierte kann eine Qualifikation für den Umgang mit tibetischen Texten erwerben und gleichzeitig seinen

Hintergrund für die Meditationspraxis vertiefen. Dies schließt ein grundlegendes Studium der buddhistischen Philosophie, der Psychologie und der tibetischen Sprache ein.

Es findet seit 2003 regelmäßig – wenigstens einmal im Jahr, meistens sogar zweimal – ein ca. einwöchiger Studienkurs statt. Als übergeordnetes Thema werden speziell jene Lehren Buddhas weitergegeben, die als Grundlage für die Entwicklung der ‚reinen Sicht' dienen. Sie lassen sich insgesamt der buddhistischen Philosophie und Erkenntnislehre zuordnen. Die Lehrer für diesen Kurs haben viele Jahre lang unter Leitung verschiedener tibetischer Khenpos studiert und selbst unterrichtet. Langfristig stehen auch qualifizierte Gast-Lehrer zur Verfügung.

Die Erklärungen werden überwiegend in Englisch gegeben und - falls notwendig - in weitere Sprachen übersetzt. Nach einmaliger Teilnahme sind die Mitschriften der bereits gehaltenen Kurse für alle Teilnehmer erhältlich. Für den Studienkurs selbst sind keine besonderen Vorkenntnisse erforderlich; es wird jedoch empfohlen, falls man später einsteigt, im Laufe der Zeit die Mitschriften vorheriger Kurse zu lesen. Die allgemeine Vorbereitung für einen derartigen Kurs könnte darin bestehen, gelegentlich ein englisches Dharma-Buch zu lesen, um sich auf die buddhistischen Begriffe im Englischen einstellen zu können. In einem solchen Studienprogramm kann ein richtiges und umfassendes Verständnis von Buddhas Lehre erworben werden. Es können viele Fragen geklärt werden, und in Verbindung mit der Meditationspraxis ist es dann leichter, sich an eine tiefe Erkenntnis von der Natur des Geistes anzunähern.

Die Übersetzung aus dem Tibetischen bildet die Grundlage für das Studium von Originalwerken und den Erhalt des Buddhismus in der modernen Welt. Die Menge an Werken von Meistern der Karma Kagyü-Linie ist unglaublich groß. In Zukunft sollen sie in viele Sprachen übertragen werden. Daher ist die dritte, wichtige Aufgabe nach Dokumentation und Ausbildung die Einrichtung eines Übersetzerteams, das diese Texte sowohl für praktizierende Buddhisten als auch für die westliche Wissenschaft verwendbar macht. Die mündlichen Erklärungen unserer Übertragungslinie sollen mit den Erkenntnissen der modernen Forschung und Wissenschaft an Universitäten vereint werden, wo immer dies möglich ist. Über die Studienkurse hinaus gibt es daher die Möglichkeit, zum Übersetzer ausgebildet zu werden. Dies geschieht durch intensive Kurse über einen längeren Zeitraum hinweg mit dem Ziel, die klassischen Texte und das gesprochene Tibetisch verstehen und übersetzen zu können.

Für dieses weitreichende Projekt ist natürlich jede Art von Unterstützung – auch durch gute Wünsche – willkommen. So sichern wir gemeinsam für zukünftige Generationen Buddhas fantastische Lehre über die Arbeit mit dem Geist.

Abb. 21 › der Erleber, der Spiegel hinter den Bildern

SICHTWEISE UND MEDITATION

Um einerseits das volle Potential in uns zu entfalten und andererseits nicht mehr unfreiwillig von unseren Erlebnissen mitgerissen zu werden, ist es notwendig, die Natur unseres eigenen Geistes zu erfahren, den Erleber selbst. Alles andere bedeutet nur die Bilder im Spiegel des Geistes auszutauschen. Allein die Erfahrung des Spiegels selbst, der Natur des Geistes, ermöglicht es, Befreiung und Erleuchtung zu erreichen. Diese Erfahrung ist das Ziel jeder Beschäftigung mit dem Dharma. Der Begriff ‚Dharma' bedeutet ja ‚wie die Dinge sind' und das Ziel von Buddhas Lehre ist allein diese unmittelbare und ungetäuschte Erfahrung der Wirklichkeit.

Zwei Standbeine

Ob man nun den Dharma studiert oder darüber meditiert, ob man immer mehr Zusammenhänge versteht oder das, was man gelernt hat, in der Meditation anwendet, all das betrifft immer das eigene Verständnis. Es geht darum, dass man die Dinge mehr und mehr begreift, nachvollzieht und zu einer unmittelbaren Erfahrung macht. Daher sagte Topga Rinpoche 1994 beim Studienkurs in Dhagpo Kagyü Ling/Frankreich: „Man braucht beide Standbeine, das Standbein des Studiums, des Lernens, denn wenn man nicht weiß, worum es geht, worüber soll man dann meditieren? Und man braucht unbedingt das Standbein der Meditation, denn wenn man nicht meditiert, wofür sollte man dann studieren?" Es geht also darum, diese beiden Aspekte miteinander zu vereinen, weil sie beide notwendig sind, um eine echte Erfahrung zu ermöglichen.

Die richtige Sichtweise ist die Grundlage für jede Meditationspraxis, aber in den Anweisungen zur Meditation ist der Teil, der sich mit der Sichtweise beschäftigt, meistens sehr stark abgekürzt. In den Vorbereitenden Übungen zum Beispiel findet man nur jeweils zwei Sätze für jeden der vier Grundlegenden Gedanken, die uns auf den Weg zur Erleuchtung führen. Hier wird vorausgesetzt, dass man die notwendigen Informationen schon aus anderen Quellen bekommen hat, zum Beispiel aus dem „Kostbaren Schmuck der Befreiung" von Gampopa etc. Das gleiche gilt für die

Zufluchtnahme, die Entwicklung des Erleuchtungsgeistes, den eigentlichen
Hauptteil der Meditation und die Widmung. Auch hier ist jeweils die
richtige Sichtweise die notwendige Grundlage und hilft dabei, Fehler in
der Praxis zu vermeiden.

Um die Bedeutung der richtigen Sichtweise für die Meditationspraxis
zu zeigen, möchte ich kurz einige Aspekte hervorheben, die direkt mit
den einzelnen Teilen der Meditation verbunden sind.

Die vier Grundgedanken

Die vier grundlegenden Gedanken sind äußerst wichtig, sowohl für die
Dharmapraxis als auch für den Alltag. Nur mit einem klaren Verständnis
von der eigenen Situation im Kreislauf der Existenz wird man den tiefen
Wunsch nach Befreiung von allem Leiden und nach voller Erleuchtung
zum Nutzen der Wesen entwickeln. Viele falsche Vorstellungen über das
eigene Leben lösen sich auf und man entwickelt tiefes Mitgefühl mit allen
Lebewesen im Kreislauf der Existenz. Mit diesem Verständnis wird jede
Dharmapraxis sehr kraftvoll. Daher kann man umgekehrt auch sagen,
dass der hauptsächliche Grund für Schwierigkeiten mit der Dharmapraxis,
zum Beispiel mit den Grundübungen, darin liegt, dass man diese vier
grundlegenden Gedanken nicht wirklich verstanden hat.

Ist eine echte Bewusstheit davon vorhanden, wie kostbar diese menschliche Geburt ist, das heißt wieviele spezielle Voraussetzungen dazu nötig
sind, dem Dharma überhaupt zu begegnen und erst recht ihn auch wirklich zu praktizieren, dann entsteht daraus eine starke Motivation für die
Praxis. Man erkennt, dass hierzu starke Wünsche aus früherer Zeit und
Unmengen an positiven Eindrücken zusammenkommen müssen. Dies
führt einen jetzt dazu, das eigene Leben sinnvoll nutzen zu können und man
nimmt sich vor, diese fantastische Gelegenheit nicht zu verschwenden.

Ebenso wirkt sich ein tiefes Verständnis von den groben und subtilen
Aspekten der Vergänglichkeit auf die Dharmapraxis aus. Man weiß
niemals, wieviel Zeit einem bleibt, um die Natur des eigenen Geistes zu
erkennen und wird deshalb mit Fleiß praktizieren. Vergänglichkeit
bedeutet aber auch, dass alle Probleme und Schwierigkeiten vorbeigehen

und dass durch die Praxis eine völlige Veränderung hin zu stabilem Glück in unserem Geist möglich ist. Besonders die wachsende Erkenntnis des subtilen Aspektes der Vergänglichkeit führt zu einem tieferen Verständnis der Wirklichkeit. Der große indische Meister Nagarjuna sagt dazu: „Wer den subtilen Aspekt der Vergänglichkeit erkannt hat, kommt sehr nahe an ein Verständnis der Leerheit aller Erscheinungen heran".

Weiterhin ist die richtige Sichtweise in Bezug auf Ursache und Wirkung äußerst wichtig. Nur wenn man versteht, dass man früher selbst die Ursachen für die jetzigen Erlebnisse gelegt hat und dass man jetzt ständig Ursachen für zukünftige Erlebnisse legt, kann man die volle Verantwortung für das eigene Leben übernehmen. Durch konsequentes, positives Handeln schafft man die Ursache für bleibendes Glück. Ebenso erkennt man, dass die Handlungen anderer von vielen Ursachen und Bedingungen abhängen. Man nimmt dann schwierige Umstände nicht mehr so persönlich und gleichzeitig führt dies zu einem umfassenderen Verständnis von Ursache und Wirkung, vom Abhängigen Entstehen der Dinge.

Nur ein klares Verständnis vom Abhängigen Entstehen aller Dinge bringt wirkliche Freiheit, denn mit diesem Verständnis kann man selbst entscheiden, was man erleben will und man erkennt gleichzeitig, dass es keinerlei unabhängige oder für sich bestehende, wahrhafte Existenz in den Dingen gibt. Abhängiges Entstehen, das ganze Geflecht von Ursachen, Bedingungen und Wirkungen, sowie die Leerheit von unabhängiger Existenz sind die beiden untrennbaren Merkmale aller Erscheinungen. Erkennt man die Traumhaftigkeit oder Unwirklichkeit der Dinge, dann ist es möglich, vom Schlaf der Unwissenheit zu erwachen und Befreiung und Erleuchtung zu erreichen.

Solange man noch an den Erfahrungen dieses Lebens festhält, hat man die Natur des Kreislaufs der bedingten Existenz nicht wirklich verstanden. In welcher Form und unter welchen Umständen man auch immer in dem einen oder anderen Daseinsbereich wiedergeboren wird, man erlebt überall verschiedene Arten von Leiden und Schwierigkeiten. Selbst die höchsten Freuden in unserem Leben sind im Vergleich zu Befreiung und Erleuchtung reines Leid. Je mehr man versucht, angenehme Erfahrungen festzuhalten, desto stärker ist die Frustration, wenn sie sich doch wieder ändern. Nur die offene, klare Unbegrenztheit des Geistes, der Erleber all der verschiedenen Projektionen im Geist, ist dauerhaft, während sich alle bedingten Zustände ändern. Der Geist ist kein Ding und kann daher nicht zerstört werden. Seine Natur ist höchste Freude und geht über alle Trennungen hinaus. Die unmittelbare Erfahrung der Natur des Geistes ist daher das Einzige, was wirklich Befreiung von allem Leid bedeutet.

Die Zuflucht

Das tibetische Wort für Zuflucht heißt ‚kyab‘ und bedeutet wörtlich ‚Schutz‘, Schutz vor dem Leiden der bedingten Existenz. Diejenigen, die einen vor allem Leiden schützen können, müssen selbst jenseits vom Leiden sein. Nur dann können sie uns bleibendes Glück bringen. Dies sind die sogenannten Drei Juwelen: Buddha, der erleuchtete Zustand unseres Geistes, Dharma, die Lehren, die uns dahin führen und Sangha, die Freunde und Helfer auf dem Weg. Speziell im Tibetischen Buddhismus gibt es darüber hinaus noch eine vierte Zuflucht, den Lama, der Segen, Mittel und Schutz in sich vereint.

Hier lohnt es sich, mehr über die Qualitäten der Zuflucht zu erfahren, um echtes Vertrauen entwickeln und sich für die Zuflucht öffnen zu können. Dies Vertrauen sollte ja niemals blind sein, sondern auf einer tiefen Überzeugung von den Qualitäten der Zuflucht beruhen, die es einem ermöglichen, Befreiung und Erleuchtung zu erreichen. Außer im „Kostbaren Schmuck der Befreiung" von Gampopa kann man auch in vielen anderen Dharmabüchern und Werken mehr darüber lernen. Die Quellen sind zum Beispiel das „Sutra der Erinnerung an die Drei Juwelen" oder der „Gyü Lama" von Maitreya/Asanga.

Praktiziert man den ersten Teil der Grundübungen, die Verbeugungen, so hat jeder Aspekt im Zufluchtsbaum tiefen Sinn und richtet den Geist auf die Erleuchtung aus. Viele Praktizierende fragen immer wieder, warum denn die Lamas hier in einem Baum sitzen, was sonst eigentlich nicht ihre Gewohnheit ist. Dazu sollte man wissen, dass der Zufluchtsbaum ein wunscherfüllender Baum ist, wie er nach der Mythologie im Bereich der Götter, aber auch im Reinen Land von Buddha Amitabha, Dewachen, zu finden ist. Alle Wünsche, die mit dem Weg zur Erleuchtung zu tun haben, erfüllen sich in der Gegenwart eines solchen Baumes spontan. Eine weitere oft gestellte Frage ist, warum der Baum in einem See steht, obwohl normalerweise keine Bäume im Wasser wachsen. Hier ist die Erklärung, dass der See die reine Natur des eigenen Geistes symbolisiert, die alle Wünsche erfüllt und die perfekten Qualitäten der Erleuchtung enthält. In einem späteren Artikel zu den Grundübungen wird dies noch einmal im Zusammenhang erklärt.

Der Erleuchtungsgeist

In Verbindung mit der Ausrichtung auf Befreiung und Erleuchtung sollte man eine reine Einstellung entwickeln, eine große Motivation, die auf das Wohl aller Wesen gerichtet ist. Dies ist die Erleuchtete Geisteseinstellung. Auf der Grundlage von Liebe und Mitgefühl wünscht man, so schnell wie möglich Buddhaschaft zu erlangen, um alle Wesen vom Leid zu befreien. Erst wenn man die Natur des eigenen Geistes mehr und mehr erkennt, entfalten sich die Fähigkeiten, anderen in größtem Umfang zu helfen, ganz natürlich. Aber auch schon auf dem Weg dorthin handelt man so viel wie möglich zum Nutzen anderer. Diese Einstellung macht sowohl die Meditationspraxis als auch das Handeln im Alltag sehr kraftvoll. Jede Aktivität wird zur Handlung eines Bodhisattvas und damit zu einem Schritt auf dem Weg zur Erleuchtung.

Hat man eine Verbindung mit dem Tibetischen Buddhismus, so kann man die höchste Ebene der Meditation verwenden, die der Buddha gegeben hat, den Diamantweg. Der Hauptteil der Meditation sollte daher eine Praxis des Diamantwegs sein. Im Gegensatz zum Sutra-Fahrzeug, bei dem durch analytische Methoden die Ursachen für Erleuchtung aufgebaut werden, identifiziert man sich im Tantra-Fahrzeug, dem Diamantweg, mit den Buddha-Eigenschaften im eigenen Geist. Die Grundlage dafür sind alle Lehren, die der Buddha beim dritten Drehen des Dharmarades mit den Lehren über die Buddha-Natur in allen fühlenden Wesen gab.

Die Buddha-Natur

Die Sichtweise ist hier, dass die Natur des Geistes von Anfang an rein ist, und dass die oberflächlichen Schleier, die uns im Augenblick davon abhalten, diese reine Natur unseres Geistes zu erkennen, nicht die Essenz des Geistes selbst betreffen. In den Tantras heißt es daher: „Alle Wesen sind schon Buddhas, auch wenn sie es noch nicht erkannt haben". Die Buddha-Natur, ausgestattet mit allen perfekten Eigenschaften der Erleuchtung, ist die reine Natur des Geistes. Der Unterschied zwischen gewöhnlichen Wesen und Buddhas ist nur, ob die allen innewohnende Buddha-Natur manifestiert ist oder nicht. Die sogenannte ‚reine Sichtweise' bedeutet daher, alles auf der höchsten Ebene zu sehen, sich auf die Buddha-Eigenschaften im Geist auszurichten und zu erkennen, dass die Natur aller Erscheinungen bereits ursprüngliche Weisheit ist.

Dies erkennt man in der Meditation durch die Identifikation mit dem Lama, den Buddha-Aspekten oder Yidams und den Schützern, die jeweils verschiedene Facetten der Erleuchtung zeigen. Der Lama überträgt die mit seiner Verwirklichung verbundene Erfahrung auf uns und gibt uns den Segen für die Praxis. Die Buddha-Aspekte drücken die perfekten Qualitäten der Erleuchtung aus, wie zum Beispiel Furchtlosigkeit, Freude, Mitgefühl, Weisheit usw. und sie lassen gewöhnliche und außergewöhnliche Kräfte in uns entstehen. Die Schützer beseitigen äußere und innere Hindernisse auf dem Weg und führen die spontane Buddha-Aktivität zum Nutzen der Wesen aus. Durch die drei Aspekte der Praxis, die ‚Mudra, Mantra und Samadhi' genannt werden, reinigt man jeweils Körper, Rede und Geist von allen oberflächlichen Schleiern. Mudra entspricht der aufbauenden Phase der Meditation, bei der man sich auf die Form des Buddhas konzentriert, Mantra der Mantraphase, bei der der Name des Buddhas, die Schwingung verwendet wird, die äußere und innere Wahrheit miteinander verbindet, und Samadhi der vollendenden Phase, bei der man mit dem Geist des Buddha verschmilzt und untrennbar eins wird.

214

Die reine Sichtweise

Am Ende der Meditation, nachdem man die guten Eindrücke mit allen geteilt hat, ist es wichtig, diese reine Sicht so gut es geht beizubehalten und auch im Alltag alles auf der höchstmöglichen Ebene zu sehen. Alle Wesen sind weibliche oder männliche Buddhas, ob sie es wissen oder nicht. Geräusche sind Mantras und Gedanken Weisheit, bloß weil sie geschehen können. Mit dieser Sicht fällt man nicht wieder in die Fantasiewelt der Kindheit zurück, wie einige glauben, sondern man sieht die Dinge so, wie sie sind. Die Dinge sind rein in ihrer Natur. Dies ist der schnellste und direkteste Weg, den Buddha gelehrt hat. Die Voraussetzung dafür ist Vertrauen zur Natur des eigenen Geistes. Dieses Vertrauen wird stabil, wenn man alle Zweifel und Fragen durch ein genaues Untersuchen der Dinge klärt. Dies ist der Grund, warum es eine hochentwickelte buddhistische Philosophie gibt. Hier kann man die Antworten zu allen Fragen bekommen und alle Aspekte einer korrekten Sichtweise trainieren. Aber alle Philosophie im Buddhismus hat nur den einen Zweck, die grundlegende Unwissenheit im Geist zu überwinden und zu einer direkten Erfahrung von der Natur des Geistes, jenseits von allen festen Vorstellungen, zu gelangen.

TEIL 5

DIE MEDITATIONSPRAXIS
IM DIAMANTWEG

Abb. 22 › die Praxis der Mandalagaben

DIE VIER GRUNDÜBUNGEN

Für denjenigen, der eingehender mit dem Geist arbeiten möchte, ist es sinnvoll, sich für einen stufenweisen Aufbau der Meditationspraxis zu entscheiden. Es ist ein Weg, den zahllose Verwirklicher früherer Jahrhunderte mit Erfolg gegangen sind. In der Kagyü-Linie geht dieser Weg auf Inhalte zurück, die vom historischen Buddha über viele indische Meister zu Marpa, dem Übersetzer, gelangt sind und von ihm nach Tibet gebracht wurden. Dort wurden sie später von den Schülern des Meisters Gampopa und später besonders vom 9. Karmapa in die Form gebracht, wie wir sie noch heute verwenden.

Dieser Weg beginnt mit der Zufluchtnahme. Sie wird durch die erste Übung, die sogenannte ‚Kurze Zuflucht‘, erheblich vertieft. Hier zeigt sich zum ersten Mal, ob man fähig ist, sich ganz auf eine bestimmte Praxis zu konzentrieren und eine vorgegebene Zahl von Wiederholungen der kurzen Zufluchtsformel durchzuführen. Die kurze Formel gibt dieser Meditation auch den Namen. Der Geist bekommt durch diese Praxis eine klare Ausrichtung auf Befreiung und Erleuchtung. Lama Ole gab diese Praxis auf der Grundlage historischer Bestandteile wie Grundidee, Aufbau, Rezitationsformel usw. als Möglichkeit, eine einfache Form der Zuflucht auszuprobieren und sich damit vertraut zu machen, bevor man mit den Grundübungen beginnt.

Obwohl man immer nur eine Meditation als Hauptpraxis macht, da im Zusammenhang damit ein grundlegendes Thema durchgearbeitet wird und viele Erfahrungen wie z.B. Träume damit in Verbindung stehen, praktizieren hier viele gleichzeitig auch schon die Meditation auf den 16. Karmapa. Ob und wie oft man das tun kann, hängt nicht zuletzt von der Zeit ab, die man zur Verfügung hat.

Die Vier Grundübungen

Nach Abschluss der Kurzen Zuflucht folgen die Vier Grundübungen. Sie sind als Vorbereitung auf die Praxis bestimmter Buddha-Aspekte bereits in den frühen buddhistischen Tantras enthalten. Die heute verwendete

Form wurde erstmalig von Schülern des Meisters Gampopa, speziell von Phagmo Drupa (1110 - 1170), zusammengestellt und später von verschiedenen Karmapas, besonders dem 9. Karmapa Wangchuk Dorje (1556 - 1603) und anderen Meistern neu formuliert. Vor allem wer die sehr fortgeschrittene Praxis des Großen Siegels (skt. *mahamudra*) verwenden will, braucht eine gute Vorbereitung. Nur wenn die über viele Lebenszeiten angesammelten negativen Eindrücke aus dem Speicher des Geistes entfernt werden, entsteht tiefes Vertrauen zum Geist und die immer schon zu seiner Natur gehörenden Qualitäten manifestieren sich spontan.

Der formelle Ablauf der Praxis der Grundübungen wurde in verschiedenen Büchern bereits genau beschrieben, daher ist es nicht notwendig, das hier zu wiederholen. Außerdem gibt es Kurse, die sich hauptsächlich diesem Thema widmen. Stattdessen wird hier nur die Bedeutung der verschiedenen Meditationen kurz erläutert und es werden einige wichtige Aspekte besonders hervorgehoben. Befindet man sich noch am Anfang seiner Meditationspraxis oder möchte - zumindest vorerst - bei einer einzigen Übung bleiben, so kann man diese Erklärung verwenden, um eine Übersicht über den gesamten Weg zu erhalten.

Die Grundübungen sind sehr umfangreich und nehmen unter Umständen lange Zeit in Anspruch. Daher ist es wichtig, sich immer wieder klar zu machen: Es handelt sich hier um die unverzichtbare Grundlage für die Praxis des Großen Siegels. Es heißt bei den Lehrern der Kagyü-Linie, die vorbereitenden Übungen seien wichtiger als die eigentliche Hauptpraxis. Wenn eine gute Grundlage geschaffen ist, läuft die Hauptpraxis wie von selbst. Es gibt auch Fälle wie die von den beiden Meistern Tsele Natsog Rangdröl (1608 - 1681) und Jamyang Khyentse Wangpo (1820 - 1892), die durch die Grundübungen die volle Erleuchtung erlangt haben. Es lohnt sich, der eigenen Ungeduld nicht nachzugeben und die Übungen gründlich zu machen. Dies ist mit Sicherheit ein riesiger Schritt in Richtung auf Befreiung und Erleuchtung.

Die Verbeugungen

Die Verbeugungen verstärken die Ausrichtung auf Erleuchtung im eigenen Geist. Jeder Aspekt im Zufluchtsbaum hat tiefen Sinn. Die Meister der Übertragungslinie haben die volle Verwirklichung des Großen Siegels erlangt und in Verbindung damit die gleichen wunscherfüllenden Qualitäten wie der ganze Zufluchtsbaum. Auch der See, in dem der Baum steht, symbolisiert die reine Natur des Geistes, die alle Wünsche erfüllt und die perfekten erleuchteten Eigenschaften enthält. Wer sich diese Eigenschaften bewusst macht, entwickelt leichter ein tiefes Gefühl der Offenheit und des Vertrauens in die Zuflucht.

Hier wird die Zufluchtnahme mit der körperlichen Übung der Verbeugungen und der bewussten Entwicklung des Erleuchtungsgeistes verbunden. Die Energiebahnen im Körper werden gereinigt und die Zufluchtnahme wird zu einer ganzheitlichen Erfahrung. Wir widmen unseren Körper gleichzeitig der Erleuchtung und allen Wesen, damit sich ihre Wünsche erfüllen. Mit dieser guten Einstellung wird der Körper ein nützliches Werkzeug, je mehr die tief sitzenden inneren Blockaden aus dem System entfernt sind. Die Verbeugungen geben größere Stabilität, Gesundheit und Kraft. Zusätzlich reinigen wir Rede und Geist und spülen Mengen an gemischten Eindrücken hoch, die dann durch die Reinigungspraxis von Diamantgeist leicht weggewaschen werden können.

Es gibt verschiedene Darstellungen des Zufluchtsbaumes, von sehr einfachen bis hin zu extrem komplexen Formen mit mehr als 100 Aspekten. Das sollte uns nicht verwirren. Wichtig ist allein das Vertrauen, dass der Segen der Erleuchtung da ist, sobald wir uns für sie öffnen. Es genügt völlig, sich auf den jeweils zentralen Aspekt der sechs Zufluchtsobjekte zu beziehen. Manche wundern sich darüber, dass in den Darstellungen des Zufluchtsbaums der Kagyü-Linie der blaue Buddha Diamanthalter (skt. *Vajradhara*) zweimal erscheint. Oben auf der Spitze des Baumes drückt Diamanthalter die tantrische Form, den Freudenzustand von Buddha Shakyamuni, aus. Alle anderen Buddhas können in dieser einen Form zusammengefasst werden. Er ist damit der Startpunkt oder Motor der Kagyü-Linie. Und auch der Lehrer oder Lama, in unserem Fall Karmapa, erscheint in dieser Form von Diamanthalter zentral im Zufluchtsbaum, was hier ein Ausdruck für seinen erleuchteten Geisteszustand ist.

Nach der Wiederholung der Zufluchtsformel gehen wir weiter im vorgegebenen Text. Hier verwenden wir die wichtigsten Verse aus dem bedeutenden Werk „Eintritt in das Verhalten der Bodhisattvas" von dem indischen Meister Shantideva (685 – 763 n. Chr.). Es gilt als Standardwerk über den Erleuchtungsgeist und trägt einen besonderen Segen. Shantidevas Übertragung, die ‚Linie der tiefen Sichtweise', ist auch die Quelle für das Bodhisattva-Versprechen, so wie wir es normalerweise ablegen. Sie geht auf den direkten Schüler des historischen Buddha, den Weisheitsbuddha Manjushri, und durch ihn auf Buddha selbst zurück. Den Kern, der alle vorherigen Wünsche zusammenfasst, bilden zum Abschluss die vier unermesslichen Qualitäten von Liebe, Mitgefühl, Mitfreude und Gleichmut. Danach verschmilzt der ganze Zufluchtsbaum mit uns, und wir ruhen entspannt in der Natur des Geistes.

Diamantgeistpraxis

Entweder während oder nachdem wir bei den Verbeugungen den Schwerpunkt auf die Reinigung des Körpers gelegt haben, ist es sehr nützlich, ganz besonders auch Rede und Geist von allen Schleiern zu reinigen. Dies geschieht durch die Meditation auf Diamantgeist, den reinigenden Aspekt aller Buddhas. Das Mitgefühl oder die Aktivität der Buddhas drückt sich in dieser besonderen Kraft aus, das negative Karma und die Störgefühle im Geist zu reinigen. Damit verhindern wir das spätere Heranreifen der negativen Eindrücke zu leidvollen Erfahrungen. Dies ist ein wirklich großes Geschenk, denn wenn die alten karmischen Eindrücke aus dem Geist entfernt sind, bedeutet dies nicht nur, Ursachen für zukünftiges Leid aufzulösen, sondern auch, dass es schon jetzt viel leichter wird, den Geist in sich ruhen zu lassen und daraufhin tiefe Einsicht in seine Natur zu erlangen.

Allerdings ist eine wichtige Voraussetzung für diesen Prozess unser Bedauern aller früheren negativen Handlungen von Körper, Rede und Geist und der starke Wunsch, die Eindrücke davon restlos aus dem Geist zu entfernen. In derselben Weise, wie wir zu uns genommenes Gift möglichst schnell wieder loswerden wollen, wünschen wir völlig unsentimental, alle Schleier einschließlich ihrer Tendenzen wegzureinigen und keine neuen mehr anzusammeln. Durch das Zusammentreffen dieser Offenheit mit dem Mitgefühl der Buddhas wird ein großer Teil der Schleier in sehr kurzer Zeit entfernt.

Dabei spielt das hundertsilbige Mantra eine zentrale Rolle. Wie es in „Das Licht der Gewissheit" von Jamgön Kongtrul Lodrö Thaye heißt, wird diejenige Person, die das Mantra von Diamantgeist rezitiert, „grenzenlose, sofort wirksame und letztlich gültige Vorteile" erlangen, die einmütig in den alten und neuen Tantras beschrieben sind. Es wird dann eine lange Liste der wunscherfüllenden Qualitäten des Mantras aufgezählt. Entscheidend ist wohl, dass durch das Mantra auf der Sutra-Ebene die Anhaftung an die fünf Ansammlungen, besonders alle 51 geistigen Zustände oder Geistesfaktoren, gereinigt wird und dass auf der Tantra-Ebene jede Silbe mit einem Buddha-Aspekt verbunden ist. Das Mantra repräsentiert den gesamten Kraftkreis der 100 friedvollen und kraftvollschützenden Aspekte des Zwischenzustands (tib. *bardo*).

Durch das Mantra werden die negativen Eindrücke aus dem Geist entfernt, und wir entwickeln gleichzeitig die Weisheit der Rede. Ein Buddha kann z.B. unbegrenzt das Dharmarad drehen, also unbegrenzt viele Lehren geben, weil er alle Schleier der Rede gereinigt hat. Seine Weisheits-Rede besitzt zahllose besondere Qualitäten, die u. a. in den „Prajnaparamita"-Schriften genau beschrieben werden. Ebenso ändert sich das Körpergefühl, denn viele Samen für Verspannungen und Krankheiten lösen sich auf. Das Resultat der gesamten Praxis ist vor allem ein ständiges Anwachsen von Klarheit und Frische im Geist, was wiederum eine große Ermutigung für die weitere Praxis bedeutet.

Sowie die Wolken verschwinden, kann die Sonne durchstrahlen. Das bedeutet: Sowie die karmischen Tendenzen und Schleier gereinigt werden, können sich die Qualitäten des Geistes ungehindert zum Ausdruck bringen. Nachdem der erste Teil der Grundübungen den Schwerpunkt auf die Reinigung gelegt hat, geht es beim zweiten Teil hauptsächlich um die Entfaltung der uns innewohnenden Qualitäten. Diese beiden

Bedeutungen der Reinigung der Schleier und der Entfaltung aller Qualitäten sind auch in dem tibetischen Wort ‚Sangye' für ‚Buddha' enthalten. ‚Sang' bedeutet ‚gereinigt' und ‚erwacht', ‚gye' bedeutet ‚entfaltet' oder ‚aufgeblüht'.

Mandala-Gaben

Das Darbringen der Mandalas des Universums dient besonders der Entwicklung der beiden Ansammlungen von guten Eindrücken und Weisheit. Die Ansammlung guter Eindrücke ist eine absolut notwendige Voraussetzung, um die Natur des Geistes zu erkennen. Nur wenn genügend gute Eindrücke vorhanden sind, entsteht Vertrauen zum Geist. Er fühlt sich wohl mit sich selbst und erlaubt sich, in seiner Natur zu ruhen und diese zu erkennen. Anders ausgedrückt: Aus angenehmen Träumen ist es leichter zu erwachen als aus unangenehmen. Die Ansammlung der Weisheit führt dann zu wirklichem Erwachen aus dem Schlaf der Unwissenheit.

Wer verschenkt und damit weggibt, hat weniger, so denken wir normalerweise. Von der Ebene der Ungetrenntheit des Geistes aus gesehen, löst sich jedoch durch diese Praxis das Festhalten an einem begrenzten Teil des Geistes auf, und wir gewinnen so den Zugang zur Ganzheit, zu der Raum-Klarheit-Unbegrenztheit, die eigentlich unsere Natur ist. Da alle Eindrücke der eigenen Handlungen im Speicher des Geistes bleiben, heben wir uns durch die Mandala-Gaben von der Ebene einer armen Person auf die einer reichen, die ganze Universen entstehen lassen und an die Erleuchtung weitergeben kann, ohne irgendetwas dabei zu verlieren. Wir erkennen im Gegenteil, wie unendlich reich der Geist ist. Das Entstehen und das Vergehen von Universen sind nur die Bilder im Spiegel des Erlebers, das freie Spiel des Geistes.

Grundsätzlich können wir sowohl materielle Dinge als auch geistig vorgestellte Dinge geben. Obwohl wir selbstverständlich je nach Möglichkeit auch auf materieller Ebene großzügig sein sollten, ist es hier hauptsächlich ein Training für den Geist. Daher können wir in der Vorstellung alles geben, was den Sinnen oder dem Geist angenehm und kostbar ist, auch wenn es uns nicht gehört. Dies schließt auch den eigenen Körper mit ein. Wir geben alles an die Erleuchtung in Form der Zufluchtsobjekte, die hier in einem perfekten ‚Buddha-Palast' erscheinen.

Die Stütze für die Vorstellung von dem, was wir als Gabe verwenden, ist das klassische Modell des Universums, wie es in den „Abhidharma"-Schriften beschrieben ist. Dies entspricht dem Weltbild der einfachen Menschen zur Zeit Buddhas. Da der Buddha aber immer genau in Entsprechung zu den Fähigkeiten seiner Schüler gelehrt hat, hat er unterschiedliche Modelle des Universums gelehrt, z.B. hat er in den Tantras wesentlich komplexere Beschreibungen zu unserem Universum gegeben. Die Funktion dieses Modells bei den Mandala-Gaben ist aber auch nur die einer Art Landkarte, die alle denkbaren Vollkommenheiten, die in einem Universum vorkommen können, zusammenfasst. Dabei haben wir es mit den verschiedensten mythologischen und tatsächlich existierenden Kostbarkeiten zu tun, die als Muster für Glück, Frieden und Wohlstand, für Werte aller Art, tief im Geist eines jeden Menschen zu finden sind.

Während wir die kurze Form der Mandala-Gaben wiederholen, die auch gezählt wird, können wir auf der Grundlage des einfachen Mandalas ausgesprochen schöpferisch vorgehen und alles geben, was uns an kostbaren Dingen in den Sinn kommt. Diese Form der Freigebigkeit ist im Gegensatz zum Geben materieller Dinge zahlenmäßig nicht begrenzt. Wir sollten daher die Gaben endlos vervielfältigen und sämtliche Reichtümer des ganzen Universums einschließen. So wird es zu einer vollkommenen Gabe. Das Musterbeispiel ist hier der Bodhisattva Samantabhadra, von dem Buddha im „Ganavyuha-Sutra" lehrt, dass er den gesamten Raum mit Gaben für alle Buddhas und Bodhisattvas angefüllt hat, so dass auch nicht der geringste Platz mehr übrig blieb.

Wir geben all dieses an den Lehrer und die anderen Zufluchtsobjekte und sammeln unvorstellbar viele gute Eindrücke im Geist an. Diese Ansammlung der guten Eindrücke oder des Verdienstes ist notwendig, um später den Freudenzustand und den Ausstrahlungszustand eines Buddha zum Wohl der Wesen zu erlangen. Die Vollendung der Weisheit besteht darin, beim Geben die drei Aspekte von Subjekt, Objekt und Handlung als Teile derselben Ganzheit zu erkennen. Sie führt später zur

Verwirklichung des Wahrheitszustandes eines Buddha. Schon auf unserer allgemeinen Ebene entstehen durch diese Praxis viele Qualitäten. Wir schöpfen mehr Vertrauen zum Geist, und es entsteht das Bewusstsein, unendlich reich zu sein und anderen mehr geben zu können. Dieses Gefühl von Überschuss und tiefer Freude wirkt auch weiter in die letzte der vier Grundübungen hinein.

Guru-Yoga

Den Abschluss und Höhepunkt der Grundübungen bildet die Meditation auf den Lehrer. Die Bedeutung des Lehrers im Diamantweg, des Vertrauens zum Lehrer sowie der eigentlichen Praxis wird in den beiden folgenden Artikeln dargestellt. Der Lehrer wurde auch im ersten Teil des Buches als der zentrale Aspekt der Zuflucht, als die Wurzel für den Segen, beschrieben. Er vereinigt alle anderen Ausdrucksformen der Erleuchtung in sich. Hier geht es um die Praxis zum Aufbau der engen Verbindung mit dem Lehrer und der gesamten Übertragungslinie des Großen Siegels.

Zunächst gehört zur Meditation auf den Lehrer das Wissen, dass sich der Lehrer in verschiedenen Formen zeigen kann. Dabei gibt es einmal eine Einteilung in vier Aspekte: 1. der Lehrer der Übertragungslinie, 2. der Lehrer als die Lehre des Buddha, von der Buddha selbst sagt, dass sie ihn vollkommen repräsentiert, 3. der Lehrer, der einem als Situation symbolisch entgegentritt, wenn man dazu bereit ist, aus den Erfahrungen des Lebens zu lernen, und schließlich 4. der Lehrer, der die letztendliche Wirklichkeit ist, die Weisheitsnatur des eigenen Geistes. Eine andere Einteilung bezieht sich auf den äußeren, inneren und geheimen Lehrer. Der äußere Lehrer ist wiederum die Person des Lehrers. Der innere Lehrer ist das Verständnis von Zusammenhängen, z.B. von Ursache und Wirkung, das viele Erlebnisse kommentierend begleitet. Der geheime Lehrer ist die gleichzeitig mit der Erfahrung entstehende Einsicht, das sogenannte Aha-Erlebnis, die intuitive Weisheit.

Der Lehrer oder ‚Lama', wie er im Tibetischen Buddhismus genannt wird, kann auch als Person verschiedene Funktionen haben. Als Hauptlehrer einer Übertragungslinie vom historischen Buddha bis in unsere heutige Zeit wird er ‚Linienlama' genannt. In der Karma Kagyü-Tradition des Tibetischen Buddhismus z.B. ist dies Gyalwa Karmapa, der erste bewusst wiedergeborene Lama Tibets. Seit dem Jahr 1110 n. Chr., in dem der 1. Karmapa Düsum Khyenpa geboren wurde, hält er ohne Unterbrechung die Mittel und den Erfahrungsstrom Buddhas zusammen. In der Gegenwart ist dies der 17. Karmapa Thaye Dorje, der bereits in jungen Jahren die Qualitäten eines Gelehrten und Meditations-Meisters gezeigt hat.

Eine andere Funktion des Lehrers ist die des sogenannten ‚Wurzellamas'. Durch die Erfahrung, die er überträgt, wird er zur Wurzel für die Verwirklichung weiterer Bewusstseinsbereiche. Man hat in diesem Sinn einen Wurzellama für die Zuflucht, für das Bodhisattva-Versprechen, für die Grundübungen, für das bewusste Sterben, usw. Im engeren Sinn ist der Wurzellama in der Kagyü-Tradition derjenige, der die Erfahrung des Großen Siegels besitzt und sie an den Schüler oder die Schülerin weitergibt. Er lässt durch seine Übertragung in den Schülern die Gewissheit entstehen, dass der Geist seiner Natur nach unzerstörbares, klares Licht ist. Den Schülern diesen Zugang zu schenken, ist die wichtigste Funktion des Wurzellamas.

Bei der eigentlichen Praxis gibt es einen großen Unterschied zu den vorhergehenden Übungen. Wir stellen uns selbst von Beginn an in einer reinen Form vor, in der Form eines weiblichen Buddha-Aspektes, um den Segen des Lehrers und der Übertragungslinie leichter in uns aufnehmen zu können. Dies ist noch keine Yidam-Praxis, denn wir meditieren nicht auf diese reine Form als Hauptaspekt. Daher sind keine besonderen Voraussetzungen (Einweihungen usw.) dafür erforderlich. Es ist eher ein Schutz gegenüber der gewöhnlichen, unreinen Sicht. Sich in einer reinen Form vorzustellen, ist die Grundlage für die einsgerichtete Konzentration auf den Lehrer und die gesamte Übertragungslinie.

In der einleitenden Zeile des Meditationstextes wird gesagt, dass in der Kagyü-Linie die Praxis der Hingabe unerlässliche Voraussetzung ist. Dharma ohne Hingabe zu praktizieren ist, wie jemand ohne Kopf zu sein. Wie viel wir auch die fortgeschrittenen Ebenen des Weges praktizieren: ohne Hingabe, ohne Offenheit für den Lehrer, die uns ermöglicht, ihn als wirklichen Buddha zu sehen, besteht nicht die Voraussetzung dafür, dass Erfahrungen und Erkenntnisse in uns entstehen können. Wenn aber unser Geist mit Hingabe an den Lama erfüllt ist, entsteht ein natürliches Vertrauen gegenüber seinen Qualitäten und eine Gewissheit, dass sowohl in der Meditation als auch im Alltag alles in der richtigen Weise geschieht.

Nachdem der Lehrer in der Form von Diamanthalter (skt. *Vajradhara*, tib. *Dorje Chang*) oder Karmapa mit schwarzer Krone zusammen mit den Lamas der Übertragungslinie und allen anderen Buddha-Aspekten über unserem Kopf erschienen ist, machen wir die siebenteiligen Wünsche und bitten um die Verwirklichung der drei Buddha-Zustände, einzeln und ungetrennt. Diese Bitte dient bereits als Vorbereitung für den eigentlichen Kern der Meditation auf den Lehrer, die Übertragung der vier Stufen der Einweihung, wie wir sie von der Meditation auf den 16. Karmapa her kennen. Die Öffnung für diese Übertragung zieht sich wie ein roter Faden durch die gesamte Praxis.

Als nächstes werden die Lehrer der Übertragungslinie des Großen Siegels angerufen und darum gebeten, die ‚Mahamudra-Weisheit‘, die gleichzeitig mit der Erfahrung entstehende Einsicht, in uns entstehen zu lassen. In diesem Zusammenhang ist es wichtig zu verstehen, was Übertragung wirklich bedeutet. Man spürt eine Übertragung wohl am leichtesten in der Form, dass Karmapas Kraft und Segen jedes Mal gegenwärtig sind, wenn man nur an ihn denkt. Eine Energie oder Einsicht, die uns auf unserem Weg weiterbringt, entsteht unmittelbar. Jenseits von Befürchtungen und Erwartungen tun wir einfach, was vor der Nase liegt, zum Nutzen anderer und von uns selbst.

Eine Übertragungslinie besteht aus all den Meistern, die diese Kraft vom historischen Buddha bis in unsere heutige Zeit verwirklicht und weitergegeben haben. Eine Übertragungslinie gleicht einer Stromleitung, an deren Ende die volle Energie nur zur Verfügung steht, wenn die Leitung nicht unterbrochen ist. Da Erleuchtung jenseits von Zeit und Raum ist, sind die erleuchteten Meister der Linie gegenwärtig, sobald wir an sie denken. So ist die Kraft der gesamten Übertragungslinie Motor für eine sehr schnelle Entwicklung.

Der Ursprung der Linie des Großen Siegels ist Diamanthalter, der Freudenzustand von Buddha Shakyamuni, der bereits im Zusammenhang mit dem Zufluchtsbaum erwähnt wurde. Er gab die Übertragung an seinen Bodhisattva-Schüler Ratnamati (tib. *Lodrö Rintschen*), eine Form des Weisheitsbuddhas (skt. *Manjushri*). Die drei Meister Saraha, Nagarjuna und Shawaripa trafen diesen in der Meditation von Angesicht zu Angesicht und erhielten die Übertragung des Großen Siegels von ihm. Durch Maitripa kam die Übertragung später zu Marpa, dem Übersetzer, dem Gründungsvater der Kagyü-Tradition in Tibet.

In den Beschreibungen der weiteren Linienhalter finden wir verschiedene, oft poetische Begriffe, die die Verwirklichung der Natur des Geistes beschreiben, die jenseits von allen Ausdrucksmöglichkeiten ist. So wird z.B. der 6. Karmapa Thongwa Dönden ‚Glanz von Samsara und Nirvana' genannt, was auf seine weitreichende Buddha-Aktivität innerhalb der bedingten Welt und jenseits der bedingten Welt hinweist. Bei der Beschreibung des 10. Karmapa Chöjing Dorje steht die Silbe E für Freude oder Methode und die Silbe WAM für Weisheit oder Raum. Da beide Silben und ihre Bedeutung in den tantrischen Texten immer als untrennbar gezeigt werden, drückt dies in perfekter Weise die Verwirklichung der Ungetrenntheit von Freude und Raum des 10. Karmapa aus.

Nach einigen abschließenden Wünschen folgt die Anrufung der kurzen Übertragungslinie, die von Diamanthalter an Tilopa und weiter über Naropa zu Marpa ging. In Tibet praktizierte schließlich Marpas Hauptschüler Milarepa diese Lehren und gab sie an Rechungpa und Gampopa weiter. Der letztere hatte sehr viele Schüler. Der bedeutendste war der 1. Karmapa Düsum Khyenpa. Auch viele andere Schüler Gampopas waren hervorragende Praktizierende, und so stammen die vier großen und acht kleinen Linien der Kagyü-Tradition alle von den Schülern Gampopas ab. Heutzutage gibt es neben Karmapas Karma Kagyü-Linie nur noch die Drikung-, Taglung- und Drugpa-Kagyüs. Bis auf wenige Klöster haben sich alle anderen im Laufe der Jahrhunderte in diese Hauptströme integriert.

Inhaltlich gehen die Lehren des Großen Siegels direkt auf verschiedene Sutras und Tantras des Buddha zurück. Diese Lehre ist die höchste Lehre, die Essenz aller Sutras und Tantras. Einen Geschmack von diesen Lehren geben weitere Zeilen des Textes. Es sind Anweisungen, auf die Natur des Geistes zu meditieren, ohne in die drei ‚Kreise' von Subjekt, Objekt und Handlung zu trennen. Nach einer kurzen Anrufung der vier Buddha-Zustände des Lehrers – der vierte ist dabei der ‚Essenzzustand' - folgt die Mantraphase und die Wünsche an den Lehrer in sechs Zeilen, die so oft wie möglich wiederholt und dabei gezählt werden. Diese Wünsche richtete der 1. Karmapa Düsum Khyenpa an seinen Lehrer Gampopa, als er ihn das erste Mal traf. Es sind also Karmapas Worte, und sie tragen einen starken Segen. Dieser zeigt sich besonders darin, dass die Offenheit stärker wird und dass sich sowohl das Mitgefühl als auch die Gewissheit über die Natur der Dinge vertiefen.

Wenn es nun heißt: „Schließlich rezitiere langsam und mit starker Hingabe die Anrufung des Lamas aus der Ferne", dann ist das die kurze Form einer sehr umfangreichen Meditationspraxis, die „Die Anrufung des Lamas aus der Ferne" (von Jamgön Kongtrul Lodrö Thaye) genannt wird. Man wünscht hier, vollkommen untrennbar vom Lehrer zu werden und die Welt aus seiner reinen, erleuchteten Sicht zu erfahren. Zu diesem Zweck bittet man den Lehrer um die vier Arten der Einweihung, die das volle Potenzial des Geistes zur Reife bringen. Diese Einweihungen werden nun in der Form der drei Lichter gegeben, die bereits bei den Erklärungen zum Hauptteil der Meditation, am Ende der Entstehungsphase, beschrieben wurden.

Zu jeder Stufe der Einweihung gehört eine bestimmte Sichtweise, die hier in sehr kurzer Form erklärt wird. Bei der ersten Stufe der Einweihung, wenn das klare Licht von der Stirn des Lehrers in unsere Stirn strahlt, ist die Sichtweise: Erscheinung und Leerheit oder der Raum, in dem die Dinge erscheinen, sind untrennbar. Bei der zweiten Stufe, wenn das rote Licht aus der Kehle des Lehrers in unsere Kehle strahlt, ist die Sichtweise: Laut und Leerheit oder Raum sind untrennbar. Die Sichtweise der dritten Stufe, wenn aus dem Herzzentrum des Lehrers blaues Licht in unser Herz strahlt, ist: Freude und Leerheit oder Raum sind untrennbar. Wenn schließlich die drei Lichter gleichzeitig in uns hineinstrahlen, ist die Sichtweise: Bewusstheit und Leerheit oder Raum sind untrennbar.

Durch diese vier Stufen der Einweihung bekommen wir den Segen von Körper, Rede und Geist des Lehrers sowie alle drei in Vereinigung. Der Lehrer löst sich daraufhin in Licht auf und verschmilzt mit uns. Wenn es dann heißt „Mein Körper, Rede und Geist werden untrennbar [...] von den drei Vajras (Körper, Rede und Geist) des Lamas", so gibt es hierzu verschiedene Erklärungen. Eine Möglichkeit ist, uns unmittelbar selbst als Karmapa und die Welt aus seiner Perspektive, von der Ebene höchster Reinheit aus, zu erleben. Alles strahlt und ist sinnvoll, nur weil es geschieht.

Eine andere Möglichkeit ist, dass die Bedeutung genau die gleiche ist wie vorher bei den vier Stufen der Einweihung. Wir ruhen in der Natur des Geistes und erkennen seine Raum-Klarheit-Unbegrenztheit jenseits von allen Gedanken und Vorstellungen. Alle Formen sind der Lama, alle Klänge sind Mantras, alle groben und subtilen Gedanken sind höchste Weisheit. Alles wird spontan in der absoluten Natur befreit. Dies ist die höchste Form des Guru Yoga, indem der Lehrer als die drei untrennbaren Buddha-Zustände erkannt wird.

Resultate der Grundübungen

Einige der allgemeinen Resultate der Grundübungen wurden bereits genannt. Es können Meditations- oder Alltagserfahrungen aller Art sowie besondere Träume sein, die mit dem jeweiligen Thema eng zusammenhängen. In den Kommentaren werden viele Zeichen genannt, die hier aber nicht einzeln erklärt werden, da die Gefahr besteht, zu starke Erwartungen zu haben, dass diese Zeichen unbedingt in dieser Form eintreten müssen oder sie sogar künstlich herbeizuführen. Für alle Zeichen gilt natürlich, möglichst nicht daran festzuhalten. Nur der eigene Lehrer kann die Meditation wirklich beurteilen, daher sollten wir die Erfahrungen als das betrachten was sie sind: als Bestätigung auf dem Weg.

Als Resultate der Grundübungen entwickeln sich vor allem drei besondere Qualitäten: Klarheit, Freude und nicht-begriffliche Erfahrungen. Bei den Verbeugungen und der Reinigungspraxis von Diamantgeist entsteht mehr Stabilität und Klarheit im Geist. Bei den Mandala-Gaben verstärkt sich das Vertrauen und die natürliche Freude, jenseits der Gegensätze von allgemeiner Freude und Leid, und bei der Meditation auf den Lehrer und die Übertragungslinie zeigt sich der Segen der Linie. Die Verbindung zum Lehrer wird enger und erste Erfahrungen nicht-begrifflicher Geisteszustände sind möglich. Sie weisen darauf hin, dass die groben Störgefühle und festen Vorstellungen langsam abnehmen. Das wichtigste Resultat aus den gesamten Grundübungen ist mehr Freude an der Meditationspraxis.

Abb. 23 › Diamanthalter (skt. *Vajradhara*, tib. *Dorje Chang*)

ZUR BEDEUTUNG DER MEDITATION
AUF DEN LEHRER

Bei meinen Forschungen zu den Urspüngen und Inhalten der Kagyü-Linie habe ich drei wichtige Quellen in die Hand bekommen, die die Bedeutung der Meditation auf den Lehrer oder Lama (skt. *guru-yoga*) erklären. Vor längerer Zeit schon hatte Khenpo Chödrak, der Ausbildungsleiter am Karmapa Institut in Neu Delhi, gesagt, dass es alte indische Quellen zur Bedeutung des Guru-Yoga gibt. Man könnte diese Texte in den verschiedenen Sammlungen von Mahamudra-Werken der Vorväter der Kagyü-Linie finden. Nun habe ich diese Texte durch Dr. Jim Rheingans von der Hamburger Universität bekommen und möchte zunächst in allgemeiner Form ihren Inhalt weitergeben.

Der erste der beiden Texte stammt von König Indrabodhi dem Mittleren [von den drei verwirklichten Meistern (skt. *mahasiddhas*) unter diesem Namen]. Er hat einen Kommentar zu den Lehren Buddhas im „Sangye Nijanchor Tantra" geschrieben. Dort sagt er, dass unter den verschiedenen Arten, wie man eine Einweihung bekommen kann, diejenige des Guru-Yoga die hervorragendste und tiefgründigste ist. Hier müsse man keine äußere Einweihung bekommen, sondern könne sie sich selbst geben, indem man die verschiedenen Lichter in sich hineinstrahlen lässt.

Diese Aussage bezieht sich auf den sogenannten ‚Weg der Methode', bei dem man mit der Energie-Ebene des Geistes arbeitet. Marpa, der Übersetzer, der Gründungsvater der Kagyü-Linie, hat diese Lehren von seinem Lehrer Naropa bekommen. Indrabodhis Erklärungen zu diesem Tantra vom Buddha bedeuten damit konkret, dass das Guru-Yoga die Essenz des Weges der Methode ist.

Weiterhin gibt es in der Sammlung der Lehren des Großen Siegels mit dem Namen „Nyingpo Khordrug" ein Werk des indischen Meisters Saraha mit dem Namen „Dag chin gyi lob pe rim pa". Hier erklärt Saraha, dass das Guru-Yoga die Essenz des ‚Weges der Befreiung' ist. Wiederum handelt es sich um eine Übertragung, die Marpa, der Übersetzer, von einem indischen Lehrer bekommen hat, diesmal von dem Meister Maitripa.

235

Es sind Lehren, die mit der Ebene der Bewusstheit oder Einsicht des Geistes arbeiten. Man kann sie unter dem Thema „das Große Siegel (skt. *mahamudra*)" zusammenfassen. In diesem Fall ist die Praxis des Guru-Yoga der Schlüssel zu dieser Erfahrung.

Saraha erklärt in dem Text, wie man dabei vorgeht. Man soll sich die Qualitäten des Lamas bewusst machen, z.B. durch Beschäftigung mit seiner Lebensgeschichte, und dann das Vertrauen, die Offenheit und Freude, die dadurch entstehen, dazu benutzen, direkt auf die Natur des Geistes zu schauen. In dem Moment würde man den Segen des Lamas erhalten und eine Erkenntnis von der Natur des Geistes würde entweder neu entstehen oder sich vertiefen.

Als dritte Quelle gibt es in einem der Schätze des Gelehrten und Meditationsmeisters Jamgön Kongtrul Lodrö Thaye, dem „Schatz der Anweisungen und Techniken zur geistigen Verwirklichung (tib. *Dam ngag dzö*)" ein Werk des Meisters Tilopa zum Guru-Yoga. Hier preist der indische Gründer unserer Kagyü-Linie in poetischen Versen diese besondere Praxis und erklärt ihre Bedeutung. Da dies ein verhältnismäßig kurzer Text ist, habe ich ihn übersetzt und stelle ihn als nächsten Artikel in diese Zusammenstellung hinein.

Diese drei Erklärungen von Indrabodhi, Saraha und Tilopa bilden damit die Quellen für die Anweisungen zum Guru-Yoga, wie wir sie bereits von Lama Ole und über ihn vom 16. Karmapa erhalten haben. Da diese Meister nichts anderes als weitere Erläuterungen zur Lehre Buddhas gegeben haben, belegen diese Quellen, dass der Buddha selbst die Praxis des Guru-Yoga als Essenz oder Abkürzungsweg zur Erleuchtung gelehrt hat, der die beiden anderen Wege, den Weg der Methode und den Weg der Befreiung, in sich vereint.

Praktisch bedeutet dies, dass die aufbauende Phase der Drei-Lichter-Meditation auf Karmapa, in der wir uns seine Form vergegenwärtigen und sein Mantra rezitieren, alle Formen der Praxis mit den inneren Energien in sich vereinigt, und dass die Verschmelzungs- oder Vollendungsphase dieser Meditation alle Formen der Praxis mit der Bewusstheit oder Einsicht beinhaltet. Mit diesem Verständnis bekommt die Drei-Lichter-Meditation sowie jede andere Form von Guru-Yoga tiefen Sinn, und es wird fast selbstverständlich, dass die Gruppen und Zentren, die diese Meditationen verwenden, eine äußerst schnelle und kraftvolle Entwicklung erleben.

Abb. 24 › Tilopa

DIE METHODE DER PRAXIS AUF DEN LEHRER

Von Tilopa

Auf Sanskrit: *Guru nopika*, auf Tibetisch: *bla ma sgrub pa'i thabs*, auf Deutsch: die Methode der Praxis auf den Lehrer (tib. *lama*).

Ich verbeuge mich vor Diamanthalter.

Für jemanden, der den Zustand von Diamanthalter (tib. *Dorje Chang*) in diesem Leben erlangen möchte,

ist der letztendliche Weg der Weg des authentischen Lehrers.

Die letztendliche Weise Respekt zu erweisen ist dem Lehrer Respekt zu erweisen.

Die tiefgründige Praxis ist die Praxis auf den Lehrer.

Die tiefgründige Verpflichtung ist die Verpflichtung gegenüber dem Lehrer,

und das tiefgründige Abhängige Entstehen ist das höchste Abhängige Entstehen des Lehrers.

Die Vollendung des Resultates ist das Resultat des Lehrers,

daher sollte man geschickt darin sein, wie man sich auf den Lehrer stützt.

Der Lehrer hat die Natur der Erde, auf die sich das Bewegte und Unbewegte stützt.

Der Lehrer ist das große Weisheitsfeuer, das die Gewohnheitstendenzen der beiden Schleier verbrennt.

Der Lehrer ist der Wind des Segens, der die Qualitäten in die Höhe weht.

239

Der Lehrer ist der Strom des Mitgefühls, der die beiden Arten von Lebewesen (der niederen und höheren Bereiche) nährt.

Der Lehrer ist der Mond der höheren Einsicht, der die Dunkelheit der Unwissenheit vertreibt.

Der Lehrer ist die Sonne der Methoden, die die Feuchtigkeit der Störgefühle trocknet.

Der Lehrer ist rein wie der Himmelsraum, in dem sich alle Anhaftungen auflösen.

Der Lehrer ist die Medizin des Segens, die alle Krankheiten entfernt.

Der Lehrer ist wie ein wunscherfüllender Baum, der das gewünschte Resultat gewährt.

Der Lehrer ist wie der Kristall der Götter, in dem die letztendlichen und gewöhnlichen Fähigkeiten erscheinen.

Der Lehrer ist wie ein wunscherfüllender Edelstein, der alles Hervorragende entstehen lässt.

Daher betrachte ihn als vollkommen.

Diese Anweisungen, wie man auf den Lehrer praktiziert, wurden von dem machtvollen Verwirklicher (Yogin) Telo (Tilopa) gegeben.

Abb. 25 › der 16. Karmapa als Meditationsform

DIE MEDITATION AUF DEN 16. KARMAPA

„Die Sprösslinge der vier Buddha-Zustände"

16. Gyalwa Karmapa Rangjung Rigpe Dorje
U.S.A., September 1980

Neu übersetzt aus dem Tibetischen von Manfred Seegers

Wie es in den Schriften heißt, ist ein Guru, ein Lehrer, die Wurzel für tausend Buddhas. Also spielt der Guru allgemein eine überragende Rolle für die eigene Verwirklichung. Die Buddha-Natur durchdringt alle Lebewesen. Entsprechend den Sutras und der Praxis der Erleuchteten Geisteseinstellung arbeitet man für die Befreiung der Wesen, wobei es viele Weltzeitalter dauert, den Zustand der Erleuchtung zu erlangen. Nach den Tantras besteht die Praxis aus einer direkten Erkenntnis des eigenen innewohnenden Potenzials oder der eigenen Verkörperung der ‚Drei Vajras', der unzerstörbaren Natur von Körper, Rede und Geist.

Zuerst besteht für jemanden, der sich darauf ausrichtet, selbst ein Lehrer zu werden, die Einstellung darin, das Verständnis davon zu entwickeln, dass Leiden all die zahllosen Lebewesen durchdringt. Auf der Grundlage dieser Einsicht möchte man alle Lebewesen von ihrem Leid befreien. Die eigene Verkörperung der Buddha-Natur zeigt einem die Möglichkeiten, das auch zu tun. Daher möchte man, solange bis alle Lebewesen befreit sind, im Kreislauf der Existenz verweilen, um zum Besten der Wesen zu arbeiten. Solch eine wahre ‚Erleuchtete Geisteseinstellung' bedeutet auch, dass man wünscht, einen vollkommenen Austausch mit anderen zu haben, indem man den Wesen all das eigene Glück gibt und all ihr Leid auf sich nimmt. Dies beinhaltet auch die Entschlossenheit, das Vertrauen und den Mut, dass man dazu fähig sein wird, alle Wesen zu befreien. Diese Einstellung basiert auf der Kraft des innewohnenden Potenzials und der Kraft der ‚Erleuchteten Geisteseinstellung'.

243

Die Erfahrung des Erwachens, die Verwirklichung des Wahrheitszustandes, des Dharmakaya, findet auf der Grundlage des innewohnenden Potenzials und des Entwickelns der ‚Erleuchteten Geisteseinstellung' statt. Nachdem man den Wahrheitszustand erlangt hat, sind die erleuchteten Aktivitäten zur Befreiung der Lebewesen spontan. An diesem Punkt wünscht man nicht mehr, die Kraft für die Befreiung der Lebewesen zu besitzen, sondern diese Kraft drückt sich spontan aus. Es ist eine natürliche Qualität des Wahrheitszustandes, eine spontane, alles durchdringende Aktivität der Erleuchteten.

Der Wahrheitszustand ist tatsächlich unvorstellbar, jenseits von Begriffen, jenseits von Erklärungen in Worten und Gedanken. Wenn man fragt, ob dieser Zustand tatsächlich existiert oder nicht, so ist es nicht möglich, zu sagen, dass er existiert. Aber man kann auch nicht sagen, dass etwas Derartiges nicht stattfindet, denn der erleuchtete Zustand des Dharmakaya durchdringt alle Wesen, ist aber gleichzeitig jenseits von Gedanken, jenseits von allen extremen [Anschauungen]. Er ist jenseits von allen Bezugspunkten.

So ein Wahrheitszustand der Erleuchtung ist jenseits von gewöhnlichen Begriffen oder Erklärungen. Er geht jenseits der ‚vier Extreme' und der ‚acht geistigen Schöpfungen'. Die natürliche Eigenschaft des Wahrheitszustandes ist ‚Großes Mitgefühl' für alle Lebewesen. Die erwachte Energie durchdringt alles und arbeitet zum Besten aller Wesen. Trotzdem ist sie jenseits gewöhnlicher Wahrnehmung und Vorstellung. Sagt man, dass sie nicht in der achtfachen Gruppe von Bewusstsein vorhanden ist, dann ist dies nicht wahr, denn sie durchdringt alle Lebewesen. Aber auch wenn sie in der achtfachen Gruppe von Bewusstsein gegenwärtig ist, geht sie jenseits der Wahrnehmung gewöhnlicher Wesen; sie ist völlig jenseits von begrifflichen Geisteszuständen.

Weiterhin manifestiert sich durch die Kraft des Wahrheitszustandes ganz natürlich der Freudenzustand oder Sambhogakaya. Innerhalb der vier Buddha-Zustände entsteht die Manifestation des Freudenzustandes auch nicht durch eine Art von Plan oder durch einen bestimmten Gedanken, so wie den Wunsch sich zu manifestieren, sondern es ist ein natürlicher, spontaner Ausdruck der Kraft des Wahrheitszustandes, der in der Form des Freudenzustandes erscheint.

Durch die spontane Kraft und den Segen des Freudenzustandes manifestiert sich wiederum der Ausstrahlungszustand oder Nirmanakaya, um den Wesen zu nutzen, speziell ihnen dabei zu helfen, alle Verwirrung und Neurosen loszuwerden. Die Kraft des Wahrheitszustandes kann mit der Kraft der Sonne verglichen werden, und der Freudenzustand entspricht den Sonnenstrahlen. Die Wärme der Sonnenstrahlen, die wir auf unserem Körper spüren, ist dann wie die Kraft des Ausstrahlungszustandes. Sogar wenn die Wesen unter dem Einfluss von Verwirrung stehen, können sie von dem Segen des Ausstrahlungszustandes durchdrungen werden.

Wenn man fragt, ob diese drei Zustände gleich sind oder nicht, dann ist die Antwort, dass sie mit Sicherheit gleich sind, denn genauso wie in dem Beispiel ist ihre Natur wie die Sonne, die der Wahrheitszustand ist. Auch wenn es verschiedene Zustände gibt, so wie die Sonne, die Sonnenstrahlen und die Kraft der Sonnenstrahlen, so sind sie im Wesen nicht verschieden, nicht unterschiedlich von der Sonne. Ob man vom Gesichtspunkt der Natur aus darauf schaut oder vom Gesichtspunkt der Wirkung dieser Natur, in Bezug darauf, dass sie die Sonne sind, sind sie gleich. All dies ist von seinem Wesen her der Wahrheitszustand. Die Untrennbarkeit der drei Buddha-Zustände auf der Grundlage des Wahrheitszustandes nennt man den Essenzzustand, den Svabhavikakaya oder Vajrakaya. Und der Guru ist die Verkörperung oder das Zusammenkommen der vier Zustände.

Dieser besondere Guru Yoga wird auch „Die Sprösslinge der vier Buddha-Zustände" genannt. Der Name zeigt den Zweck dieser Praxis. Da die letztendliche Natur des Lamas der Wahrheitszustand ist, könnte man auch sagen, dass diese Natur die Untrennbarkeit von Leerheit und Erscheinung ist. Dies wird durch das OM SOBHAVA-Mantra am Anfang ausgedrückt. In der eigentlichen Praxis wird gesagt, dass aus dem Spiel des Bereichs der Erscheinungen heraus, der frei von geistigen Schöpfungen und ungeboren ist, vor einem im Raum ausgedehnte Wolken von Gaben entstehen. Wenn hier über den leeren, grenzenlosen Raum gesprochen wird, bräuchte man möglicherweise weitere Erklärungen. Für die Praxis des Guru Yoga wäre eigentlich eine Menge an Vorbereitungen nötig. Seine Heiligkeit kann gut nachempfinden, dass es nicht so leicht ist, die Praxis zu machen. Aber der grundlegende Punkt ist, den Lama in der gerade erklärten Weise zu verstehen.

Der leere Bereich der Erscheinungen wird mit dem Raum verglichen. Man sollte diesen Raum mit der Wolke von Gaben des [Bodhisattva] Samantabhadra auffüllen, was wiederum viele ausgedehnte Erklärungen beinhaltet. Kurz gesagt gibt es drei Arten von Gaben, die äußeren, inneren und letztendlichen Gaben. In Bezug auf die äußeren und inneren Gaben können wir uns alle Arten von angenehmen Dingen vorstellen, ob sie gelehrt wurden oder nicht. Wir können den Berg Meru darbringen, die vier Hauptkontinente, die acht Nebenkontinente sowie alle kostbaren Dinge, die gegeben werden, so wie die sieben kostbaren Gaben, die acht Glück bringenden Gaben, dann die Geschenke darbringenden Mädchen usw. In dieser Weise sollten alle materiellen und vorgestellten Gaben, Körper, Rede und Geist, der gesamte eigene Besitz, die eigene Familie, überhaupt alles gegeben werden. Die letztendliche Gabe der Soheit bezieht sich auf die Buddhaschaft und die Sammlungen der Lehren. Das erfordert zumindest ein geringes Verständnis vom Wahrheitszustand. Also, jedes wertvolle Objekt sollte als Gabe gegeben werden, losgelassen und hingegeben werden. Jedes Ding, das man sich vorstellen kann, sollte in die Gaben eingeschlossen sein.

Die Vergegenwärtigung des eigenen Wurzellamas geschieht folgendermaßen: Es gibt einen schönen Thron, der von acht Löwen getragen wird. Darauf erscheint ein tausend-blättriger, rot-weißer Lotus. Darauf liegt traditioneller Weise eine Sonnen- und eine Mondscheibe; aber in diesem besonderen Fall gibt es nur einen Mond-Sitz, der die ungeborene Natur von Freude-Leerheit symbolisiert. Auf diesem Sitz erscheint in einem Augenblick der eigene Wurzellama, majestätisch und strahlend. Er ist die Verkörperung der Drei Wurzeln, Lama, Yidam und Schützer sowie die Tatkraft aller Buddhas. Wenn man zu diesem besonderen Zeitpunkt auch nur für einen einzigen Moment unbedingtes Vertrauen und Offenheit enstehen lassen kann, nur für den Moment eines Fingerschnippsens, könnte dies die Ursache für eine unermessliche Ansammlung von verdienstvollen Qualitäten sein.

Wenn man den Lama in dieser Weise vergegenwärtigt und seinen strahlenden und majestätischen Segen erfahren hat, rezitiert man mit Einsgerichtetheit, so aufrichtig wie man kann, sein Mantra KARMAPA CHENNO. Man macht das Mantra mit starker Hingabe und entwickelt eine tiefe Offenheit. Während man das macht, kann man zu einer bestimmten Zeit auch den Segen von Körper, Rede und Geist des Lamas empfangen. Dies bedeutet, dass von den Drei Vajras (Stirn, Kehle und Herz) des Lamas gleichzeitig weißes, rotes und blaues Licht ausstrahlt und in die eigenen drei Tore von Körper, Rede und Geist eintritt. Dadurch erhält man die vier Ermächtigungen. Man bekommt beständig den Segen von der Form des Lamas und geht durch die Reinigung aller Verdunklungen von Körper, Rede und Geist, während man die drei Lichter in sich aufnimmt. Nachdem man die vier Ermächtigungen mit dem Verständnis empfangen hat, dass der Lama die Verkörperung der drei Buddha-Zustände ist, des Dharmakaya, Sambhogakaya, Nirmanakaya und zusätzlich des Svabhavikakaya, wiederholt man:

KARMAPA CHENNO

Schließlich löst sich der Lama [in Regenbogenlicht] auf und verschmilzt mit einem. Und man ruht in der Untrennbarkeit des Lamas mit dem eigenen Geist. Man verweilt in diesem meditativen Zustand.

Dann, wie vorher schon gesagt wurde, ist der Lama die Verkörperung der vier Buddha-Zustände. Das Erlangen dieses Zustands der Erleuchtung entsteht durch die Kraft der Erleuchteten Geiseseinstellung, den Wunsch, alle Lebewesen zu befreien, und dass man solange, bis alle Lebewesen befreit sind, im Kreislauf der Existenz bleibt und alle Lebewesen zur Befreiung führt. Nachdem man wieder die Untrennbarkeit mit dem eigenen Lama erfahren hat, sollte man die gleiche kraftvolle Einstellung haben, dass man fortan auch dazu fähig ist, alle Lebewesen zu befreien und dass man, bis alle Lebewesen befreit sind, in der bedingten Welt verweilt. Man wünscht, dass man dazu fähig sein möge, die Verantwortung dafür zu übernehmen, die Lebewesen zu befreien, selbst wenn es nur ein einziges ist. Man entwickelt also wieder diesen Wunsch, nun im Sinne der Widmung. In dieser Weise schließt man die Praxis ab.

Dies ist eine sehr kurze Erklärung, und Seine Heiligkeit wird jetzt die Autorisation für die Praxis geben, den Lung.

Der vollständige tibetische Titel dieser Meditation, wie sie in der ersten, in den 70er Jahren verwendeten Fassung vorlag und im Jahr 1999 vom Karma Kagyü Dachverband e.V., Wuppertal, als Sonderausgabe herausgegeben wurde, lautet:
Bla ma'i rnal 'byor sku bzhi'i myu gu skyed byed bdud rtsi'i char rgyun.
Übersetzt:
Die Meditation auf den Lehrer, der strömende Nektarregen, der die Sprösslinge der vier Buddha-Zustände entwickelt.

Abb. 26 › S. H. der 16. Karmapa zeigt die Schwarze Krone

VAJRAGESÄNGE
DES 16. KARMAPA
RANGJUNG RIGPE DORJE

Einleitung verfasst von den tibetischen Herausgebern der Sammlung
„Ozean der Gesänge der Kagyü-Vorväter" (tib. *Kagyü Gurtsho*):

Verehrung dem Guru!

Rangjung Rigpe Dorje ist der Größte unter den großen Persönlichkeiten
und der Vollkommenste unter den Vollkommenen. Ursprünglich ist er
der Vater der Siegreichen der drei Zeiten. Obwohl er tatsächlich völlig
erleuchtet ist, hat er sich zum Wohl der unbändigen Wilden dieses
dunklen Zeitalters als der höchste Ausstrahlungszustand in der Form
eines Vajra-Meisters gezeigt. Er hat die Aufgabe auf sich genommen,
unermesslichen Nutzen für die Lehre und die Menschen zu bewirken. Er
kennt und sieht die Bedeutung aller Erscheinungen und Nicht-Erschei-
nungen ohne Ausnahme, und er ist ausgestattet mit einer riesigen Menge
von unvorstellbaren Qualitäten.

Diese Zuflucht der Menschen, der ruhmreiche wahre Guru, dessen Name
schwierig auszusprechen ist, der Praktizierende, der bekannt ist als Palden
Rangjung Rigpe Yeshe Lungtok Chökyi Nyima Trinle Dönkün Drubpa,
sang den folgenden Vajra-Gesang:

„Obwohl in mir, einem schlechten Sohn, noch nicht einmal ein bloßer Bruchteil der Qualitäten ähnlich denen der früheren Kagyü Lamas zu finden ist, haben die mündlichen Anweisungen der ruhmreichen, authentischen Gurus die Eigenschaft, sehr kraftvoll zu sein. Und da es keine Möglichkeit gibt, nicht ein wenig Gewissheit in Bezug auf sie zu erlangen, biete ich diesen wohlklingenden Vajra-Gesang an, um den Guru und die Dakinis zu erfreuen.

Verehrung dem Guru!

Der Vater Guru, der die Verkörperung der vereinigten
Drei Wurzeln ist,
weilt im Bereich des Geistes in der Mitte meines Herzens.

Zu ihm, der ständig die Essenz der drei Buddha-Zustände ist,
entsteht die Hingabe der drei Arten von Vertrauen.

Jedoch, in diesem Rad der Verwirrung des Festhaltens an
Beständigkeit,
ist die Wurzel der drei Kreise nicht durchschnitten.
Abhängig von dieser Ursache sind die fühlenden Wesen, ich selbst
und andere,
eingehüllt in die große Dunkelheit der Unwissenheit.
Der Lama gewährt das Mittel, um diese zu beseitigen.

Diese gute körperliche Grundlage der 18 Freiheiten und günstigen
Umstände
ist wie eine Luftblase, unbeständig und unvorhersehbar.
Obwohl man dies versteht, wird man immer unbändiger.
Vater Lama, durch dein Mitgefühl
durchtrennst du die Täuschung der Unwissenheit von mir selbst
und den fühlenden Wesen.

252

Karma, Ursache und Wirkung, hat die Eigenschaft, unvermeidlich
erfahren zu werden.
Es reift entsprechend dem Annehmen oder Aufgeben von positiven
oder negativen Handlungen heran.
Wenn ich darüber nachdenke, wie sehr empfinde ich Mitgefühl
für unsere Väter und Mütter!
In diesem fixiert Sein auf Beständigkeit aufgrund von Unwissenheit
wirken sich Handlungen unfehlbar aus, und entsprechend sind wir
durch unsere eigenen Taten gebunden.

In diesem Gefängnis, in dem Schwarz und Weiß in Kategorien
eingeteilt werden,
ist es sicher, dass die Früchte aller eigenen Handlungen für einen
selbst heranreifen.
Denkt darüber nach, alle fühlenden Wesen, unsere früheren Mütter,
und missversteht nicht die verschiedenen Arten von Ursachen und
Wirkungen.

Bleibe entspannt an der Stelle der drei Zurückgezogenheiten
und übe dich im nützlichen Verhalten von Körper und Rede.
Wenn du dies tust, ist die Güte des strahlenden Lamas jenseits von
nah und fern.

Wer zu der Zeit die Wahrheit der beiden Kern-Bedeutungen davon
verwirklicht,
dass jede Ursache ihre entsprechende Wirkung hervorbringt,
[versteht auch] dass die Natur aller fühlenden Wesen der drei Bereiche
nicht unterschiedlich von dieser Bedeutung ist.

In der ungeschaffenen, spontanen Vollendung der Eigenbewusstheit,
wird das Netz der drei Bereiche durch Eigenklarheit entwirrt.
Die eigene spontane Natur, ungetrübt vom begrifflichen Geist,
ist das Spiel des selbst entstandenen Raums, der Körper des Lamas.

Was sich spontan als die Essenz der vier Buddha-Zustände [zeigt],
die nicht an den Extremen von entweder Leerheit oder Klarheit anhaftet,
wird ‚der Lama und der eigene Geist' genannt.
Nachdem dieser Kernpunkt auch nur eine Bezeichnung ist,
ist es unmöglich, ihn als ein Extrem zu zeigen.

Von dieser Bedeutung stark berührt, entsteht der Erleuchtungsgeist
Durch diesen wird Samsara, die drei Bereiche unserer Mütter,
aufgerüttelt und gereinigt.

Mögen die 1002 Buddhas der drei Zeiten
durch die Kraft der Wahrheit des Versprechens ihrer Einstellung,
die frei von Bezugspunkten ist,
augenblicklich dieses Königreich des Wahrheitszustandes manifestieren,
der den Intellekt überschreitet,
und mögen sie alle fühlenden Wesen in dieser Essenz befreien."

Im Zusammenhang mit starker Besorgnis aufgrund der Sichtweisen und
Handlungen der unbezähmbaren Menschen dieses dunklen Zeitalters
sang ich diesen Gesang genannt „Das Vertreiben der Sehnsucht des Geistes",
um die fürsorgliche Güte des einzigartigen Vater Lamas zu erwecken.

„Wie wunderbar!
Der Dharmakaya Vajradhara, die Verkörperung der gesamten Zuflucht,
ist untrennbar vom Körper des strahlenden Lamas.
Aufgrund meiner unerträglichen Sehnsucht nach dir,
fließt dieser wohlklingende Gesang
aus der Kraft meiner überwältigenden Hingabe.

Der ursprüngliche, natürliche Zustand ist strahlend klar;
aber was für eine Verwirrung bedeutet es, sich nicht in dieser offenen
Weite zu entspannen,

sondern die Gedanken des sich bewegenden Geistes zu untersuchen!
Indem ich darüber nachdenke,
erinnere ich mich an die Karma Kagyü[-Übertragunglinie].

Es ist das jenseits Gehen
auf der aus sich selbst heraus existierenden Grundlage der Bewusstheit-Leerheit.
Dieses gewöhnliche Bewusstsein des Jetzt
ist frei von geistigen Schöpfungen der Geburt oder Befreiung.
Obwohl seine ungehinderten Manifestationen
nicht als äußere Objekte verstanden werden können,
erscheinen die Bereiche von Samsara und Nirvana gleichzeitig.

Dies ist der mühelose Pfad, das wunderbare Große Siegel.
Man trifft die eigene wahre Natur,
das grundlegende, aus sich selbst heraus bestehende Gewahrsein.
Die Wege von Samsara und Nirvana werden von selbst gemeistert,
und die verwirrte Erscheinung der drei Bereiche löst sich im Raum auf.

Die aus sich selbst heraus bestehenden drei Buddha-Zustände werden erlangt;
was könnten dann die Wünsche nach zukünftigen Resultaten noch ausrichten?
Dies ist die besondere Lehre der Kagyüs.
Indem ich darüber nachdenke,
folge ich dem Weg, der von den Vorvätern gegangen wurde.

Ihr Anhänger, die ihr euch auf mich stützt,
habt keine Anhaftung an dieses Leben; haltet das nächste Leben im Geist.
Obwohl äußerlich geschmückt mit den Mönchsroben,
safranfarben wie die Wolken bei Sonnenaufgang,
stehen innerlich ihre drei Versprechen im Gegensatz dazu,
wie die Hörner eines Hasen.

Wie traurig, dass sie nicht über die beiden Phasen des Weges meditieren.
Morgen, wenn die Zeit des Todes kommt,
wird dieser Geist voller Bedauern von Dunkelheit überwältigt werden.

Aus diesem Grund konzentriert euch auf Hören, Nachdenken und
Meditieren.
Erhebt das Siegesbanner der Lehren der Praxis-Linie bis zum Gipfel
der Welt.
Verwirklicht die beiden Arten des Nutzens genau jetzt auf diesem Sitz.
Mögen unter den glücklichen Umständen des Vollbringens davon,
die Lamas, die strahlenden Schützer Mahakala, Mahakali, zusammen
mit ihrem Gefolge,
zu jeder Zeit unsere Wünsche erfüllen."

Ich sagte dies, weil ich ein wenig Vertrauen und Gewissheit in die Sichtweise und Meditation der Kagyü[-Linie] fand und auch weil ich über die
Handlungen jener besorgt war, welche die Erscheinungsform der Lehre
zeigen, sich aber nicht in Übereinstimmung mit der Lehre verhalten.

Seit langer Zeit baten mich mein Neffe, der Retreat-Meister Dechen und
andere immer wieder, einen Gesang wie diesen zu singen. Darüber hinaus wurde ich bei dieser hervorragenden Gelegenheit der Vorbereitung
eines neuen Druckes der Holzblöcke des „Ozeans der Gesänge der
Kagyü-Vorväter" vom Disziplin-Meister Lama Drubgyü Tendar wieder
und wieder gedrängt. Um seine Bitte nicht abzulehnen, sprach ich, der
sechzehnte Halter der ruhmreichen Karmapa-Linie, spontan, was immer
in meinem Geist aufkam.

MANGALAM

Abb. 27 › Buddha mit Shariputra und Maudgalyayana

DIE MEDITATIONSERFAHRUNGEN ANHAND DER LEHRE BUDDHAS

Dieser Artikel bietet einige Anhaltspunkte für die Entwicklung auf dem Weg der Meditation. Bevor die wichtigsten Meditationserfahrungen anhand von Buddhas Lehre dargestellt werden, können einige allgemeine praktische Ratschläge von Nutzen sein. Diese haben vor allem mit den beträchtlichen Unterschieden zwischen der westlichen und der asiatischen Denk- und Lebensweise zu tun. Wer sich mit dem Buddhismus beschäftigt, der in seiner immer vollständigeren Form erst seit kurzer Zeit aus Asien zu uns kommt, wird automatisch mit diesen Unterschieden konfrontiert.

Im Westen denken wir z.B. vorwiegend linear, d.h. von einer bestimmten Ausgangsbasis bis zu einem bestimmten Endpunkt - also meistens sehr stark zielorientiert. Im Osten denkt man eher ganzheitlich und zyklisch. Die verschiedenen Kreisläufe von Tag und Nacht, Leben, Zwischenzustand und Wiedergeburt, sowie der gesamte Kreislauf der Existenz, bestimmen die allgemeine Vorstellung. Auf die Meditation bezogen hat das starke Auswirkungen. Im Westen will man das jeweils gewünschte Ziel so schnell wie möglich erreichen. Im Osten denkt man eher langfristig – wenn das Ziel nicht in diesem Leben erreicht wird, dann im nächsten.

Daher ist es für Leute im Westen wichtig, sich immer wieder klar zu machen, dass Meditation Entspannung bedeutet und nicht noch mehr Stress, als man ihn sowieso schon hat. Es geht um den natürlichen Zustand, das Annehmen all der fantastischen Qualitäten unseres Geistes. Ist der Geist sehr angespannt, dann erfährt man bei der Meditation oft Probleme. Ist der Geist jedoch sehr entspannt und sehr offen, dann gibt es niemals irgendwelche schlechten Wirkungen oder Schwierigkeiten während der Meditation. Der Meister Kalu Rinpoche hat dazu die folgende Anweisung gegeben: „Meditiert nicht wie eine Maus in der Falle, sondern wie ein Adler in der Luft".

Weiterhin sollten wir uns klar darüber sein, dass Gewohnheiten, die über zahllose Lebenszeiten aufgebaut wurden, nicht an einem Tag oder in kürzester Zeit geändert werden können, auch wenn die Diamantweg-Methoden besonders kraftvoll sind. Wir brauchen also viel Geduld und müssen lernen, das richtige Maß zu finden und gut mit uns selbst umzugehen. Selbstvertrauen ohne Stolz ist dabei der Schlüssel zum Erfolg. Auch zum rechten Maß gibt es ein Beispiel. Der Buddha fragte einmal einen Musiker: „Wie stimmst du die Saiten deiner Laute, um einen guten Ton zu bekommen"? Dieser antwortete: „Nicht zu straff und nicht zu locker, sie müssen genau die richtige Spannung haben". „Genau so solltest du auch meditieren" erklärte daraufhin der Buddha.

Bei der Praxis sollten wir möglichst die Meditationen wählen, die wir gern anwenden. Das hat Freude an der Praxis zur Folge, so dass keine Schwierigkeiten dabei aufkommen. Freude bei der Meditation lässt Fleiß von selbst wachsen. Falls doch in irgendeiner Form Hindernisse auftauchen, hilft es meistens, einfach an den eigenen Lehrer zu denken oder eine kurze Meditation auf den Lehrer zu machen. Wenn es langfristige Probleme gibt, ist natürlich eine direkte Begegnung mit dem Lehrer anzuraten. Sein Segen und die Kraft seiner Wünsche lässt sich alles so entwickeln, wie es auf dem Weg zur Erleuchtung am nützlichsten ist.

Bei der Beschreibung der Erfahrungen auf diesem Weg muss zunächst klar unterschieden werden, ob das Sutra- oder Tantra-Fahrzeug praktiziert wird. Auf dem Sutra-Weg ist die Entwicklung ohne die kraftvollen Methoden des Tantra-Weges deutlich langsamer. Aus diesem Grund wird der Sutra-Weg in vielen Lehren Buddhas und den dazugehörigen Kommentaren sehr ausführlich beschrieben. Hier findet man Darstellungen der fünf Wege und zehn Bodhisattva-Stufen mit den dazugehörigen Qualitäten, die in alle Einzelheiten gehen (siehe „Der kostbare Schmuck der Befreiung" oder Kapitel 25 bis 30 in meinem Buch „Buddhistische Grundbegriffe").

Im Tantra-Weg oder Diamantweg ist die Entwicklung aufgrund der kraftvollen Mittel so schnell, dass die Entwicklung hier nicht so systematisch dargestellt werden kann. Man wird wohl einige der Qualitäten zeigen, die mit jeder Stufe verbunden sind, aber es ist auch möglich, die ein oder andere Stufe zu überspringen oder nur sehr kurz zu durchlaufen. So erklärt der Meditationsmeister Dudjom Rinpoche in einem Vortrag zur

Meditation: „Je nach ihren Fähigkeiten erreicht die praktizierende Person die Stadien der Erfahrung und Verwirklichung entweder in einer festen Reihenfolge nacheinander, ohne feste Reihenfolge oder alle gleichzeitig. Aber zum Zeitpunkt der Reife gibt es keinen Unterschied mehr".

Erfahrung und Verwirklichung auf den Fünf Wegen

Die beiden Begriffe ‚Erfahrung' und ‚Verwirklichung' bilden in diesem Zusammenhang die nächsten Stichworte. Wie am Anfang meines Buches „Wissen über Meditation" erwähnt, braucht man zu Beginn des Weges ein gutes Verständnis, in der Mitte Erfahrungen und am Ende eine Verwirklichung. Beschreibt man diese drei Stufen anhand des Sutra-Fahrzeugs, so werden sie in den „Weisheitslehren" Buddhas zu den fünf Wegen in Beziehung gesetzt. Dabei entwickelt sich das begriffliche Verständnis von der Selbstlosigkeit der Person und der Erscheinungen zusammen mit der Ansammlung von guten Eindrücken durch die Praxis der befreienden Handlungen vorwiegend auf dem ersten Weg, dem Weg der Ansammlung.

Auf dem Weg der Verbindung wird durch das Erlangen tiefer Erfahrungen eine Verbindung mit der Verwirklichung der Natur des Geistes hergestellt. Man nähert sich dadurch an den Weg des Sehens an. Der Weg der Verbindung hat vier Stufen. Auf der ersten Stufe mit dem Namen ‚Hitze' entstehen die ersten Erfahrungen von der Leerheit oder der illusionsgleichen Natur der äußeren Erscheinungen. Im „Herz-Sutra" wird dies durch die Kernaussage „Form ist Leerheit" ausgedrückt.

Die zweite Stufe auf dem Weg der Verbindung heißt ‚Gipfel'. Man erkennt hier mehr und mehr, dass alles, was erscheint, nur das freie Spiel des eigenen Geistes ist, dass aber auch der wahrnehmende Geist selbst und alle geistigen Erscheinungen keine wahre, unabhängige Existenz besitzen. Wer beide Aspekte, die Selbstlosigkeit der eigenen Person und der äußeren Erscheinungen, mehr und mehr versteht, ist versucht, an der Vorstellung der Nichtexistenz der Dinge festzuhalten und damit eine nihilistische Anschauung zu entwickeln. Als Mittel gegen diese fehlerhafte Sicht hilft die entsprechende Kernaussage im „Herzsutra" „Leerheit ist Form".

Der Name der dritten Stufe ist ‚Geduld'. Man wird immer mehr fähig, die wahre Natur der Objekte der Wahrnehmung und des wahrnehmenden Geistes anzunehmen. Indem wir weiter über diese Natur lernen, nachdenken und meditieren, entfernen wir die falschen Vorstellungen über die Wirklichkeit und befreien uns von Zweifeln und Zögern. Jenseits aller extremen Anschauungen von wahrhafter Existenz oder Nichtexistenz werden tiefe Erfahrungen der Leerheit von sowohl inneren wie äußeren Erscheinungen gemacht. Die entsprechende Kernaussage im „Herz-Sutra" ist „Form ist nicht verschieden von Leerheit".

Die vierte Stufe ‚höchstes weltliches Dharma' durchlaufen wir unmittelbar vor der Befreiung aus der bedingten Existenz. Wir lösen alle festen Vorstellungen über gut und schlecht, das, was anzunehmen oder aufzugeben ist, auf. Wir erfahren die Gleichheit von wahrgenommenen Objekten und wahrnehmendem Geist, von verschleierten und erleuchteten Erscheinungen. Wir treffen verschiedene Buddhas und sind nun auch selbst unumkehrbar auf dem Weg zur Allwissenheit eines Buddha. Die abschließende Kernaussage im „Herz-Sutra" dazu lautet „Leerheit ist nicht verschieden von Form".

Auch wenn auf dem Weg der Verbindung bereits diese tiefen Erfahrungen von der Natur des Geistes gemacht werden, sind solche Erfahrungen noch nicht dauerhaft oder stabil und daher noch keine Verwirklichung. Es wird hier von einem Abbild der Verwirklichung der Natur des Geistes gesprochen. Die Erfahrung ist ähnlich der vollen Erkenntnis, aber noch nicht diese volle Erkenntnis selbst. Diese wird auf dem dritten Weg, dem Weg des Sehens, erlangt. Allerdings gibt es auf diesem Weg, der gleich ist mit der ersten Bodhisattva-Stufe, noch einen Unterschied zwischen der Meditations-Phase und der Nachmeditations-Phase. In der Nachmeditations-Phase folgt man immer noch subtilen Gewohnheitstendenzen. Dieser Unterschied wird bis zum Erlangen der Buddhaschaft auf den Wegen der Meditation und des Nicht-mehr-Lernens immer geringer und löst sich schließlich auf.

Erfahrung und Verwirklichung im Großen Siegel

Der indische Meister Saraha gibt eine Übersicht über diesen Entwicklungsweg von Erfahrung bis Verwirklichung auf der Ebene des Großen Siegels in seinem „Vajragesang des unzerstörbaren Körperschatzes":

> Als erstes wird Erscheinung als Leerheit erfahren.
> Dies ist, wie etwas, das als Eis erscheint, als Wasser erkennen.
> Zweitens entsteht ohne das Verschwinden der noch erinnerten
> Erscheinung Leerheit ununterscheidbar von Freude.
> Dies ist wie Eis, das sich in Wasser verwandelt.
> Wenn sich Erinnerung in Nicht-Erinnerung auflöst,
> frei von jedem Ursprung,
> ist alles ununterscheidbar eins in großer Freude.
> Dies ist wie Eis, welches sich in Wasser aufgelöst hat.

Es ist sehr wichtig, den Unterschied zwischen Erfahrung und Verwirklichung genau zu kennen, denn man kann sie leicht miteinander verwechseln. Beispielsweise gehen mit der Entwicklung einer stabilen Geistesruhe Erfahrungen wie die Geschmeidigkeit von Körper und Geist einher. Der Körper fühlt sich elastisch und frisch an und auch der Geist erfährt ein tiefes Wohlbefinden. Glaubt man nun, dass diese sehr angenehmen körperlichen und geistigen Erfahrungen schon die eigentliche Verwirklichung wären, bleibt man hier leicht stecken. Daher sollte die Praxis der Meditation auf einer tiefergehenden Sichtweise aufbauen. Das gleiche gilt für das Erlangen besonderer Fähigkeiten wie außersinnlicher Wahrnehmung usw. Hält man sie für das eigentliche Ziel, verwechselt man Erfahrungen mit Verwirklichung und wird dadurch am Erlangen der letztendlichen Qualitäten von Furchtlosigkeit, Freude und Mitgefühl gehindert.

Im Zusammenhang mit der Praxis des Großen Siegels wird dieser Unterschied von dem Meister Gampopa deutlich herausgestellt. Er erklärt, dass eine Meditations-Erfahrung ein bestimmter Zustand im Geist ist, aber noch keine Erkenntnis der Natur des Geistes. Die Erfahrungen von

Freude, Klarheit und Nicht-Begrifflichkeit sind noch nicht stabil, sondern entstehen sehr deutlich und vergehen genauso schnell wieder. Hält man aber die Meditation auf diese inneren Erfahrungen stabil, ohne daran anzuhaften, klären sich die Schleier im Geist von selbst und echte Verwirklichung entsteht. Eine solche Verwirklichung besteht aus einem unaufhörlichen Strom des Klaren Lichtes des Geistes ohne die Dualität von Erscheinung und Gedanken, Meditierendem und Meditation. Dies wird als gleichzeitige Verwirklichung und Vollendung beschrieben.

Der 9. Karmapa zeigt in seinem Werk „Ozean der wahren Bedeutung" den Unterschied zwischen Erfahrung und Verwirklichung auf allen vier Stufen des Großen Siegels. Der folgende Ausschnitt ist eine Übersetzung von mir aus dem Tibetischen (nähere Angaben zum Text im Literaturverzeichnis):

Aus den Erklärungen der früheren Kagyü(-Meister): Erfahrung und Verwirklichung sind leider leicht falsch zu verstehen! Als Erstes geht es um die Erfahrungen der Einsgerichtetheit. Ist das Bewusstsein rein und klar, so ist dies[e Reinheit und Klarheit] seine Essenz. Wenn Schwankungen entstehen, ist dies noch Erfahrung. Sie ist nicht stabil. Wenn geringe Schwankungen da sind, ist dies bereits etwas besser. Im Allgemeinen ist jedoch die Stufe der Einsgerichtetheit allein noch Erfahrung und keine Verwirklichung.

Wenn man beim Entstehen der Ungekünsteltheit die ungeborene Natur von innen her ein wenig versteht, dann entweder denkt oder erfährt: „Das ist es, was der Lehrer gelehrt hat" und sich daraufhin im eigenen Geist damit vertraut macht, so ist dies Erfahrung. Wenn das Bewusstsein selbst klar erkennt, dass es selbst frei von Eigennatur ist, ist dies Verwirklichung.

Denkt man auf der Stufe ‚Ein-Geschmack': „Die drei Aspekte, der eigene Körper, die äußeren Erscheinungen und der eigene Geist, sind ohne wahre Natur", so ist dies Erfahrung. Unmittelbar zu erkennen, dass diese äußeren Erscheinungen, obwohl sie wie Reflexionen in einem Spiegel getrennt erscheinen, von einer Natur sind, dies ist Verwirklichung.

264

(Bei der Nicht-Meditation) mit Nachdruck zu denken: „Es gibt kein Objekt der Meditation und keine Meditation", ist Erfahrung. Wenn das Bewusstsein selbst unmittelbar erkennt, dass es selbst frei ist von Meditationsobjekt und Meditation, ist dies Verwirklichung. So wurde erklärt, wie wichtig es ist, die beiden Aspekte von Erfahrung und Verwirklichung nicht falsch zu verstehen.

Die Anwendung dieser Erklärungen auf die eigene Situation beinhaltet, dass man sich nicht als höchstes Ziel setzen sollte, alle möglichen Arten von fantastischen Erfahrungen zu machen. Wenn man aus diesem Grund meditiert, hat man eine falsche Einstellung. Richtig praktiziert man mit dem Wunsch, durch die Meditation die Natur des Geistes zu erkennen, d.h. wirklich Erleuchtung zu erlangen, um dadurch anderen helfen zu können, bleibendes Glück zu erlangen.

Grundlegend sollten wir uns bemühen, mehr über den Geist zu lernen und so gut es geht zu praktizieren. Wenn wir dann im Laufe der Zeit feststellen, dass die Störgefühle und einengenden Vorstellungen schwächer werden, dass unser Stolz geringer wird, dass wir weniger an unserer eigenen Person festhalten und stattdessen offener für andere werden, dass sich neue Qualitäten zeigen und besonders das Vertrauen zum eigenen Lehrer zunimmt, dann sind wir auf dem richtigen Weg. Dann können wir davon ausgehen, dass unsere Dharmapraxis erfolgreich ist.

Abb. 28 › Grenzenloses Licht (skt. *Amitabha*, tib. *Öpame*)

DIE UNTERSCHIEDLICHEN EBENEN DER AMITABHA-PRAXIS

Der historische Buddha Shakyamuni hatte Schüler mit recht unterschied-lichen Begabungen. Obwohl er letztlich einen einzigen Weg zur Erleuch-tung lehrte, wurden seine Lehren in unterschiedliche Fahrzeuge einge-teilt, entsprechend den Fähigkeiten seiner jeweiligen Schüler. Grundlegend kann man alle Lehren Buddhas in die beiden Fahrzeuge ‚Sutra' und ‚Tantra' aufteilen. Sutra wird auch ‚Ursachen-Fahrzeug' genannt, weil man hier die Ursachen für die Erleuchtung legt. Im Tantra, dem ‚Frucht-Fahrzeug', identifiziert man sich mit der Frucht oder mit den verschiedenen Aspekten der Erleuchtung.

Die Ursachen für Erleuchtung aufzubauen bedeutet, alle Ursachen für Leiden zu beseitigen und den Weg zu praktizieren, der zum Aufhören allen Leidens führt, zu bleibendem Glück. Im Fahrzeug der Älteren (*The-ravada*) ist das Ziel Befreiung, in der die Illusion, es gäbe so etwas wie ein wahrhaft existierendes Selbst der Person, wie auch die groben Schleier der störenden Gefühle aufgelöst sind. Im Großen Fahrzeug (*Mahayana*) ist das Ziel volle Erleuchtung. Auf der Grundlage des Wunsches, alle Wesen vom Leid zu befreien, werden selbst die subtilsten Schleier von Unwissenheit entfernt und der Zustand höchster Weisheit, vollkomme-ner Allwissenheit, wird erlangt. Diese höchste Weisheit ist nichts anderes als die wahre Natur unseres Geistes.

Wenn man sehr tiefes Vertrauen in die wahre Natur des Geistes besitzt, kann man sich direkt mit der Frucht selbst identifizieren, mit den unter-schiedlichen Qualitäten der Erleuchtung, die ja bereits der Natur unseres Geistes zu eigen sind. Basierend auf den Lehren über die in jedem füh-lenden Wesen vorhandene Buddha-Natur bringen die tantrischen Methoden des Diamantwegs (*Vajrayana*) sehr schnelle Resultate. Es wird gesagt, dass ein Praktizierender mit den höchsten Fähigkeiten im Dia-mantweg innerhalb von einem einzigen Leben Erleuchtung erlangen kann. Das ist extrem schnell, besonders wenn man es mit dem Sutra-Ansatz vergleicht, wo Erleuchtung nur über Äonen erlangt werden kann.

Aber nicht jeder Praktizierende ist fähig, derart kraftvolle Methoden zu nutzen. Die meisten Traditionen im Mahayana basieren auf den Sutra-Lehren. Einzig der Tibetische Buddhismus überträgt und verwendet vollständig die vom Buddha gegebenen tantrischen Methoden, soweit sie noch erhalten geblieben sind.

Erleuchtung drückt sich in unterschiedlichen Formen aus. Alle Buddha-Aspekte, die Buddha Shakyamuni lehrte, können in die fünf Buddha-Familien zusammengefasst werden. Als Essenz dieser fünf Familien wiederum kann Vajradhara (tib. *Dorje Chang*) betrachtet werden, die tantrische Form von Buddha Shakyamuni selbst. Alle Buddhas der zehn Richtungen und auch die hohen Bodhisattvas manifestieren um sich herum ein reines Kraftfeld, ihr eigenes Reines Land. Buddha Shakyamuni beschrieb die Qualitäten solcher Reinen Länder in allen Einzelheiten. Er lehrte verschiedene Methoden, wie man in Verbindung mit den Buddhas und ihren Reinen Ländern treten kann, denn verglichen mit anderen Methoden ist die Praxis auf die Reinen Länder ein leichter Weg zur Erleuchtung.

Im Kreis der fünf Buddha-Familien ist der Buddha Amitabha (tib. *Öpame*, deutsch: *Grenzenloses Licht*) der Buddha der westlichen Himmelsrichtung. Er trägt seinen Namen, weil das Licht, das von seinem Körper ausstrahlt, alle Reinen Länder aller Buddhas der zehn Richtungen durchdringt. Vor vielen Weltzeitaltern machte er, damals unter dem Namen Dharmakara, im Zusammenhang mit seinem Bodhisattva-Versprechen extrem starke Wünsche, dass er fähig werden wolle, ein Reines Land zu manifestieren, das die Qualitäten aller Reinen Länder enthalten sollte und in dem die Wesen einfach auf Grund entsprechender Wünsche leicht wiedergeboren werden könnten. Als Resultat dieser starken Wünsche manifestierte er, als er Buddhaschaft erlangte, das Reine Land ‚Große Freude' (skt. *Sukhavati*, tib. *Dewachen*).

Die Lehren über die Qualitäten von Buddha Amitabha und seinem Reinen Land findet man vor allem im „Sukha-vati-vyu-ha", der kürzeren und längeren Beschreibung des Reinen Landes der Großen Freude (1. und 2. Jhd. n. Chr.) und im „Amita-yur-dhya-na-su-tra", dem „Sutra von der Meditation auf den Buddha des Grenzenlosen Lebens" (ca. 3. Jhd. n. Chr.). Zusätzlich zu diesen drei Sutras werden die Methoden, wie man in Verbindung mit den Reinen Ländern kommt und dort Geburt annimmt, in zahllosen Mahayana-Sutras gepriesen. Hierzu zählen auch etwa 200 Sutras und Kommentare, wie z.B. das „Avatamsaka-, das Surangama-, das Lotus- und das Prajnaparamita-Sutra". Ebenso erklärt die „Abhandlung über das Erwachen des Vertrauens" von Asvaghosha diese Praxis sehr klar.

Es gibt allgemein vier Ursachen für eine Geburt im Reinen Land der Großen Freude: Die erste und wichtigste Ursache ist der Wunsch, dort geboren zu werden. Sich den Buddha und sein Reines Land im eigenen Geist so klar wie möglich zu vergegenwärtigen, ist die zweite Ursache. Die dritte Ursache ist, negative Handlungen zu vermeiden und statt dessen positiv zu handeln. Die vierte Ursache schließlich besteht darin, die Erleuchtete Geisteshaltung zu entwickeln, den Wunsch, auf der Basis von Liebe und Mitgefühl Erleuchtung zu erlangen zum Nutzen aller Lebewesen. Auf der Grundlage dieser generellen Lehren gibt es viele verschiedenen Ebenen der Praxis, die der Buddha in Übereinstimmung mit den jeweiligen Fähigkeiten seiner Schüler gab. Diese Praktiken kann man grundlegend in die Kategorien Sutra und Tantra unterteilen, was im Folgenden kurz erklärt wird.

Die Sutra-Ebene

Im Zusammenhang mit der Amitabha-Praxis ist die Sutra-Ebene die Grundlage für die ‚Reines-Land-Schule', die mit über hundert Millionen Anhängern die größte buddhistische Schule der Welt ist. Hier ist die Hauptpraxis die Rezitation von Buddha Amitabhas Namen, zusammen mit drei Arten der Ansammlung.

Die erste Ansammlung ist **Vertrauen** in das Westliche Reine Land und Buddha Amitabhas Versprechen, alle zu retten, die seinen Namen rezitieren, ebenso wie das Vertrauen in die eigene Natur, die vom Wesen her dieselbe ist wie seine. Den Namen des Buddha zu rezitieren ist das gleiche, wie die Qualitäten der reinen Natur des Geistes zu rezitieren. Die zweite Ansammlung ist der **Wunsch**, das Bestreben, im Reinen Land geboren zu werden, im eigenen reinen Geist, um von dort aus in der Lage zu sein, sich selbst und andere von allem Leiden zu befreien. Die dritte Ansammlung ist zu **praktizieren**, was in dieser Schule vor allem bedeutet, dass man

Buddha Amitabha im Geist hält. Man rezitiert den Namen des Buddha, bis der eigene Geist und der des Buddha Amitabha völlig untrennbar werden. Stabile Meditation und Einsicht werden so erreicht. Neben der Vergegenwärtigung des Buddha Amitabha ist es notwendig, die Mahayana-Sutras zu studieren und so viele positive Handlungen wie möglich auszuführen. Auf diese Art kann man sich eine Brücke nach Dewachen, in das Reine Land, bauen. Aber man kann ebenso sagen, dass diese drei Aspekte von Vertrauen, Wünschen und Praxis in ihrer Essenz dasselbe sind, weil jeder alle enthält und alle in jedem enthalten sind.

Die Hauptpraxis in der Reines Land-Schule ist es, den Namen von Amitabha zu rezitieren, aber es gibt noch drei andere Formen. In einer von ihnen ruft man den Buddha an, während man auf eine Statue oder Form des Buddha schaut. Eine andere Form besteht darin, den Buddha durch Vergegenwärtigung im Geist zu halten, eine dritte durch Meditation auf die wahre Natur des Geistes. Die Rezitation des Namens eines Buddha hat dieselbe Wirkung wie die Rezitation seines Mantras. Das ist die Verbindung zu den tantrischen oder esoterischen Schulen. Buddhistische Meister aus verschiedenen Traditionen sagen dazu häufig: „Die Methode, den Namen eines Buddha zu rezitieren, verbindet die (Zen-) Meditation, Studien der Sutras, Disziplin (Vinaya) und Esoterische Schulen." Das ist so zu verstehen, dass man durch die Rezitation des Namens des Buddha sich selbst von allen Schleiern und jeglicher Anhaftung befreit, was Zen bedeutet. Die Worte ‚Amitabha Buddha' enthalten unzählige hohe Lehren, die in diesen Worten verborgen sind und aus ihnen hervorgehen, was die Bedeutung der Schule der Sutra-Studien ist. Den Namen des Buddha zu rezitieren, reinigt und beseitigt auf einer sehr tiefen Ebene die drei Arten von Karma von Körper, Rede und Geist, was die Schule der Disziplin ist. Die esoterische Schule schließlich wird im Zusammenhang mit der tantrischen Ebene erklärt werden.

Der formale Name der Reinen Land-Schule in China ist ‚Ching-t'u Tsung'. Sie entspricht dem ‚Jodo Shu' im japanischen Buddhismus. Hingabe an Buddha Amitabha war vor Hui Yüan (334 – 416 n. Chr.) eine der vielen möglichen Praktiken im Buddhismus. Hui Yüan begründete diese Praxis als eine eigenständige Aktivität und entwickelte eine buddhistische Schule um sie herum, indem er im Jahr 402 die Weiße Lotus-Gesellschaft gründete.

270

Er betonte Buddha Amitabhas Versprechen, dass alle vertrauensvollen Wesen in seinem Reinen Land wiedergeboren werden könnten und konzentrierte die Praxis auf die Wiederholung der als ‚Nien-fo‘ bekannten Formel: „Na-mo A-mi-t'o Fo", die wörtlich so viel bedeutet wie: „Verehrung sei Amitabha Buddha". Diese Praxis wird auch in der japanischen Version der Schule des Reinen Landes verwendet, wo sie ‚Nembutsu‘ (Namo Amida Butsu) genannt wird.

Der herausragende Zenmeister des 16. Jahrhunderts Chusang Hung sagte: „Dieses (Reine Land) ist außerordentlich wichtig, äußerst subtil und wundervoll. Es ist auch das Einfachste. Weil es so einfach ist, übersehen es die mit höherer Intelligenz. Geburt und Tod sind ungetrennt von einem einzigen Moment der Bewusstheit. Deshalb sind all die Myriaden von weltlichen und über das Weltliche hinausgehenden Lehren und Methoden nicht getrennt von einem Moment der Bewusstheit. Ergreife genau jetzt diesen Moment der Bewusstheit und sei dir des Buddha bewusst, erinnere dich an den Buddha, rezitiere Buddhas Name. Wie nah und durchschneidend! Was für eine reine essenzielle Energie, so solide und wirklich! Wenn du durchschaust, wo diese Bewusstheit entsteht, siehst du, dass es der Amitabha unserer eigenen inhärenten Natur ist. Das ist die Bedeutung des Patriarchen, der aus dem Westen kam (die Bedeutung des Zen)."

Im Zen-Buddhismus muss man die Wahrheit des Eigennatur-Amitabha verstehen, Nur-Geist Reines Land. Wie es im „Vimalakirti-Nirdesha-Sutra" heißt: „Wenn der Geist rein ist, ist das Buddha-Land rein." Wiedergeburt im Reinen Land ist letztendlich die Wiedergeburt in unserem reinen Geist. Diese hohe Ebene des Reinen Landes wird von Verwirklichern mit tiefer spiritueller Befähigung praktiziert: „Wenn der Geist rein ist, ist das Buddha Land rein ... Buddhas Name zu rezitieren, ist wie die Natur des Geistes rezitieren". Insofern sind auf fortgeschrittenen Ebenen Reines Land und Zen von derselben Essenz.

Die tantrische Ebene

Auf der Ebene des Tantra oder des Diamantweges gibt es wiederum viele verschiedene Formen der Praxis. Die wichtigste Ausrichtung ist beim Diamantweg die Identifikation: Man verhält sich wie ein Buddha, bis man selbst ein Buddha geworden ist. Auch wenn man die Praxis bereits ohne viele besondere Voraussetzungen machen kann, weil der Buddha Amitabha so starke Wünsche für die Lebewesen gemacht hat, wird sie trotzdem noch kraftvoller, wenn man die authentische Übertragung von seinem Lehrer bekommen hat. Diese Übertragung besteht aus der Einweihung auf Buddha Amitabha (tib. *wang*), der mündlichen Übertragung oder Erlaubnis für die Praxis (tib. *lung*) und den exakten Erklärungen, wie die Meditation in korrekter Weise zu praktizieren ist (tib. *thri*).

Jede tantrische Praxis kann in zwei oder drei Teile aufgeteilt werden. Unterteilt in zwei Teile beinhalten diese die Entstehungsphase, bei der eine bestimmte Vergegenwärtigung aufgebaut wird und die Vollendungsphase der Meditation. Dort löst man auf, was immer man sich vorgestellt hatte und lässt den Geist in seiner eigenen Natur ruhen. Wenn man die Praxis in drei Teile unterteilt, werden die drei Aspekte auf Sanskrit ‚Mudra, Mantra und Samadhi' genannt. Die Phase der Mantra-Rezitation wird hier noch einmal von der aufbauenden Phase unterschieden.

Der erste Teil, *Mudra*, bei dem man die Form des Buddha mit allen Details im eigenen Geist aufbaut, wirkt sowohl in der Hinsicht, dass er die Schleier des eigenen Körpers reinigt, als auch, dass man als Resultat davon den reinen Aspekt des Körpers manifestiert, den Ausstrahlungszustand eines Buddha (skt. *nirmanakaya*). Die Mantra-Rezitation erfüllt den Zweck, die Schleier der Rede zu reinigen und den reinen Aspekt der Rede manifestieren zu können, nämlich den Freudenzustand eines Buddha (skt. *sambhogakaya*). Schließlich ist es die Funktion der auflösenden oder Vollendungsphase (*samadhi*), all die Verdunklungen zu reinigen, die mit dem Geist zusammenhängen und den Wahrheitszustand oder wörtlich ‚Körper der Phänomene' eines Buddha (skt. *dharmakaya*) manifestieren zu können.

Diese Funktionen sind grundsätzlich die gleichen, egal ob es um die kurze, die mittlere oder die ausführliche Form der Amitabha-Praxis geht. Die längsten Formen können einen Tag oder länger dauern und schließen viele verschiedene Arten von Ritualen wie Schenkungen usw. ein. Weil aber die Bedeutung dieser Praktiken sehr tiefgründig ist, ist es in diesem Zusammenhang nicht möglich, auf alle Details einzugehen.

Der Diamantweg beinhaltet auch eine sehr spezielle Art von Praxis, eine der tiefgründigsten Lehren, die der Buddha gegeben hat. Das ist die sogenannte ‚Bewußtseinsübertragung' (tib. *phowa*) oder auch die Praxis des ‚Bewussten Sterbens' genannt. In der Karma-Kagyü-Tradition des Tibetischen Buddhismus wird sie im Zusammenhang mit den ‚Sechs Lehren von Naropa' praktiziert. Ebenso wird sie als Teil der tantrischen Lehren der Nyingma-Linie praktiziert, die von dem großen indischen Meister Padmasambhava gegeben wurden, dem wichtigsten Begründer des Buddhismus in Tibet.

Während der Phowa-Praxis lernt man, seinen Geist auf Buddha Amitabha auszurichten und sein Bewusstsein in das Reine Land der Großen Freude zu übertragen. Dadurch ist es möglich, eine sichere Verbindung mit Buddha Amitabha aufzubauen und zu einem direkten Erlebnis dieses extrem reinen und freudvollen Zustandes zu gelangen. Dies ist besonders zum Zeitpunkt des Todes sehr nützlich. Anstatt durch den Zwischenzustand (tib. *bardo*) in eine neue Geburt innerhalb des Kreislaufs der Existenz getrieben zu werden, geht man direkt in den Zustand höchster Glückseligkeit, von wo aus man frei wählen kann, ob man zum Wohle anderer zurückkommt oder nicht. Während man in dem Zustand des Buddha selbst ist, erhält man weiterführende Lehren und entwickelt sich sehr schnell weiter zur Ebene der vollen Erleuchtung.

Tatsächlich ist es durch diese Art der Praxis sogar möglich, mehr und mehr die wahre Natur des eigenen Geistes zu erkennen. Das bedeutet, dass man das Reine Land hier und jetzt manifestiert. In diesem Fall ist es nicht mehr notwendig, das Bewusstsein in das Reine Land zu übertragen und man braucht nicht mehr auf das letztendliche Resultat zu warten, wenn man die Ursachen dafür aufbaut. Stattdessen kann man bereits innerhalb dieser Lebenszeit eine große Fähigkeit entwickeln, anderen zu helfen und sie vom Leid zu befreien. Das ist die eigentliche Bedeutung der Phowa-Praxis. Sie ist ein großes Geschenk und die kraftvollste unter all den verschiedenen Praktiken auf den Buddha Amitabha.

TEIL 6

DIE KUNST
DES TIBETISCHEN BUDDHISMUS

Abb. 29 › Ausstellung im Europäischen Parlament Brüssel 2008

DIE BEDEUTUNG DER KUNST
DES TIBETISCHEN BUDDHISMUS

Im Tibetischen Buddhismus sind bildliche Darstellungen von Buddhas und Bodhisattvas Träger einer tiefen Symbolik, die über den rein künstlerischen Aspekt weit hinausgeht. Vor dem Hintergrund der buddhistischen Lehre ermöglicht diese Symbolik, die Natur des eigenen Geistes zu erkennen. Dabei kann man die tief greifende Erfahrung machen, dass Raum und Freude untrennbar voneinander sind, und man erlangt bleibendes Glück. Um die eigentliche Bedeutung der Kunst des Tibetischen Buddhismus zu verstehen, ist es notwendig, sich zunächst mit den Grundlagen des Buddhismus insgesamt zu befassen. Dadurch ist es leichter zu verstehen, welche Funktion Rollbilder und Statuen für die Arbeit mit dem eigenen Geist haben.

Kurze Übersicht über die drei Hauptrichtungen im Buddhismus

Der historische Buddha gab nach seiner Erleuchtung seine Lehre in drei sogenannten Lehrzyklen weiter. Der erste behandelt die vier ‚Edlen Wahrheiten‘. Sie beschreiben den Kreislauf der Existenz und die Befreiung von allen Leiden zusammen mit ihren Ursachen. Dies ist die Grundlage der Tradition der Älteren (skt. *theravada*), des südlichen Buddhismus. Im zweiten Lehrzyklus lehrte Buddha, dass die Natur aller Dinge ‚leer‘ von einer wahrhaften, unabhängigen Existenz ist. Im Großen Fahrzeug (skt: *mahayana*), dem nördlichen Buddhismus, hat man eine auf das Wohl aller Lebewesen ausgerichtete Einstellung und verbindet dabei Mitgefühl und Weisheit. Der Zen-Buddhismus ist hier die bekannteste Tradition.

Im dritten Lehrzyklus gab Buddha Lehren über die allen Wesen innewohnende Buddha-Natur, die mit den perfekten Eigenschaften der Erleuchtung ausgestattet ist. Hierauf beruht der Diamantweg (skt. *vajrayana*), der in seiner vollständigen Form soweit erhalten nur im Tibetischen

277

Buddhismus überliefert wird. Praktiziert wurde der Diamantweg aber nicht nur in Tibet. Er war im ganzen Himalaya-Gebiet verbreitet, in Teilen Indiens, Russlands, Afghanistans, Pakistans, in der Mongolei, in China, sowie zeitweise in Myanmar (Burma), Laos, Kambodscha und Indonesien.

Meditation auf Buddha-Aspekte im Diamantweg

Alle Lehren Buddhas können in die beiden Kategorien Sutra und Tantra eingeteilt werden. Das Sutra - auch Ursachen-Fahrzeug genannt - arbeitet hauptsächlich mit den Ursachen für die Erleuchtung. Durch genaue Untersuchung der wesentlichen Merkmale der Dinge sowie durch anschließende Meditationspraxis erkennt man auf diesem Weg schrittweise die Natur aller Erscheinungen. Das Tantra - auch Frucht-Fahrzeug genannt - ist identisch mit dem Diamantweg und zielt auf Einswerdung mit dem Ziel der Erleuchtung. Praktizierende des Diamantwegs identifizieren sich mit den verschiedenen Aspekten der Erleuchtung, wie sie von Buddha gelehrt wurden. Dies geschieht mit dem Wissen, dass diese Aspekte Symbole für die fantastischen Eigenschaften des eigenen Geistes sind. Der Geist ist von Natur aus rein, er ist unzerstörbar, voller Freude und Mitgefühl. Man sieht sich selbst als Buddha und die Welt mit allen Lebewesen darin als den Kraftkreis des Buddha, auf den man meditiert. Diese sogenannte ,reine Sicht' entspricht der eigentlichen Natur der Dinge.

Unmittelbar auf die Natur des Geistes zu meditieren ist sehr schwierig, weil der Geist kein Ding ist. Er ist der Erleber aller Dinge, die grundlegende Bewusstheit, frei von Entstehen, Verweilen und Vergehen. So wie das Auge alles sehen kann, nur nicht sich selbst, ist der Geist ständig nach außen gerichtet und momentan nicht in der Lage, sich selbst zu erkennen. Die Gewohnheit, sich ständig mit materiellen Dingen zu beschäftigen, ist sehr stark. Es ist nicht leicht, sie zu überwinden, um in der offenen, klaren Unbegrenztheit unseres Geistes zu ruhen. Aus diesem Grund lehrte Buddha verschiedene Ausdrucksformen der Erleuchtung, die uns auf die eigene perfekte Natur aufmerksam machen. Im Diamantweg auf die unterschiedlichen Buddha-Aspekte zu meditieren, hat eine ähnliche Wirkung, als würde man in einen Spiegel schauen und sein eigenes schönes Gesicht sehen.

278

Bei der Meditation auf Buddha-Aspekte vergegenwärtigt man sich einen Aspekt der Erleuchtung. Er entsteht im Geist als eine Form aus Energie und Licht. Man konzentriert sich auf diesen Aspekt, spricht sein Mantra - eine Schwingung, die äußere und innere Wahrheit miteinander verbindet - und löst die Form anschließend wieder auf. Man verschmilzt mit ihr zu einer Einheit und ruht in der natürlichen, spontanen Erfahrung der Frische und Reinheit des eigenen Geistes. Nimmt man diese Erfahrung aus der Meditation mit in den Alltag, sieht man alles von der reinsten, höchstmöglichen Ebene aus. „Man benimmt sich wie ein Buddha, bis man einer geworden ist", wie Lama Ole Nydahl es ausdrückt. Im Diamantweg richtet man sich direkt auf die Frucht - die Erleuchtung - aus und identifiziert sich mit ihr.

Drei Arten von Grundlagen für die Vergegenwärtigung

Bereits die frühe indische Literatur des Diamantweg-Buddhismus beschreibt drei Arten von Stützen, die dem Geist während der Meditation helfen, sich einen Buddha-Aspekt zu vergegenwärtigen. Dabei handelt es sich um Objekte, die durch einen besonderen Einsegnungsritus (tib. *rab gnas*) geweiht sind und somit Segens- und Wirkkraft des erleuchteten Geistes in sich tragen. Diese Stützen – auch Grundlagen oder Behältnisse genannt – sind also Ausdrucksformen oder Symbole für die erleuchteten Eigenschaften des eigenen Geistes. Verwendet man sie, kommen das äußere gesegnete Objekt und die innere Vorstellung auf der Grundlage dieses Objektes zusammen. Dies aktiviert die Qualitäten, die dem Geist innewohnen. Man unterscheidet folgende drei Arten von Grundlagen:

1. Grundlagen des Körpers (tib. *kuten*): Hierzu zählen alle figürlichen Darstellungen von Buddhas, Buddha-Aspekten und Lamas durch Malerei und Plastik, insbesondere als Rollbild (tib. *thangka*) und als Statue (tib. *kudra* oder *kunyan*).

2. Grundlagen der Rede (tib. *sungten*): Dies sind alle Niederschriften buddhistischer Lehrinhalte (skt. *dharma*), angefangen bei kurzen Anrufungen der Buddhas bis hin zu ausführlichen Praxisanweisungen oder Kommentaren zur buddhistischen Philosophie.

3. Grundlagen des Geistes (tib. *thugten*): Das wichtigste Symbol ist
hier ein Stupa, ein Monument für Frieden und Glück in der Welt.
Er wurde vom Buddha als Grundlage für die Ansammlung von
guten Eindrücken (Verdienst) gelehrt. Er drückt das abhängige
Entstehen aller Dinge aus und damit den Geist des Buddha.
Gleichzeitig steht er für die Gemeinschaft der Praktizierenden (skt.
sangha). Bekannt sind acht Sutra-Formen, die mit den wichtigsten
Ereignissen im Leben Buddha Shakyamunis in Zusammenhang
stehen, sowie eine tantrische Form, der Kalachakra-Stupa.

Buddhistische Statuen und Rollbilder dienen bei der Praxis des Diamantwegs als Objekte der Meditation. Sie drücken bereits in sich alle drei
Aspekte von Buddhas Körper, Rede und Geist aus und weisen den Praktizierenden durch ihre möglichst vollendete Schönheit auf die in ihm
liegenden Qualitäten hin. Die äußere Form steht für den Körper. Die
Mantras und mantrischen Silben im Innern der Statuen oder auf der
Rückseite der Rollbilder stehen für die Rede, und der Segen, den sie tragen,
für den Geist. Mit diesem Segen helfen sie, ein beständiges Kraftfeld an
dem Ort aufzubauen, an dem sie regelmäßig für die Meditation verwendet
werden. Erweist man ihnen Respekt, so gilt dieser nicht der materiellen
Form, sondern der Erleuchtung, die durch sie ausgedrückt wird.

Regeln der Formgebung von Statuen

Für die Beschreibung von Buddha-Aspekten, ihrer Formgebung mit allen
Attributen und ihrer eventuellen Farbgestaltung gibt es äußerst genaue
Anweisungen, die bereits in indischen Quellen festgelegt sind. Sie kön-
nen in zwei Kategorien eingeteilt werden:

1. Beschreibungen der Buddha-Aspekte und ihrer Bedeutung
   (Ikonographie).

2. Beschreibungen der Maße und Proportionen der Buddha-Form
   (Ikonometrie).

Am bekanntesten sind zwei Sammlungen meditativer Vergegenwärtigung, die der Inder Abhayakaragupta (ca. 12. Jahrhundert n. Chr.)

zusammenstellte. Die wichtigste von diesen wiederum heißt „Sadhana-mala", „die Girlande der Praxisanweisungen". Diese umfassende Beschreibung verschiedener Buddha-Aspekte und der ihnen zugeordneten Kraft-felder (skt. *mandala*) enthält 326 Diamantweg-Meditationen (skt. *sadhana*) und wurde im Jahr 1165 verfasst. Sie ist in den Kommentaren der indischen Meister (tib. *tenjur*) unter dem Namen „Sadhanasamuccaya" zu finden.

Weitere Quellen in den Kommentaren sind: „Samvarodaya-tantra", „Kalachakra-tantra", „Manjushri Mulakalpa", „Krishna Yamari" und „Dasatalanya-grodhaparimantala-buddhapratima-laksana". Unter den vier Texten zur Ikonometrie sind die beiden wichtigsten „Chitralakshana" von Nagnajit (ca. 4. oder 5. Jahrhundert n. Chr.) und „Pratimamanalakshana" von Atreya (Lebensdaten unbekannt). Später, im 18. Jh., stellte Zu-chen auf der Grundlage der Tantras mehrere Abhandlungen aus den indischen und tibetischen ikonometrischen Quellen zusammen.

In diesen Abhandlungen werden auch die genauen Maße und Proportionen der idealen Buddhaform angegeben. Die Grundlage für deren Berechnung sind Handspannen (tib. *tho*) und Fingerbreiten (tib. *sormo*). Die Handspanne ist das grundlegende Maß, also der Abstand zwischen der Spitze des Mittelfingers und der Spitze des Daumens bei ausgestreckter Hand. Dieses Maß entspricht wiederum dem Abstand zwischen Kinn-spitze und Haaransatz. Jede Handspanne hat 12 Fingerbreiten. Die gesamte Figur misst beim Idealmaß 108 Fingerbreiten oder neun Hand-spannen, was als Ausdruck der Harmonie zwischen Mikro- und Makro-kosmos zu verstehen ist.

Jedes einzelne der 32 Haupt- und 80 Nebenmerkmale der Vollkom-menheit eines Buddha wird in seiner Lebensgeschichte und in den Weisheitslehren beschrieben und erklärt. In welchem Land auch immer Buddha dem der jeweiligen Kultur entsprechenden Schönheitsideal nach dargestellt wird - die grundlegenden Zeichen und Merkmale sind überall gleich. Sie manifestieren sich bei einem historischen Buddha als Folge der zahllosen Handlungen zum Besten der Wesen. Eines dieser Zeichen ist seine goldene Hautfarbe. Aus diesem Grund werden auch Statuen oft vergoldet. Die goldenen Lichtstrahlen, die aus dem Körper des Buddha ausstrahlen, durchdringen alle Daseinsbereiche und erhellen sogar noch die 28 Götterwelten.

Die Zeichen der Vollkommenheit eines Buddha drücken unter anderem seine erleuchteten Qualitäten von Kraft, Schönheit, Würde und Weisheit aus, die jedes Wesen als Potenzial bereits in sich trägt. Ein Buddha erscheint in seinem Ausstrahlungszustand als Beispiel für die Vollkommenheit der Erleuchtung, die sich durch die Erkenntnis der Natur des Geistes manifestiert.

Abb. 30 › die acht Glück verheißenden Zeichen

DIE SYMBOLIK DES BUDDHISMUS

Die drei wichtigsten Symbole im gesamten Buddhismus sind die **Buddha-Form** selbst, die die vollkommene Erleuchtung sowie durch seine erdberührende Geste den Weg dorthin ausdrückt, dann das 8-speichige **Dharmarad** für seine Lehre und schließlich der Stupa für die Gemeinschaft der Praktizierenden (**Sangha**). Weiterhin gibt es Symbole, die eng mit dem Leben Buddhas verbunden sind. Die vier wichtigsten Handlungen des Buddha und die damit verbundenen Plätze, die heute zentrale buddhistische Pilgerorte sind, werden folgendermaßen dargestellt: Ein Lotus steht für seine Geburt in Lumbini, der Bodhibaum für seine Erleuchtung in Bodhgaya, das Dharmarad mit den beiden Hirschen für sein Lehren im Hirschpark von Sarnath/Varanasi und die liegende Buddhaform für sein Eingehen ins Parinirvana in Kushinagar.

Einige weitere Beispiele buddhistischer Symbolik beziehen sich auf die perfekten körperlichen Merkmale des Buddha. Auch wenn er eigentlich 32 Haupt- und 80 Nebenmerkmale der Vollkommenheit zeigt, können diese Merkmale durch **acht Glück verheißende Zeichen** zusammengefasst ausgedrückt werden. So heißt es im „Aryamangala-kutanamamahayanasutra", dem „Edlen Sutra der Anhäufung von Glück":

Verehrung Dir

1. mit dem Haupt wie ein schützender Schirm,

2. mit den Augen wie kostbare, goldene Glücks-Fische (das allwissende Sehen des Buddha),

3. mit dem Hals wie eine kostbare, verzierte Schatz-Vase,

4. mit der Rede wie eine kostbare, rechtsläufige Dharma-Muschel,

5. mit dem Geist voller Liebe und Mitgefühl wie ein unendlicher Glücks-Knoten,

6. mit der Zunge wie ein entfalteter, rötlicher Glücks-Lotus,

7. mit dem Körper wie ein kostbares, strahlendes Siegesbanner, das über jegliches Leid triumphiert,

8. mit den Füßen, die den Pfad des Dharma gehen, wie ein Glück verheißendes Rad.
(manchmal: mit den Händen wie kostbare Glücks-Juwelen)

Diese acht Glück bringenden Dinge sind das Beste der vortrefflichen Verwirklichung.

Möge jegliches Glück dieser acht kostbaren Dinge heute hier auf uns herabkommen.

Das Symbol, in dem alle acht zusammengefasst sind, heisst auf Sanskrit ‚Astamangala'.

Daneben gibt es viele weitere allgemeine buddhistische Symbole, die hier nur thematisch aufgelistet werden können:
Die acht Glück bringenden Substanzen, die sieben Symbole eines Weltenherrschers, Glück bringende Tiere und Pflanzen sowie verschiedene Kostbarkeiten, die für allgemeine Qualitäten stehen, wie Juwelen usw.

Schließlich bezieht sich eine ausgedehnte Symbolik auf die **Buddha-Aspekte**, die die letztendlichen Qualitäten der Erleuchtung ausdrücken. Sie zeigen unterschiedliche Gesten (skt. *mudras*) und Beinhaltungen (skt. *asanas*), sowie die verschiedensten Attribute und Ornamente. Beispiele für solche Attribute, die auch als Ritualgegenstände verwendet werden, sind folgende:

Bettelschale (skt. *patra*) mit oder ohne Nektar
Edelstein (skt. *mani*) und Lotus (skt. *padma*)
Diamantzepter (skt. *vajra*) und Glocke (skt. *gantha*)
Schwert (skt. *khadka*) und Buch der Weisheit (skt. *prajnaparamita*)
Doppeltrommel (skt. *damaru*) und Mantrakette (skt. *mala*)
Haumesser (skt. *karttika*) und Schädelschale (skt. *kapala*)

Die Praxis des Diamantwegs hängt von besonderen Bedingungen ab, einer Übertragung von einem autorisierten Lehrer und entsprechender Meditationspraxis. Daher wird die Symbolik der Buddha-Aspekte hier nicht im Einzelnen erklärt. Die buddhistischen Tantras sind in dem Sinne geheim, dass sie immer mit Erfahrung verbunden sind. Die einzige Ausnahme sind die Buddha-Aspekte der Lotusfamilie des Buddha Grenzenloses Licht (Amitabha), dessen außerordentlich kraftvolle Wünsche einen leichten Zugang zu ihm und den anderen Aspekten seiner Familie ermöglichen. In diesem Zusammenhang können daher nur einige allgemeine Erklärungen über die Bedeutung der Symbole gegeben werden.

Ein einziges Gesicht bedeutet die wahre Natur aller Erscheinungen, zwei Gesichter die beiden Wahrheiten, die relative und die absolute. Drei Gesichter stehen für die drei Buddha-Zustände, vier Gesichter für die ‚Unermesslichen Qualitäten' von Liebe, Mitgefühl, Freude und Gleichmut. Zwei Hände bedeuten Methode und Weisheit, tausend Hände die Aktivität der tausend Buddhas dieses Zeitalters. Wenn Aspekte mit überkreuzten Beinen in der sogenannten Vajra-Position sitzen, heißt dies, dass sie jenseits der Extreme von Samsara und Nirvana sind, dem Kreislauf der bedingten Existenz und Befreiung. Eine stehende Haltung zeigt, dass ihre Buddha-Aktivität zum Wohl der Lebewesen ununterbrochen Tag und Nacht ausgeführt wird.

Die Würde im Aussehen der Buddha-Aspekte bedeutet, dass sie die Fähigkeit haben, die Lebewesen zu befreien. Ihre schönen Gewänder sind in Qualitäten umgewandelte störende Gefühle, die Reinheit von allen Schleiern. Das auf dem Kopf zu einem Knoten zusammengebundene Haar bedeutet die Ausbildung aller positiven Eigenschaften oder auch Allwissenheit. Blumen und Juwelen stehen für die Umwandlung des Verlangens der fünf Sinne. Sechs oder acht Ornamente symbolisieren die befreienden Handlungen. Vereinigte Aspekte drücken die Vereinigung von Weisheit und Methode, Raum und Freude, aus.

Zur Meditation auf Buddha-Aspekte kann man zusammenfassend sagen: Alle Buddha-Aspekte sind Symbole für die erleuchteten Qualitäten der Natur des Geistes. Hier hat der Buddha eine große Fülle von verschiedenen Formen gelehrt, weil der Zugang zur Erleuchtung individuell sehr unterschiedlich sein kann. Da sie aber alle Ausdrucksformen für die Erleuchtungsnatur des Geistes sind, genügt es, eine einzige Meditationsform zu verwenden, um Verwirklichung zu erlangen. Daher ist auch der Name einer umfangreichen Sammlung von Buddha-Aspekten, die der 9. Karmapa Wangtschuk Dorje zusammengestellt hat: „Eines erkannt, alles befreit (oder verwirklicht; tib. *chik she kun drol*)".

Von der Zuordnung her lassen sich alle vom Buddha gelehrten Aspekte in die fünf Buddha-Familien zusammenfassen und diese in den blauen Buddha Diamanthalter, die tantrische Form oder den Freuden-Zustand von Buddha Shakyamuni. Die fünf Buddha-Familien begegnen einem im Diamantweg immer wieder, z.B. bei Einweihungen, denn sie drücken zentrale Erleuchtungsprinzipien aus. Die reine Essenz der fünf Ansammlungen wird durch die männlichen Buddhas der fünf Familien symbolisiert. Die Ansammlung der Form ist in ihrer reinen Essenz der Buddha Akshobya, Gefühl der Buddha Ratnasambhava, Unterscheidung der Buddha Amitabha, Geistesaktivität der Buddha Amoghasiddhi, und die reine Essenz des Bewusstseins der Buddha Vairocana. Die Gefährtinnen der fünf Buddhas stehen für die gereinigten fünf Elemente Erde, Wasser, Feuer, Luft und Raum.

Zu den Kraftfeldern der Buddha-Familien gehören viele weibliche, männliche sowie vereinigte, friedvolle und kraftvoll schützende Aspekte. Dabei weist jedes Merkmal dieser Aspekte auf eine erleuchtete Qualität des eigenen Geistes hin. Die einzelnen im Diamantweg verwendeten Meditationsmethoden werden in meinem Buch „Wissen über Meditation, Sichtweise und Meditation im Diamantweg" erklärt.

Die fünf Buddha-Familien stehen besonders für verschiedene Facetten der zeitlosen Buddha-Weisheit, die als Essenz bereits in den fünf hauptsächlichen Störgefühlen enthalten ist. Schaffen wir es keine Energie in die Störungen hineinzugeben, müssen sie sich von selbst wieder auflösen, denn sie leben nur von der Energie, die wir hineinstecken. Sobald der Höhepunkt der jeweiligen Störung überschritten ist, ohne dass wir darauf eingegangen sind, zeigt sich in jeder Störung eine bestimmte Weisheit, eine Facette der ursprünglichen Weisheit eines Buddha.

Die spiegelgleiche Weisheit ist die Essenz des Zorns und drückt sich durch die Diamant-(Vajra-)Familie des Buddha Akshobya aus. Die Weisheit der Gleichheit ist die reine Form des Stolzes und zeigt sich durch die Juwelen-(Ratna-)Familie des Buddha Ratnasambhava. Die unterscheidende Weisheit ist die Essenz der Begierde und zeigt sich durch die Lotus-(Padma-)Familie des Buddha Amitabha. Die alles vollendende Weisheit ist die Essenz von Neid und Eifersucht. Sie drückt sich durch die Aktivitäts-(Karma-)Familie des Buddha Amoghasiddhi aus. Die raumgleiche Weisheit trägt die Essenz der Unwissenheit und zeigt sich durch die Buddha-Familie des Buddha Vairocana.

Abschließend sei erwähnt, dass im Buddhismus gelegentlich sogar das ganze Universum symbolisch dargestellt wird. Dies ist zum Beispiel in den Abhidharma-Lehren der Fall, in denen ein Modell des Universums eine gewisse (sehr einfache) Vorstellung davon vermittelt, wie das Universum als Kraftfeld (skt. *mandala*) funktioniert und wie die Bereiche der Lebewesen darin schematisch angeordnet sind (siehe oben „Die Abhidharma-Lehren - Wissen über uns und die Welt"). Dieses Modell wird in den sogenannten Grundübungen (tib. *ngöndro*) bei den ‚Mandala-Gaben' dazu verwendet, alle erdenklichen Kostbarkeiten an die Erleuchtung in Form der Zuflucht zu verschenken. Dies führt zur Ansammlung von unermesslich vielen guten Eindrücken im Geist sowie zur Erkenntnis zeitloser Weisheit, wenn verstanden wird, dass alle Symbole nur Projektionen des eigenen Geistes sind und dass dessen Natur letztendlich über jede Dualität hinausgeht.

Abb. 31 › Gandhara-Buddha

DIE ENTSTEHUNG
DER BUDDHA-ABBILDUNG

Mehrere Ausstellungen von Buddha-Statuen haben die viel diskutierte Frage neu aufgeworfen, ob die heutige Buddha-Form aus dem ursprünglichen indischen Buddhismus stammt oder eine Abbildung des griechischen Gottes Apollo ist.

These: „Die Buddha-Form ist eine Apollo-Abbildung"
in der Hamburger Ausstellung „Kunst an der Seidenstraße"

Zur im Sommer 2003 in Hamburg gezeigten Ausstellung „Kunst an der Seidenstraße" schreibt Matthias Gretzschel in seinem Artikel „Auf der Seidenstrasse kam Apollo zu Buddha" zur Kunst der Gandhara-Region: „Die Reliefs und Skulpturen, mit denen Hunderte von Klöstern geschmückt wurden, zeigen Buddha-Figuren, die nach dem Vorbild des griechischen Gottes Apollo gestaltet wurden." In der Ausstellung selbst wurde dazu ein Kopf des griechischen Gottes Apollo gezeigt. An der Vollkommenheit und den Zügen Apollos, des ‚Sohns des Lichtes' und Gottes der Wissenschaft und Künste, soll sich die Erscheinung Buddhas orientiert haben.

Im zugehörigen Katalog steht nach einem Abschnitt über den Eroberungszug Alexanders des Großen (356 – 323 v. Chr.): „Das Erbe Alexanders hätte sich während des halben Jahrtausends zwischen seinem Tod und der Entstehung der buddhistischen Kunst nicht als eine befruchtende Kraft erweisen können, wenn der Hellenismus nicht über diese lange Zeitspanne hinweg in dem von ihm eroberten Ländern zwischen Euphrat, Tigris und Indus die Architektur, die Skulptur und das Kunsthandwerk beeinflusst hätte …" und an einer anderen Stelle: „Fast 600 Jahre lang gab es nach Buddhas Tod keine bildhaften Darstellungen des ‚Erleuchteten', man verehrte ihn lediglich in Symbolen, ihm zugeordnete Gestalten kamen erst mit der Entwicklung des Mahayana-Buddhismus auf." Die Entstehung der buddhistischen Kunst soll also rund 100 Jahre nach unserer Zeitenwende stattgefunden haben.

Buddha-Bildnisse zu Lebzeiten des historischen Buddha

Dem gegenüber gibt es vor allem tibetische Quellen (siehe in dem 1977 veröffentlichten Buch von Loden Sherap Dagyab „Tibetan Religious Art", Teil II, Kapitel 8, Seiten 20 - 27), die die ersten Abbilder und Statuen Buddhas schon mit seinem Leben in Verbindung bringen. So sandte Buddha der eindringlichen Bitte einer singhalesischen Prinzessin folgend ihr sein eigenes, auf Stoff gemaltes Bild. Einige Geschichten und Legenden über die bereits zu Buddhas Zeit angefertigten Statuen wurden vom Autor bereits im Katalog zur Statuenausstellung „Raum & Freude" unter der Überschrift „Geschichte verschiedener Stile" dargestellt.

Eine weitere Geschichte beschreibt dieses Thema wie folgt: Als Buddha in den weit entfernten Trayatrimsha-Himmel der 33 Götter gereist war, um seiner dort wiedergeborenen Mutter befreiende Lehren zu geben, fertigte der König Udayana des damaligen Königreichs Kaushambi eine Nachbildung Buddhas aus Sandelholz an, um ihm seine Ehrerbietung zu erweisen. Als der Buddha zurückkehrte, zeigte ihm der König die Statue. Diese Geschichte wird im heutigen Museum von Peshawar/Pakistan, der ehemaligen Hauptstadt von Gandhara, durch ein Steinrelief illustriert (siehe Abbildung). Auf dem Bild steht der König Udayana vom Betrachter aus links vom Buddha und zeigt ihm die Statue, die den Buddha in Meditationshaltung darstellt.

Abb. 32 › König Udayana zeigt Buddha eine Buddha-Statue

Der Buddha erlaubte damals nicht, dass die Statue verehrt wurde. Diese Tatsache stützt nach Ansicht vieler Kunsthistoriker die Theorie, dass es bis zur Gandhara-Epoche keine Darstellungen Buddhas gab und sie dort erstmalig angefertigt wurden. Als aber ab dem Ende des 4. Jh. n. Chr. die chinesischen Pilger Fa-hsien, Yuan-chuang und andere nach Indien kamen, fanden sie heraus, dass dieselbe Statue noch immer im Jetavana-Kloster von Shravasti verehrt wurde. Nach Fa-hsien stammte die Statue von dem König Prasenajit von Kosala, der damals ein Schüler des historischen Buddha war. Fa-hsien schildert im 20. Kapitel seines Reiseberichts mit dem Titel „Ein Bericht über die buddhistischen Königreiche" (engl. *A Record of Buddhistic Kingdoms*, übersetzt von James Legge, 1886), was er über die erste buddhistische Statue herausfand:

„Buddha ging hoch in die Trayatrimsha-Götterbereiche und lehrte den Dharma zum Nutzen seiner Mutter. (Nachdem er 90 Tage abwesend war,) veranlasste König Prasenajit, der sich danach sehnte, ihn wieder zu sehen, dass ein Bildnis aus Sandelholz von ihm geschnitzt und an den Platz gestellt wurde, wo er gewöhnlich saß. Als Buddha bei seiner Rückkehr das Kloster betrat, sagte er zu der Statue (die zu seiner Begrüßung auf ihn zugegangen war, Anm. des Übersetzers): „Gehe an deinen Sitz zurück. Nachdem ich ins Parinirvana eingegangen bin, wirst Du als Muster für die vier Klassen meiner Schüler dienen." Daraufhin kehrte die Statue auf ihren Platz zurück. Dies war das erste von allen Buddha-Bildnissen, dasjenige, das die Menschen in der folgenden Zeit kopiert haben."

Nach diesem Bericht erlaubte der Buddha damals nur nicht die Verehrung der Statue zu seinen Lebzeiten, gab aber bereits die Anweisung, dass sie nach seinem Tod als Muster für alle weiteren Buddha-Bildnisse dienen sollte. Dafür spricht auch, dass Buddha bei einer anderen Gelegenheit erlaubte, dass der König Bimbisara ein Bild von ihm anfertigen ließ. Dieses Bild wurde in das sogenannte Lebensrad eingefügt, welches die zentralen Lehren Buddhas ausdrückt, und als außergewöhnliches Geschenk an einen Nachbarkönig gegeben. Buddha bestätigte dabei ausdrücklich die sehr nutzbringende Wirkung dieses Bildes.

Die weitere Entwicklung der Statuenkunst

In seinem umfassenden Werk „Die Geschichte des Buddhismus in Indien"
widmet der tibetische Historiker Taranatha (1575 – 1634) der Geschichte
der Herstellung von Buddha-Bildnissen ein ganzes Kapitel. Er
beschreibt, wie nach dem Text „Vinayavastu" die von den Künstlern in
den ersten hundert Jahren nach dem Tod des Buddha hergestellten
Statuen und Bilder die Illusion vermittelten, dass es sich um die wirklichen Objekte handele, die durch sie dargestellt wurden. Kurze Zeit später
wurden acht hervorragende Bildnisse in Magadha angefertigt, unter
denen die Buddhastatue im Mahabodhi-Temple von Bodhgaya und
eine Statue des Weisheitsbuddha Manjushri besonders erwähnt werden.
Auch die Geschichte der Statue von Bodhgaya, heute wahrscheinlich
die älteste Buddhastatue der Welt, wird im Ausstellungskatalog „Raum
& Freude" ausführlich geschildert.

Nach Taranatha ließ König Ashoka, der von 272 bis 232 v. Chr. in der
Maurya-Epoche regierte, nach seiner Öffnung für den Buddhismus viele
Tempel und Stupas bauen. Er fertigte Buddha-Bildnisse an und verehrte
sie, um riesige Mengen an guten Eindrücken anzusammeln. Er wollte
dadurch seine früheren negativen Handlungen reinigen. Auch der vom
Buddha vorhergesagte Meister Nagarjuna errichtete viele buddhistische
Zentren mit Buddha-Darstellungen, speziell mit Schützer-Statuen, in
Indien und Nepal.

In der auf die Maurya-Zeit folgenden Sunga/Andhra-Epoche (2. bis 1.
Jh. v. Chr.) entfaltete sich die buddhistische Bildhauerei und Malerei
ebenfalls reichhaltig und in vielen Formen. Dies fand besonders im Westen
des indischen Subkontinents statt. Beispiele findet man in den Felsen-
tempeln von Bhaja (Mitte des 2. Jh. v. Chr.) und Karle (Ende des 1. Jh. v.
Chr.), beide in Maharashtra, ebenso in Udhayagiri-Khandhagiri im östlichen
Orissa. Zu jener Zeit waren die Hauptmotive die früheren Leben des
Buddha, wie sie in den Jataka-Geschichten dargestellt sind.

Im Süden Indiens erblühte unter der Herrschaft der Satavahana-Könige
die vollkommen eigenständige Kunstschule von Amaravati im heutigen
Andhra Pradesh (2. Jh. v. Chr. bis 3. Jh. n. Chr.). Wunderschöne Stupas

mit Buddha-Statuen wurden in Amaravati, Jagayyapeta und Nagarjuna-konda gebaut. Die Statuen ähneln sich, unterscheiden sich aber gleichzeitig stilistisch stark von denen Nord-Indiens. Sie sind wesentlich dünner und zeigen oft ungewöhnliche Posen. Hier wie auch an anderen Stellen sieht man sehr oft, dass der Buddha nur durch ein Symbol dargestellt wird. Das hat viele Kunsthistoriker zu der Sichtweise veranlasst, dass der historische Buddha in der Anfangszeit des Buddhismus überhaupt nicht in menschlicher Form dargestellt wurde. Aber gerade die Tatsache, dass man hier beide Variationen findet, belegt, dass diese Theorie falsch ist. Weiterhin wurden diese Symbole meistens falsch interpretiert, wie weiter unten gezeigt wird.

Gandhara und seine wechselvolle Geschichte

Taranatha stellt fest, dass es an jedem Ort, wo die Lehre Buddhas blühte, auch viele geschickte Hersteller von Buddha-Bildnissen gab. Gandhara erlebte mehrere buddhistische Perioden vor der eigentlichen ‚Gandhara-Epoche' (1. bis 3. Jh. n. Chr.). Daraus lässt sich schließen, dass es dort auch schon zu sehr früher Zeit buddhistische Kunst gegeben hat. Zum Gebiet von Gandhara gehörten Peshawar, Taxila und seine Nachbar-Distrikte Swat und Pamir im Nordwesten Pakistans. Diese Gegend lag strategisch günstig und wurde damit zum ereignisreichen Treffpunkt unterschiedlicher Kulturen.

Über mehrere Jahrhunderte war Gandhara eine der sieben Provinzen von Persien, bis es im Jahr 326 v. Chr. von Alexander dem Großen erobert wurde. Bereits nach nur 20 Jahren griechischer Herrschaft übernahm Chandragupta, der Gründer der Maurya-Dynastie, das Gebiet durch eine politische Heirat im Austausch gegen 500 Elefanten. Sein Enkel war Kaiser Ashoka, der in Pataliputra (heute Patna) residierte. Dieser sandte im Jahre 256 v. Chr. den buddhistischen Meister Madhyantika nach Gandhara und brachte so den Einwohnern dieses Gebietes die Verbindung zum Buddhismus. Die Felsen-Edikte Ashokas in Shahbaz Garha, im Mardan Distrikt, sind heute noch sichtbar.

Nach Ashokas Tod begann die Auflösung des Maurya-Reiches. Gandhara erlangte zunächst seine Unabhängigkeit, wurde einige Jahrzehnte später jedoch von den Nachfolgern Alexanders des Großen, den baktrischen Griechen unter Demetrius, erobert. Ihre Herrschaft dauerte ungefähr 200 Jahre. Anhand der gefundenen Münzen lassen sich die Namen von 39 Königen und drei Königinnen dieses Zeitabschnitts identifizieren. Der wichtigste unter den griechischen Königen war Menander. Er führte seine Truppen von Gandhara nach Pataliputra und eroberte die Hauptstadt der inzwischen dort herrschenden Sunga-Dynastie. Kurz darauf traf er den buddhistischen Mönch Nagasena und wurde selbst Buddhist. Seine Fragen an Nagasena und die Antworten dazu sind unter dem Titel „Die Fragen des Königs Melinda" („Melindapanha", ed. V. Trenckner, RAS, London, 1928) in die Weltliteratur eingegangen.

Nach den Griechen übernahmen für kurze Zeit die Skythier und Parthier die Herrschaft über Gandhara.

Die Kushana-Dynastie und die Mathura-Kunst

Die Kushaner, oder Guishang, ein Zweig des Yüchi-Volkes, wie sie früher hießen, waren Nachfahren von Nomaden aus verschiedenen Teilen Zentral-Asiens Sie siedelten im zweiten vorchristlichen Jahrhundert in der Gegend des heutigen Nord-Indiens, in der Gandhara Region von Pakistan und in Ost-Afghanistan. Die Region wurde allerdings erst ab dem ersten Jahrhundert n. Chr. unter einem Herrscher vereint. Deren wichtigster König, Kanishka, regierte Ende des ersten Jahrhunderts n. Chr. und brachte Kunst und Kultur von Gandhara zu ihrer vollen Blüte. Er war sehr offen für den Buddhismus, und zu seiner Zeit erschienen die ersten Buddha-Abbildungen auf Münzen. Nach Taranatha berief Kanishka auch eine große Versammlung buddhistischer Praktizierender verschiedener Schulen ein, das dritte bzw. vierte buddhistische Konzil (je nach Zählweise), um fehlerhafte Interpretationen der Lehren Buddhas zu korrigieren.

Das Kushana-Reich hatte zwei künstlerische Zentren, jedes mit einem unterschiedlichen Stil: Ein nördliches in der Gandhara Region mit zunächst Peshawar und später Taxila als Zentrum und ein südliches in Mathura, im Süden des heutigen Neu Delhi (Uttar Pradesh). Die Kunst der Gandhara-Region zeigt den starken Einfluss der griechischen und römischen Bildhauerei, teilweise zurückgehend auf die Eroberungen Alexanders des Großen, aber auch auf die starken Diplomatie- und Handels-Beziehungen mit Rom. Ihre Figuren tragen Toga-ähnliche Kleider, haben wellenartiges Haar und gerade römische Nasen. Die Skulpturen sind normalerweise aus dunkelgrauem Schiefer, Stuck oder Terrakotta.

Im Unterschied dazu entwickelte sich die Kunst der südlichen Mathura Region aus den einheimischen indischen Traditionen, welche rundliche Körperformen betonten. Ihre fülligen Skulpturen tragen minimale Kleider und sind gewöhnlich aus rotem, gesprenkeltem Sandstein gemeißelt. Später entwickelte sich dieser Stil weiter in die vollendeten Formen der Gupta-Periode (4. bis 6. Jh. n. Chr.).

Schon 1926 schrieb der indische Kunsthistoriker Ananda Coomaraswamy einen später berühmt gewordenen Artikel „Der Indische Ursprung des Buddha-Bildnisses", veröffentlicht im Journal of the American Oriental Society 46: S. 165 – 70, in dem er nachwies, dass die ersten Buddha-Darstellungen in Mathura wenigstens gleichzeitig wenn nicht vor denen der Gandhara-Schule entstanden. In ausführlicher Form kann man dies in seinem Buch „The Origin of the Buddha Image" (siehe Literaturverzeichnis im Anhang), nachlesen. Ein Indiz dafür ist, dass frühe Mathura-Buddhas in Gandhara gefunden wurden, während der Einfluss von Gandhara auf Mathura erst spät erfolgte. Daher müssen die älteren Buddha-Bildnisse die von Mathura gewesen sein.

Schlussfolgerung

Obwohl die Technik der Statuenherstellung in Gandhara von den Griechen übernommen wurde, war die Kunst von ihrem Geist her grundlegend indisch. Es wurde keine einzige griechische Geschichte oder Legende dargestellt und es gab auch niemals griechische oder römische Vorbilder für eine Person, die im Meditationssitz mit untergeschlagenen Beinen saß. Der Gott Apollo hatte ganz sicher auch nicht die 32 Hauptmerkmale und 80 Nebenmerkmale eines Buddha, wie sie bei den Darstellungen der Gandhara-Epoche zu sehen sind. Die indische Ikonographie und die psychologische Qualität der Statuen sind vollkommen unterschiedlich zu typischen griechischen Standbildern. Letztere waren nach außen gerichtet, naturalistisch, zeigten eine ideale Erscheinungsform. Die Gandhara-Skulpturen dienten in erster Linie dem Erlangen einer inneren Erfahrung jenseits der gewöhnlichen Welt.

Daher kann man sicher nicht folgern, dass die Erscheinung Buddhas nach dem Vorbild des griechischen Gottes Apollo gestaltet wurde. Stattdessen gab es in der Gandhara-Epoche einen ausgeprägten Einfluss griechischer und römischer Kultur auf die Kunst des Buddhismus. Prof. P. Friedlander von der LaTrobe University, Melbourne, vertritt in einer im Internet veröffentlichten Vorlesung über buddhistische Kunst die Ansicht, dass die Entdeckung der Gandhara-Bildnisse im 19. Jahrhundert die westlichen Gelehrten, die damals griechische Kunst als Ursprung für jede Kunst ansahen, dazu veranlasste, vorzuschlagen, dass das Buddha-Bildnis das Ergebnis griechischen Einflusses sei. Da andere Quellen in der Öffentlichkeit kaum zur Kenntnis genommen wurden, hat sich diese Sicht bis heute weitgehend erhalten.

Bereits 1990 wurde diese Sichtweise von Susan L. Huntigton widerlegt (zuerst in ”Early Buddhist Art and the Theory of Aniconism“, *Art Journal*, 49:4 (1990), S. 401 - 8). Sie wies nach, dass die symbolischen Repräsentationen der sogenannten anikonischen Periode in Wahrheit in der Regel die wichtigsten Pilgerorte des Buddhismus darstellten. Die Experten hatten nicht beachtet, dass auf den Bildern oder Reliefs, die z.B. den Bodhibaum oder einen leeren Thron zeigten, auch Pilger abgebildet waren. Es handelte sich daher nicht um symbolische Darstellungen des Buddha, sondern um Pilgerorte wie Bodhgaya, Sarnath, Lumbini oder Kushinagar. Bis heute wurde diese einleuchtende Erklärung noch nicht allgemein anerkannt.

Die Entstehung der buddhistischen Kunst fand also nicht erst in der Gandhara-Epoche statt, sondern die menschliche Gestaltgebung Buddhas setzte sich gleichzeitig mit der Verbreitung des Mahayana-Buddhismus durch. Ein weiterer Faktor ist die Ansicht der meisten Historiker, nach der Buddhas Ursprung aus dem Shakya-Klan indo-europäisch ist. Einige der Hauptmerkmale eines Buddha, wie sein athletischer Körperbau und die blauen, manchmal auch blau-schwarzen Augen, weisen darauf hin. Von daher gibt es eine gewisse Berechtigung für diesen kraftvollen, kulturellen Einfluss aus Europa auf alle anderen Stile der buddhistischen Kunst in Asien.

Abb. 33 › Ausstellung in der Europapassage Hamburg 2008

THANGKAS
IM KRAFTKREIS DER BUDDHAS

Selten wurde das reiche Erbe des Tibetischen Buddhismus auch auf äußerer Ebene so deutlich, wie bei den Ausstellungen tibetischer Rollbilder (tib. *thangkas*), die im Laufe der Jahre an verschiedenen Orten im Westen gezeigt wurden. Außerhalb von Tibet und Nepal befindet sich die weltweit größte Sammlung in der Eremitage in St. Petersburg. Die ersten Ausstellungen der Diamantweg-Zentren und Praktizierenden fanden im Jahr 2001 im Heimatmuseum von Neu-Isenburg bei Frankfurt und später in der Meditationshalle des Buddhistischen Zentrums Hamburg statt. Danach ergänzten die hochwertigen Rollbilder über die Jahre hinweg immer wieder Sammlungen von Statuen, wie sie z.B. im Jahr 2012 in London und Innsbruck ausgestellt wurden.

Seit weit über tausend Jahren gehören Rollbilder (tib. *thangkas*, wörtlich: ,Bilder, die man aufrollt') zum Buddhismus, und zwar zur Richtung des Diamantwegs (skt. *vajrayana*). Diese Richtung wurde aus Sicht der Praktizierenden von Buddha selbst gelehrt, hat sich aber später nur in Tibet in großem Umfang erhalten. Thangkas stellen entweder die Lebensgeschichte des historischen Buddha, die buddhistische Lehre, erleuchtete Meditationsmeister oder sogenannte Buddha-Aspekte dar, die der historische Buddha seinen Schülern lehrte.

Dabei hatten Thangkas zwei Funktionen: Zum einen beherrschten über viele Jahrhunderte nur der Adel und die Mitglieder der Klostergemeinschaften Schreiben und Lesen. Darum stellten Thangkas u.a. die buddhistische Religion bildhaft dar. Buddhistische Lehrer zogen mit ihren zusammengerollten Thangkas durch ganz Tibet und brachten der Nomadenbevölkerung den Buddhismus näher, indem sie die dargestellten Geschichten nacherzählten.

Vor allem aber dienten Rollbilder im Tibetischen Buddhismus oder Diamantweg immer als Inspiration für Meditierende. In der Meditation identifiziert man sich mit verschiedenen Ausdrucksformen erleuchteter Qualitäten, die in jedem Menschen angelegt sind, aber nur durch Meditation

301

unmittelbar erfahren werden können. Zu diesem Zweck vergegenwärtigt man sogenannte ‚Buddha-Aspekte' - männliche, weibliche oder vereinigte Buddhas in verschiedenen Farben und Körperhaltungen. Rollbilder werden als Stütze verwendet, um sich diese Aspekte der Erleuchtung richtig im Geist vorstellen zu können. Damit bieten sie dem Praktizierenden genaue Anleitung und weisen ihn auf das in ihm liegende Potential hin. Wie bereits erwähnt funktioniert dies so, als wenn man in einen Spiegel schaut und sein eigenes schönes Gesicht sieht. Jede Farbe und Form, jede Körperhaltung und jedes Attribut zeigt eine bestimmte Facette der Erleuchtungserfahrung, die man durch Meditation verwirklicht.

Bereits bei der ersten Ausstellung in Frankfurt wurden viele der eindrucksvollsten Rollbilder, die jemals nach alter tantrischer Tradition gemalt wurden, erstmalig der Öffentlichkeit vorgestellt. Buddhistische Praktizierende aus mehreren europäischen Ländern stellten dafür ihre schönsten und wertvollsten Stücke zur Verfügung. Ein wahrer Schatz sonst nur privat gehüteter Kostbarkeiten wurde so erstmalig zugänglich gemacht. Dazu schrieb Lama Ole Nydahl in seinem Vorwort zum Begleitheft der Ausstellung: „Die Thangka-Ausstellung ist vor allem wegen ihrer Zielsetzung bemerkenswert. Statt wie bedeutende Museen und Sammlungen weltweit eine breite Auswahl von Kulturschätzen anzubieten, werden hier die Meditationshilfen einer tibetischen Übertragungslinie gezeigt. Sie sind ein Stück lebender Buddhismus und wir hoffen, dass die Bereicherung ihrer Kraftfelder durch den Idealismus des Westens für viele spürbar sein wird."

Wohl alle Besucher der verschiedenen Ausstellungen spürten die außergewöhnliche Kraft dieser von buddhistischen Meistern gesegneten Bilder, selbst wenn sie nichts über deren eigentliche Bedeutung wussten. Da es aber auch Erklärungen gab – zunächst wenn möglich bei der Eröffnung der jeweiligen Ausstellung von Lama Ole selbst und später auch von anderen Lehrern – erschloss sich im Laufe der Zeit mehr und mehr die eigentliche Tiefe dieser perfekten Darstellungen der Qualitäten der Erleuchtung.

Die Wurzeln der tibetischen Thangkamalerei gehen auf Vorlagen aus Indien zurück. Sie stützen sich auf die Beschreibung des Aussehens der

Buddha-Formen und ihrer Attribute in den buddhistischen Meditationen des Diamantwegs (skt. *sadhanas*). Am bekanntesten waren wie bereits erwähnt zwei Sadhana-Sammlungen, die der Inder Abhayakaragupta Anfang des 12. Jahrhunderts zusammenstellte. Alle Bilder sind nach diesen klassischen Vorlagen gemalt. So gibt es im ,Tenjur', den Kommentaren der indischen Meister zu den Lehren Buddhas, Sammlungen von Beschreibungen der verschiedenen Buddha-Aspekte (Ikonografie), ebenso Abhandlungen zur Ikonometrie, den Beschreibungen der Linien und Proportionen des Körpers dieser Aspekte.

Alle Bilder wurden früher nur als Auftragsarbeiten zur Ausführung einer bestimmten Meditationspraxis gemalt. Sobald man Rollbilder auf dem freien Markt kaufen konnte, hatten sie schon nicht mehr den höchsten Wert. Ein Maler dieser Bilder hatte sich über seine möglichst perfekte Maltechnik hinaus an die klassischen Anweisungen zu halten und sie exakt nach den Vorgaben umzusetzen. Er sollte eine reine Einstellung haben und auf den jeweiligen Buddha-Aspekt ausreichend meditiert haben. Eigentlich malte er dann den Aspekt so, wie er ihn in der Meditation erlebte. Dabei hatte er aber in der Zusammensetzung der Farben und in der Gestaltung der Umgebung des zentralen Aspektes auch eine gewisse kreative Freiheit, wodurch im Laufe der Jahrhunderte sehr unterschiedliche Malstile entstanden.

Bei den ausgestellten Rollbildern handelt es sich vorwiegend um Male- reien aus der sogenannten ,Karma Gadri-Tradition', die im 16. Jahrhundert in Ost-Tibet entstand. Der Ausdruck ,Karma' bezieht sich auf die ,Karma- Kagyü-Schule' mit ihrem Hauptlehrer Karmapa; der Begriff ,Gadri' bedeutet ,Malstil der Zelte'. Dieser Begriff entstand, weil frühere Karmapas in großen Zeltlagern durch Tibet und die angrenzenden Länder reisten, wobei ein hohes Kulturleben gepflegt wurde. Der frühe Karma Gadri-Stil war von Mitte des 16. Jahrhunderts bis ca. 1730 vorherrschend, der spätere von 1730 bis in unsere Zeit.

Dieser Malstil weist eine Kombination von tibetischen und chinesi- schen Elementen auf. Er verbindet eine große Klarheit und Einfachheit des Ausdrucks mit frischer Farbgebung. Die Schlichtheit der Gewänder kontrastiert mit einer reich ausgestalteten Umgebung. Diese Umgebung ist in der Regel durch eine große Weite des Raumes gekennzeichnet. Viele Bilder sind mit Gold ausgemalt und bekommen dadurch eine besondere Strahlkraft. Die Farben werden auf mineralischer oder pflanzlicher Grundlage hergestellt. Oft werden zu Pulver gemahlene Edelsteine und besonders gesegnete Substanzen beigemischt.

Grundlage ist meist eine Leinwand aus Baumwolle. Damit die Farben beim späteren Aufrollen nicht abbröckeln, wird die Leinwand durch ein spezielles Verfahren mit Grundierleim, Kalk und Kaolin vorbereitet und danach eine spezielle Maltechnik angewendet. Zuerst wird ein Raster von Koordinaten auf der Leinwand aufgetragen, die als Hilfsmittel für das Vorzeichnen der Hauptfiguren dienen. Dann beginnt der Maler mit dem Zeichnen eines Netzes aus feinen, geometrischen Linien. Diese Linien entsprechen den historischen Diagrammen, die in der Überlieferung für jede Buddhaform festgelegt sind. Die verwendeten Farben für das Bemalen der Flächen stammen meist aus Bhutan. Dort werden sie auf mineralischer oder pflanzlicher Grundlage hergestellt. Besondere Erwähnung verdient die Maltechnik des Pointillismus. Dabei werden größere Farbflächen (z.B. die Himmelsfläche) durch Tausende von kleinen Farbpunkten geschaffen. Sie gestattet einen wirkungsvollen, sanften Übergang der Farbflächen.

Auch die Anordnung der Bilder innerhalb einer Ausstellung hat tiefe symbolische Bedeutung. Sie folgt streng den Strukturen buddhistischer Kraftkreise (skt. *mandala*). Ein Kraftkreis oder Mandala bezeichnet eine Struktur, die um einen zentralen Punkt herum angeordnet ist. Es zeigt daher immer ein Prinzip und die Anwendung dieses Prinzips. Im äußeren Universum können wir als Beispiel unser Sonnensystem nehmen, bei dem die Planeten um die Sonne als Zentrum kreisen. Auch unser eigener Körper ist um seine zentrale Achse angeordnet. Selbst im Mikrokosmos folgt alles dem Mandala-Prinzip, z.B. die Zelle mit dem Zellkern und das Atom mit dem Atomkern.

Auf der Ebene der Befreiung und Erleuchtung manifestieren alle Buddhas und hohen Bodhisattvas um sich herum ein reines Kraftfeld, ihr eigenes Reines Land. Der historische Buddha Shakyamuni beschrieb die Qualitäten dieser Reinen Länder in allen Einzelheiten. Er lehrte verschiedene

Methoden, wie man mit den Buddhas und ihren Reinen Ländern in Verbindung treten kann und so in leichter Weise zur vollen Erleuchtung gelangt. Damit ist die Funktion eines solchen Kraftkreises, dass er den Praktizierenden schrittweise in Verbindung mit den wichtigsten Prinzipien des Geistes bringt. Er drückt Qualitäten wie Mut, Freude, Mitgefühl und Weisheit aus, die bereits jetzt zur Natur unseres Geistes gehören, allerdings erst dann erkannt werden, wenn man in einen solchen Kraftkreis eingeführt wird. Dies ist immer eine ganzheitliche Erfahrung.

Die gezeigten Rollbilder werden nach dem Prinzip des Zufluchtsbaumes in der Form eines Mandalas angeordnet. Der Struktur des Zufluchtsbaums folgend stellen sie die verschiedenen Aspekte der Erleuchtung dar, auf die man sich bei der buddhistischen Zufluchtnahme ausrichtet. In dieser Funktion schützen sie uns vor allen Arten von Leid und bringen uns in Verbindung mit unserer eigenen Buddha-Natur. Damit bedeutet der Besuch einer Ausstellung nicht nur, höchsten künstlerischen Genuss im Zusammentreffen mit Buddha-Aspekten, gesammelt in ganz Europa, zu erfahren, sondern tatsächlich in den Kraftkreis der Buddhas einzutreten und eine tiefe Erfahrung von den Qualitäten zu machen, die zum grundlegenden Prinzip aller Dinge gehören, der Natur des eigenen Geistes.

Abb. 34 › Erleuchtungsstupa Becske, Ungarn

DER STUPA - SYMBOL FÜR DIE NATUR DES GEISTES

Stupas sind Monumente für den Frieden in der Welt. Sie sind Bauwerke, die in perfekter Weise die reine Natur des Geistes, die Erleuchtung ausdrücken. Sie werden seit tausenden von Jahren in Asien gebaut und beinflussen in positiver Weise das Kraftfeld des ganzen Universums. In den letzten Jahren sind auch in anderen Teilen der Welt an vielen Stellen Stupas gebaut worden, von kleineren Formen bis zu einer Höhe von 33 Metern, wie zum Beispiel in Spanien, Frankreich und Ungarn. Diese Bauwerke strahlen eine große Faszination aus. Viele Menschen wollen gerne mehr über die Symbolik des Stupas wissen, besonders wenn sie dessen segensreiche Kraft aus eigener Erfahrung erlebt haben. Vielleicht haben sie auch eine Pilgerreise zu den großen Stupas in Nepal oder Indien gemacht und sind von diesen Erlebnissen noch immer beeindruckt. Als Antwort auf diesen Wunsch möchte ich in kurzer Form die wichtigsten Aspekte der Bedeutung eines Stupas darstellen.

Bis heute ist noch relativ wenig über die genaue Bedeutung eines Stupas bekannt, da die entsprechenden buddhistischen Texte erst teilweise übersetzt sind. Es gibt zwar einige Bücher über Stupas wie z.B. „Psychocosmic Symbolism of the Buddhist Stupa" von Lama Govinda und andere, aber die darin enthaltenen Informationen sind sehr allgemein gehalten und stimmen nicht immer mit den im Tibetischen Buddhismus weitergegebenen Informationen überein. Hat man jedoch selbst einmal beim Bau eines Stupas mitwirken dürfen, so bekommt man viele Informationen inhaltlicher und praktischer Art von den Lehrern und Experten, die den Bau leiten. Es ist eine große Freude, einmal selbst durch den ganzen Prozess der Vorbereitung und des Baus eines Stupas hindurchzugehen und dabei alle Einzelheiten aus erster Hand zu erfahren. Man lernt dabei sicherlich eine Menge über den eigenen Geist.

Allgemein wird gesagt, dass der spirituelle Einfluss eines Stupas so groß sei, dass die, die ihn verehren, die an seinem Bau mitwirken, sowie auch diejenigen, die in seiner Umgebung leben, seine positive Wirkung

307

als Quelle von Frieden, Glück und Wohlstand erleben. Unter den Symbolen von Körper, Rede und Geist der erleuchteten Wesen bezieht sich der Stupa auf den Geist. Der Geist des Buddha drückt sich in den Praktizierenden aus, daher symbolisiert der Stupa auch die Gemeinschaft der Praktizierenden, die Sangha. Das ist auch der Grund, warum ein Stupa als Symbol für diese Gemeinschaft auf dem Altar oder in der Nähe des Altars stehen sollte. Buddha wird ja immer durch eine Statue oder ein Bild ausgedrückt, der Dharma durch einen Dharma-Text und die Sangha durch einen Stupa. Dies kann auch ein Bild von einem Stupa sein. Diese Drei Juwelen sind die allgemeine Zuflucht aller Buddhisten.

Ein Stupa ist ein Behälter für Reliquien verwirklichter Meister. Insgesamt füllt man ihn mit Symbolen für Körper, Rede und Geist aller Buddhas, d.h. mit Statuen, Tonformen (Tsatsas), sowie mit Texten und mit Reliquien. Früher wurden in große Stupas der ‚Kanjur‘, die direkten Lehren des Buddhas, und der ‚Tenjur‘, die Kommentare der indischen Meister, gegeben, in kleinere die Prajnaparamita-Texte. Schon in der Basis sollen viele wertvolle Materialien sein. Eine korrekte Füllung ist sehr wichtig und muss unter Anleitung von qualifizierten Lehrern vorgenommen werden.

Verschiedene Arten von Stupas

Da im Laufe der Zeit große Unterschiede in der Form der Stupas entstanden, legte ein Mann namens Bishukama (skt. *Vishwakarma*, Lebensdaten unbekannt, mythologisch der Hindu-Gott der Architektur) in dem Text „Tsuktor Drime Gyä Chung“ bestimmte Regeln für die verschiedenen Formen fest. Die meisten Formen stehen mit den Taten eines Buddha in Verbindung. Hierbei gibt es vier Haupt- und vier Nebenplätze, von denen aus der Buddha die Lehre verbreitet hat. Die wichtigsten acht Arten von Stupas stehen mit diesen acht Plätzen in direkter Verbindung. Der Buddha gab den Rat, dass seine Schüler nach seinem Eingehen ins Parinirvana die vier Hauptplätze, nämlich Lumbini, Bodhgaya, Sarnath und Kushinagar, besuchen sollten und dort Geschenke machen sollten, um ihre Schleier zu reinigen.

Nun werden die **acht Arten von Stupas** in der Reihenfolge erklärt, wie sie mit dem Leben Buddhas in Verbindung stehen:

1. *Lotus-Stupa* - Er wurde zur Zeit des Buddhas gebaut und stand in Lumbini. Der Hauptkörper hat die Form eines Lotus und symbolisiert Buddhas Geburt.

2. *Erleuchtungs-Stupa* oder *Stupa des Sieges über alle Hindernisse* - Er wurde vom Dharmakönig Bimbisara anlässlich der Erleuchtung des Buddhas in Bodhgaya gebaut. Am Abend vor der Erleuchtung beseitigte Buddha Shakyamuni die letzten feinen Schleier und negativen Eindrücke des Geistes. Er überwand alle Hindernisse.

3. *Weisheits-Stupa* oder auch *16 Tore-Stupa* - Er wurde anlässlich des ersten Lehrens des Buddha gebaut. Dies geschah in Sarnath/Varanasi und behandelte die ,Vier Edlen Wahrheiten'.

4. *Stupa der Wunder* - Der Buddha überzeugte die Verfechter falscher Ansichten durch Wunder. Diese Form wurde von einer Person namens Lisabi in Shravasti gebaut.

5. *Stupa des Herabsteigens aus dem Tushita-Himmel* - Bevor er die vier Edlen Wahrheiten lehrte, gab Buddha seiner Mutter befreiende Lehren im Tushita-Götter-Bereich. Das Herabsteigen aus diesem Bereich wird durch die vielen Stufen dieses Stupas symbolisiert, der in Shankasa entstand.

6. *Versöhnungs-Stupa* oder *Einheits-Stupa* - Devadatta, der Cousin des Buddhas, hatte Schwierigkeiten innerhalb der Gemeinschaft der Praktizierenden geschaffen. Zum Anlass der Versöhnung der Gemeinschaft wurde dieser Stupa in Rajgir errichtet.

7. *Stupa des vollständigen Sieges* - Kurz vor seinem Tod hat der Buddha auf Bitten seiner Schüler sein Leben um drei Monate verlängert. Dies geschah in Vaishali.

8. *Parinirvana-Stupa* - Diese Form symbolisiert das Eingehen ins Parinirvana in Kushinagar. Der Hauptkörper hat die Form einer Glocke und ist ein Symbol für die vollkommene Weisheit des Buddha.

Die wichtigste Form von allen acht ist der Erleuchtungs-Stupa. Er symbolisiert das Ziel des buddhistischen Weges - das Erkennen des eigenen Geistes, die vollkommene Erleuchtung. Es bedeutet die Befreiung von allen Störgefühlen sowie den Anlagen dazu und die Entfaltung aller Fähigkeiten des Geistes, besonders der vollkommenen Weisheit eines Buddha, und ist damit auch gleichzeitig ein Symbol für die Überwindung aller Hindernisse, aller Schleier. Bei jedem dieser acht Stupas ist der untere Teil bis zu den drei Stufen und der obere Teil ab den Ringen gleich. Die Mitte zeigt jeweils die unterschiedlichen Formen. Diese Mitte besteht z.B. aus Lotussen, wie beim Lotus-Stupa, usw.

Die Symbolik eines Erleuchtungs-Stupas

1. **Die Schatzvase** - In das Fundament eines Stupas wird eine Schatzvase eingegossen. Sie steht für die acht glückverheißenden Zeichen, und symbolisiert insbesondere die unerschöpflichen Körper-Qualitäten eines Buddha.

2. **Die grundlegende Ebene** - Diese Ebene, ,die die Erde hält', symbolisiert die 10 positiven Handlungen von Körper, Rede und Geist.

3. **Die drei Stufen über der grundlegenden Ebene** - Diese drei Stufen symbolisieren die Drei Juwelen, die dreifache Zuflucht von Buddha, Dharma und Sangha.

4. **Der Löwenthron** - Über den drei Stufen befindet sich ein hoher quadratischer Block, der einen Thron darstellt. Er ist oft mit Schneelöwen bemalt. Dieser sogenannte Löwenthron symbolisiert die Unbesiegbarkeit des Dharma, die Vier Furchtlosigkeiten eines Buddha.

5. **Die kleinen und großen Lotusse** - Über dem inneren quadratischen Teil gehen zwei Stufen wieder nach außen, die kleine und große Lotusse repräsentieren. Diese Lotus-Scheiben stehen für die sechs Befreienden Handlungen (skt. *paramitas*), nämlich Freigebigkeit, positives Verhalten, Geduld, Fleiß, meditative Konzentration und Weisheit.

6. **Die quadratische Oberfläche des Throns** - Sie besteht aus einer großen quadratischen Platte. Die vier Ecken dieser Basis symbolisieren die Vier Unermesslichen. Diese sind 1. unermessliche Liebe, 2. unermessliches Mitgefühl, 3. unermessliche höchste Freude, und 4. unermesslicher Gleichmut.

Die Buddha-Aspekte sitzen meistens auf Löwenthron, Lotus, Sonnen- und Mondscheibe. Dies ist auch hier die Bedeutung dieser Basis. Nachdem wir die Achtsamkeit auf die eigenen Handlungen entwickelt haben und damit die Verantwortung für unser eigenes Leben übernommen haben, nehmen wir Zuflucht und entwickeln die Erleuchtete Geiseseinstellung. Dies ist die Grundlage für den eigentlichen Eintritt in die Dharmapraxis. Der folgende Teil von der ersten Stufe oberhalb des Thrones bis zur Spitze des Stupas symbolisiert die sogenannten ‚Fünf Wege'.

Die Fünf Wege - Die ganze Entwicklung vom ersten Kontakt mit den befreienden Lehren bis zur vollkommen Erleuchtung wird in fünf Wegen beschrieben: dem Weg der Ansammlung, dem Weg der Verbindung, dem Weg des Sehens, dem Weg der Meditation und dem Weg des Nicht-mehr-Lernens. Diese fünf Wege können entweder entsprechend dem Fahrzeug der Älteren oder entsprechend dem Goßen Fahrzeug erklärt werden. Praktizierende, die das Mahayana-Potential besitzen, den Erleuchtungsgeist entwickelt haben und die Schleier im Geist reinigen, sind auf dem Weg der Ansammlung im Großen Fahrzeug.

7. **Die 1. Stufe über dem Thron** - Sie steht für den kleinen Pfad der Ansammlung. Er zeigt die ‚vier Arten der achtsamen Betrachtung',

die Achtsamkeit auf den Körper, die Gefühle, die Gedanken und die äußeren Phänomene.

8. **Die 2. Stufe über dem Thron** - Sie beinhaltet den *mittleren Pfad der Ansammlung*. Hier sind die ‚vier Arten des perfekten Aufgebens' zu verwirklichen, das Aufgeben aller negativen Handlungen, das Nicht-Vergessen, dass man sie aufgibt, das Ausführen von positiven Handlungen und positive Handlungen stetig auszuweiten.

9. **Die 3. Stufe über dem Thron** - Sie symbolisiert den *großen Pfad der Ansammlung* und besteht aus den ‚vier Grundlagen für Wunder', Meditationszuständen mit den Qualitäten der Hinwendung zum Dharma, der unerschütterlichen Ausdauer, der einsgerichteten Konzentration und der genauen Untersuchung.

10. **Die 4. Stufe über dem Thron** - Sie stellt die fünf Fähigkeiten auf dem *Weg der Verbindung* dar. Diese sind: Vertrauen, Fleiß, Achtsamkeit, meditative Konzentration und Weisheit.

11. **Die unveränderliche Basis, die die Vase trägt** - Diese Basisebene symbolisiert die fünf Kräfte auf dem *Weg der Verbindung*, die die volle Entwicklung der fünf Fähigkeiten der vorherigen Stufe ausdrücken.

12. **Die Vase** - Diese Ebene ist im Großen Fahrzeug gleichzusetzen mit dem Erreichen der 1. Bodhisattva-Stufe. Sie symbolisiert die ‚sieben Zweige des Erwachens' auf dem *Weg des Sehens*: tiefe Achtsamkeit, tiefes Unterscheiden der Phänomene, tiefer Fleiß, tiefe Freude, tiefe Gewöhnung, tiefe Meditation und tiefe Ausgeglichenheit.

13. **Das ‚Tre' über der Vase (die quadratische Grundfläche für die Spitze des Stupas)** - Dieser Teil entspricht der zweiten bis zehnten Bodhisattva-Stufe. Das Tre hat die Bedeutung des ‚Achtfachen Pfades der Edlen' beim *Weg der Meditation*: rechte Sichtweise, rechte Erkenntnis, rechte Rede, rechtes Handeln, rechte Lebensweise,

rechte Anstrengung, rechte Achtsamkeit und rechte meditative Konzentration.

14. **Der Baum des Lebens (er ist innerhalb des Stupas und nicht sichtbar)** - Dies ist die zentrale Achse des Stupas. Der Baum symbolisiert die ‚zehn Arten des transzendenten Wissens'. Dies sind verschiedene Aspekte der Weisheit eines Buddha.

Der fünfte der ‚Fünf Wege' ist der Weg des *Nicht-mehr Lernens* oder *der Vollendung*. Hier wird die vollkommene Erleuchtung erreicht. Er wird durch die Punkte 15 bis 21 des Stupas symbolisiert.

15. **Die 13 Ringe** - Sie symbolisieren die ‚zehn Kräfte', d.h. zehn Aspekte der Weisheit eines Buddha und die ‚drei wesentlichen Erinnerungen', d.h. das Wissen der drei Zeiten, von Vergangenheit, Gegenwart und Zukunft.

16. **Der Schirm und sein Verbindungsstück** - Dieser Ehrenschirm, der ein weiteres der acht glückverheißenden Symbole ist, symbolisiert das Überwinden allen Leides.

17. **Die Girlanden (Zaratsak)** - Sie stehen für die Ornamente aller überragenden Eigenschaften des Buddha-Zustandes.

18. **Der Mond** - Er ist ein Symbol für den relativen Erleuchtungsgeist und die Weisheit eines Buddha.

19. **Die Sonne** - Sie ist ein Symbol für das unbegrenzte Mitgefühl (‚wie die Strahlen einer Sonne') und den absoluten oder letztendlichen Erleuchtungsgeist.

20. **Der Edelstein** - Er versinnbildlicht die unzerstörbare Natur des Geistes und die Erfüllung aller Wünsche, das Klare Licht des Geistes.

21. **Buddha-Statue (in Höhe der Vase)** - Sie zeigt das Erkennen der Natur des Geistes auf dem Weg des Sehens und die vollkommene Befreiung aus dem Kreislauf der Wiedergeburten.

Die 37 Erleuchtungsfaktoren - Es ist die genaue Beschreibung des gesamten Weges zur Erleuchtung anhand der Qualitäten, die auf dem Weg entwickelt werden. Dies entspricht gleichzeitig den einzelnen Aspekten bei den ‚Fünf Wegen' (12+10+7+8=37).

Ein Stupa zeigt auch die vielfältigen Aspekte des **Entstehens in Abhängigkeit**, wie dies im „Mahayanasutra des Edlen Abhängigen Entstehens (skt. *Aryapratityasamutpadanama-mahayanasutra)*", Übersetzung siehe unten) beschrieben wird. Weiterhin erklärt der Buddha im Reissprössling-Sutra: „Wer das Abhängige Entstehen versteht, versteht die Phänomene (*Dharma*) und wer die Phänomene versteht, versteht die Buddhaschaft". In diesem Sutra werden die beiden Aspekte des äußeren und des inneren Entstehens in Abhängigkeit erklärt, sowie jeweils die beiden Aspekte der Ursachen und Bedingungen. Von diesen Aspekten stellen die Zwölf Glieder des Abhängigen Entstehens das innere Abhängige Entstehen hinsichtlich der Ursachen dar. Der Entstehungsprozess einer Pflanze ist das Beispiel für die äußeren Ursachen. Dazu kommen die fünf Elemente als Bedingungen im Körper und in der äußeren Welt. Nur wenn die Ursachen und Bedingungen im ausreichenden Maße vorhanden sind, entsteht daraus eine Frucht, andernfalls ist dies unmöglich.

Die fünf Elemente

Ein Stupa zeigt in seiner äußeren Form symbolisch die fünf Elemente: Der quadratische Teil zeigt das Erd-Element, der runde Teil, die Vase, zeigt das Wasser-Element, der dreieckige Teil, die Ringe, zeigt das Feuer-Element, der Halbmond auf der Spitze steht für das Wind-Element und die Sonne für das Raum-Element. Die ganze äußere Welt und ebenso unser eigener Körper bestehen aus den fünf Elementen Erde, Wasser, Feuer, Luft und Raum. Erkennt man die reine Form dieser fünf Elemente,

314

so bedeutet dies das Erkennen der fünf reinen Aspekte des Körpers und des Geistes. Im Diamantweg verwirklicht man die fünf Gefährtinnen der Dhyani-Buddhas, d.h. die fünf Buddha-Familien und erlangt so Erleuchtung.

Der Nutzen des Umschreitens und des Baus eines Stupas

Der Hauptzweck für den Bau eines Stupas liegt darin, den Wesen zu helfen, ihre negativen Eindrücke zu reinigen und stattdessen positive Eindrücke zu vermehren, wodurch sich Verdienst und Weisheit vergrößern. All das sind Voraussetzungen zum Erlangen der höchsten Erleuchtung. Wenn man einen Stupa, gleich in welcher Größe, mit einer reinen Einstellung baut, so reinigt man dadurch die Schleier im Geist. Die guten Eindrücke, die dabei entstehen, sind so stark, wie bei einem Weltenherrscher, der so viel besitzt, wie das Sonnenlicht umfasst. Man erlangt Intelligenz, Weisheit und alle anderen Qualitäten.

Die Motivation sollte auf folgende Punkte ausgerichtet sein:

1. auf den Erhalt des Buddha-Dharma, die befreienden Lehren

2. auf den zeitlich begrenzten und letztendlichen Nutzen für alle Wesen

3. auf die umfassende Buddha-Aktivität der verwirklichten Meister

4. auf die Reinigung der Schleier und die Entwicklung aller Qualitäten der Praktizierenden

Diejenigen, die in der Nähe eines Stupas leben, können gute Wünsche, Verbeugungen und Geschenke, z.B. Blumen, Lichter oder Räucherwerk, machen. Andere, die vorbeikommen, erleben vielleicht eine plötzliche Bewusstheit. Wer nur in den Schatten eines Stupas tritt, erlangt schon großes Verdienst.

Buddha erklärte auf die Frage von Shariputra: „Dies ist der Nutzen, den man erlangt, wenn man einen Stupa umschreitet: Frei von den acht ungünstigen Bedingungen wird man in einer adligen Familie wiedergeboren und große Reichtümer besitzen. Frei von Störgefühlen wie Geiz, usw. wird man freudig Großzügigkeit üben. Man wird gut aussehen, anziehend sein, eine schöne Haut haben, und andere werden beglückt sein, einen zu sehen. Man wird Macht über die Welt haben und ein König des Dharma sein. Man wird immer eine glückliche Wiedergeburt erlangen und begeistert für die Lehre Buddhas sein. Wenn man seine Praxis vollendet hat, wird man große Wunder wirken und fortschreitend die 32 reinen Zeichen und die 80 physischen Vollkommenheiten von Buddhas Körper erlangen."

Dies sind nur einige der Verdienste, die aus dem Umschreiten eines Stupas entstehen. Man könnte noch viele andere nennen. Allein schon durch das Anschauen oder Berühren eines Stupas, durch Lehren über seine Qualitäten oder die Erinnerung an ihn, wenn man nur durch den Schatten eines Stupas geht oder von dem Wind, der darüber weht, berührt wird, wird man in diesem Leben Glück und schließlich letztendliches Erwachen erlangen.

Abb. 35 › Avalokiteshvara Padmapani in Ajanta, Indien

DAS MAHAYANA-SUTRA
VOM EDLEN ABHÄNGIGEN ENTSTEHEN

Auf Sanskrit: *Aryapratityasamutpadanamamahayanasutra*
Auf Tibetisch: *'Phags pa rten cing 'brel par 'byung ba zhes bya ba theg pa chen po'i mdo*
(gesprochen: Phagpa tenching drelpar djungwa she djawa thegpa chenpo'i do)

Ich verbeuge mich vor allen Buddhas und Bodhisattvas.

Diese Worte habe ich zu einer bestimmten Zeit gehört:

Als der Bhagawan im [Bereich] der 33 Götter weilte, gab es dort Steinplatten in der Form des Arnovogels, gezähmte Pferde usw. [um die Umgebung zu beschreiben]. Dort weilten große Shravakas, der Edle Maitreya, der Edle Machtvolle Avalokiteshvara, Vajrapani usw., Bodhisattvas Mahasattvas geschmückt mit unermesslichen, kostbaren Qualitäten, der Herr der Welt, der Große Brahma, Vishnu und Mahadeva usw., die Götter in ihrer Begleitung, der Herr der Götter, Indra und der König der Geruchsesser (*Gandharvas*) mit fünf Knoten auf der Spitze seines Kopfes. Diese ließen sich dort gemeinschaftlich nieder.

Dann stand der Machtvolle Bodhisattva Mahasattva Avalokiteshvara von seinem Sitz auf, legte sein Obergewand zusammen über die Schulter, setzte die rechte Kniescheibe auf den Gipfel des Berges und verbeugte sich mit zusammengelegten Handflächen in die Richtung, wo sich der Siegreiche (der Buddha) aufhielt. Daraufhin bat er den Siegreichen, über das [Folgende] zu lehren:

„Siegreicher, diese Götter (Brahma usw.) können nur dann Geschenke darbringen, wenn eine Grundlage für ihre Geschenke (ein Stupa) hergestellt wird, da sie sich noch in diesem Mandala (Kreis) von Samsara aufhalten. Wodurch könnten sonst unter allen Lebewesen zusammen mit den Shramanas (Asketen) und Brahmanen, die zusammen mit den Göttern und Dämonen, zusammen mit Brahma in der Welt sind, die Mönche oder Nonnen, männliche oder weibliche Laien, das Verdienst von Brahma anwachsen lassen? Nur auf diese Weise kann das Verdienst aufs äußerste vermehrt werden."

Sie baten den Siegreichen (Buddha), ihnen den Dharma zu lehren (‚Chö ten - den Dharma lehren' ist hier ein Wortspiel, da es in anderer Anordnung der Buchstaben, aber gleich gesprochen, auch ‚Geschenke-Grundlage' und ‚Stupa' bedeutet). Daraufhin lehrte der Bhagavan das Abhängige Entstehen als Vers (in einer Rezitationsformel):

"YE DHARMA HE TU PRABHAWA HE TUN TE SHAN TATHAGATO HYA WA DATA TE SHANTSAYO NIRODHA EWAM WADI MAHA SHRAMANA."

Wie die Phänomene und ihre Ursachen entstehen, wie deren Ursache beendet wird und was der Tathagata dazu gelehrt hat, dazu hat der Große Asket (der Buddha) folgendes gesagt und der Machtvolle Avalokiteshvara hat dies erkannt:

„Dieses Abhängige Entstehen ist der Dharmakaya der Tathagatas. Wer das Abhängige Entstehen erkennt, der erkennt den Tathagata. Welcher Sohn oder welche Tochter aus der Edlen Familie von Avalokiteshvara Vertrauen hat, wird mit Gewissheit zum Nutzen des Nichtverweilens [im Samsara und im Nirvana der Arhats] eine Geschenke-Grundlage (einen Stupa) herstellen, wenn der Stupa auch nur so groß ist wie der Same einer Churura-Pflanze (Myrobalam), der Lebensbaum (*sog shing*) nur wie eine Nadel und der Schirm nur so groß ist wie eine Bakula-Blume.

In Bezug darauf [was vorher gesagt wurde], wenn der Prozess des Abhängigen Entstehens, der Wahrheitsraum der Phänomene (dharmadatu), auf eine Formel gebracht wird, so wird diese das Verdienst von Brahma hervorbringen. Auf dieses hin wird man durch den Übergang des Sterbens und nach dem Tod in den Bereichen von Brahma wiedergeboren. Auf dieses hin wird man durch den Übergang des Sterbens und nach dem Tod in der reinen Form von Göttern verweilen und mit der gleichen Art von Glück geboren werden [wie sie die Götter erleben]."

Nachdem der Siegreiche diese Lehre gegeben hatte, gerieten jene Shravakas und jene Bodhisattvas, alle, die sie umgaben, die Götter, Menschen, Halbgötter, die Bewohner der Welt zusammen mit den Gandharvas in Begeisterung und priesen die Rede des Siegreichen aufs Höchste.

Damit ist das Mahayanasutra, genannt „das Edle Abhängige Entstehen", beendet.

Der indische Gelehrte (Khenpo) Surendrabodhi und der ‚Vielgebetene' Übersetzer Bende Yeshe De haben dies übersetzt und auf viele Bitten hin gezeigt, wie diese Frage entschieden wurde.

Übersetzung aus dem Tibetischen (Originaltext im Kanjur, Abschnitt Gyü, Band Na, Seite 41) mit dankenswerter Unterstützung von Topga Rinpoche: Manfred Seegers, Neu Delhi: KIBI 1995. Zuletzt überarbeitet: Hamburg 2013.

SCHLUSSWORT

Zum Abschluss möchte ich auf einige praktische Punkte eingehen, die ich teilweise bereits am Anfang des Buches erwähnt habe, die aber nach der Lektüre des hier zusammengestellten Materials, auch wenn es nur eine Auswahl sein sollte, eine andere Bedeutung haben. So kommen in den Artikeln immer wieder Fachbegriffe vor, die dort nicht im Einzelnen erklärt werden. Für diese Fälle gibt es das umfangreiche Glossar im Anhang. Auch wenn das Hin- und Her-Blättern etwas umständlich ist, sollten wir diese Quellen so oft wie möglich nutzen. Dadurch entsteht deutlich mehr Klarheit bezüglich des jeweiligen Themas.

Ein weiterer Punkt ist die oft gestellte Frage, wie man mit dem Wunsch nach Vertiefung des eigenen Wissens über Buddhismus am besten umgehen sollte. Da es unmöglich ist, alle interessanten Themen gleichzeitig zu bearbeiten, ist eine praktische Vorgehensweise die, dass wir einfach unserem Interesse folgen, bis wir die Antworten zu unseren Fragen soweit gefunden haben, dass wir einigermaßen zufrieden sind. Dann können wir zum nächsten Thema weitergehen. Auf keinen Fall sollten wir uns selbst unter Druck setzen, sondern immer Studieren, Nachdenken und Meditieren aufeinander folgen lassen. Dann kann das erlangte und verarbeitete Wissen leicht zur Erfahrung werden.

Gelegentlich wird es auch geschehen, dass bezüglich eines bestimmten Themas zwar einige Fragen geklärt werden, gleichzeitig aber eine ganze Reihe neuer Fragen auftaucht. Für diese Fälle sind die Literaturhinweise im Anhang gedacht. Auch diese sollten so ausgiebig wie möglich genutzt werden. Falls es schwierig ist, ein bestimmtes Buch zu beschaffen, kann das örtliche Diamantweg-Zentrum mit seiner Bücherei eventuell helfen. Oft gibt es auch weitere Artikel zu den Themen, die hier behandelt werden. Allerdings sind nicht alle Internet-Quellen verlässlich, sondern bieten vielleicht ein ähnliches Thema aus einem völlig anderen Zusammenhang heraus an. Im Zweifel sollte ein erfahrener Freund oder buddhistischer Lehrer zu Rate gezogen werden.

Dann hört man hier und da zu dieser Art von Artikeln den folgenden Kommentar: „Das klingt zwar sehr interessant, aber ich kann mir das sowieso nicht alles merken. Also werde ich mich in dieser Hinsicht gar nicht weiter damit auseinandersetzen." Hier gibt es drei Hilfsmittel, die einzeln oder in Kombination sehr nützlich sein können. Das erste ist ein starkes persönliches Interesse, das zweite eine gute, auf das Glück anderer ausgerichtete Einstellung und das dritte die Inspiration durch den Weisheitsbuddha Manjushri.

Das Lernen an Schulen oder Unis ist oft eine Pflichtübung, bei der wir uns leicht ein gewisses Desinteresse zur Gewohnheit gemacht haben. Nun übernehmen wir aber selbst die Verantwortung für unser Leben und folgen dem tiefen inneren Interesse an Wahrheit und anderen zeitlosen Qualitäten. Wird das Gelernte auch gelegentlich benutzt, um anderen zu helfen, entsteht durch die gute Motivation deutlich mehr Kraft und Sinn - auch schon beim Lernen. An den Weisheitsbuddha Manjushri zu denken und gelegentlich sein Mantra zu verwenden, stärkt das Gedächtnis enorm. Dies ist kein großer Aufwand, sorgt aber vor allem auf lange Sicht für einen klaren Geist.

Es gibt heute in fast jeder Stadt in Mitteleuropa und in vielen großen Städten anderer Kontinente ein Diamantweg-Zentrum. Wenn man es wünscht, ist es sehr leicht, zum Beispiel über das Internet Verbindung mit einem solchen Zentrum aufzunehmen. Dort werden regelmäßige Meditationen und Vorträge angeboten, Fragen beantwortet, sowie Kurse mit erfahrenen Lehrern organisiert. Desweiteren kann man sich dort Bücher und Videos anschauen und sich umfassend über den Diamantweg informieren. Diese Angebote gründen sich auf ehrenamtliche Arbeit, die von Idealismus und Freundschaft getragen wird und in gemeinnützigen Vereinen organisiert ist. Die Adressliste von einigen Diamantweg-Zentren im deutschsprachigen Raum ist ebenfalls im Anhang zu finden.

Da wir uns noch immer in der Anfangszeit des Prozesses befinden, durch den der riesige Schatz der Weisheit Buddhas rund um die Welt zugänglich wird, ist jeder Schritt auf diesem Weg von großer Bedeutung. Ob man sich durch die Arbeit mit dem Geist weiterentwickelt, ob man gute Wünsche für die verschiedenen spannenden Projekte im Diamantweg macht oder ob man selbst eine aktive Rolle beim Aufbau von Meditationsgruppen und Zentren spielt, jede nützliche Handlung zählt, denn zukünftige Generationen werden sich auf die grundlegende Aktivität stützen müssen, die jetzt geleistet wird. Gelingt es, den Buddhismus in überzeugender Weise in die moderne Gesellschaft zu integrieren, können auch in der Zukunft viele Menschen von dem großen Geschenk profitieren, das die Verfügbarkeit von Buddhas befreienden Lehren, von qualifizierten Lehrern sowie von unterstützenden Freunden auf dem Weg bedeutet.

Dieses Buch bietet in nach Schwerpunkten geordneter Form eine Zusammenstellung von ausgewählten Artikeln, Übersetzungen und Vorträgen zu verschiedenen Themen, die mit dem Diamantweg-Buddhismus verbunden sind. Gleichzeitig werden hier viele immer wieder auftauchende Fragen beantwortet. Dies kann natürlich niemals einen qualifizierten Lehrer ersetzen, auf dessen direkte Übertragung und Anweisung wir uns im Diamantweg stützen sollten. Die Anleitung eines solchen Diamantweg-Lehrers kann uns ohne Umwege mit den Aspekten zeitloser Weisheit in unserem Geist in Verbindung bringen und ist damit der schnellste und direkteste Weg zur Befreiung von Leid und zur vollen Erleuchtung eines Buddha.

ANHANG

GLOSSAR

tib. Tibetisch
skt. Sanskrit

Abhängiges Entstehen (skt. *pratityasamutpada*, tib. *ten drel*): Das Gesetz des ursächlichen Entstehens und Miteinander-Verbundenseins aller Erscheinungen.

Abhidharma (skt., tib. *chö ngönpa*): Lehren Buddhas über alles, was zu wissen ist. Die Darstellung der Erscheinung aller Dinge, wie z. B. der Bestandteile unserer Persönlichkeit (fünf Ansammlungen, skt. → *skandhas*), die Sinnesursprünge (skt. *ayatanas*), sowie die Grundelemente der Existenz (skt. *dhatus*). Abhidharma ist einer der drei → Körbe (siehe im Quellenverzeichnis unter Asanga und Vasubandhu).

Achtfacher Pfad der Edlen (skt. *aryastangamarga*, tib. *phaglam yenlaggye*): Im Achtfachen Pfad sind die Mittel zusammengefasst, die zur Erleuchtung führen. Zuerst geht es darum, Weisheit zu entwickeln, also Unwissenheit zu überwinden. Zweitens soll das Handeln so eingesetzt werden, dass positives → Karma aufgebaut und negatives abgebaut wird. Punkt 6, 7 und 8 erklären den sinnvollen Umgang mit dem eigenen Bewusstsein.

Weisheit entwickeln

1. Richtige Sichtweise: Verstehen, wie Leid entsteht, was dessen Ursachen sind und wie man es beendet - die Unterscheidung zwischen relativer und absoluter → Wahrheit

2. Richtige Erkenntnis: Man erkennt die Natur des Geistes, denn die → Störgefühle bestimmen nicht länger das eigene Fühlen und Handeln.

Richtig Handeln

3. Sinnvolles Reden: Nicht lügen, schlecht über andere reden oder Unsinn erzählen.

4. Sinnvolles Handeln: Handlungen, die andern schaden, aufgeben.

5. Sinnvolle Lebensführung: Ein von Mitgefühl und Weisheit bestimmtes Leben führen.

Mit dem Geist arbeiten

6. Richtiges Bemühen: Energie aufbringen und auf die unzerstörbare Natur des Geistes meditieren.

7. Richtige Achtsamkeit: Das Objekt der Konzentration nicht vergessen.

8. Richtige Vertiefung: Den Geist immer wieder an einer Stelle halten und durch Meditation seine zeitlosen Qualitäten hervorbringen.

Aktivität: im allgemeinen Sinn: Handeln zum Wohl der Lebewesen, im letztendlichen Sinn: spontanes und müheloses Handeln eines Buddha zum Wohl der Lebewesen.

Allwissenheit: Weisheit eines Buddha, der die Natur aller Dinge, sowie ihre vielfältigen Erscheinungsweisen erkennt, synonym für → Buddhaschaft oder → Wahrheitszustand

Anrufung: Kurze gesprochene oder gesungene Meditation auf einen Buddha-Aspekt, um die durch ihn symbolisierte Qualität im Geist zu erfahren.

Ansammlungen, fünf: → *Skandhas*.

Ansammlungen, zwei (tib. *tsognyi*): Positive Eindrücke oder Verdienst (skt. *punya*, tib. *sönam*) - z. B. aus nützlichem Handeln - und Weisheit (skt. *jnana*, tib. *yeshe*) müssen untrennbar miteinander verbunden werden.

Arhat/Arhatschaft (skt., tib. *drachompa*): Höchste Verwirklichung im → Theravada, ruhiger Geisteszustand, in dem vollkommene Befreiung vom Leid der → bedingten Existenz erlangt wurde.

Asanga: Meister des Indischen Buddhismus, der ca. im 5. Jahrhundert n. Chr. gelebt hat; wird von vielen als Gründer der Yogacara-Schule der buddhistischen Philosophie betrachtet.

Asketische Praxis: Auf Zurückweisung sämtlicher Annehmlichkeiten und damit auf Loslösung von Anhaftung ausgerichtete Praxis wie Fasten etc., die besonders in den hinduistischen Yoga-Systemen verwendet wird. Extreme Askese kann zu Schaden für Körper und Geist führen.

Außersinnliche Wahrnehmungen, fünf (tib. *ngön she nga*): 1. das göttliche Auge (tib. *lhai mig*, Wahrnehmung von allen subtilen und groben Formen, nah und fern), 2. das göttliche Ohr (tib. *lhai nawa*, Wahrnehmung von allen Klängen, nah und fern), 3. den Geist anderer zu kennen (tib. *pharölgyi semshepa*), 4. frühere und spätere Leben zu kennen (tib. *ngöngyi näjesu drenpa*), 5. die Fähigkeit, Wunder zu zeigen (tib. *dzuthrülgyi ngönshe*).

Ausstrahlungszustand (skt. *nirmanakaya*, tib. *tulku*): Einer der → drei Zustände der Erleuchtung. Ein Buddha kann aus Mitgefühl in vielen Formen erscheinen, um anderen Lebewesen zu nützen. Die perfekteste dieser Erscheinungsformen ist der sogenannte Ausstrahlungszustand eines Buddha. Er ist ausgestattet mit den 32 Hauptmerkmalen und 80 Nebenmerkmalen der Vollkommenheit.

Band, Bände (skt. *samaya*, tib. *damtsig*): die Grundlage für schnelles geistiges Wachstum im → Diamantweg-Buddhismus. Durch die ungebrochene Verbindung mit dem → Lama, den → Buddha-Aspekten und den Mitpraktizierenden, mit denen man gemeinsam → Einweihungen erhalten hat, entfalten sich schnell die innewohnenden Fähigkeiten.

Bardo (tib., skt. *antarabhava*, wörtl. zwischen zwei): siehe → Zwischenzustand

Basisbewusstsein: siehe → Speicherbewusstsein)

Bedingte Existenz: Synonym für → Kreislauf der Existenz oder → Samsara.

Befreierin (skt. *Tara*, tib. *Dölma, Dölkar*): Die Grüne und Weiße Befreierin sind die beiden Hauptformen dieser weiblichen Buddha-Form. Die Grüne Befreierin schützt vor allen Arten von Ängsten und erfüllt Wünsche auf dem Weg zur Erleuchtung. Die Weiße Befreierin verlängert das Leben und inspiriert in Bezug auf höchste Bewusstheit.

Befreiung / befreit: Befreiung vom → Kreislauf der Existenz, Geisteszustand, in dem alles Leid – zusammen mit den Ursachen für Leid – vollkommen überwunden ist. Im → Theravada entspricht dies der → Arhatschaft, im → Mahayana der ersten → Bodhisattva-Stufe.

Bereiche, drei: Der gesamte Kreislauf der Existenz wird in die drei folgenden Bereiche unterteilt: den Begierdebereich, den formhaften Bereich und den formlosen Bereich. Der Begierdebereich besteht aus den sechs → Daseinsbereichen, die beiden anderen Bereiche sind Konzentrationszustände mit Form oder ohne Form.

Bewusstes Sterben: siehe → Phowa.

Bewusstheit oder **Eigenbewusstheit** (skt. *swasamvittih*, tib. *rig pa, rang rig*): Die Fähigkeit des Geistes, bewusst zu sein, erleben zu können. Dies ist die innere Facette jeder Wahrnehmung, in ihrer reinen Form synonym mit → Weisheit.

Bewusstsein (skt. *vijnana*, tib. *namsche*): Funktionsweise des Geistes, wenn er auf Objekte ausgerichtet ist. Es bedeutet, dass sich jemand einer Sache oder eines Aspektes des Geistes bewusst ist. Im Großen Fahrzeug (→ Mahayana) werden meistens acht Arten gelehrt: das Bewusstsein des Sehens, Hörens, Riechens, Schmeckens, Tastens, Denkens, des Ichs und der gespeicherten Eindrücke.

Bewusstseinsstrom oder **Geiststrom** (skt. *santana*, tib. *semgyü*): Die ununterbrochene Folge der einzelnen klaren und bewussten Momente des Erlebens, die durch dieses Leben, den → Zwischenzustand zwischen → Tod und → Wiedergeburt, sowie weitere Leben hindurchgeht.

Bewusstseinsübertragung: siehe → Phowa.

Bodhgaya: In der Nähe der Stadt Patna in Nord-Indien gelegene Stelle, an der der historische → Buddha Shakyamuni die volle Erleuchtung erlangte. Gilt als wichtigster Pilgerort aller Buddhisten.

Bodhibaum: wörtl. Baum des Erwachens. Eine Pappel, unter der der Buddha saß, als er erleuchtet wurde. Der heutige Baum ist ein über Sri Lanka reimportierter Ableger des Originalbaumes.

Bodhicitta (skt., tib. *djangchub kyi sem*): Erleuchtungsgeist, der Wunsch oder Entschluss, → Buddhaschaft zum Besten aller Lebewesen zu erlangen. Er wird in zwei Aspekte unterteilt: in den relativen und den letztendlichen Erleuchtungsgeist. Der relative Erleuchtungsgeist besteht aus dem Wunsch, Erleuchtung zum Wohl aller Wesen zu erlangen und wird durch die befreienden Handlungen, die → Paramitas, in die Praxis umgesetzt. Der letztendliche Erleuchtungsgeist ist die Erkenntnis der Untrennbarkeit von → Leerheit und → Mitgefühl.

Bodhisattva (skt., tib. *djangchub sempa*): Im allgemeinen Sinn: ein Praktizierender des → Mahayana; jemand, der den Entschluss gefasst hat, zum Besten aller Lebewesen die → Erleuchtung zu erreichen. Im speziellen Sinn hat er bereits → Befreiung vom Leid und damit eine Verwirklichung auf einer der zehn → Bodhisattva-Stufen erlangt.

Bodhisattva-Stufen, zehn (skt. *dashabhumi*, tib. *sabchu*): Zehn Stufen, die den Weg eines Bodhisattva von der → Befreiung bis zur vollen → Erleuchtung ausmachen, d.h. auf denen die Erkenntnis von der wahren Natur der Dinge vertieft wird und mehr und mehr auch außerhalb der Meditation erfahren wird.

Bodhisattva-Versprechen (tib. *djangchub sempe dompa*): Bei einem qualifizierten Lehrer abgelegtes Versprechen, die → Erleuchtung zum Besten aller Lebewesen zu erlangen. Es wird in der täglichen → Meditation wiederholt, um die Motivation zu stärken. Eintritt in den Weg eines → Bodhisattva.

Buddha (skt., tib. *sang gye*, wörtl. der Erwachte oder Erleuchtete): Jemand, der alle Schleier im Geist vollkommen gereinigt (tib. *sang*) und alle Qualitäten, besonders die → Allwissenheit, vollständig entfaltet hat (tib. *gye*) (→ Buddhaschaft); auch der erleuchtete Geisteszustand. Der Buddha unserer Zeit ist der historische Buddha Shakyamuni (560–478 v. Chr.), der vierte von insgesamt 1000 Buddhas dieses Zeitalters.

Buddha-Aktivitäten: Es gibt insgesamt vier Buddha-Aktivitäten: die befriedende, vermehrende, begeisternde und kraftvoll schützende Aktivität eines Buddha.

Buddha-Aspekte oder **Meditationsaspekte**: (skt. *ishtadeva*, tib. *yidam*) vom → Buddha in den → Tantras gelehrte Meditationsformen, die jeweils eine bestimmte Qualität der Erleuchtungsnatur unseres Geistes ausdrücken (→ Yidam); eine der → Drei Wurzeln. Um auf sie meditieren zu können, benötigt man die Erlaubnis oder → Einweihung von einem Lehrer, der die Übertragung hält.

Buddha-Familien, fünf (skt. *panchakula* oder *panchajina*, tib. *rig nga*): Fasst man alle vom historischen Buddha gelehrten → Buddha-Aspekte zusammen, so kann man sie fünf Gruppen oder Familien zuordnen, die wiederum alle im Buddha → Diamanthalter, der tantrischen Form von Buddha Shakyamuni, zusammengefasst werden können. Die zentralen Buddhas der fünf Familien heißen Akshobya, Rantnasambhava, Amitabha, Amoghasiddhi und Vairocana. Eine tabellarische Übersicht über die fünf Buddha-Familien findet sich im Ausstellungskatalog „Raum & Freude", S. 112 - 113.

Buddha-Natur (skt. *tathagatagarbha*, tib. *deshin shegpe nyingpo*): Die Natur des Geistes, die Essenz oder das Potenzial der → Buddhaschaft, das allen Lebewesen innewohnt.

Buddha-Palast: Palast aus Licht und Energie, der einen → Buddha-Aspekt mit seinem Kraftkreis (→ Mandala) umgibt und den gesamten Weg zur Erleuchtung symbolisiert.

Buddhas, sieben: Eine oft im → Zufluchtsbaum verwendete Zusammenstellung der drei letzten von 1000 Buddhas des früheren sogenannten Glorreichen Weltzeitalters mit den Namen Vipashyin, Sikhin und Vishvabhu sowie der ersten vier von 1000 Buddhas des gegenwärtigen Glücklichen Weltzeitalters mit den Namen Krakucchanda, Kanakamuni, Kashyapa und Shakyamuni.

Buddhaschaft (tib. *djang chub*): Zustand vollkommener → Erleuchtung, der gekennzeichnet ist durch Furchtlosigkeit, Freude und aktives Mitgefühl, d.h. die Erkenntnis der offenen, klaren Unbegrenztheit des Geistes (→ Buddha).

Buddha-Weisheiten, fünf (skt. *pancajnana*, tib. *yeshe nga*): Facetten der einen Buddha-Weisheit: 1. die wertfreie Weisheit klaren Widerspiegelns ohne eigenes Kommentieren 2. das Entdecken des reinen Potenzials in anderen, 3. die Fähigkeit, bleibende und vergängliche Qualitäten zu unterscheiden, 4. das Verständnis des fließenden, dynamischen Aspektes der Welt, und 5. die intuitive oder raumgleiche Weisheit.

Buddha-Zustände, drei (skt. *trikaya*, tib. *kusum*): → Wahrheitszustand, → Freudenzustand und → Ausstrahlungszustand; siehe auch → Essenzzustand.

Ch'an-Buddhismus: Chinesischer Vorläufer des → Zen-Buddhismus. Der Begriff stammt von der Sanskrit-Wurzel dhyani, was Konzentration oder Versenkung bedeutet.

Chittamatra (skt., tib. *sem tsampa*): Nur-Geist-Schule - eine der vier philosophischen Schulen im Buddhismus. Sie geht von der wahrhaften Existenz des kleinsten Geist-Momentes aus, der als absolute Gegenwart bezeichnet wird.

Dakini (skt., tib. *khandroma*): wörtl. die im Raum geht: Weibliches erleuchtetes Weisheitswesen, das Inspiration und Schutz gibt sowie perfekte → Buddha-Aktivität ausführt.

Dalai Lama: im Exil lebendes politisches Oberhaupt von Tibet, gleichzeitig einer der ranghöchsten spirituellen Meister Tibets, steht der → Gelug-Tradition am nächsten.

Daseinsbereiche, sechs (skt. *sadaloka*, tib. *rigdrug*): Machen zusammen die möglichen Erlebnisweisen im → Kreislauf der Existenz aus. Die drei niederen Bereiche sind die Paranoia- oder Höllen-Zustände, die Hungergeister und die Tiere. Die drei höheren Bereiche sind die Menschen, die Halbgötter und die Götter. Eine Geburt in diesen Bereichen entsteht durch das jeweils stärkste Störgefühl.

Dewachen (tib., skt. *sukhavati*): Reines Land der Großen Freude

Dharma (tib. *chö*): die buddhistische Lehre; Teil der buddhistischen → Zuflucht. Man unterscheidet zwischen 1. dem Dharma der Lehren, den sogenannten drei → Körben, und 2. dem Dharma der Verwirklichung, den drei Arten von Training des richtigen Verhaltens, der Meditation und der Weisheit. Von den weiteren Bedeutungen dieses Begriffs ist ‚Phänomene' der wichtigste. Kombiniert man die beiden Hauptbedeutungen, so ist der Dharma die Lehre Buddhas darüber, wie die Dinge sind.

Dharmadhatu: (skt., tib. *chökyiying*) der Raum aller Erscheinungen, auch Wahrheitsraum.

Dharmakaya (skt., tib. *chöku*): siehe → Wahrheitszustand.

Dharmarad (skt. *dharmachakra*, tib. *chökyi khorlo*): Ein aus der indischen Mythologie stammender Besitz des → Weltenherrschers, ein Symbol für Buddhas Lehre. Das Drehen des Dharmarades bedeutet das Ingangsetzen eines vollständigen Zyklus (→ Lehrzyklen) von Lehren des → Buddha, die dann für eine lange folgende Zeit zur Verfügung stehen. Insgesamt drehte er das Dharmarad dreimal (→ Fahrzeuge, drei) jeweils entsprechend den Fähigkeiten seiner Schüler.

Diamant: (skt. *vajra*, tib. *dorje*) Symbol für die Unzerstörbarkeit und Kostbarkeit des Geistes.

Diamantgeist (skt. *Vajrasattva*, tib. Dorje *sempa*): Reinigende Kraft aller Buddhas, → Freudenzustand des Buddha Akshobya.

Diamanthalter (skt. *Vajradhara*, tib. *Dorje Chang*): tantrische Form von Buddha Shakyamuni, Essenz der fünf → Buddha-Familien, oben im → Zufluchtsbaum Ursprung der → Übertragungslinie, zentral im Zufluchtsbaum Verkörperung des Lehrers.

Diamantweg (wörtl. Diamant-Fahrzeug, skt. *vajrayana*, tib. *dorje thegpa*): Heute identisch mit den praxisorientierten Schulen des → Tibetischen Buddhismus und mit dem → Tantra- oder → Mantra-Fahrzeug, unterscheidet sich vom allgemeinen Großen Fahrzeug vor allem durch die Sichtweise, alles als rein zu sehen (→ Reine Sicht) und die kraftvollen Methoden der Einswerdung mit → Erleuchtung. (→ Fahrzeuge.)

Doha (skt., tib. *dorjelu*): Ein Vers oder Gesang, der von einem Praktizierenden des → Diamantwegs spontan als Ausdruck seiner Verwirklichung geäußert wird.

Dorje: → Diamant.

Dualität: Auf Unwissenheit beruhende Trennung des Erlebens in die sich gegenseitig bedingenden Aspekte von Subjekt und Objekt, innen und außen, Ich und die anderen

Edle Wahrheiten, vier (skt. *catuharyasatya*, tib. *phagpe denpa schi*): der Kern der Lehre Buddhas, gegeben beim ersten Drehen des Dharmarades:

Die Wahrheit vom Leiden (skt. *dukhasatya*). Das Leben im → Kreislauf der Existenz bedeutet Leid. Im Menschenbereich werden Geburt, Alter, Krankheit und Tod als leidvoll erfahren. Die

Lebewesen hören erst dann auf, Leid zu erfahren, wenn sie die → Natur ihres Geistes erkannt haben.

Die Wahrheit von den Ursachen des Leidens (skt. *samudayasatya*). Buddha beschreibt die Gründe, weshalb der Geist seine wahre Natur normalerweise nicht erkennt. Diese sind die negativen Handlungen und Störgefühle. Die Wurzel für alle Schwierigkeiten ist die grundlegende Unwissenheit.

Die Wahrheit vom Ende des Leidens (skt. *nirodhasatya*). Jeder kann aber erleuchtetet werden, d.h. die Natur seines Geistes erkennen und so dauerhaftes Glück reichen, wenn alle Ursachen für Leiden beseitigt sind.

Die Wahrheit des Weges zum Ende des Leidens (skt. *margasatya*). Es gibt praktische Mittel, um dauerhaftes Glück zu erreichen. Der → Achtfache Pfad erklärt diese Mittel.

Eigenbewusstheit: → Bewusstheit

Eindrücke im Geist auch **karmische Eindrücke**: Alle Handlungen von Körper, Rede und Geist werden als Eindrücke im Geist gespeichert und reifen später zu den ihnen entsprechenden Wirkungen heran (→ Karma).

Einsicht oder **Einsichtsmeditation** (skt. *vipashyana*, tib. *lhaktong*): Auf der Grundlage der → Geistesruhe entstehende tiefe Einsicht in die → Natur des Geistes (→ Shine und Lhaktong).

Einweihung oder **Ermächtigung** (skt. *abhisheka*, tib. *wang*): wörtl. Kraftübertragung: Einführung in den Kraftkreis (→ Mandala) eines Buddha durch einen qualifizierten Meister und → Übertragung der Erfahrung der erleuchteten Qualität, die durch diesen Buddha-Aspekt ausgedrückt wird. Wird auch als das Heranreifenlassen der erleuchteten Qualitäten im Geiststrom (→ Bewusstseinsstrom) bezeichnet.

Elemente, fünf (skt. *panchabhuta*, tib. *jungwa lnga*): Erde (*sa*), Wasser (*chu*), Feuer (*me*), Luft (*lung*) und Raum (*namkha*).

Entsagung: Loslösung von Anhaftungen, die einen an den → Kreislauf der Existenz binden.

Entstehungsphase (skt. *utpattikrama*, tib. *kyerim*): Aufbau der inneren Vorstellung eines Buddha-Aspektes im → Diamantweg. Sie dient hauptsächlich der Entwicklung von → Geistesruhe und Klarheit.

Erdberührungsgeste: die Geste, in der → Buddha meistens dargestellt wird: Die ausgestreckten Finger der rechten Hand berühren vor den Beinen leicht den Boden. Symbolisch ruft Buddha damit die Erdgöttin als Zeugin dafür an, dass er über viele Leben hinweg die Ursachen für → Erleuchtung gelegt hat, indem er → Mitgefühl und → Weisheit vollendet hat, sowie die entsprechenden Handlungen praktiziert hat. Damit zeigt diese Geste Weg und Ziel im Buddhismus.

Erkenntnislehre (skt. *pramana*, tib. *tsema*): Lehren Buddhas über die Funktionsweise des Geistes, insbesondere darüber, was richtige und was getäuschte Erkenntnis bedeutet, über Objekte der Erkenntnis, Erkenntnisprozesse und den erkennenden Geist. Wird oft auch als Theorie der Wahrnehmung bezeichnet.

Erlaubnis-Einweihung (tib. *dje nang*): Hier wird eine → Einweihung hauptsächlich als Segen für die Meditationspraxis gegeben und ist verbunden mit der Erlaubnis, die Praxis auf den entsprechenden → Buddha-Aspekt zu verwenden. Eine Praxis-Einweihung ist demgegenüber in der Regel mit dem Versprechen verbunden, die Praxis regelmäßig auszuführen.

Erleber: Grundlegende → Bewusstheit des Geistes. Um das Festhalten an den Erlebnissen loslassen zu können, lernt man zunächst, den Geist auf den Erleber selbst zu richten, die ureigene Natur unseres Geistes. Letztendlich bedeutet das Erkennen der → Natur des Geistes jedoch, Erleber, Erlebtes und Erleben als Teile derselben Ganzheit zu erfahren.

Erleuchtung / erleuchtet: Geisteszustand eines → Buddha, in dem selbst die feinsten Schleier der Unwissenheit beseitigt sind und vollkommene Allwissenheit verwirklicht ist.

Erleuchtungsfaktoren (skt. *saptatrimsa-bodhipakshadharma*, tib. *djangtschog sodün*): 37 Qualitäten, die auf dem Erleuchtungsweg erlangt werden. Unterteilung der fünf → Wege in 37 einzelne Stufen, die in die folgenden sieben Themen zusammengefasst werden können: 1. Die vier Grundlagen der Achtsamkeit, 2. die vier Arten des perfekten

Aufgebens, 3. die vier wunderbaren Grundlagen, 4. die fünf Fähigkeiten, 5. die fünf Kräfte, 6. die sieben Zweige auf dem Weg des Sehens und 7. der achtfache Pfad der Edlen; sind u.a. für die Symbolik des → Buddha-Palastes und des → Stupa von Bedeutung.

Erleuchtungsgeist auch **Erleuchtete Geiteseinstellung**: → Bodhicitta.

Ermächtigung: → Einweihung.

Essenzzustand (skt. *svabhavikakaya*, tib. *ngowonyi ku*): Vereinigung und Untrennbarkeit der drei Buddha-Zustände, des → Wahrheits-, → Freuden- und → Ausstrahlungszustandes.

Extreme, vier: das Festhalten an wahrhafter Existenz, an Nichtexistenz, an einer Kombination dieser beiden und an dem Entstehen ohne Ursachen.

Fähigkeiten (skt. *siddhi*, tib. *ngödrub*): Sie werden in allgemeine und besondere Fähigkeiten unterschieden. Allgemeine Fähigkeiten sind Qualitäten, die sich auf dem Weg der Meditation entwickeln, wie z. B. → außersinnliche Wahrnehmungen. Besondere Fähigkeiten sind die Qualitäten, die in der Natur des Geistes liegen, wie Furchtlosigkeit, Freude, Mitgefühl und Weisheit.

Fahrzeug der (Ordens-)Älteren: → Theravada

Fahrzeuge, drei oder drei Wege (skt. *triyana*, tib. *thegpa sum*): Eingeteilt nach den Meditationsmethoden sind dies das Fahrzeug der (Ordens-)Älteren (skt. → *theravada*), Großes Fahrzeug (skt. → *mahayana*) und → Diamantweg (skt. → *vajrayana*), eingeteilt nach der Sichtweise sind dies das Fahrzeug der → Shravakas, der → Pratyekabuddhas und der → Bodhisattvas.

Fehlerhafte Sichtweisen oder **falsche Vorstellungen**: Den → Störgefühlen zugrunde liegende fehlerhafte Anschauungen, z. B. extreme Sichtweisen des Festhaltens an unabhängiger Existenz oder an Nicht-Existenz, Nicht-Verstehen von Ursache und Wirkung, usw.

Freudenzustand (skt. *sambhogakaya*, tib. *long ku*): einer der → drei Zustände der Erleuchtung, aus dem → Wahrheitszustand eines Buddha ausgestrahlte Form mit vielen besonderen Merkmalen der

Vollkommenheit, die speziell erscheint, um die → Bodhisattvas auf ihrem Weg anzuleiten. Die Einswerdung mit einem Freudenzustand wird in der → Diamantweg-Praxis geübt.

Frucht-Fahrzeug (skt. *phalayana*, tib. *drebu'i thegpa*): anderer Ausdruck für → Vajrayana, → Tantrayana oder → Mantrayana, steht im dem Ursache-Fahrzeug (→ Sutrayana) gegenüber.

Furchtlosigkeiten, vier: 1. Buddhas sind furchtlos im Feststellen ihrer perfekten Erleuchtung, 2. Furchtlosigkeit im Überwinden von allen Schleiern und Störungen, 3. Furchtlosigkeit im Erreichen der Beendigung aller Hindernisse für die Erleuchtung und 4. Furchtlosigkeit im Lehren des Pfades zur Erleuchtung.

Gefährtin (tib. *yum*): Weiblicher → Buddha-Aspekt in Vereinigung mit einem männlichen Aspekt (tib. yab). Sie drückt Weisheit aus, die untrennbar von Methode oder Mitgefühl ist.

Geist (skt. *citta*, tib. *sem*): Allgemeiner Ausdruck für die Klarheit und Erlebnisfähigkeit, die die Grundlage für alles bildet, was erlebt wird. Anstatt die offene, klare Unbegrenztheit des Geistes, seine wahre Natur, zu erkennen, lässt man sich meistens von den Erlebnissen im Geist gefangen nehmen, die wie die Bilder im Spiegel kommen und gehen.

Geistesfaktoren (skt. *samskara* oder *chaitasika*, tib. *sem jung*): Alle positiven, negativen und wandelbaren Zustände im Geist, die den Geiststrom (→ Bewusstseinsstrom) einfärben und zu entsprechendem Verhalten führen. Dies wird auch als geistige Aktivität (tib. *du dje*) bezeichnet.

Geistesruhe (skt. *shamata*, tib. *shi ne*): friedvoller Geisteszustand in tiefer Konzentration mit oder ohne Objekt (→ Versenkung).

Geistige Schöpfungen oder **Extreme, acht**: Entstehen und Vergehen, Dauerhaftigkeit und Auslöschung, Kommen und Gehen, Gleichheit und Unterschiedlichkeit.

Geiststrom (skt. *cittasamtana*, tib. *sem gyü*): → Bewusstseinsstrom.

Gelug-Tradition: Eine der vier Hauptschulen des → Tibetischen Buddhismus, die sogenannte ‚Reformschule', gegründet Anfang des

15. Jahrhunderts von Je Tsongkhapa, legt besonderen Wert auf Gelehrsamkeit und reines Verhalten. Obwohl diese Schule auch tantrische Übertragungen hält, ordnet sie sich meistens dem → Mahayana und nicht dem → Diamantweg zu. Ihr Oberhaupt ist Ganden Tripa Rinpoche, der Thronhalter des Klosters Ganden.

Glieder des abhängigen Entstehens, zwölf (skt. *dvadasanga-pratityasamutpada*, tib. *tendrel chunyi*): Glieder einer Kette von Ursache und Wirkung, die immer wieder zu einer Geburt im → Kreislauf der Existenz führt: 1. Unwissenheit, 2. karmische Tendenzen, 3. Bewusstsein, 4. Name und Form, 5. Sinnesursprünge, 6. Kontakt, 7. Gefühl, 8. Verlangen, 9. Ergreifen, 10. Werden, 11. Geburt, 12. Alter und Tod. Sie lassen sich sowohl auf unsere gesamte Existenz, als auch auf eine einzelne Handlung beziehen.

Glocke (skt. *gantha*, tib. *dril bu*): Ritualgegenstand, der Körper und Rede der Buddhas, sowie Weisheit oder Raum symbolisiert; wird oft zusammen mit dem → Dorje verwendet.

Glück verheißende Zeichen, acht (skt. *ashtamangala*, tib. *tashi taggye*): Glückssymbole im Buddhismus, die der Lebensgeschichte des historischen Buddha zugeordnet sind und für weltliche und außerweltliche Qualitäten stehen. Sie werden in vielen asiatischen Ländern verwendet.

Gönpo: (tib.) → Schützer.

Grenzenloses Leben (skt. *Amitayus*, tib. *Tsepame*): stärkt die Gesundheit und Lebenskraft.

Grenzenloses Licht (skt. *Amitabha*, tib. *Öpame*): Buddha des → Reinen Landes der großen Freude (skt. *sukhavati*, tib. → *dewachen*).

Großes Fahrzeug: → Mahayana.

Großes Siegel: → Mahamudra.

Grundgedanken, vier (tib. *lodog nampa schi*): auch ‚allgemeine Grundübungen' genannt; vier Gedanken, die ein tiefes Verständnis für die grundlegenden Tatsachen unseres Lebens entwickeln und den Geist auf die Lehre Buddhas ausrichten: 1. die Kostbarkeit der menschlichen Existenz, 2. die Vergänglichkeit, 3. → Karma, Ursache und Wirkung, 4. die Schwierigkeiten im → Kreislauf der Existenz.

Grundlagen, fünf: Zusammenfassung der → Abhidharma-Lehren in Form, → Geistesfaktoren, → Bewusstsein, nicht eindeutig der Materie oder dem Geist zuzuordnende Erscheinungen, sowie nicht zusammengesetzte Erscheinungen.

Grundlagen, vier oder **Stützen, vier** (skt.: *catuhpratisarana*, tib. *tönpa zhi*, engl. *Four Reliances*): methodische Richtlinien für die Beschäftigung mit der buddhistischen Lehre (siehe „die Abhidharma-Lehren").

Grundübungen, vier (tib. *ngöndro*): Folge von vier auf einander aufbauenden Meditationsformen, die die Grundlage für die Praxis des Großen Siegels und anderer Meditationen des Diamantwegs bilden. Es sind dies 1. die Verbeugungen, 2. die Reinigungspraxis von Diamantgeist, 3. die Mandala-Gaben und 4. die Meditation auf den Lehrer.

Guru (skt., tib. *lama*): Geistiger Lehrer, der andere in der Meditation anleiten kann.

Guru-Yoga (skt., tib. *lame naldjor*): Meditation auf den Lehrer, schnelle Methode der Einswerdung mit → Erleuchtung im → Diamantweg.

Heruka: Allgemein: Sammelbegriff für männliche Meditations-Aspekte; speziell: Ausdruck für Chakrasamvara, den Buddha der → Höchsten Freude.

Hevajra-Tantra (skt., *kyedorje gyü*): eines der vier Hauptwerke der → Kagyü-Tradition.

Hinayana (wörtl. das Kleine Fahrzeug): Wird nur aus der Perspektive des Großen Fahrzeugs (→ Mahayana), z.B. im Lotus Sutra, als kleiner bezeichnet, da der Schwerpunkt der Praxis hier auf die Befreiung des Einzelnen (weniger auf das Wohl aller Wesen) vom → Kreislauf der Existenz ausgerichtet ist. Streng genommen wird dieser Begriff nur den philosophischen Schulen der → Vaibhashikas und → Sautrantikas zugeordnet. Da sich die Inhalte dieses Fahrzeugs zum größten Teil mit denen des Mahayana decken, sollte es gemeinsam mit den Praktizierenden dieses Fahrzeugs angemessener als → Theravada, das Fahrzeug der Älteren in der Gemeinschaft, bezeichnet werden. Es ist dann identisch mit dem südlichen Buddhismus.

Hindu-Schulen, fünf: Zahllose Anschauungen haben sich über die Jahrtausende hinweg in der Hindu-Tradition entwickelt. Man kann sie (aus buddhistischer Sicht) in fünf große Schulen zusammenfassen: 1. Das Samkhya-System ist das älteste und hat sich im Laufe der Zeit an das Yoga-System angenähert, welches gelegentlich auch als eigenständige Schule betrachtet wird. 2. Das Mimansa-System folgt hauptsächlich den Veden. Es wird inhaltlich oft mit dem Jainismus zusammengefasst, der ungefähr zur gleichen Zeit wie der Buddhismus entstand und von Mahavira gegründet wurde, 3. Die Schule der Charvakas vertritt eine eher nihilistische Sicht, die Ursache und Wirkung leugnet. Sie wird nicht von allen anderen anerkannt. 4. Die beiden Systeme der Nyayas und Vaisheshikas werden ebenfalls meistens zusammengefasst, da sie sich in ihrer Logik und Metaphysik ergänzen. 5. Die Advaita-Vedanta-Schule schließlich vertritt die letztendliche Sichtweise der Veden. Sie wurde im Laufe der Zeit stark vom Buddhismus beeinflusst.

Höchste Freude (skt. *Chakrasamvara*, tib. *Khorlo Demchok*): wörtl. Rad der höchsten Freude. Oft in Vereinigung mit Roter Weisheit (skt. *Vajravarahi*, tib. *Dorje Phamo*); zentrale Meditationsform (→ Yidam) in der → Kagyü-Tradition.

Ich-Illusion (skt., *ahamkara*, tib. *ngadzin*): Vorstellung, dass die verschiedenen Bestandteile der eigenen Person ein einheitliches Ich ausmachen würden. Grundlage für alle weiteren → Störgefühle und Handlungen, die wiederum zu Leiden führen. Die Auflösung dieser Illusion bedeutet → Befreiung von Leid.

Inkarnation: Von der Ebene der Befreiung aus kann man sich bewusst zum Besten der Lebewesen im → Kreislauf der Existenz inkarnieren, um anderen zu helfen, Befreiung vom Leid zu erreichen. Die höchsten bewusst wiedergeborenen Lehrer, wie z. B. Gyalwa Karmapa, müssen als perfekte Inkarnation mindestens auf der 8. → Bodhisattva-Stufe sein.

Juwelen, drei (skt. *triratna*, tib. *könchok sum*): Die allgemeine → Zuflucht im Buddhismus. Sie besteht aus 1. → Buddha, dem erleuchteten

Geisteszustand, 2. → Dharma, der Lehre, die einen dorthin bringt, sowie 3. → Sangha, den → Bodhisattvas, den Freunden und Helfern auf dem Weg.

Kagyü-Tradition: Eine der vier Hauptschulen des → Tibetischen Buddhismus; geht auf Lehren zurück, die von Marpa dem Übersetzer im 11. Jahrhundert von Indien nach Tibet gebracht wurden. Diese Lehren gelangten über die Meister Milarepa, Rechungpa und Gampopa zum 1. → Karmapa und weiteren Schülern Gampopas. Daraus entstanden weitere Unterschulen, von denen die → Karma Kagyü-Schule – seit dem 12. Jahrhundert geleitet von den Karmapas – heute die größte ist. Weitere Unterschulen sind die Drugpa-Linie (hauptsächlich in Bhutan) und die Drikung-Linie (hauptsächlich in Ladakh). Der Schwerpunkt wird in der Kagyü-Tradition auf die Praxis der Meditation gelegt, basierend auf der unmittelbaren Übertragung der → Verwirklichung vom Lehrer zum Schüler. Hauptlehren sind die → sechs Lehren Naropas und das Große Siegel (→ Mahamudra).

Kalachakra-Tantra (skt., tib. *Dükhor gyü*): System von Lehren der 4. → Tantra-Klasse zum Buddha Kalachakra (tib. *Dükhor*, deutsch: Rad der Zeit); Lehren zu den äußeren und inneren Zeitzyklen; die Praxis hat harmonisierende Wirkung; gelangte sehr wahrscheinlich im Jahr 1027 nach Tibet, dem Startpunkt der tibetischen Kalenderrechnung.

Kalpa: Weltzeitalter, umfasst einen Zyklus des Entstehens und Vergehens eines ganzen Universums.

Kanjur (tib.): Ins Tibetische übersetzte Sammlung der direkten Lehren Buddhas, die von dem Gelehrten Buton Rinchendrup (1290 – 1364) und weiteren Meistern zusammengetragen wurde (vgl. → Tenjur). Sie umfasst je nach Ausgabe zwischen 100 und 108 Bände. (Siehe im Quellenverzeichnis unter Kanjur.)

Karma (skt., tib. *le*): Handlungen, das Gesetz von Ursache und Wirkung. Alle körperlichen, verbalen und geistigen Handlungen hinterlassen Eindrücke im Geist, deren Resultate wiederum in den Erfahrungen dieses und weiterer Leben heranreifen. Schädliche Handlungen bringen Leid, positive Glück. Ein Verständnis von Karma bedeutet, dass wir mit unseren Handlungen hier und jetzt unsere Zukunft bewusst bestimmen können.

Karma Gadri-Tradition: Malstil der Zelte, wie er vor allem in der → Kagyü-Tradition verwendet wird. Er wurde in der zweiten Hälfte des 16. Jahrhunderts von Tashi gegründet, einem Schüler des 8. Karmapa Mikyö Dorje. Er ist gekennzeichnet durch die Kombination von tibetischen und chinesischen Stilelementen.

Karma-Kagyü-Schule → Kagyü-Tradition

Karmapa (wörtl. Herr der Buddha-Aktivität): Oberhaupt der Karma-Kagyü-Linie des → Tibetischen Buddhismus. Wurde vom historischen Buddha vorhergesagt ('Mann mit der Schwarzen Krone') als Verkörperung der mitfühlenden Aktivität aller Buddhas. Der 2. Karmapa Karma Pakshi (1203-1283) war der erste bewusst wiedergeborene Lama Tibets. Der 16. Karmapa Rangjung Rigpe Dorje (1924 – 1981) brachte die Kagyü-Lehren in den Westen, der 17. Karmapa Thaye Dorje (geb. 1983) ist das derzeitige Oberhaupt der Linie.

Karmapa-Meditation: in der → Kagyü-Tradition hauptsächlich verwendete Form der Meditation auf den Lehrer als Ausdruck der → Erleuchtung (→ Guru-Yoga).

Karmische Tendenzen (skt. *vasana*, tib. *du dje*): Gewohnheitstendenzen oder subtile Neigungen, die durch wiederholte Handlungen aus früherer Zeit entstanden und als Eindrücke im → Speicherbewusstsein gelagert sind. Sie geben dem Geiststrom (→ Bewusstseinsstrom) eine bestimmte Richtung und führen immer wieder zu entsprechenden Gewohnheiten.

Keimsilbe (skr. *bija* oder *bijakshara*, tib. *yige*): Die Verkörperung des erleuchteten Geistes in Form einer Silbe. Diese mantrischen Silben spielen in der Entstehungsphase meditativer Vergegenwärtigung eine bedeutende Rolle. Jeder → Buddha-Aspekt hat seine eigene Keimsilbe.

Klares Licht (skt. *prabhasvara*, tib. *ösal*): Ausdruck für die nicht bedingte Natur der Dinge, die Samsara (→ Kreislauf der Existenz) und → Nirvana durchdringt. Es zeigt sich spontan im Verlauf des Sterbeprozesses und kann dann, vor allem als Resultat vorheriger Meditationserfahrung, als die eigene Natur erkannt werden.

Klarheit des Geistes: Die Erscheinungen im Geist, die sich ständig manifestieren und wieder auflösen, auch ‚freies Spiel des Geistes' genannt.

Koan: Worte oder Phrasen, über die in manchen Schulen des → Zen-Buddhismus meditiert wird, um über begriffliche Geisteszustände hinauszugelangen und eine Bewusstheit der Wirklichkeit zu erreichen. Es soll insgesamt ca. 1700 verschiedene bekannte Koans geben.

Kodifizierung der Lehren: Die Schüler des historischen Buddha überprüften mehrmals auf ihren großen Versammlungen die Niederschriften seiner Lehrreden. Sie klärten dabei strittige Punkte, korrigierten Fehler der Überlieferung, entfernten unnötige Wiederholungen und ordneten die Lehren übersichtlicher.

Körbe, drei (skt. *tripitaka*, tib. *denö sum*): Sammlungen von Lehren Buddhas in den drei Gruppen von → Vinaya, den Lehren über nützliches Verhalten, → Sutra, den Lehren zur Meditationspraxis und → Abhidharma, den Lehren über Weisheit.

Kraftkreis oder **Kraftfeld**: → Mandala.

Kreise, drei (tib. *khor sum*): Dualistische Trennung in Subjekt, Objekt und die sie miteinander verbindende Handlung. Frei zu sein von den drei Kreisen bedeutet, diese als Teile derselben Ganzheit zu erfahren.

Kreislauf der Existenz (skt. *samsara*, tib. *sipe khorwa*): unfreiwillige Wiedergeburt in den verschiedenen → Daseinsbereichen. Entsteht aus Unwissenheit über die wirkliche Natur der Dinge und ist charakterisiert durch verschiedene Arten von Leid.

Laien-Buddhismus: Ein Weg, Buddhas Lehre mit dem normalen Alltag in der Gesellschaft zu verbinden. Wurde bereits von Buddhas direkten Schülern und von vielen Meistern des alten Indien praktiziert

Lama (tib., skt. *guru*, wörtl. höchstes Prinzip): Meditationslehrer des → Tibetischen Buddhismus. Im → Diamantweg ist der Lama der Schlüssel für die tiefgründigen Unterweisungen; als Linienlama eine der → Drei Wurzeln, als Wurzellama derjenige, der die Schülerin oder den Schüler in die Natur des Geistes einführt. Durch die Meditation auf

den Lama (skt. *guru yoga*) öffnet sich der Praktizierende für die →
Übertragung seiner Verwirklichung (Segen).

Lebensrad (skt. *bhavachakra*, tib. *sipe khorlo*): Symbolische Darstellung
des → Kreislaufs der Existenz, seiner Ursachen und des Weges zur
→ Befreiung. Wurde traditionell am Eingang einer Meditationsstelle
abgebildet, damit man seine eigene Situation klar sehen konnte. So
zur Praxis motiviert lernte man, mit dem Geist zu arbeiten, um bleibendes Glück zu erlangen.

Leerheit (skt. *shunyata*, tib. *tongpanyi*): das Freisein von wahrhafter,
unabhängiger Existenz der eigenen Person und der Erscheinungen;
die Raum-Natur aller Dinge, deren Erfahrung über alle Begriffe hinausgeht.

Lehren von Naropa, sechs (skt. *naro saddharma*, tib. *naro chödrug*):
Meditationspraktiken, die mit den inneren Energien arbeiten. Es sind
folgende Meditationen: innere Wärme (skt. *candali*, tib. *tummo*),
Klares Licht (skt. *prabhasvara*, tib. *ösal*), Traum-Yoga (skt. *svapnadar-
sana*, tib. *milam*), Illusionskörper (skt. *mayakaya*, tib. *gyülü*),
Bewusstseinsübertragung (skt. *samkranti*, tib. *phowa*) und Zwischenzustand (skt. *antarabhava*, tib. *bardo*).

Lehrzyklen: Buddha lehrte drei große Themenkreise (siehe unter Teil 1.4
„Buddhas Fahrzeug aus der Perspektive des Diamantwegs"), bei
denen es schwerpunktmäßig um 1. Ursache und Wirkung, 2. Mitgefühl und Weisheit, sowie 3. die in allen fühlenden Wesen gegenwärtige
Buddha-Natur geht (→ Dharmarad).

Leid (skt. *dukha*, tib. *dugngal*): Im Vergleich zur → Befreiung und
→ Erleuchtung sind alle Erfahrungen der → bedingten Existenz mit
Leid verbunden. In den buddhistischen Texten werden drei Arten
von Leid genannt: 1. das Leid der Veränderung, 2. das Leid der
Bedingtheit und 3. das Leid des Leidens.

Lhaktong (tib., skt. *vipashyana*): Einsichtsmeditation, baut auf Konzentration (→ shine) auf und verwendet unterschiedliche Methoden, um
Einsicht in die → Natur des Geistes zu entwickeln.

Licht-Energie-Formen: Anderer Ausdruck für → Buddha-Aspekte, die
als nicht-substanzielle Formen aus Licht und Energie vergegenwärtigt

werden, Hologrammen ähnlich. Sie drücken die verschiedenen Facetten der Erleuchtungsnatur des Geistes aus.

Liebevolle Augen (skt. *Avalokiteshvara*, tib. *Chenresig*): Buddha des Mitgefühls, seine Augen sehen jedes Lebewesen.

Linienlama: siehe → Lama.

Logik (skt. *anumana*, tib. *rigpa*): Teil der buddhistischen → Erkenntnislehre; Methoden und Prozesse zur Untersuchung von inneren und äußeren Phänomenen durch schlussfolgernde Wahrnehmung. Ihre Gültigkeit wird durch die Einhaltung bestimmter Regeln und die dadurch ermöglichte Interaktion mit einem konkreten Erfahrungsobjekt bestimmt.

Longchen-Nyingthig-Übertragung (wörtl. Übertragung der Herz-Essenz von Longchen): Eine der wichtigsten Lehren der → Nyingma-Tradition zusammengestellt aus der mündlichen Überlieferung (Kama) und der Überlieferung der versteckten Schätze (→ Terma) von dem Meister Longchen Rabjam (1308 – 1363).

Lung (tib., skt., *agama*): Übertragung durch Lesen. Auf den historischen Buddha zurückgehende formelle Übertragung der Texte einer bestimmten Praxis durch Vorlesen. Ein Lung ist im Allgemeinen Voraussetzung für die Praxis der → Grundübungen und die → Vergegenwärtigung der → Buddha-Aspekte im → Diamantweg.

Madhyamaka (tib. *uma*): Der Mittlere Weg; die höchste philosophische Schule im Buddhismus; wurde von dem indischen Meister Nagarjuna als Gründer dieser Schule und späteren Meistern auf der Grundlage der Weisheitslehren Buddhas (→ Prajnaparamita) dargelegt. Sie wird im Tibetischen Buddhismus weiter in Rangtong- (leer an sich) und Shentong-Madhyamaka (leer von anderem) unterteilt.

Mahamudra (skt., tib. *chagchen*, wörtl. das Große Siegel): Ausdruck für die höchste Form der Meditation im → Diamantweg, besonders in der → Kagyü-Tradition. Es beinhaltet Grundlage, Weg und Ziel und ist die Quintessenz aller buddhistischen Lehren.

Mahamudra-Weisheit (tib. *lenchig kyepä yeshe*): die gleichzeitig mit der Erfahrung entstehende Einsicht, Erkenntnis der höchsten Wirklichkeit.

Mahakala (skt., tib. *nagpo chenpo*): Großer Schwarzer, Kategorie von Schützern, zweiarmige Form: Vajra-Mahakala, tib. Bernagchen, deutsch Schwarzer Mantel, Gefährtin: Shri Devi, tib. Palden Lhamo, deutsch Strahlende Göttin.

Mahasattva: (skt.) → Bodhisattva von der achten bis zur zehnten → Bodhisattva-Stufe.

Mahasiddhas oder **Siddhas** (skt., tib. *drubchen*): Große verwirklichte Meister des → Diamantwegs. Traditionell wird eine Gruppe von 84 Mahasiddhas im alten Indien genannt, die aus allen sozialen Schichten kamen und außergewöhnliche Fähigkeiten entwickelten. Der wichtigste Meister unter ihnen war → Saraha.

Maitreya (skt., tib. *Jampa*): Stellvertreter des Buddha in → Tushita und zukünftiger Buddha.

Mahayana (skt., tib. *thegpa chenpo*, wörtl. das Große Fahrzeug): Seine Praktizierenden haben den Wunsch entwickelt, die Erleuchtung zu erlangen, um alle Lebewesen vom Leid zu befreien. Er wird auch als Bodhisattva-Weg bezeichnet und ist identisch mit dem nördlichen Buddhismus. Seine Grundlage ist die Entwicklung von überpersönlichem Mitgefühl und allumfassender Weisheit. Nach seinen Meditationsmethoden wird es in das → Sutra-Fahrzeug, auch Ursache-Fahrzeug genannt, und das → Tantra-Fahrzeug, auch Frucht-Fahrzeug genannt, unterschieden (Siehe auch → Fahrzeuge).

Mala (skt., tib. *threngwa*): Kette aus 27, 108 oder 111 Perlen. Sie kann aus verschiedenen Materialien bestehen, deren Farbe eine bestimmte → Buddha-Aktivität ausdrückt. Die Kette wird zum Zählen von Mantras verwendet.

Mandala (skt., tib. *khyil khor*, wörtl. Zentrum und Umkreis): Kraftkreis eines → Buddha-Aspektes, auf den im → Diamantweg meditiert wird. Er enthält einen zentralen Aspekt und weitere Aspekte, die diesem zugeordnet sind. Ein Mandala wird als gemaltes Bild oder aus Sand gestreut dargestellt. Bei den Mandala-Gaben (→ Grundübungen) steht es für das ganze mit Kostbarkeiten angefüllte Universum, das der Erleuchtung geschenkt wird.

Manjushri (skt., tib. *Jampalyang*): Weisheitsbuddha oder -Bodhisattva.

Mantra (skt., tib. *ngag*): Silben oder Worte, gewöhnlich in Sanskrit, die den Geist vor Störungen schützen und die innere und äußere Wahrheit miteinander verbinden. Mantras beinhalten meistens den Namen eines → Buddha-Aspektes und werden vielfach wiederholt, um die entsprechende Qualität dieses Aspektes der Erleuchtung zu entwickeln.

Mantraphase: Phase der tantrischen Meditation, bei der auf der Ebene des Klanges die Verbindung mit einer bestimmten Qualität des Geistes hergestellt und aktiviert wird. Reinigt vor allem die Rede von allen oberflächlichen Schleiern.

Mantra-Fahrzeug (skt. *mantrayana*): anderer Ausdruck für → Vajrayana oder Tantrayana, betont die Verwendung von → Mantras als Meditationsmethode.

Maras, vier (skt. *caturmara*, tib. *düschi*): Die vier Hindernisse auf dem Weg zur Erleuchtung: 1. Devaputra-Mara: das Anhaften an den Freuden des Götterbereichs oder Schwelgen in angenehmen Sinneseindrücken, 2. Klesha-Mara: → Störgefühle insgesamt, 3. Skandha-Mara: die Vorstellung, dass die Bestandteile der eigenen Person ein wirkliches Ich ausmachen, und 4. Mrtyupati-Mara: den Tod für letztendlich wirklich zu halten (und nicht zu erkennen, dass der Geist niemals sterben kann, weil er kein Ding ist).

Meditation (skt. *bhavana*, tib. *gom*): das praktische Mittel, um das eigene Potenzial zur → Erleuchtung zu erkennen. Meditation bedeutet ‚müheloses Verweilen in dem, was ist'. Auf jeder buddhistischen Ebene verwendet man dafür unterschiedliche Mittel, die aber in die beiden Aspekte von Geistesruhe (tib. → shine) und tiefer Einsicht (tib. → lhaktong) zusammengefasst werden können. Im → Diamantweg identifiziert man sich mit Buddha-Aspekten aus Energie und Licht als Ausdrucksformen der Erleuchtung.

Meditationsaspekte: → Buddha-Aspekte.

Meditationserfahrung: Das Erlangen von Freude, Klarheit und Nicht-Begrifflichkeit sind gute Zeichen auf dem Weg, dürfen aber nicht festgehalten werden, denn die Anhaftung daran würde zu einer Wiedergeburt in den → drei Bereichen der bedingten Existenz führen.

Die Anhaftung an Freude führt zu einer Wiedergeburt im Begierde-bereich, die Anhaftung an Klarheit im Form-Bereich und die Anhaf-tung an Nicht-Begrifflichkeit im formlosen Bereich. Das eigentliche Ziel ist die → Verwirklichung der → Natur des Geistes.

Meditationsmeister: Verwirklichter Praktizierender, der andere in der Meditation anleiten kann, indem er seine Erfahrung mit ihnen teilt (→ Lama).

Medizinbuddha (skt. *Baisjaya Guru*, tib. *Sangye Menla*): Heilende Kraft aller Buddhas.

Methode (skt. *upaya*, tib. *thab*): Aktivität der → Bodhisattvas zum Besten der Wesen, die ersten fünf → Paramitas, immer in Vereinigung mit Weisheit.

Mitgefühl (skt. *karuna*, tib. *nyingdje*): Der Wunsch, dass alle Lebewesen frei von Leid und den Ursachen des Leids sein mögen.

Mittlerer Weg: → Madhyamaka.

Mudra (skt., tib. *chag*): Körperhaltung oder symbolische Geste eines → Buddha-Aspektes, die meistens eine mit der Erleuchtung verbunde-ne → Aktivität ausdrückt. Z. B. bedeutet die Geste der Freigebigkeit das Loslassen von Anhaftungen. In den → Tantras werden vier Arten von Mudras voneinander unterschieden: 1. Siegel des Versprechens (skt. *samaya-mudra*), 2. Aktivitäts-Siegel (skt. *karma-mudra*), 3. Siegel der Lehre (skt. *dharma-mudra*) und 4. Großes Siegel (skt. *maha-mudra*).

Nachmeditation: Die Zeiten zwischen den Meditationssitzungen, also der Alltag eines buddhistischen Praktizierenden.

Nagarjuna: Vom historischen Buddha vorhergesagter Meister (ca. 2. Jahr-hundert. n. Chr.), der besonders die Weisheitslehren Buddhas erläu-tert und auf deren Grundlage die philosophische Schule des Mittleren Weges (→ Madhyamaka) begründet hat.

Nalanda-Universität: Sie wurde etwa im 2. Jahrhundert n. Chr. in Nord-Indien in der Nähe der Stadt Rajgir gegründet. Hier war der Geburts-und Sterbe-Ort von Shariputra, einem der beiden Hauptschüler des → Buddha. Sie fungierte für mehr als 1000 Jahre als Zentrum für den

Erhalt und die Ausbreitung des → Mahayana-Buddhismus.

Natur des Geistes: Offene, klare Unbegrenztheit, die die Grundlage aller Erscheinungen ist.

Neue Traditionen (tib. *sarma*): Schulen, die durch die im 11. Jahrhundert neu gestartete zweite Übersetzerperiode entstanden, nämlich die → Kagyü-, → Sakya- und → Gelug-Traditionen.

Nirmanakaya (skt., tib. *tulku*): → Ausstrahlungszustand eines Buddha.

Nirvana (skt., tib. *ngangän lä däpa*): Allgemein: Befreiung vom Leiden im → Kreislauf der Existenz (einseitiges Nirvana), speziell im → Mahayana: Zustand der vollkommenen → Buddhaschaft (→ Parinirvana).

Nördlicher Buddhismus: → Mahayana.

Nyingma-Tradition: Die älteste der vier Haupt-Traditionen des → Tibetischen Buddhismus. Sie wurde von dem indischen Meister → Padmasambhava, (tib. *Guru Rinpoche*), im 8. Jahrhundert begründet. Man unterscheidet zwischen der Kama-Tradition, der Schule der direkten Übertragung von Lehrer zu Schüler, und der Terma-Tradition, der Übertragung der versteckten Schätze, die später wiederentdeckt und veröffentlicht wurden.

Oddiyana (tib. *Orgyan*, auch *Urgyen*): Land in Pakistan und Ladakh, das auch als Land der → Dakinis bezeichnet wird. Es ist teilweise identisch mit dem Swat-Tal. Nach tibetischer Geschichtsschreibung wurden hier die buddhistischen Tantras gelehrt und aufbewahrt. Der Meister Orgyenpa Rinchen Pal (1230 - 1309), reiste auf Wunsch seines Lehrers dorthin (daher sein Name) und gründete später die Orgyen Nyendrub-Übertragungslinie. Einige Forscher identifizieren Oddiyana mit dem heutigen indischen Bundesstaat Orissa, der wenigstens bis zum 14. Jh. den Namen Oddiyana trug.

Padmasambhava (tib. *Guru Rinpoche*): Begründer des → Tibetischen Buddhismus, speziell der → Nyingma-Tradition.

Paramitas (skt., tib. *pharöltu tschinpa*, wörtl. ‚jenseits gegangen' oder Vollkommenheiten): Befreiende Handlungen eines → Bodhisattva,

Vollendung der Qualitäten auf den → Bodhisattva-Stufen. Meistens werden die folgenden sechs genannt: Freigebigkeit, sinnvolle Lebensweise, Geduld, freudvolle Anstrengung, meditative Konzentration und Weisheit. Bei zehn Paramitas kommen noch Methoden, Wünsche, Kraft und ursprüngliche Bewusstheit hinzu.

Parinirvana: Zustand jenseits von Samsara (→ Kreislauf der Existenz) und (einseitigem) → Nirvana, anderer Ausdruck für den Tod eines Buddha.

Pfad der Edlen, achtfacher: → Achtfacher Pfad der Edlen.

Philosophische Schulen, vier (skt. *siddhanta*, tib. *drub tha shi*): Die Sichtweise oder philosophische Grundlage für die Meditationspraxis drückt sich in vier Lehrmeinungen aus, die von den Nachfolgern Buddhas entwickelt wurden. Sie entsprechen dem jeweils höchsten Verständnis, das sie von seiner Lehre entwickeln konnten. Zwei gehören zum → Theravada, die → Vaibhashika- und die → Sautrantika-Schule, zwei zum → Mahayana, die → Chittamatra- und die → Madhyamaka-Schule. (siehe im Artikel „Auswahl buddhistischer Grundbegriffe")

Phowa (tib., skt. *samkranti*): Übung des → Diamantwegs, bei der man sich auf den Augenblick des Todes vorbereitet, Übertragung des Bewusstseins in ein sogenanntes → Reines Land, meistens in das Reine Land der Großen Freude (tib. *dewachen*) des Buddha des grenzenlosen Lichtes (skt. *Amitabha*).

Potala: → reines Land oder Kraftfeld (→ Mandala) des → Bodhisattva Liebevolle Augen (skt. *Avalokiteshvara*, tib. *Chenresig*) und nach diesem benannter Regierungspalast in Tibets Hauptstadt Lhasa.

Prajnaparamita (tib. *sherabkyi pharöltu chinpa* oder *Yum chenmo*): Perfektion der Weisheit; Weisheitslehren Buddhas, die den stufenweisen Weg von Verständnis, Erfahrung und Verwirklichung zeigen. Sie haben zu einer ganzen Literaturgattung innerhalb des Buddhismus geführt, deren kürzeste Fassung das sogenannte „Herz-Sutra" ist. Ebenso gibt es einen weiblichen Buddha-Aspekt mit dem Namen Prajnaparamita.

Pratimoksha-Versprechen (tib. *soso tharpe dompa*, wörtl. Versprechen zur individuellen Befreiung): Sieben Kategorien von Versprechen (altdeutsch: Gelübde), die auf die eigene Befreiung ausgerichtet sind, indem alles schädliche Handeln aufgegeben wird.

Pratyekabuddha (wörtl. Einzelverwirklicher): Praktizierender im → Theravada, der sich am liebsten in der Einsamkeit aufhält.

Pulsdiagnose: Zusammen mit der Harnschau eine der ältesten diagnostischen Methoden der Medizin. Die beiden Haupt-Überlieferungslinien sind die indisch-tibetisch-chinesische und die griechisch-islamisch-abendländische Tradition.

Qualitäten des Geistes: Zeitlose Eigenschaften des Geistes wie Furchtlosigkeit, Freude, Weisheit, Liebe etc., die unser wahres Wesen sind und durch → Meditation verwirklicht werden.

Regenten des Buddha, sieben: Nach dem Tod des historischen Buddha Shakyamuni leiteten sieben Meister die Gemeinschaft der Praktizierenden. Sie werden besonders hervorgehoben, weil sie in ihrer weit reichenden → Aktivität dem Buddha gleich kamen. Ihre Namen sind: 1. Mahakashyapa (tib. *Ösung chenpo*), 2. Ananda (tib. *Küngao*), 3. Shanavasika (tib. *Shanägö*), 4. Upagupta (tib. *Nyerbä*), 5. Dhitika (tib. *Didika*), 6. Krishna (tib. *Nagpo*) und 7. Sudarshana (tib. *Legthong*).

Reine Sichtweise: Grundlegende Sichtweise im → Diamantweg, bei der man sich darin übt, die Welt aus der Sicht eines → Buddha zu erleben.

Reines Land (skt. *buddhaksetra*, tib. *shingkham*): 1. Das Kraftfeld eines Buddha oder Bodhisattva. Das bekannteste Reine Land ist der Bereich der Großen Freude (skt. sukhavati, tib. → dewachen) des Buddha des → Grenzenlosen Lichtes (→ Phowa). 2. Ein freudvoller, reiner Geisteszustand nahe an der → Erleuchtung.

Reinigungs-Mantra: wichtigste Formen sind das lange (100-silbige, auch in den → Grundübungen praktizierte) oder kurze Mantra von Diamantgeist (siehe → Reinigungsmeditation).

Reinigungsmeditation: Allgemein reinigt jede buddhistische Meditation negative Tendenzen, aber speziell der → Buddha-Aspekt Diamantgeist drückt die reinigende Kraft aller Buddhas aus.

Reiselehrer: westliche Dharma-Lehrerinnen und -Lehrer, die im Auftrag von Lama Ole Nydahl reisen und von buddhistischen Zentren regional, national oder international zu Vorträgen und Seminaren eingeladen werden.

Rinpoche (wörtl. der Kostbare): Ehrentitel für einen verwirklichten Lehrer, speziell für einen bewusst wiedergeborenen Lama.

Rollbild (skt. *pata*, tib. *thangka*): Auf rollbarer Leinwand gemaltes Bild, das gewöhnlich einen oder mehrere → Buddha-Aspekte darstellt. Es wird als Stütze für die → Vergegenwärtigung von Buddha-Aspekten im → Diamantweg verwendet.

Rote Weisheit (skt. *Vajravarahi*, tib. *Dorje Phamo*): weiblicher → Buddha-Aspekt, als Partnerin von → Höchste Freude Haupt-→ Yidam in der → Kagyü-Tradition.

Sakya-Tradition: Eine der vier Hauptschulen des → Tibetischen Buddhismus, gegründet von Khön Könchok Gyalpo (1034 – 1102). In ihr wird Gewicht sowohl auf das Studium als auch auf die Meditationspraxis gelegt. Ihre besondere Lehre ist das Hevajra-Tantra und in Verbindung damit eine spezielle Form des Weges namens ‚Pfad und Frucht' (tib. *lam dre*). Oberhaupt ist S. H. Sakya Trizin Rinpoche. Die Schule ist für die Reinheit ihrer Übertragung bekannt.

Samadhi (skt., tib. *ting nge dsin*): Meditativer Konzentrationszustand, Sammlung oder geistige Versenkung, kann sich sowohl auf einen Geisteszustand innerhalb der bedingten Existenz als auch auf den → Bodhisattva-Stufen beziehen.

Sambhogakaya (skt., tib. *longchö dzogpe ku*): → Freudenzustand eines Buddha.

Samsara (tib. *khorwa*): → Kreislauf der Existenz.

Sangha (skt., tib. *gendün*): Gemeinschaft der Praktizierenden der Lehre des Buddha, wird unterschieden in die noch nicht verwirklichten und die bereits verwirklichten Praktizierenden (→ Zuflucht).

Saraha (tib. *Danün*): Oberhaupt der Gruppe von 84 → Mahasiddhas, unter denen er besonders die Lehren des → Großen Siegels gehalten und weitergegeben hat. Lehrer von → Nagarjuna.

Sarvastivadin: Eine der beiden heute noch bestehenden Schulen des → Theravada, die die letztendliche Existenz der Daseinsfaktoren lehrt (→ Vaibhashika-Schule). Sie verbreitete sich über Kashmir nach Tibet und in die anderen Himalaya-Regionen und bildet den Hintergrund für die äußeren Versprechen (→ Pratimoksha-Versprechen) im → Tibetischen Buddhismus.

Sautrantika (skt.): Philosophische Schule, die zum → Theravada gehört. Sie entstand um 150 v. Chr. und stützt sich hauptsächlich auf die Sammlung der → Sutras. Sie geht zwar noch von der wahrhaften Existenz kleinster Bausteinen aus, aus denen sich alle Phänomene zusammensetzen, gibt dazu aber eine sehr genaue Beschreibung der Wahrnehmungsprozesse.

Schatzfinder (tib. *tertön*): Entdecker der von → Padmasambhava oder seiner Gefährtin Yeshe Tsogyal für zukünftige Schüler versteckten Schätze (→ Terma).

Schleier (skt. *klesha*, tib. *nyön mong*): Getäuschte oder fehlerhafte Funktionsweise des Geistes. Schleier basieren auf Unwissenheit und bestehen aus den beiden Aspekten der → Störgefühle und der → fehlerhaften Sichtweisen oder falschen Vorstellungen.

Schützer (skt. *dharmapala*, tib. *gönpo* oder *chökyong*): eine der → drei Wurzeln; kraftvolle → Buddha-Aspekte, deren besondere Qualität darin besteht, äußere und innere Hindernisse zu beseitigen und umfassende Aktivität zum Besten der Lebewesen auszuführen.

Schwarze Krone (skt. *vajra mukut*, tib. *shanag*): Ausdruck der Verwirklichung der → Karmapas in Form einer Schwarzen Krone. Die Nachbildung der eigentlichen Krone, die immer über Karmapas Kopf ist, wurde dem 5. Karmapa Deshin Shegpa von einem Schüler, dem chinesischen Kaiser Yung Lo, geschenkt, um bei der sogenannten ‚Kronzeremonie' den erleuchteten Geisteszustand Karmapas zu übertragen. Sie ist ein Mittel, um Befreiung durch Sehen zu erlangen.

Segen: Übertragung geistiger Verwirklichung vom Lehrer auf den Schüler, die das Vertrauen in die eigene Entwicklung stärkt.

355

Selbstlosigkeit oder **Leerheit der Person**: die fehlerhafte Ich-Vorstellung wird überwunden; im → Theravada ist diese Verwirklichung identisch mit → Arhatschaft, im → Mahayana mit der 1. Bodhisattva-Stufe oder mit → Befreiung.

Selbstlosigkeit oder **Leerheit der Erscheinungen**: die wahre Natur aller Dinge wird als frei von unabhängiger Existenz erkannt. Diese Verwirklichung ist identisch mit → Buddhaschaft oder → Erleuchtung.

Shentong (tib.): leer von anderem, von allen oberflächlichen Schleiern; grundlegende Bewusstheit erfährt die → Leerheit, ist aber selbst kein Ding; wird auch Großer Mittlerer Weg (skt. *maha madhyamaka*, tib. *uma chenpo*) genannt; Sichtweise der meisten Nyingma-, Kagyü-, und Sakya-Linien.

Shine (skt. *shamata*, wörtl. ruhiges Verweilen): → Geistesruhe oder Konzentration; zusammen mit Einsicht (→ lhaktong) grundlegende Meditationsform im Buddhismus. Die beiden Methoden wurden von Buddha besonders im Maitreya-Kapitel des „Samdinirmocana-Sutra" gelehrt.

Shravaka (wörtl. Hörer im Sinne von Schüler des Buddha): Praktizierender des → Theravada, der hauptsächlich über die vier → Edlen Wahrheiten meditiert.

Sichtweise (tib. *tawa*): Das notwendige Wissen, das im Buddhismus für die Meditation gebraucht wird. Dies entspricht der philosophischen Grundlage, die jeweils in einer oder in mehreren der → vier philosophischen Schulen des Buddhismus gelehrt wird (vgl. → fehlerhafte Sichtweisen).

Sieben-Punkte-Geistestraining (tib. *lodjong*): Hauptpraxis der Kadampa-Schule (Vorläufer der → Gelug-Tradition), Training der Erleuchteten Geisteseinstellung (→ Bodhicitta), innerhalb dessen die sogenannte Geben-und-Nehmen-Meditation besonders bekannt ist.

Sinnesfähigkeit (skt. *ayatana*, tib. *wangpo*): subtiler Kern des Sinnesorgans, heute vielleicht vergleichbar mit dem Sinnesnerv, der die Sinneseindrücke an das entsprechende Hirnareal weiterleitet.

Skandhas: (skt., tib. *phungpo*, wörtl. Ansammlungen, Gruppe oder Haufen): Die Bestandteile der Persönlichkeit. Das Festhalten an den fünf Ansammlungen von Form, Gefühl, Unterscheidung, Geisteszuständen und Bewusstsein als einer unabhängig existenten Einheit ist die Grundlage der → Ich-Illusion und damit für alle Leiden im → Kreislauf der Existenz.

Speicherbewusstsein (auch Basisbewusstsein, skt. *alayavijnana*, tib. *künshi namshe*): Funktionsweise des Geistes, alle Eindrücke zu speichern und beim Auftreten entsprechender Bedingungen wieder heranreifen und sich nach außen manifestieren zu lassen; vergleichbar mit der Festplatte eines Computers.

Sterben: Auflösung der materiellen Bestandteile der Person, Gelegenheit für einen erfahrenen Meditierenden, die Natur des eigenen Geistes, das → klare Licht, zu erkennen und dadurch → Befreiung zu erlangen (→ Phowa).

Sthaviravadins (skt.): Eine der beiden heute noch bestehenden Schulen des → Theravada. Sie verbreitete sich in den südlichen Ländern Asiens, in Sri Lanka und den anderen Nachbarländern Indiens. Diese Schule bildet den Hintergrund für die äußeren Versprechen (→ Pratimoksha-Versprechen) in diesen Ländern.

Störgefühle (skt. *klesha*, tib. *nyön mong*): Auch ‚leidbringende Geisteszustände' genannt, bestehen hauptsächlich aus Unwissenheit, Anhaftung, Abneigung, Stolz, Geiz, sowie Neid und Eifersucht. Zusammen mit den negativen Handlungen bilden sie die Ursachen für das Leid im → Kreislauf der Existenz.

Stufenweiser Weg (tib. *lamrim*): Folge von aufeinander aufbauenden Studien und Meditationen, die dazu befähigen, auch die fortgeschrittensten Methoden Buddhas zu verwenden.

Stupa (skt., tib. *chörten*): Monument für Glück und Frieden in der Welt. Symbol für den Geist eines Buddha und für die Gemeinschaft der Praktizierenden, auch Reliquienbehälter. Wurden aus Anlass verschiedener Ereignisse im Leben des historischen Buddha Shakyamuni gebaut.

Südlicher Buddhismus: → Theravada.

Sutra (skt., tib. *do*, wörtl. Leitfaden): Lehrreden Buddhas, die mit einer genauen Untersuchung der Dinge arbeiten und dadurch die Ursachen für die Erleuchtung aufbauen, Grundlage für → Tantra; auch buddhistische Literaturgattung (→ Körbe, drei).

Sutra-Fahrzeug (skt. *sutrayana*, tib. *doi thegpa*): → Mahayana.

Tantra (tib. *gyü*), wörtl. Gewebe oder Kontinuum: Der Begriff weist auf die Komplexität und Ganzheitlichkeit der Entwicklung hin. Die Tantras bieten schnelle Meditationsmethoden, die mit Identifikation und der → reinen Sicht arbeiten und sich auf die Frucht, auf die Qualitäten der Erleuchtung, ausrichten.

Tantra-Fahrzeug (skt. *tantrayana*, tib. *gyüi thegpa*): → Diamantweg.

Tantra-Klassen, vier (skt. *caturtantra*, tib. *gyüde shi*): Diese heißen nach der neuen Übersetzerperiode (tib. *sarma*) Kriya-Tantra, Carya- oder Upa-Tantra, Yoga-Tantra, sowie Anuttarayoga-Tantra, welches weiter in Vater-, Mutter- und nichtduales Tantra unterteilt wird. In der → Nyingma-Tradition des → Tibetischen Buddhismus nennt man die drei Unterteilungen der höchsten Tantra-Klasse Mahayoga-Tantra, Anuyoga-Tantra und Atiyoga-Tantra.

Tantrische Versprechen (skt. *samaya*, tib. *damzig*): siehe → Band / Bände.

Tenjur: Sammlung der ins Tibetische übersetzten Kommentare der indischen Meister zu den direkten Lehren Buddhas, dem → Kanjur, die von Buton Rinchendrup (1290 - 1364) und weiteren Meistern zusammengestellt wurde. Sie umfasst je nach Ausgabe zwischen 225 und 256 Bände.

Terma (tib., wörtl. versteckter Schatz): Von → Padmasambhava und seiner tibetischen Gefährtin Yeshe Tsogyal versteckte Lehren, die dadurch erhalten und von späteren → Schatzfindern wiederentdeckt wurden. Sie machen einen großen Teil der → Nyingma-Übertragung aus.

Thangka: → Rollbild.

Theravada (wörtl. die Tradition der Ordensälteren): eine der drei Haupt-Traditionen des Buddhismus, identisch mit den Schulen des → südlichen Buddhismus. (Siehe auch → Fahrzeuge).

Tibetischer Buddhismus: Eine der drei Haupt-Traditionen im Buddhismus neben → Theravada und → Zen. Wurde um 750 n. Chr. vom indischen Meister → Padmasambhava begründet und enthält bis heute die einzig weitgehend vollständige Überlieferung von Buddhas Lehren mit Schwerpunkt auf dem → Diamantweg.

Tibetisches Totenbuch: Lehre Buddhas über die Erfahrungen und die Befreiung von Tod, Zwischenzustand und Wiedergeburt, verfasst von → Padmasambhava, dem Begründer des → Tibetischen Buddhismus.

Torma-Einweihung: Der tibetische Begriff ‚Torma' steht für einen Kuchen, der als Geschenk an die Erleuchtung gegeben wird. Bei der Torma-Einweihung wird ein Kuchen oder eine entsprechende Form als Symbol für den → Buddha-Aspekt verwendet, auf den die Einweihung gegeben wird.

Tsatsa: Votiv-Tafel mit Abbildungen von → Buddha-Aspekten, meist in der Form eines Halbreliefs oder Stupa. Es wird aus Gips, Lehm oder Ton hergestellt, in einer Form aus Metall oder Holz gepresst, gebrannt oder Luft getrocknet, oft angemalt und unter Beigabe von Reliquien und anderen gesegneten Substanzen speziell zur Füllung von → Stupas verwendet.

Tulku (wörtl. Illusionskörper, auch → Ausstrahlungszustand): Bewusste Wiedergeburt eines verwirklichten Praktizierenden des → Tibetischen Buddhismus (→ Inkarnation).

Tushita-Bereich (skt., tib. *Ganden*): Götterbereich der buddhistischen Kosmologie, aus dem der historische Buddha zur Erde herabstieg, auch Reines Land des zukünftigen Buddha Maitreya.

Übertragung: Weitergabe der Verwirklichung von der Natur des Geistes. Eine vollständige Übertragung im → Diamantweg besteht aus einer → Einweihung (tib. *wang*), einer Übertragung durch Lesen (tib. → *lung*) und einer Erklärung für die Meditationspraxis (tib. *thri*).

Übertragungslinie (tib. *gyü*): Weitergabe spezieller Lehren Buddhas und ihrer Verwirklichung von Lehrer zu Schüler in einer ununterbrochenen Folge.

Unermessliche Qualitäten, vier (skt. *catvaryapramanani*, tib. *tseme schi*): 1. Liebe ist der Wunsch, dass andere glücklich sind. 2. Mitgefühl ist der Wunsch, dass andere frei von Leid sind. 3. Mitfreude ist das Sich-Erfreuen an den positiven Handlungen anderer. 4. Gleichmut bedeutet, frei von Anhaftung und Abneigung in einem ausgeglichenen Geisteszustand zu bleiben.

Unwissenheit (tib. *marigpa*): Unkenntnis bezüglich der eigentlichen Natur des Geistes und der Erscheinungen, die Wurzel des gesamten → Kreislaufs der Existenz. Da eine Trennung zwischen innen und außen für wirklich gehalten wird, entsteht die Illusion eines Ichs und unabhängig davon bestehenden Phänomenen, was mit dem Erleben → störender Gefühle und entsprechender Handlungen verbunden ist.

Ursache-Fahrzeug (skt. *hetuyana*, tib. *gyui thegpa*): anderer Ausdruck für das → Sutrayana, steht dem → Frucht-Fahrzeug gegenüber.

Ushnisha(skt., tib. *tsuktor*): Erhöhung auf dem Kopf eines Buddha, eines der 32 Hauptmerkmale eines Buddha.

Vaibhashika: philosophische Schule, die zum → Theravada gehört. Sie entstand unmittelbar nach der Zeit Buddhas und stützt sich hauptsächlich auf die Sammlung der → Abhidharma-Lehren. Sie geht von der wahrhaften Existenz kleinster Teilchen aus, aus denen die äußere Welt besteht, sowie kleinsten Bewusstseinsmomenten des Geistes.

Vajra (skt., tib. *dorje*), wörtl. Herr der Steine, → Diamant oder Diamantzepter: Aus der Hindu-Mythologie stammendes Symbol für Unzerstörbarkeit und Unüberwindlichkeit. Der Diamant drückt im → Diamantweg die Unzerstörbarkeit des Geistes aus, sowie seine überragenden Qualitäten von Freude und Mitgefühl. Steht zusammen mit der Glocke für die Untrennbarkeit von Methode und Weisheit, Freude und Raum.

Vajras, drei: die unzerstörbare Natur von Körper, Rede und Geist; tantrische Vorstellung von der reinen Essenz von Körper, Rede und Geist.

Vajragesang (skt. *doha*, tib. *dorjelu*) spontan gesungene Verse der Verwirklichung großer Meister, die in der Regel tiefgründige Lehren über die → Natur des Geistes enthalten.

Vajrayana (skt., tib. *dorje thegpa*) oder Mantrayana: → Diamantweg, identisch mit dem → Tibetischen Buddhismus und mit dem → Tantra- oder → Mantra-Fahrzeug, unterscheidet sich vom allgemeinen → Großen Fahrzeug vor allem durch die kraftvollen Methoden der Einswerdung mit → Erleuchtung. (Siehe auch → Fahrzeuge.)

Vergegenwärtigung: Vorstellung einer Meditationsform, besonders eines → Buddha-Aspektes, als Ausdruck für die erleuchteten → Qualitäten des Geistes.

Versenkung oder **Vertiefung** (skt. *samadhi*, tib. *tingnge dzin*): Tiefer Konzentrations-Zustand in Meditation.

Vertrauen, drei Arten von: 1. das Vertrauen der Überzeugung (in Ursache und Wirkung), 2. das Vertrauen des Strebens (nach Erleuchtung), 3. das Vertrauen der Offenheit (für die Drei Juwelen).

Verwirklicher(in) (skt. *yogi, yogini*, tib. *naljorpa, naljorma*): Praktizierende(r) des → Diamantweges (→ Yogi).

Verwirklichung: Erkenntnis der Natur des Geistes, die nicht wieder durch → Unwissenheit verdunkelt werden kann.

Vinaya (skt., tib. *dulwa*): Regeln für positives Verhalten und Ratschläge für das Zusammenleben in der Gemeinschaft der Praktizierenden (→ Sangha). Teil der drei → Körbe.

Vollendungsphase (skt. *sampannakrama*, tib. *dzogrim*): Meditationsphase der Verschmelzung mit einem → Buddha-Aspekt im → Diamantweg; direkte Meditation auf die Natur des Geistes zur Erlangung tiefer → Einsicht.

Wahrheit, relative und absolute: Relative Wahrheit (skt. *samvrtisatya*, tib. *kundzob denpa*) bedeutet, im konventionellen Sinn die Dinge richtig wahrzunehmen, sie aber nicht weiter auf ihre eigentliche Natur hin zu untersuchen. Absolute Wahrheit (skt. *paramarthasatya*, tib. *döndam denpa*) bedeutet, die Natur der Dinge als die Einheit von Raum und Erscheinung zu erkennen.

Wahrheitszustand (skt. *dharmakaya*, tib. *chöku*, wörtl. Körper der Phäno-mene): Einer der drei → Buddha-Zustände. Erleuchteter Geisteszustand, der die Natur aller Dinge erkannt hat, identisch mit der Raum-Natur des Geistes, Grundlage für den → Freudenzustand und den → Aus-strahlungszustand eines Buddha.

Wahrnehmungslehre: → Erkenntnislehre.

Weg der Einsicht oder **Befreiung** (tib. *dröl lam*): Zugang zur Natur des Geistes über die Arbeit mit seiner → Bewusstheit, den Marpa, der Übersetzer, von seinem Lehrer Maitripa bekam und nach Tibet brachte.

Weg der Mittel oder **Methode** (tib. *thab lam*): Zugang zur Natur des Geistes über die Arbeit mit den inneren Energien, den Marpa, der Übersetzer, von seinem Lehrer Naropa bekam und nach Tibet brachte.

Wege, fünf (skt. *panchamarga*, tib. *lam nga*): Der Weg zur Erleuchtung wird traditionell in fünf Abschnitte unterteilt:

1. Der Pfad der Ansammlung legt den Schwerpunkt auf die → Ansammlung von Verdienst und Weisheit.

2. Der Pfad der Verbindung stellt die Verbindung mit der Befreiung oder der ersten → Bodhisattva-Stufe her. Hier entstehen die ersten tiefen → Meditations-Erfahrungen.

3. Auf dem Weg des Sehens gelangt der Praktizierende über den → Kreislauf der Existenz hinaus und erreicht die erste Stufe eines verwirklichten → Bodhisattva.

4. Der Weg der Meditation bringt den Übenden von der ersten zur zehnten Stufe eines verwirklichten Bodhisattva.

5. Der Weg des Nicht-mehr-Lernens schließlich ist der Übergang zur vollkommenen → Buddhaschaft.

Weisheit: Auf allgemeiner Ebene ein Verständnis von Zusammenhängen; auf befreiter und erleuchteter Ebene ein vollkommenes Unterscheiden der Natur der Phänomene sowie ihrer Erscheinungsweise.

Weltenherrscher (skt. *cakravartin*, tib. *khorlo gyurwe gyalpo*): universeller Großkönig aus der indischen Mythologie, dessen Herrschaftsbereich die Welt umspannt. Die frühen → Sutras stellen oft Parallelen zwischen einem Weltenherrscher und einem → Buddha her (→ Dharmarad)

Weltzeitalter: → Kalpa.

Widmung des Verdienstes: Weitergabe der gesammelten guten Eindrücke zum Besten aller Lebewesen am Ende der Meditationspraxis.

Wiedergeburt: Neue Verkörperung im nachfolgenden Leben, folgt im Normalfall unfreiwillig den stärksten Gewohnheitstendenzen des letzten Lebens. Wiedergeburt kann aber auch bewusst auf der Grundlage von guten Wünschen zum Wohl der Wesen geschehen, wenn die Natur des Geistes weitgehend erkannt wurde.

Wunsch erfüllender Baum (skt. *kalpavriksha*): Symbol aus der indischen Mythologie, erfüllt spontan alle Wünsche.

Wünsche (tib. *mönlam*): Praxis eines → Bodhisattva, die seiner Einstellung Ausdruck verleiht, die Erleuchtung zum Wohl aller Wesen zu erlangen und alles, was auf diesem Weg geschieht, dem Wohl der Wesen zu widmen. Dies wiederum gibt seinen Handlungen große Kraft.

Wurzellama: siehe → Lama.

Wurzeln, drei (tib. *tsa sum*): Der → Lama ist die Wurzel des Segens, die → Yidams oder → Buddha-Aspekte sind die Wurzel für die Verwirklichung der gewöhnlichen und außergewöhnlichen → Fähigkeiten, und die → Schützer sind die Wurzel für die perfekte → Aktivität zum Wohl der Wesen (→ Zuflucht).

Yidam (tib., skt. *istadevata, ishtadevi*): eine der drei → Wurzeln; Quelle für erleuchtete Eigenschaften; Persönlicher Meditations-Aspekt; derjenige → Buddha-Aspekt, mit dem man die engste Verbindung hat und dessen Praxis daher die schnellste Methode zum Erlangen der Erleuchtung darstellt.

Yogacara (tib. *naljor tschöpa*): wörtl. Yoga-Praxis oder Meditationspraxis; bezieht sich ursprünglich auf die Praxis eines → Bodhisattva, wurde aber später mit der Nur-Geist-Schule (skt. → *cittamatra*) gleichgesetzt (siehe Teil 4,1, die vier philosophischen Schulen im Buddhismus). Die Yogacara-Madhyamaka-Schule (tib. *naljor tschöpe uma*) vereint die Sichtweise, dass alle Erscheinungen leer von einem Selbst sind (tib. → *rangtong*) mit der Sichtweise, dass sie leer von anderem, also leer von oberflächlichen Schleiern, sind (tib. → *shentong*). Dies wird auch als ‚Großer Mittlerer Weg (tib. *uma chenpo*)' bezeichnet.

Yogi, Yogini (tib. *nal djor pa, nal djor ma*, wörtl. jemand, der die Verbindung mit seiner Natur herstellt): Traditioneller Begriff für Verwirklicher(in), Praktizierende(r) des → Diamantwegs.

Zen-Buddhismus: Eine der drei Haupt-Traditionen im Buddhismus. Wurde im Jahr 520 n. Chr. unter dem Namen Ch'an von dem indischen Meister Bodhidharma in China gegründet und breitete sich später nach Japan und in viele andere asiatische Länder aus. Legt den Schwerpunkt auf die Meditationspraxis, häufig auf der Grundlage eines einzelnen → Sutras oder → Tantras des Buddha.

Zuflucht (tib. *kyabdro*, wörtl. zum Schutz gehen): Schutz vor Leid; Eintritt in den buddhistischen Weg durch Ausrichtung auf die Ausdrucksformen der Erleuchtung, die sogenannten → Zufluchtsobjekte. Sie besteht allgemein im Buddhismus aus den Drei → Juwelen, sowie im → Tibetischen Buddhismus zusätzlich aus den Drei → Wurzeln. Bei den → Grundübungen sind diese Zufluchtsobjekte im sogenannten → Zufluchtsbaum angeordnet.

Zufluchtsbaum (tib. *tsog shing*): Symbolische Anordnung der → Zuflucht in einem Baum, der nach der Mythologie alle Wünsche erfüllt.

Zufluchtsobjekte: im Tibetischen Buddhismus die Drei →Juwelen (→ Buddha, → Dharma, → Sangha) und die Drei →Wurzeln (→ Lama, → Yidam, → Gönpo).

Zurückgezogenheiten, drei: 1. körperliche Zurückgezogenheit bedeutet, frei von Geschäftigkeit zu sein, 2. verbale Zurückgezogenheit bedeutet, sich auf die Rezitation von Mantras und Texten zu konzentrieren, 3. geistige Zurückgezogenheit bedeutet, frei von Ablenkung zu sein.

Zwischenzustand (skt. *antarabhava*, tib. *bardo*): Im Allgemeinen jeder Übergang zwischen zwei Zuständen des → Bewusstseinsstroms; speziell der Übergang zwischen Tod und → Wiedergeburt; dauert meistens 49 Tage und wird ausführlich im → Tibetischen Totenbuch beschrieben (→ Bardo).

QUELLENVERZEICHNIS DER ARTIKEL

1. Grundlegende buddhistische Themen

Die Weltreligion Buddhismus, KL 22, April 1997, Best of BH 2, 2004, S. 22 - 27

Buddhas Fahrzeug aus der Perspektive des Diamantwegs, KL 25, 1998, Best of BH 2, 2004, S. 28 - 33

Die Zuflucht im Diamantweg-Buddhismus, Raum & Freude, Wuppertal, 2. Aufl. 2004

Zuflucht zur Sangha nehmen, BH 42, Winter 2006, BT 7, 2000, BT 14, 2004

Aspekte der buddhistischen Karma-Lehre, BH 50, Herbst 2011

Der Umgang mit Störgefühlen und festen Vorstellungen, KL 26, 1998

2. Buddhismus im Westen

Buddhistische Traditionen in Europa, Vortrag am Institut für Lehrerfortbildung, Hamburg, 23. 09. 1991

Die Entwicklung des Dharma in der modernen Gesellschaft, BH 27, 1998

S.H. des 16. Karmapas Vorstellungen über die Entwicklung des Dharma im Westen – Jigme Rinpoches Vortrag in Hamburg, Januar 1989, Kagyü Life, Juni 1990, 2. Jahrgang, Nr. 2, S. 13 - 18

Mit Weltanschauungsbeauftragten im Gespräch, BH 50, Herbst 2011

3. Spezifische Perspektiven

Gesundheit und Krankheit aus buddhistischer Sicht, Online Magazin Holovitalis 2013

Die Fünf Skandhas – die Bestandteile der Persönlichkeit, BH 34, 2002, S. 26 - 30

Die Abhidharma-Lehren - Wissen über uns und die Welt, BH 52, 2013

Die buddhistische Erkenntnislehre, www.buddhismus-schule.de, Bud-Verlag 2003, Best of BH 2, 2004, S. 42 - 43

Philosophische Grundlagen der Wahrnehmung, die Beziehung zwischen Materie und Geist, www. buddhismus-schule.de, BudVerlag, Wuppertal 2003, Best of BH 2, 2004, S. 38 – 41

Die Bedeutung von Einweihungen, Einweihungsbuch „Chik shes kun drol", BDD e.V. Wuppertal 2002, Chechia, Spolecnost Diamantove cesty, 2004

4. Buddhismus studieren

Auswahl buddhistischer Grundbegriffe, Buddhism Today 1–4, 1996 – 1998 usw.

Lesen, Nachdenken und Meditieren, KL 26, 1998 + KL 3, Herbst 1990

Das Erste Semester am KIBI, KL 3. Jahrgang, 15.12.1991

Die Bücherei von Karma Gön, BH 37, 2004

Sichtweise und Meditation, KL 21 + 22, 1996, Best of BH 2, 2004, S. 124 – 129

5. Die Meditationspraxis im Diamantweg

Die Vier Grundübungen, BH Sammelband 3, 2005 (aus Wissen über Meditation, Wuppertal 2004), Czechia, Bud Dnes, Briefly about the Preliminary Practices

Zur Bedeutung der Meditation auf den Lehrer, BH 33, 2001, BT 10, 2001

„Die Methode der Praxis auf den Lehrer" von Tilopa, BH 33, 2001, BT 10, 2001

Die Meditation auf den 16. Karmapa, Erklärungen des 16. Karmapa Rangjung Rigpe Dorje, neu übersetzt aus dem Tibetischen, BH 50, Herbst 2011

Vajragesänge vom 16. Karmapa Rangjung Rigpe Dorje, BH 31, 2000, neu übersetzt aus dem Tibetischen

Die Meditationserfahrungen anhand der Lehre Buddhas, BH 35, Frühjahr 2003

Die unterschiedlichen Ebenen der Amitabha-Praxis, BH 32, 2001, BT 6, 1999, BT 30 Fall/Winter 2012

6. Die Kunst des Tibetischen Buddhismus

Die Beutung der Kunst des Tibetischen Buddhismus, „Raum & Freude, buddhistische Statuen und Ritualgegenstände",Wuppertal 2004

Die Symbolik des Buddhismus, Zusammenfassung aus verschiedenen Vorträgen und aus „Raum & Freude", Wuppertal 2004

Die Entstehung der Buddha-Abbildung, BH 38, 2004, BT 15, 2005

Thangkas im Kraftkreis der Buddhas - Ausstellungen tibetischer Rollbilder, BH 33, Juni 2001

Der Stupa – Symbol für die Natur des Geistes, KL 23, Juli 1997, BT 9, 2001

Das Mahayanasutra vom Edlen Abhängigen Entstehen, bisher unveröffentliche Übersetzung in Zusammenarbeit mit Ven. Topga Rinpoche, Neu Delhi, KIBI, 1995.

LITERATURVERZEICHNIS

Einleitung

Buddhismus Heute. Zeitschrift des Buddhistischen Dachverbands Diamantweg der Karma-Kagyü-Linie (BDD) e.V. für Diamantweg-Buddhismus in Deutschland (erscheint auch in vielen anderen Sprachen)

Buddhistisches Schulprojekt. *Buddhismus in seiner Ganzheit*. Buddhistischer Verlag Wuppertal, 2003 (im Internet unter http://www.buddhismus-schule.de/)

Gampopa. *Der kostbare Schmuck der Befreiung*, tib.: *Dvags po thar rgyan*, vollständiger Titel: *Dam chos yid bzhin nor bu thar pa rin po che'i rgyan*. Theseus Verlag, Berlin, 1996. Engl. Übersetzung: Khenpo Konchog Gyaltsen Rinpoche: *The Jewel Ornament of Liberation*. Snow Lion Publ., Ithaca, NY, 1998

Jamgön Kongtrul Lodrö Thaye. *Shes bya kun khyab mdzod* [*Schatz, der alle Wissensobjekte umfasst*, kurz: *Schatz des Wissens*]. Mi-rigs-dpe-skrun-khang, Minorities Press, Beijing, 1982 (3 vols.) und Gangtok, 1983 (teilweise ins Englische übersetzt, siehe unten)

9. Karmapa Wangchuk Dorje. *Mahamudra - Ozean des Wahren Sinnes*. 3 Bände, Theseus Verlag, Zürich/München, 1992

Die Weltreligion Buddhismus:

Abhayadatta. *Caturashitisiddhapravrtti*, tib. *Grub thob brgyad cu rtsa bzhi'i lo rgyus*, [Lebensgeschichten der 84 Mahasiddhas]. Engl. translation: Robinson, James B. *Buddha's Lions: The Lives of The Eighty-Four Siddhas*, Dharma Publishing, Berkeley, CA, 1979

Akira, Hirakawa, tr. and ed. by P. Groner. *A History of Indian Buddhism*, Motilal Barnasidass Publ., Delhi, 1993

Chattopadhyaya, Alaka. *Atisha and Tibet*. Motilal Barnasidass Publ., Delhi, 2nd ed. 1981.

Chattopadhyaya Debiprasad. *Taranatha's History of Buddhism in India.* Motilal Barnasidass, Delhi, 1990

Conze, Edward, transl. *The Large Sutra on Perfect Wisdom*, Motilal Barnasidass Publ., Delhi, 1979 (first ed.: Regents of the University of California, Berkeley, CA, 1975)

Doboom Tulku and Mullin, Glenn. H., comp. and transl. *Atisha and Buddhism in Tibet*, Tibet House, Delhi, 1983.

Dorje, Gyurme and Kapstein, Matthew, transl. & ed. Dudjom Rinpoche. *The Nyingma School of Tibetan Buddhism, Its Fundamentals & History*, Wisdom Publications, Boston, 1991, 2nd ed. 2002

Guenther, Herbert V. E*cstatic Spontaneity - Saraha's Three Cycles of Dohas.* Asian Humanities Press, Santa Clara, CA, 1993

Ishigami Zenno. *Disciples of the Buddha.* Kosei Publishing, Tokyo, 1990

Jampa Thaye. *A Garland of Gold - The Early Kagyu Masters in India and Tibet.* Ganesha Press, Bristol, 1990

Jonang Taranatha. *The Seven Instruction Lineages.* Transl. & ed. by David Templeman. Library of Tibetan Works & Archives (LTWA), 2. ed., Dharamsala, 1990

Kern, Jan Hendrik. *The Saddharma-Pundarika* or *The Lotus of the True Law.* Sacred Books of the East, Vol. 21. Motilal Barnasidass, Delhi 1989 (first published by Oxford University Press, 1884)

Kuhlmann, Heinz W. *Das Dreifache Lotus-Sutra.* Oktopus Verlag, Wien 1989.

Lamotte, Étienne. *History of Indian Buddhism.* Motilal Barnasidass Publ., Delhi, 1988, orig. Institut Orientaliste, Louvain-la-Neuve, 1958.

Lotus-Sutra. *Saddharmapundarikasutra,* tib. *Dam pa'i chos pad ma dkar po'i mdo* [Das Sutra des weißen Lotus der edlen Lehre]. Tohoku Katalog des Kangyur 113, mdo sde ja, 1b1 - 180b7

Obermiller, Eugene. *The History of Buddhism in India and Tibet.* Sri Satguru Publications, New Delhi, 1986

Prebish, Charles S. *Historical Dictionary of Buddhism.* Sri Satguru Publ., Delhi, 1995.

Roerich, George N. *The Blue Annals*. Motilal Barnasidass Publ., Delhi, 2nd ed. 1976, Reprint 1978, 1988, 1995, 1996

Sankalia, Hasmukh D. *The University of Nalanda*. B.C. Paul & Co. Madras, 1934

Schaeffer, Kurtis R. *Dreaming the Great Brahmin: Tibetan Traditions of the Buddhist Poet-Saint Saraha*. Oxford University Press, New York, 2005.

Strong, John S. *The Legend of King Asoka. A Study and Translation of the Ashokavadana* (first published by Princeton University Press, 1983). Motilal Banarsidass, New Delhi, 2002.

Takpo Tashi Namgyal. *Mahamudra: The Quintessence of Mind and Meditation*. (tib. *Phyag chen zla ba'i 'od zer*) Transl. by Lobsang P. Lhalungpa. Motilal Barnasidass, Delhi, 1993

Tarthang Tulku. *Light of Liberation – A History of Buddhism in India*. Crystal Mirror Series, Volume 8, Dharma Publishing, Berkeley, CA, 1992

Thich Nhat Hanh. *Mit dem Herzen verstehen - Kommentare zum Prajnaparamita Herz Sutra*. Theseus Verlag, Küsnacht, 1989

Tsonawa, Lobsang Norbu. *Indian Buddhist Pandits*. Transl. from "The Jewel Garland of Buddhist History." Library of Tibetan Works and Archives (LTWA), New Delhi, 1985.

Wogihara, U. and Tsuchida, C. eds. *Saddharmapundarikasutram*, Romanized and Revised Text of the Bibliotheca Buddhica Publication by consulting A Skt. MS. & Tibetan and Chinese translations. The Sankibo Buddhist Book Store, Tokyo, 1958

Buddhas Fahrzeug aus der Perspektive des Diamantwegs

Chagdud Tulku. *Tore in die Freiheit. Der buddhistische Weg zum Glück*. Vedo Verlag (Kreuz), Freiburg, 2000

Hevajra-Tantra. *Shrihevajramahatantraraja*, tib. *Kye rdo rje shes bya ba rgyud kyi rgyal po*, Tohoku Katalog des Kangyur 417, rgyud *nga*, 1b1 – 13b5

Kalacakratantra. Vira R. and L. Chandra (eds.), *Kalacakratantra and Other Texts*. 2 vols. International Academy of Indian Culture, New Delhi, 1966. (Satapitaka Series 69–70.)

Kalu Rinpoche. *Den Pfad des Buddha gehen.* O. W. Barth Verlag, München, 1990

Nydahl, Lama Ole. *Wie die Dinge sind: Eine zeitgemäße Einführung in die Lehre Buddhas.* Droemer Knaur, München, 2004

Obermiller, Eugene. *The Jewelry of Scripture of Bu-ston.* Sri Satguru Publications, New Delhi, 1987

Pali-Kanon. *Die Rede an die Kalamer.* Anguttara-Nikaya III, 65

Seegers, Manfred. *Buddhistische Grundbegriffe.* Buddhistischer Verlag, Wuppertal, 2004

Shamar Rinpoche. *Die Drei Yanas.* Joy Verlag, Sulzberg, 1989

Snellgrove, David L. (ed.). *The Hevajra Tantra; A Critical Study. Part 2: Sanskrit and Tibetan Texts.* London Oriental Series 6. Oxford University Press, London, 1959

Snellgrove, David. Indo-Tibetan Buddhism: *Indian Buddhists and Their Tibetan Successors.* 2 vols. Shambhala Publications, Boston, 1987

Tenga Rinpoche. *Sutra und Tantra - Die Wege des Buddhismus.* Marpa Verlag, Wien, 1989

Die Zuflucht im Diamantweg-Buddhismus

Gampopa. *Der kostbare Schmuck der Befreiung,* tib.: *Dwags po thar rgyan.* Theseus Verlag, Berlin, 1996. Engl. Übersetzung: Khenpo Konchog Gyaltsen Rinpoche: *The Jewel Ornament of Liberation.* Snow Lion Publ., Ithaca, NY, 1998

Gendün Rinpoche. „Le coeur du Dharma, La prise de refuge", Artikel in Revue „Tendrel", August 1997, Dhagpo Kagyü Ling, Frankreich, 1997

Holmes, Ken & Katia. *The Changeless Nature.* Dzalendara Publications, Eskdalemuir, Scotland, 1985

Jamgön Kongtrul. *Der große Pfad des Erwachens.* Ein Kommentar zur Mahayana-Lehre des Geistestrainings. Theseus Verlag, Küsnacht, 1989

Maitreyanatha/Asanga (zugeschrieben). *Mahayanottaratantrashastra* alias *Ratnagotra-vibhaga.* tib. *Theg pa chen po rgyud bla ma.* [Abhandlung über die höchste Kontinuität des Großen Fahrzeugs] Tohoku Catalogue no. 4024, ed. E. H. Johnston, Patna, 1950

Prasad H. S. *The Uttaratantra of Maitreya*. Sri Satguru Publications, New Delhi, 1991

Thrangu Rinpoche. *Buddha Nature*. Uttara Tantra Commentary. Rangjung Yeshe Publ., Hong Kong, Kathmandu, 1988 & 1993

Zuflucht zur Sangha nehmen

Duff, Tony, transl. *Unending Auspiciousness: The Sutra of the Recollection of the Noble Three Jewels*. Padma Karpo Translation Committee, Wisdom Publications, Boston, 2011

Fuchs, Rosemarie, transl. *Buddha Nature: The Mahayana Uttaratantra Shastra*. Snow Lion Publications, Ithaca, NY, 2000

16. Karmapa Rangjung Rigpe Dorje. „Die Zuflucht". Wachendorf, Dharma-Nektar 1/1989, zuerst veröffentlicht unter dem Titel „Le Refuge" in Revue Tendrel, Dhagpo Kagyü Ling, Frankreich, 1986

Kangyur. *Sutra der Erinnerung an die Drei Juwelen. Aryaratnatrayaanusmritisutra*, tib. *'Phags pa dkon mchog gsum rje su dran pa'i mdo*. Otani Catalogue, nos. 945 – 947, mdo sna tshogs, ,u 58b4 – 59b4, Tohoku Catalogue, nos. 279 – 281, mngo sde, *ya,* 54b6 – 55b6

Thrangu Rinpoche. *Uttara Tantra: A Treatise on Buddha-Essence*. Bibliotheca Indo-Buddhica Series 131. Sri Satguru Publications, New Delhi, 1994

Vom Nagakönig Anavatapta erbetenes Sutra. *Anavataptanagarajapariprcchasutra. Klu'i rgyal po rgya mtshos zhus pa*. Tohoku Katalog des Kangyur 156, mdo sde *pha*, 206a1 – 253b7

Aspekte der buddhistischen Karma-Lehre

Eda, Akimichi. „Untersuchungen zu Nagarjunas *Ratnavali*", Gyaltshab Je (1364 – 1432), Kommentar zur *Ratnavali*. Ph.D., Philipps-Universität, Marburg, 2005

Evans-Wentz, Walter Y. (Übers.). *Milarepa, Tibets grosser Yogi.* O. W. Barth Verlag, Bern, München, Wien, 1978, 1989

Gampopa. *Der kostbare Schmuck der Befreiung*, tib.: *Dwags po thar rgyan.* Theseus Verlag, Berlin, 1996, S. 82–96

Jamgön Kongtrul Lodrö Thaye. *Shes bya kun khyab mdzod [Schatz, der alle Wissensobjekte umfasst*, kurz: *Schatz des Wissens]*, Gyaltsen Palace Monastery, 3 vols. Gangtok, Sikkim,1983, Bd. II, S. 450 - 458

Jamgön Kongtrul Lodrö Thaye, Elizabeth M. Callahan, transl. *The Treasury of Knowledge*, Book six, part three, *Frameworks of Buddhist Philosophy.* Snow Lion Publications, Ithaca, New York, 2007, S. 98 - 111

9. Karmapa Wangchuk Dorje. *Mahamudra - Ozean des Wahren Sinnes.* 3 Bände, Theseus Verlag, Zürich / München, 1992, Teil I, S. 36 - 44

Lonakapalla Sutta „Die Karmawirkung" in der Sammlung *Anguttara Nikaya* III. 101

Mathes, Klaus-Dieter. *Unterscheidung der Gegebenheiten von ihrem wahren Wesen.* Indica et Tibetica Verlag, Swisttal-Oldendorf, 1996, S. 199: 1. Mipham Namgyal Gyatso (1846-1912) Kommentar zum *Dharmadharmatavibhaga* von Maitreya/Asanga unter dem Titel „Darlegung, dass ein vom erfassenden Subjekt verschiedenes zu erfassendes Objekt nicht existiert", Verse 70 - 74

Narthang Kangyur. *Aryangulimaliyanamamahayanasutra.*Tib. *Sor mo'i phreng ba la phan pa zhes bya ba theg pa chen po'i mdo.* Mdo, vol. *Ma*

Nyanaponika Thera. „Karma und seine Frucht", aus *Buddha - Lebensweg und Heilslehre.* Orbis Verlag, München, 1999, S. 151 - 159

Nydahl, Lama Ole. Internet-Video zum Thema Karma. Zugriff von 2006 an wenigstens bis Juli 2013, http://www.youtube.com/watch?v=lFn-CjT39xA

Nydahl, Lama Ole. *Wie die Dinge sind.* Knaur Verlag, München, 2004, S. 45–48, 109–115.

Seegers, Manfred. *Wissen über Meditation*, Sichtweise und Meditation im Diamantweg-Buddhismus. Zeitlose Werte Verlagsgesellschaft mbH, Hamburg, 2012 (3. Auflage), S. 74 - 87

Suzuki, Deisetz T. *Lankavatarasutra*, englische Übersetzung aus dem Sanskrit, 1932, Kapitel 27, Vers 137, Originalausgabe veröffentlicht in London, 1932, auf der Grundlage der Sanskrit Edition von Bunyu Nanjo, 1923

Trenckner, V. and Lord Chalmers (ed.) *Angulimala Sutta, Majjhima Nikaya* 86, 3 vols. Rpt., Oxford University Press, London, 1948

Tsang Nyön Heruka, Havlat, Henrik (Übers.). *Milarepas gesammelte Vajralieder,* Teil I und II. (tib. *Mila'i mGur 'bum*) Theseus Verlag, Berlin, 1996

Der Umgang mit Störgefühlen und festen Vorstellungen

Dilgo Khyentse Rinpoche. *Das Herzjuwel der Erleuchteten, die Übung von Sicht, Meditation und Verhalten.* Theseus Verlag, Berlin, 1992

Gampopa, Khenpo Kathar, Lama Yeshe Gyamtso (transl.). *The Instructions of Gampopa: A Precious Garland of the Supreme Path.* Snow Lion Publications, Ithaca, New York, 1996

Gampopa, Sönam Lhündrub (Übers.). *Die kostbare Girlande für den höchsten Weg: Mündliche Unterweisungen von Dschetsün Gampopa,* Theseus Verlag, Berlin, 1999

Jamgön Kongtrul. *Der große Pfad des Erwachens.* Ein Kommentar zur Mahayana-Lehre des Geistestrainings, Theseus Verlag, Küsnacht, 1989

Jamgön Kongtrul Lodrö Thaye. *Offenes Herz, Klarer Geist. Die Essenz des Mahayana-Buddhismus.* Octopus Verlag, Wien, 1987

Kunzig Shamar Rinpoche, *Change of Expression. Working with the Emotions (Gendun Rinpoche). A commentary to Namshe Yeshe and Mahamudra explanations.* Edition Dzambala (Dhagpo Kagyu Ling), St Léon/Vézère, 1992

Lama Jigme Rinpoche. *Working With The Emotions,* Karma Kagyu Bodhi Path Organization, Martha's Vineyard, 2005

Nydahl, Lama Ole. *Der Buddha und die Liebe.* Knaur Verlag, München, 2005

Shantideva, Batchelor, Stephen (transl.). *A Guide to the Bodhisattva's Way of Life.* Library of Tibetan Works and Archives, Dharamsala, India, 1979, 1987

Buddhistische Traditionen in Europa

Baumann, Martin. "Creating a European Path to Nirvana: Historical and Contemporary Developments of Buddhism in Europe". In: *Journal of Contemporary Religion*, 1, 1, 1995, pp. 55-70.

Bishop, Peter. *Dreams of Power. Tibetan Buddhism and the Western Imagination*. Athlone Press, London, 1993

Csoma De Körös, Alexander. *Analysis of Kangyur*. Bibliotheca Indo-Buddhica No. 2. First Edition: Calcutta 1836 - 1839, Sri Satguru Publications, New Delhi, 1982

De Filippi, Filippo (ed.). *An Account of Tibet: The Travels of Ippolito Desideri 1712 - 1727*, Rupa & Co., New Delhi, 2005

Frauwallner, Erich. *Die Philosophie des Buddhismus*. Akademie Verlag, Berlin, 2010

Govinda, Lama Anagarika. *Lebendiger Buddhismus im Abendland*. O. W. Barth Verlag, Bern u.a., 1986

Harris, R. Baine (ed.), *Neoplatonism and Indian Thought*, SUNY Press, Albany, New York, 1982

Hesse, Hermann. *Siddhartha. Eine indische Dichtung*. Erstausgabe Fischer Verlag, Berlin 1922, Suhrkamp Verlag, Frankfurt am Main, 1974

Hobert, Ingfried. *Die Praxis der Traditionellen Tibetischen Medizin: Vorbeugung, Diagnostik, Therapie und Selbstheilung*. O. W. Barth Verlag, München, 2010

Marciano, Laura Gemelli (Hrsg.). *Die Vorsokratiker*. Band 3, Artemis & Winkler, Mannheim 2010, (griechische Quellentexte mit deutscher Übersetzung, Erläuterungen sowie Einführung zu Leben und Werk)

Löbl, Rudolf (Hrsg.). *Demokrit. Texte zu seiner Philosophie*. Rodopi, Amsterdam, 1989 (Quellentexte mit Übersetzung und Kommentar)

Polo, Marco. *Von Venedig nach China, die größte Reise des 13. Jahrhunderts*. Thienemann Edition, Horst Erdmann Verlag, Tübingen und Basel, 1972

Waldschmidt, Ernst. "The Influence of Buddhism on German Philosophy and Poetry", in: *University of Ceylon Review*, 22, 1, 1963, pp. 1 - 13

Zotz, Volker, "Einige Anmerkungen zum Buddhismus-Bild deutschspra-chiger Denker", in: *Bodhi Baum*, 11, 2/3, Wien, 1986, pp. 72–82

Die Entwicklung des Dharma in der modernen Gesellschaft

Batchelor, Stephen. *The Awakening of the West: The Encounter of Bud-dhism and Western Culture.* Parallax Press, Berkeley and Aquarian, Harper & Collins, London, 1994 [detailed and broad overview of the encounter; from ancient times to the 1990's]

Bercholz, Samuel & Chödzin, Sherab (Hrsg.). *Buddha, Lebensweg und Heilslehre*, Orbis Verlag, München 1999, ebenfalls erschienen unter dem Titel Ein Mann namens Buddha. Goldmann Verlag, München, 1994

Dukas, Helen & Hoffman, Banesh (ed.). *Albert Einstein: The Human Side.* Princeton University Press, Princeton, New Jersey, 1954

Jung, Carl Gustav. *Archetypen.* Deutscher Taschenbuch Verlag, München, 2001

McDermott, John J. (Hrsg.). *The Writings of William James. A comprehen-sive edition.* The University of Chicago Press, Chicago/London, 1977.

Nydahl, Lama Ole. *Über alle Grenzen: Wie die Buddhas in den Westen kamen.* Aurum Verlag, Kamphausen, Bielefeld, 2005

Pickering, John (ed.). *The Authority of Experience: Essays on Buddhism and Psychology.* Curzon Press, London, 1997

Tenzin Choedrak, Dr. *Asshauer, Egbert (Hrsg.). Ganzheitlich leben und heilen*, Herder spektrum, Freiburg, 4/1999

Trungpa, Chögyam. *Das Herz des Buddha. Buddhistische Lebenspraxis im modernen Alltagsleben.* O. W. Barth Verlag, Bern u.a., 1993

S.H. des 16. Karmapas Vorstellungen über die Entwicklung des Dharma im Westen – Jigme Rinpoches Vortrag in Hamburg, neu übersetzt und bearbeitet

Douglas, Nik & White, Meryl. *Karmapa, König der Verwirklicher.* Buddhi-stischer Verlag, Wuppertal, 2005

Jigme Rinpoche. *Der tibetische Buddhismus: Schlüsselwörter von A bis Z.* Silberschnur Verlag, Güllesheim, 2008

Jigme Rinpoche. *Unsere Gefühle, Schlüssel zu Freude und Glück - Erklärungen zur Lehre Buddhas.* Bodhi Path Deutschland, Renchen-Ulm, 2006

Karma Thinley, *The History of the Sixteen Karmapas of Tibet.* First publ. by Prajna Press, Boulder, 1980. Shambhala Publications, Boston, 2001

16. Karmapa Rangjung Rigpe Dorje. *Dzalendara and Sagarchupa.* Stories of the former lifes of the Gyalwa Karmapa. Karma Drubgyud Darjay Ling, Eskdalemuir, Schotland, 1981

Nydahl, Lama Ole. *Die Buddhas vom Dach der Welt,* Aurum Verlag, Kamphausen, Bielefeld, 2003

Regamey, Konstanty, *Philosophy in the Samadhirajasutra: Three Chapters from the Samadhirajasutra.* Motilal Banarsidass, New Delhi, 1990

Vaidya P. L. (ed.) *Samadhirajasutram.* Tib. *'Phags pa ting nge 'dzin gyi rgyal po'i mdo.* Buddhist Sanskrit Texts, no. 2., the Mithila Institute, Darbhanga, 1961

Mit Weltanschauungsbeauftragten im Gespräch

Baumann, Martin. "Buddhism in Europe. Past, Present, Prospects." In: Prebish/Baumann (Hrsg.): *Westward Dharma. Buddhism beyond Asia.* University of California Press. Berkeley/Los Angeles/London, 2002

Buddhistisches Schulprojekt. *Karma - Ursache und Wirkung aus Buddhismus in seiner Ganzheit.* Buddhistischer Verlag, Wuppertal, 2003 (im Internet unter http://www.buddhismus-schule.de/inhalte/karma.html)

Malinowski, Peter. "Meditation in the Lab: Science Discovers Buddhism." *The Middle Way,* 85(4), pp. 223–230, 2011

Nydahl, Lama Ole. *Vom Reichtum des Geistes: Buddhistische Inspirationen.* Knaur Verlag, München, 2006

Nydahl, Lama Ole: *Von Tod und Wiedergeburt.* Knaur Verlag, München, 2011

Prybyslawski, Artur (Hrsg.). *Buddhismus und Wissenschaft: Form und Leerheit.* Buddhistischer Verlag, Wuppertal, 2007

Studholme, Alexander. *The origins of Om mani padma Hum. A study of Karandavyuha sutra.* State University of New York Press, Albany, NY, 2002

Gesundheit und Krankheit aus buddhistischer Sicht

Abesirivardhana, Ananda. *(Sinhala) Maha Pirit Pota: Sanna Sahita.* (Das Große Buch des Schutzes). Sanskrtika Katayutu Departmentartamentuva Verlag, Sri Lanka, 2009

Birnbaum, Raoul, Fuchs, Rosemarie (Übers.). *Der heilende Buddha.* O. W. Barth Verlag, München, 1982. Engl. The Healing Buddha, Shambhala, Boulder, 1979

Clifford, Terry. *Tibetische Heilkunst.* Ullstein Verlag, Berlin, 1996

Dilgo Khyentse Rinpoche. *Die sieben tibetischen Geistesübungen.* Das Herzstück buddhistischer Praxis. O. W. Barth Verlag, München, 1996

Dummer, Tom. *Tibetan Medicine.* Routledge, London, 1988

Hanson, Rick. *Buddha's Brain: The Practical Neuroscience of Happiness, Love & Wisdom.* New Harbinger Publications, Oakland, CA, 2009

Hassnain, F.M., Sumi, Tokan D. *Bhaisajya-guru-sutra: (original Sanskrit text with introduction and commentary).* Reliance Publications, New Delhi, 1985

Lobsang Dolma Khangkar, Dhondup K. (ed.). *Lectures on Tibetan Medicine.* Library of Tibetan Works and Archives, Dharamsala, India, 1986

Muralt, Raoul v. *Meditations-Sutras des Mahayana-Buddhismus.* Band 1 & 2. Origo Verlag, Bern, 1988

Pali Canon. *Ratana Sutta. Sutta Nipata* (Sn 2.1) and *Khuddakapatha* (Khp 7); with a parallel in the *Mahavastu*

Perera, L. S. "The Pali Chronicles of Ceylon." (S. 29–43) (*Mahavamsa*). In: *Historians of India, Pakistan and Ceylon* / edited by C.H. Philips. Oxford University Press, London (u.a.), 1961. University of London.

School of Oriental and African Studies, Historical writing on the peoples of Asia; v. [1]. S. 29-43

Piyadassi Thera (ed., transl.) *The Book of Protection: Paritta.* Buddhist Publication Society, Kandy, 1999

Shamar Rinpoche, Braitstein, Lara, (ed. & transl.). *The Path to Awakening.* A Commentary on Ja Chekawa Yeshe Dorje's *Seven Points of Mind Training.* Motilal Banarsidass, New Delhi, India, 2009

Tulku Thondup: *Die heilende Kraft des Geistes*, Arbor-Verlag, Freiamt, 2007

Yeshi Donden. *Tibetisches Heilwissen. Gesundheit durch Harmonie.* Herder Verlag, Freiburg, 2002

Die Fünf Skandhas - die Bestandteile der Persönlichkeit

Ju Mipham Namgyal Gyatso, Kunsang, Erik Pema (transl.). *Gateway to Knowledge.* Chapter on the Skandhas. Rangjung Yeshe Publications, Vols. 1 - 4, Hong Kong, Kathmandu, 1997

7. Karmapa Chödrak Gyamtso. *Tsad ma rigs gzhung rgya mtsho* (Ozean der Lehrsysteme zur Logik). Topga Tulku, Thimpu, 1973. KIBI, New Delhi, 1994

Kalu Rinpoche. *The Dharma That Illuminates All Beings Impartially Like the Light of the Sun and the Moon.* State University of New York Press, New York, 1986. Deutsch: *Der Dharma*, Kagyü-Dharma-Verlag, Wachendorf, 1990

Pali Kanon. *Khandha Sutta.* Samyutta Nikaya, SN 22.48. Transl. into English by Bhikkhu Thanissaro, 1997 - 2013

Seegers, Manfred. *Buddhistische Grundbegriffe.* (5. Auflage) Buddhistischer Verlag, Wuppertal, 2004

Steinkellner, Ernst and Li, Xuezhu (eds). *Vasubandhu's Pancaskandhaka.* Verlag der Österreichischen Akademie der Wissenschaften, Sanskrit Texts from the Tibetan Autonomous Region, 4. Wien, 2008

Die Abhidharma-Lehren – Wissen über uns und die Welt

Asanga, Rahula, Walpola (transl.). *Abhidharmasamuccaya*, tib. *Mngon pa kun btus* [Leitfaden des Abhidharma]. *Le compendium de la super-doctrine (philosophie) Abhidharmasamuccaya d' Asanga.* Publications de l'École Francaise d'Extrême-Orient, vol. 78, Paris, 1971

Frauwallner, Erich, Kidd, Sophie Francis (transl.). *Studies in Abhidharma literature and the origins of Buddhist philosophical systems.* State University of New York Press, Albany, New York, 1995

Ju Mipham Namgyal Gyatso, Kunsang, Erik Pema (transl.). *Gateway to Knowledge.* Rangjung Yeshe Publications, Vols. 1 – 4, Hong Kong, Kathmandu, 1997

3. Karmapa Rangjung Dorje: *rNam shes ye shes 'byed pa'i bstan chos* [Abhandlung über die Unterscheidung zwischen Bewusstsein und Weisheit]. Rumtek-Ausgabe, Sikkim, 1972

8. Karmapa Mikyö Dorje, *Chos mngon pa'i mdzod kyi 'grel pa rgyas par spros pa grub bde'i dpyid po.* Kommentar zum *Abhidharmakosha* von Vasubandhu. In *Collected Works of the Eighth Karmapa*, vols. 10/11. Cultural Palace of Nationalities (CPN), Bejing, 1991

9. Karmapa Wangchuk Dorje, Karma Choephel, David (transl.). *Jewels From the Treasury: Vasubandhu's Verses on the Treasury of Abhidharma and Its Commentary Youthful Play.* KTD Publications, Woodstock, NY, 2012

Pradhan, Pralhad, ed. *Abhidharmakoshabhasyam of Vasubandhu* (Autokommentar). K.P. Jayaswal Research Institute, Patna, 1975

Pradhan, Prahlad, ed. *Abhidharmasamuccaya of Asanga.* Santiniketan Press, Visva-Bharati Series. No. 12. Santiniketan, 1950

Sarathcandra, E.R. "The Abhidharma Psychology of Perception and the Yogacara Theory of Mind." University of Ceylon Review, 4, 1946, S. 49 – 57

Trungpa Rinpoche, Chögyam, *Glimpses of Abhidharma.* Prajna Press, Boulder, CO, 1975

Vasubandhu. *Abhidharmakosha*, tib. *Chos mngon pa'i mdzod kyi tshig le'ur byas pa.* Otani Catalogue, no. 4089, Tohoku Catalogue, no. 5590.

Transl. by Louis de La Vallé Poussin. [Vol. 1-6] Paul Geuthner Verlag, Paris, 1924

Vasubandhu, translated into English by Leo Pruden (based on Poussin's French translation). *Abhidharmakosha Bhashyam*, 4 vols, Asian Humanities Press, Berkeley, 1988-90

Die buddhistische Erkenntnislehre

Dreyfus, Georges B.J. *Recognizing Reality: Dharmakirti's Philosophy and Its Tibetan Interpretations*. State University of New York Press. Albany, NY, 1997

Dunne, John D. *Foundations of Dharmakirti's Philosophy*. Wisdom Publications, Boston, 2004.

Jamgön Kongtrul Lodrö Thaye: rNam shes ye shes-Kommentar, vollständiger Titel: rNam par shes pa dang ye shes 'byed pa 'i bstan bcos kyi tshig don go gsal du 'grel pa rang byung dgongs pa 'i rgyan. [Der Kommentar mit dem Namen „Die Gedanken von Rangjung Dorje, der einen klar die Bedeutung der Worte der Abhandlung über ‚Die Unterscheidung zwischen Bewusstsein und Weisheit' verstehen lässt"] In Auftrag gegeben für den Druck vom 16. Karmapa, Rumtek, Sikkim, 1972

7. Karmapa Chödrak Gyamtso: *Tsad ma rigs gzhung rgya mtsho* (4 vol.). [Kommentar zu Dharmakirtis *Pramanavarttika*] Fotografische Reproduktion eines Drucks von den Pepung (*dpal spungs*) Blöcken hergestellt im Jahr 1934. Zusammengestellt und herausgegeben von Topga Tulku, Thimpu, Bhutan, 1973. KIBI, New Delhi, 1994

15. Karmapa Khakyab Dorje: *rNam shes ye shes-Kommentar*, vollständiger Titel: *rNam par she pa dang ye she 'byed-pa'i bstan-chos kyi mchan 'grel rje btsun 'jam pa'i dbyang kyi zhal lung nor bu ke ta ka dri ma med pa'i 'od ces bya ba* [die Erklärungen, die als Anmerkungen zum Kommentar über die Unterscheidung zwischen Bewusstsein und Weisheit gegeben werden, der „das Makellose Licht des Edelsteins Ketaka, die Worte aus dem Munde des Edlen Manjushri" genannt wird]. In den gesammelten Werken des 15. Karmapa, herausgegeben von Konchok Lhadrepa, New Delhi, 1993, Bd. 9, tibetisch *ta*, pp. 415–436

381

Philosophische Grundlagen der Wahrnehmung

Chandrakirti. *Madhyamaka-avatara*, tib. *Dbu ma la 'djug pa*, [Eintritt in den Mittleren Weg]

Jamgön Kongtrul Lodrö Thaye, Elizabeth M. Callahan, transl. *The Treasury of Knowledge*, Book six, part three, *Frameworks of Buddhist Philosophy*. Snow Lion Publications, Ithaca, New York, 2007

Nagarjuna, *Aryashalistambakakarika* [Kommentar zum Reissprössling-Sutra] Otani Katalog des Kangyur No. 5485, Tohoku Catalogue des Kangyur No. 3985

Reat, Ross N. (transl.). *The Shalistamba Sutra* (skt. *Aryashalistambana-mamahayanasutra*, tib. *'Phags pa sa lu'i ljang pa zhes bya ba theg pa chen po'i mdo*). Motilal Banarsidass Publishers, New Delhi, 1993

Wangchuk, Dorji. "A Relativity Theory of the Purity and Validity of Perception in Indo-Tibetan Buddhism." In *Yogic Perception, Meditation, and Altered States of Consciousness*, ed. by Eli Franco in collaboration with Dagmar Eigner. Austrian Academy of Sciences, Vienna, 2009, pp. 215–237.

Varela, Francisco J., Thompson, Evan, Rosch, Eleanor. *The Embodied Mind: Cognitive Science and Human Experience*. MIT Press paperback edition, Massachusetts Institute of Technology, Massachusetts, 1993

Die Bedeutung von Einweihungen

Jamgön Kongtrul Lodrö Thaye. *The Treasury of Knowledge*, Book Six, Part Four, *Systems of Buddhist Tantra*. Snow Lion Publications, Ithaca, New York, 2005

Jamgön Kongtrul Lodrö Thaye, Harding, Sarah (transl.). *Creation & Completion - essential points of tantric meditation*. Wisdom Publications, Boston, 1996

Rangdröl, Tsele Natsok. *Empowerment and the Path of Liberation*. Rangjung Yeshe Publications, Hong Kong, 1993

Newman, J. *The Outer Wheel of Time*. Ph.D. dissertation, University of Wisconsin, Madison, 1987, pp. 27–41

Auswahl buddhistischer Grundbegriffe

Bod rgya tshig mdzod chen mo, [Tibetisches Wörterbuch der Dharma-Begriffe nach dem „Schatz des Wissens"] (2 Bände). Hrsg. Volksdruckerei, 1984

Diener, Michael S., *Das Lexikon des Zen,* Otto Wilhelm Barth Verlag Bern/München/Wien, 1992

Diener, Michael S., *Lexikon der östlichen Weisheitslehren,* Otto Wilhelm Barth Verlag, Bern/München/Wien 1994

Ehrhard, Franz-Karl & Fischer-Schreiber, Ingrid. *Das Lexikon des Buddhismus,* O. W. Barth.Verlag, München 1993

Kangyur: *Lalitavistara,* tib. *Rgya cher rol pa* [Sutra über das Leben des Buddha], Tohoku Catalogue of Kangyur, no. 95, Derge Kangyur, vol. 46, mdo sde, *kha,* folios 1b–216b, ed. Dr. S. Lefmann, Halle, 1902, transl. by the Dharmachacra Translation Committee: *The Play in Full.* 84000 publishing, Kathmandu, 2013

Nyanatiloka. *Buddhist Dictionary.* The Corporate Body of the Buddha Educational Foundation, Taiwan, 1987

Rigzin, Tsepak. *Tibetan-English Dictionary of Buddhist Terminology.* Library of Tibetan Works and Archives, Dharamsala, 1986, 1993

Seegers, Manfred. *Buddhistische Grundbegriffe,* Buddhistischer Verlag, Wuppertal, 2004 (5. Auflage)

Seegers, Manfred. „Der 3. Karmapa Rangjung Dorje, Lehrer der Reinen Sicht", Buddhismus Heute 48, S. 62 – 65

The Voice of the Buddha. *The Lalitavistara Sutra.* 2 vols., Dharma Publishing Berkeley, CA, 1983

Winternitz, Maurice. *A History of Indian Literature.* 1927, University of Calcutta, 1933. 3rd ed. Munshiram Manoharlal New Delhi, 1991

Lesen, Nachdenken und Meditieren, Buchempfehlungen nach Themen geordnet

Bokar Rinpoche, Buchet, Christiane (transl.). *Tara, The feminine Divine.* Clear Point Press, San Francisco, CA, 2000

Gendün Rinpoche. *Herzensunterweisungen eines Mahamudra-Meisters.*, Theseus Verlag, Berlin, 1999

Kalu Rinpoche, Geist, Tom (Übers.). *Geflüsterte Weisheit, Die Lehren des Eremiten vom Berge*, Fischer Taschenbuch Verlag, Frankfurt am Main, 2001

9. Karmapa Wangchuk Dorje. *Das Diamantlicht des gewöhnlichen Geistes. Mahamudra-Praxis.* Octopus Verlag, Wien, 1989

Lehnert, Tomek. *Rüpel in Roben.* Verlag Buddhismus Heute des Buddhistischen Dachverbands Diamantweg, Wuppertal, 1998

Padmasambhava, Padmakara (Übers.). *Die geheimen Dakini-Lehren, Padmasambhavas mündliche Unterweisungen der Prinzessing Tsogyal.* O. W. Barth Verlag, München, 1995

Roberts, Peter Alan (transl). *Mahamudra and Related Instructions: Core Teachings of the Kagyü Schools.* Wisdom Publications, Boston 2011

Tsele Natsok Rangdröl, Erik Pema Kunsang (transl.). *The Mirror of Mindfulness.* Rangjung Yeshe Publications, Kathmandu, 1987. North Atlantic Books, Berkeley, CA, 2005

Das erste Semester am Karmapa International Buddhist Institute (KIBI)

Gampopa (sGam-po-pa bSod-nams-rin-chen). *Dam chos yid bzhin nor bu thar pa rin po che 'i rgyan.* Chengdu: Si-khron-mi-rigs-dpe-skrun-khang, 1989.

Johnston, Edward Hamilton, ed. *The Ratnagotravibhāga, Mahāyānottara-tantraśāstra* [includes both the *Ratnagotravibhāga* and *Ratnagotravi-bhāgavyākhyā*]. Seen through the press and furnished with indexes by T. Chowdhury. Patna: The Bihar Research Society, 1950

Lotsawa Kawa Paltseg, Rikey, Thubten K. & Ruskin, Andrew (transl.). *A Manual of Key Buddhist Terms.* Categorization of Buddhist Terminology. Library of Tibetan Works and Archives, Dharamsala, India, 1992

Die Karma Gön-Bücherei

Cabezón, José Ignacio & Jackson, Roger R. (ed.). *Tibetan Literature: Studies in Genre*. Snow Lion Publications, Ithaca, NY, 2996

Derge edition of the Tengyur. *The Tibetan Tripitaka*, Taipei Edition. SMC Publishing Taipei, Taiwan, 1991

Doboom, Tulku, ed. *Buddhist Translations: Problems and Perspectives*. Mahohar, New Delhi, 1995

Eimer, Helmut and David Germano, eds. *The Many Canons of Tibetan Buddhism*: Proceedings of the Ninth Seminar of the IATS, 2000. Brill, Leiden, 2002

Lamotte, Étienne. "Assessment of Textual Interpretation in Buddhism." In *Buddhist Hermeneutics,* Hawaii: University of Hawaii Press, Studies in East Asian Buddhism Series 6, pp. 11–28.

Smith, E. Gene. *Among Tibetan Texts: History and Literature of the Himalayan Plateau*. Wisdom Publications, Somerville, 2001

The Kyoto reproduction of the Beijing bKa'-'gyur and bsTan-'gyur (Otani). Daisetz T. Suzuki, ed. *The Tibetan Tripitaka: Peking Edition, Kept in the Library of the Otani University, Kyoto*. Tokyo/Kyoto: Tibetan Tripitaka Research Institute, 1961. 168 vols., *Catalogue & Index*. Reduced-size edition. Kyoto: Rinsen Book Co., 1985.

The Tohoku reproduction of the sDe-dge bKa'-'gyur and bsTan-'gyur. Hakuju Ui et al., eds. *A Complete Catalogue of the Tibetan Buddhist Canons (Bkah-hgyur and Bstan-hgyur)*. Tohoku Imperial University, Sendai, 1934.

Vostrikov, A.L. *Tibetan Historical Literature*. Soviet Indology Series no. 4. R.K. Maitra, Calcutta, 1970

Sichtweise und Meditation

Gampopa: *Der kostbare Schmuck der Befreiung*. Theseus Verlag, Berlin 1996. Engl. Übersetzung: Guenther, Herbert V. *The Jewel Ornament of Liberation*. London, Rider & Company, 1959

Bokar Rinpoche. *Meditation – Advice for Beginners*, ClearPoint Press, San Francisco, 1993

Hopkins, Jeffrey (transl. & ed.). *The Essence of Other-Emptiness by Taranatha*. Snow Lion Publications, Ithaca, New York, Boulder, Colorado, 2007

Kapstein, Matthew T. "We are all Gzhan stong pas. Reflections on *The Reflexive Nature of Awareness: A Tibetan Madhyamaka Defence*." *Journal of Buddhist Ethics* 7, 2000, pp. 105–125.

Tarthang Tulku. *Der verborgene Geist der Freiheit*. Sphinx Medien Verlag, Basel, 1985

Die vier Grundübungen

9. Karmapa Wangchuk Dorje. *Mahamudra - Ozean des Wahren Sinnes*. 3 Bände, Theseus Verlag, Zürich / München, 1992

Batchelor, Stephan (transl.). *A Guide To The Bodhisattva's Way of Life* (Originalautor: Shantideva). Library of Tibetan Works and Archives (LTWA), Dharamsala, 1979

Drikung Kyabgon Chetsang, Binczik, Angelika (Übers.). *Die Praxis von Mahamudra*. Otter Verlag, München, 2000

Jackson, Roger R. Two Bka' 'gyur Works in Mahamudra Canons: The *Arya-atajnana-nama-mahayana-sutra* and the *Anavila-tantra-raja*. *Journal of the International Association of Tibetan Studies (JIATS)* 05/2009, S. 1 - 24, accessed 19 July 2013 (http://www.thlib.org/static/reprints/jiats/05/pdfs/jacksonJIATS_05_2009.pdf)

Jamgön Kongtrul. *Das Licht der Gewissheit*. Aurum Verlag, Freiburg im Breisgau, 1979. Titel der amerikanischen Originalausgabe: *The Torch of Certainty*, Shambala Publ., Boulder, Colorado, 1977

Jamgön Kongtrul Lodro Thaye, Dzogchen Ponlop Rinpoche & Michele Martin (transl.). *Calling the Lama from Afar*. In "Journey without Goal" by Chogyam Trungpa and the Nalanda Translation Committee, Shambhala Publications, Boston, 1985

Nydahl, Lama Ole. *Die Vier Grundübungen*, Joy-Verlag, Sulzberg, 2000

Kangyur. *Aryaganavyuhanamamahayanasutra*, tib. *'Phags pa rgyan sdug po bkod pa zhes bya ba theg pa chen po'i mdo* [Sutra der dicht angeordneten Ornamente], kurz: *Ghanavyuhasutra*. Tohoku Katalog des Kangyur 110, mdo sde *cha*, 1b1 - 55b7

Kragh, Ulrich. "Culture and Subculture: A Study of the Mahamudra of sGam po pa," M.A. thesis. University of Copenhagen, Copenhagen, 1998

Patrul Rinpoche. *Die Worte meines vollendeten Lehrers: Die Praxis des tibetischen Buddhismus auf dem Weg zur ,Großen Vollkommenheit',* (tib. *Künsang lame shalung*). Arbor Verlag, Freiburg, 2001

Saraha. *Dohakoshagiti*, tib. *Do ha mdzod kyi glu*, [People Doha]. Derge Tengyur, rGyud Bd. *Wi*, ff. 70b - 77a. *Phyag rgya chen po'i rgya gzhung*, vol. *om*, ff. 141b2 - 151a5. Hrsg. Phun tshogs rgyal mtshan (Ende des 19. Jh.). Dpal dpungs block print. Kein Datum.

Saraha. *Dohakosopadeshagiti*, tib. *Mi zad pa'i gter mdzod man ngag gi glu*, [Queen Doha]. Derge Tengyur Bd. Zhi ff. 28b - 33b.

Saraha. *Dohakoshanamacaryagiti*, tib. *Do ha mdzod ces bya ba spyod pa'i glu*, [King Doha]. Derge Tengyur rGyud, Bd. Zhi ff. 26b - 28b. Transl. by Guenther, Herbert V. *The Royal Song of Saraha: A Study in the History of Buddhist Thought*. Shambhala Publications, Boston, 1973.

Zur Bedeutung der Meditation auf den Lehrer

Abhayadatta, Robinson, James B. (transl,). *Buddhas Lions: The Lives of the Eighty-Four Siddhas* (Skt. *Caturashitisiddhapravritti*, Tib. *Grub thob brgyad cu rtsa bzhi'i lo rgyus* by sMon-grub Shes-rab). Dharma Publishing, Berkelkey, CA, 1979

Allione, Tsultrim, Olvedi, Ulli (transl.). *Tibets weise Frauen*. Theseus Verlag, Berlin, 2000

Bachhofer, Joss (Hrsg.). *Verrückte Weisheit - Leben und Lehre Milarepas*. Edition Schangrila. Haldenwang, 1986

Dilgo Khyentse. *Das Herzjuwel der Erleuchteten*. Theseus Verlag, Berlin, 1992

Guenther, Herbert V. *The Royal Song of Saraha: A Study in the History of Buddhist Thought*. University of Washington Press, 1969

Dowman, Keith & Franz-Karl Erhard. *Der heilige Narr. Das liederliche Leben und die lästerlichen Gesänge des tantrischen Meisters Drugpa Künleg*. Droemersche Verlagsanstalt, Knaur 1980, O.W. Barth Verlag, München, 2010

Dowman, Keith. *Masters of Mahamudra: Songs and Histories of the Eighty-Four Buddhist Siddhas*. State University of New York Press. Albany, N.Y., 1985

Dowman, Keith. *Sky Dancer: The Secret Life and Songs of the Lady Yeshe Tsogyel*. Snow Lion Publications, Ithaca, New York, 1996

Evans-Wentz, Walter Y. (Übers.). *Milarepa, Tibets grosser Yogi*. O. W. Barth Verlag, Bern, München, Wien, 1978, 1989

Indrabhuti. *Jnanasiddhi-nama-sadhana*, tib. *Ye-shes grub-pa zhes-bya ba'i sgrub-pa'i thabs*, Kap. 17: Ye shes rdo rje'i dbang-bskur ba'i cho-ga'i le'u [Text zu der Art, wie Einweihungen auf der Ebene der höchsten Weisheit übertragen werden, speziell beim Guru-Yoga, enthalten im *Buddhasamayoga-Tantra*, tib. *Sangs rgyas mnyam sbyor rgyud*]

Katz, Nathan. "A Translation of the Biography of the Mahasiddha Indrabhuti, with Notes" in *Bulletin of Tibetology*, vol. 12, no. 1 (1975), pp. 25–29.

Nam-mkha'i snying-po, Tarthang Tulku (transl.), Jane Wilhelms (ed.). *Mother of Knowledge - The Enlightenment of Ye-shes mTsho-rgyal*. Dharma Publishing, Berkeley, CA, 1983

Prenzel, Angelika (Hrsg.). *Dakinis: Lebensgeschichten weiblicher Buddhas*. Buddhistischer Verlag, Wuppertal, 2007

Roberts, Peter Alan. *The Biographies of Rechungpa: The Evolution of a Tibetan Hagiography*. Routledge Chapman & Hall, London and New York, 2007

Shamar Rinpoche. *A Golden Swan in Turbulent Waters: The Life and Times of the Tenth Karmapa Choying Dorje*. Bird of Paradise Press, Lexington, Virginia, 2012

Trungram Gyaltrul Rinpoche, Sherpa. *Gampopa, the Monk and the Yogi: His Life and Teachings*. Ph.D. dissertation. Harvard University, Cambridge, Massachusetts, 2004

Yeshe Dronma, *The Kunzig Shamarpas of Tibet*. Dorje and Bell Publication, Toronto, Canada, 1992.

Yeshe Tsogyal, Douglas, Kenneth & Bays, Gwendolyn (transl.). *The Life and Liberation of Padmasambhava* (2 Volume Set). Dharma Publishing, Berkeley, CA, 1978

Lama Chonam & Sangye Khandro (transl.). *The Lives and Liberation of Princess Mandarava: The Indian Consort of Padmasambhava.* Wisdom Publications, Boston, 1998

Chagdud Tulku, Kierdorf, Theo & Höhr, Hildegard (Übers.). *Der Herr des Tanzes. Autobiographie eines tibetischen Lamas.* Vedo Verlag, Freiburg, 1998

Saraha. *Bdag byin gyis rlob pa'i rim pa* [progressive self-blessing] (*Snying po skor drug,* Sixfold Cycles of Essentials). In *Nges don phyag rgya chen po'i khrid mdzod,* vol. 2, pp. 661 – 664. Publisher: Rnam par rgyal ba dpal Zhwa-dmar-ba'i chos sde. New Delhi, 1997

„Die Methode der Praxis auf den Lehrer" von Tilopa

Chang, Garma C.C. *The Six Yogas of Naropa and Teachings on Mahamudra.* Snow Lion Publications, Ithaca, New York, 1963

Jamgön Kongtrul Lodro Thaye. *gDams ngag mdzod: a treasury of precious instructions of the major and minor Buddhist traditions of Tibet.* N. Lungtok and N. Gyaltsen, (Lokesh Chandra, ed.) 12 vols. (reproduced from a xylographic print from the Dpal-spungs blocks), New Delhi, 1971

Khyentse, Dilgo. *The Wish-Fulfilling Jewel: The Practice of Guru Yoga According to the Longchen Nyingthig Tradition.* Shambhala Publications, Boston, 1988

Marpa Chökyi Lodrö, Torricelli, Fabrizio & Acharya Naga, Sangye T. (transl.). *The Life of the Mahasiddha Tilopa.* Library of Tibetan Works and Archives, Dharamsala, 1995

Tilopa. Guru nopika, tib. Bla ma sgrub pa'i thabs [Die Methode der Praxis auf den Lehrer; Text zum Guru-Yoga]. In Jamgön Kongtrul Lodro Thaye, *gDams ngag mdzod.* N. Lungtok and N. Gyaltsen. New Delhi, 1971

Die Meditation auf den 16. Karmapa, Erklärungen des 16. Karmapa, neu übersetzt

Douglas, Nik & White, Meryl. *Karmapa, The Black Hat Lama of Tibet*, Luzac, Virginia, 1976

Jamgön Kongtrul. *The Treasury of Knowledge: Frameworks of Buddhist Philosophy*, translated by Elizabeth M. Callahan, Kalu Rinpoche Translation Group, Snow Lion Publ., Boston, 2007.

16. Karmapa Rangjung Rigpe Dorje. *Bla ma'i rnal 'byor sku bzhi'i myu gu skyed byed bdud rtsi'i char rgyun. Die Meditation auf den Lehrer, der strömende Nektarregen, der die Sprösslinge der vier Buddha-Zustände entwickelt.* Sonderausgabe der „16. Karmapa Meditation", herausgegeben vom Karma Kagyü Dachverband e.V., Wuppertal, 1999

Vajragesänge des 16. Karmapa Rangjung Rigpe Dorje

8. Karmapa Mikyö Dorje. *Bka' brgyud mgur mtsho.* Palpung Ausgabe, veröffentlicht im 18. Jh. [Ozean der Gesänge der Kagyü-Meister]. Engl. Übersetzung: *Rain of Wisdom* (siehe Nalanda Translation Committee)

Chökyi Nyima Rinpoche. *Song of Karmapa. The Aspiration of the Mahāmudrā of True Meaning by Lord Rangjung Dorje.* Rangjung Yeshe Publications, Hong Kong, Kathmandu, 1992.

Nalanda Translation Committee & Trungpa Rinpoche. *The Rain of Wisdom.* Shamabhala Publications, Boston/London, 1999

Nydahl, Lama Ole. *Das große Siegel. Die Mahamudra-Sichtweise des Diamantweg-Buddhismus*, Droemer/Knaur, München, 2006

Roberts, Peter Alan, transl. *Mahamudra and Related Instructions: Core Teachings of the Kagyü Schools.* Institute of Tibetan Classics, Wisdom Publications, Boston, 2011

Die Meditationserfahrungen anhand der Lehre Buddhas

Conze, Edward (transl.). *Perfect Wisdom.* Buddhist Publishing Group, Totnes, England1973 and 2003

Bokar Rinpoche. *Chenrezig, Lord of Love. Principles and Methods of Deity Meditation.* Clear Point Press, San Francisco, CA, 1991

Bokar Rinpoche. *Meditation Advice to Beginners.* Clear Point Press, San Francisco, CA, 1993

Gampopa (sGam-po-pa bSod-nams-rin-chen). *Dwags po lha rje'i bka' 'bum* [Gesammelte Werke von Gampopa], 3 vols. Kargyud Sungrab nyamso Khang, Darjeeling, 1982

Gendün Rinpoche. *Herzensunterweisungen eines Mahamudra-Meisters.* Theseus Verlag, Berlin, 1999

Gyatrul Rinpoche. *The Secret Oral Teachings on Generating the Deity.* SMC Publishing Inc., Taipei, 1992

Herz-Sutra. *Bhagavatimahaprajnaparamitahridayasutra,* tib. *'Phags pa shes rab kyi pha rol tu phyin pa'i nying po'i mdo* [Herz-Sutra, Befreiende Weisheit in 25 Versen], Tohoku Katalog des Kangyur 531, rgyud *na,* 94b1 - 95b3

3. Jamgön Kongtrul Rinpoche, Draszcyk, Tina & Alex (Übers.). *Wie die Mitte des wolkenlosen Himmels. Der Mahamudra-Weg der tibetisch-buddhistischen Kagyü-Schule.* Marpa Verlag, Wien, 1989

Kalu Rinpoche. *Über das Wesen des Geistes.* Verlag Decisio Editrice, Lugano, 1986

9. Karmapa Wangchuk Dorje. *Mahamudra - Ozean des Wahren Sinnes.* 3 Bände, Theseus Verlag, Zürich/München, 1992

9. Karmapa Wangchuk Dorje. *Das Diamantlicht des gewöhnlichen Geistes,* Oktopus Verlag, Wien, 1989

9. Karmapa Wangchuk Dorje, Berzin, Alexander (transl.). The *Mahamudra: Eliminating the Darkness of Ignorance.* Library of Tibetan Works and Archives, Dharamsala, 1995

Lancaster, Lewis (ed.). *Prajnaparamita and Related Systems.* Studies in honor of Edward Conze, Berkeley Buddhist Studies Series, Berkeley, CA,1977

Lopez, Jr. Donald S. *The Heart Sutra Explained, Indian and Tibetan Commentaries.* Sri Satguru Publications, New Delhi, 1990

Obermiller, Eugene (ed.). Prajnaparamitagunasamcayagatha. Sanskrit & Tibetan Text. Bibliotheca Indo-Buddhica 97. 1937. Reprint: Delhi: Sri Satguru Publications, 1992.

Seegers, Manfred: *Wissen über Meditation, Sichtweise und Meditation im Diamantweg-Buddhismus*, 3. Auflage. Zeitlose Werte Verlagsgesellschaft mbH, Hamburg, 2012

Saraha. *Kayakoshaamritavajragiti*, tib. *sku'i mdzod 'chi med rdo rje glu* [Vajragesang des unzerstörbaren Körperschatzes]. Tengyur, Peking ed., vol. *Tsi*, fols. 75a–87a

Thich Nhat Hanh. *Mit dem Herzen verstehen - Kommentare zum Prajnaparamita Herz Sutra.* Theseus Verlag, Küsnacht, 1989

Die unterschiedlichen Ebenen der Amitabha-Praxis

Andrews, Allan A. "Pure Land Buddhist Hermeneutics: Honen's Interpretation of Nembutsu." The Journal of the International Association of Buddhist Studies (JIABS), Vol. 10, 1987

Bokar Rinpoche: *Der Tod und die Kunst des Sterbens im Tibetischen Buddhismus.* Kagyü-Dharma-Verlag, Mechernich, 1992

Fremantle, Francesca/Trungpa, Chögyam (Hrsg.). *Das Totenbuch der Tibeter.* Verlag Diederichs, Düsseldorf, Köln, 1976

Gyatrul Rinpoche. *Natural Liberation: Padmasambhava's Teachings on the Six Bardos.* Wisdom Publications, Boston, 1998

Kangyur. *Vimalakirtinirdeshasutra.* Tohoku Catalogue, nos. 474–6. Study Group on Buddhist Sanskrit Literature(ed.). *Vimalakirtinirdesha and Jnanalokalamkara: Sanskrit Texts Collated with Tibetan and Chinese Translations.* 3 vols. Taisho University Press, Tokyo, 2004

Nydahl, Lama Ole: *Von Tod und Wiedergeburt.* Knaur Verlag, München, 2011

Tenga Rinpoche, Schefczyk, Susanne (übers,). *Übergang und Befreiung: Erklärungen zur Meditation im Bardo.* Khampa Buchverlag, Freiburg 1996

Watson, Burton (transl.). *The Vimalakirti Sutra. From the Chinese Version by Kumarajiva.* Motilal Banarsidass Publishers, Delhi, 1999

Die Bedeutung der Kunst im Tibetischen Buddhismus

Abhayakaragupta, Bhattacharyya, Benoytosh (ed.) *Sadhanamala* [die Girlande der Praxisanweisungen] alias *Sadhana-samuccayanama*, tib. *Sgrub thabs kun las btus pa*. Otani Catalogue, no. 4221 – no. 4466 (Vol. 81) Gaedwad's Oriental Series nos. 26 and 41, Baroda, 1925, 1968

Abhayakaragupta. *Nispannayogavali*, Tib. *Rdzogs pa'i rnal 'byor gyi phreng ba*, vol. 80, Otani Catalogue, no. 3962, pp. 126.3.4–154.2.8

Behl, Benoy K. *Ajanta Caves: Ancient Paintings of Buddhist India*, Thames and Hudson, London, 1998

Chandra, Lokesh. *Buddhist Iconography*. Second edition, Aditya Prakashan, New Delhi, 1991

Chandra, Lokesh. *Dictionary of Buddhist Iconography*, Sata-Pitaka Series, International Academy of Indian Culture and Aditya Prakashan, New Delhi, 1999

Getty, Alice. *The Gods of Northern Buddhism. Their History, Iconography and Progressive Evolution Through the Northern Buddhist Countries*. Charles E. Tuttle Company, Vermont & Tokyo, 1962

Heller, Amy. "Tibetan Art Tracing the Development of Spiritual Ideals and Art in Tibet 600-2000 A.D." Jaca Book/Antique Collectors' Club, Milan, Italy, 1999

Lauf, Detlef I. *Eine Ikonographie des tibetischen Buddhismus*. Akademische Druck- u. Verlagsanstalt, Graz, 1979

Peterson, Kathleen. "Sources of Variation in Tibetan Canons of Iconometry." In *Tibetan Studies in Honour of Hugh Richardson*. Ed. by M. Aris and Aung San Suu Kyi. Aris & Phillips, Warminster, 1980

Sakuma, Ruriko. *Sadhanamala: Avalokiteshvara Section*, Sanskrit and Tibetan Texts. Asian Iconography Series III, Adroit Publishers, New Delhi, 2002

Skorupski, Tadeusz (ed.). *Iconographic Sources and Iconometric Literature in Tibetan and Himalayan Art*. In *Indo-Tibetan Studies*. The Institute of Buddhist Studies, Tring, 1990

Tarthang Tulku. *Sacred Art of Tibet*. Dharma Publishing, Berkeley, CA, 1988

Tucci, Guiseppe. "A Tibetan Classification of Buddhist Images, According to Their Style." *Artibus Asiae* 22, 1959, pp. 179–187

Von Schroeder, Ulrich. *Buddhist Sculptures in Tibet.* Visual Dharma Publ., Hong Kong, 2001

Die Symbolik des Buddhismus

Beer, Robert. *Die Symbole des Tibetischen Buddhismus.* Diederichs Gelbe Reihe, München, 2003

Beer, Robert. *The Encyclopedia of Tibetan Symbols and Motifs.* Shambhala Publications, Boston, 1999

Dagyab Kyabgön Rinpoche. *Buddhistische Glückssymbole,* Diederichs Gelbe Reihe, München, 1992

Dagyab, Loden Sherap. *Buddhist Symbols in Tibetan Culture: an investigation of the nine best-known groups of symbols.* Wisdom Publications, Boston, 1995

9. Karmapa Wangchuk Dorje. *Chikshe kundrol Collection* [Knowing One, Liberating All]. Nitartha Institute Publications, New York, 1999

Lindhorst, Raimund. *Darstellungen des Buddha und ihre symbolische Bedeutung im tibetischen Buddhismus.* Simon & Leutner Verlag, Berlin, 1997

Die Entstehung der Buddha-Abbildung

Böhnke, Tanja & Seegers, Manfred. *Raum & Freude. Buddhistische Statuen & Ritualgegenstände.* Diamantweg-Stiftung (Hrsg.), Buddhistischer Verlag, Wuppertal, 2004

Chattopadhyaya Debiprasad. *Taranatha's History of Buddhism in India.* Motilal Barnasidass, Delhi, 1990

Coomaraswamy, Ananda. *The Origin of the Buddha Image.* Munshiram Manoharlal Publishers Ltd, Delhi, 2001

Dagyab, Loden Sherab. *Tibetan Religious Art,* Part I and II. Verlag Otto Harrassowitz, Wiesbaden, 1977

Gretzschel, Matthias. „Auf der Seidenstraße kam Apollo zu Buddha. Bucerius Kunst forum: Die Anfänge der buddhistischen Kunst - neue Ausstellung am Rathausmarkt". Hamburg, Hamburger Abendblatt vom 15.08.2003. Intenetlink: http://www.abendblatt.de/kultur-live/article640646/Auf-der-Seidenstrasse-kam-Apollo-zu-Buddha.html (Zugriff am 19.07.2013)

Hallade, Madelaine. *The Gandhara Style and the Evolution of Buddhist Art*. Thames and Hudson, London, 1968

Hsüan-tsang, Beal, Samuel (transl.). *Records of the Western Kingdoms*. Trübner and Co., London, 1906

Huntigton, Susan L. "Early Buddhist Art and the Theory of Aniconism", *Art Journal*, 49:4 (1990), S. 401 - 8

Kangyur. *Vinayavastu*. Tib. *'dul ba'i gzhi*. Tohoku Catalogue 1.

Legge, James (translated and annotated): *A Record of Buddhistic Kingdoms* [die Erzählung des chinesischen Pilgers Fa-hsien (4. Jh. n. Chr.) mit dem Titel „Ein Bericht über die buddhistischen Königreiche"] Buddha Dharma Education Association Inc., Oxford, 1886

S.H. der 14. Dalai Lama, Hopkins, Jeffrey (transl.). *The Meaning of Life, Buddhist Perspectives on Cause and Effect*. Wisdom Publications, Boston, 2000

Sharma, Ramesh Chandra. *Buddhist Art of Mathura*. Agam kala Prakashan, New Delhi, 1984

Trenckner, V. (ed.). „Melindapanha", „Die Fragen des Königs Melinda". RAS, London, 1928)

Wille, Klaus. *Die handschriftliche Überlieferung des Vinayavastu der Mūlasarvastivādin*, Band 30 von *Verzeichnis der orientalischen Handschriften in Deutschland*. Steiner Verlag, Stuttgart, 1990

Thangkas im Kraftkreis der Buddhas – Ausstellungen tibetischer Rollbilder

Gega Lama (dGe dga' bla ma). *Principles of Tibetan Art*, Illustrations and explanations of Buddhist iconography and iconometry according to the Karma Gardri School, Tibetan Institute Kunchab Publications, Antwerpen, n.d., first published Darjeeling, 1983

Jackson, David P. & Janice A. *Tibetan Thangka Painting: Methods and Materials.* Serindia Publications, London 1984

Jamgön Kongtrul Lodro Thaye, *Rig gnas zhar byung dang bcas brjod pa'i skabs.* In *Shes bya kun khyab mdzod.* New Delhi reprint reproduced by Lokesh Chandra: Kongtrul's Encyclopedia of Indo-Tibetan Culture, 1970, parts I-III, ff. 17a-20a and 198a-224b. In the Beijing edition (1982), vol *stod,* pp. 36-42 and 556-608

Lavizzi-Räuber, Alexandra. *Thangkas, Rollbilder aus dem Himalaya, Kunst und mystische Bedeutung.* DuMont Buchverlag, Köln, 1984

Rhie, Marylin M. & Thurman, Robert A. F. *Weisheit und Liebe. 1000 Jahre Kunst des Tibetischen Buddhismus.* DuMont Buchverlag, Köln, 1996

Tucci, R. *Tibetan Painted Scrolls.* Rinsen Book Co. (reprint 1949), 2 vols., Kyoto, 1980

Der Stupa – Symbol für die Natur des Geistes

Cummings, Joe & Thurman, Robert F. *Buddhist Stupas in Asia: The Shape of Perfection.* Lonely Planet Publications, Melbourne, 2001

Dowman, Keith: *The Legend of the Great Stupa.* Dharma Publishing, Berkeley, CA, 1973

Guru Padmasambhava. *Die Legende vom großen Stupa*, Dharma Publishing Köln, 1981

Snodgrass, Adrian. *The Symbolism of the Stupa.* South East Asia Program (SEAP), Cornell University Press Services, Ithaca, NY, 1985

Tarthang Tulku. *Holy Places of the Buddha.* Crystal Mirror Series, Volume 9, Dharma Publishing, Berkeley, CA, 1994

Das Mahayana-Sutra vom Edlen Abhängigen Entstehen

Shastri, N. A. (ed.). Kangyur. *Aryapratityasamutpadanamamahayanasutra.*, tib. *Phags pa rten cing 'brel par 'byung ba zhes bya ba theg pa chen po'i mdo. Das Mahayanasutra vom Edlen Abhängigen Entstehen.* Section rgyud, vol. *na*, p. 41. Seegers, Manfred (Übers.), bisher unveröffentliche Übersetzung in Zusammenarbeit mit Ven. Topga Rinpoche, KIBI, Neu Delhi, 1995

STICHWORTVERZEICHNIS

BILDQUELLENVERZEICHNIS

ADRESSEN

Websites zum Thema Buddhismus allgemein, zum Diamantweg und zu Lama Ole Nydahl

www.buddhismus.de
www.lama-ole-nydahl.de
www.diamantweg.de
www.diamondway-buddhism.org
www.facebook.com/BuddhismusDeutschland

Buddhistische Zentren

Europa-Zentrum
Hochreute 1
D-87509 Immenstadt
Telefon: +49 (8323) 9868740
Join@europe-center.org
http://europe-center.org

Deutschland

www.diamantweg.de

Buddhistisches Zentrum Berlin
Milastr.4
10437 Berlin
Berlin-Mitte@diamondway-center.org
www.buddhismus-berlin-mitte.de

Buddhistisches Zentrum Braunschweig
Kramerstr.18
38122 Braunschweig
Braunschweig@diamondway-center.org
www.buddhismus-braunschweig.de

Buddhistisches Zentrum Bremen
Wachmannstr. 2
28209 Bremen
Bremen@diamondway-center.org
www.buddhismus-bremen.de

Buddhistisches Zentrum Dresden
Bautzner Str. 14
01099 Dresden
Dresden@diamondway-center.org
www.buddhismus-dresden.de

Buddhistisches Zentrum Frankfurt
Saalburgstr. 17
60385 Frankfurt am Main
Frankfurt@diamondway-center.org
www.buddhismus-frankfurt.de

Buddhistisches Zentrum Freiburg
Zasiusstr. 67
79102 Freiburg
Freiburg@diamondway-center.org
www.buddhismus-freiburg.de

Buddhistisches Zentrum Hamburg
Thadenstr. 79
22767 Hamburg
Hamburg@diamondway-center.org
www.buddhismus-hamburg.de

Buddhistisches Zentrum Kiel
Jungmannstr. 55-57
24105 Kiel
Kiel@diamondway-center.org
www.buddhismus-kiel.de

Buddhistisches Zentrum Krefeld
Saumstr. 4
47805 Krefeld
Krefeld@diamondway-center.org
www.buddhismus-krefeld.de

Buddhistisches Zentrum Köln
Krefelderstr. 18
50670 Köln
Koeln@diamondway-center.org
www.buddhismus-koeln.de

Buddhistisches Zentrum Lübeck
Wahmstr. 43/45
23552 Lübeck
Luebeck@diamondway-center.org
www.buddhismus-luebeck.de

Buddhistisches Zentrum München
Gabelsbergerstr.52 / Rgb.
80333 München
Munich@diamondway-center.org
www.buddhismus-bayern.de/muenchen

Buddhistisches Zentrum Stuttgart
Esslinger Str. 22
70182 Stuttgart
Stuttgart@diamondway-center.org
www.buddhismus-stuttgart.de

Buddhistisches Zentrum Wuppertal
Heinkelstr. 27
42285 Wuppertal
Wuppertal@diamondway-center.org
www.buddhismus-wuppertal.de

Österreich
www.diamantweg.at

Buddhistisches Zentrum Graz
Pfeifferhofweg 94
8045 Graz
Graz@diamondway-center.org
www.diamantweg.at/graz

Buddhistisches Zentrum Innsbruck
Neurauthgasse 10
6020 Innsbruck/Tirol
innsbruck@kkoe.at
www.diamantweg.at/innsbruck

Buddhistisches Zentrum Linz
Hauptplatz 15
4020 Linz
Oberösterreich
linz@diamondway-center.org
www.diamantweg.at/linz

Buddhistisches Zentrum Salzburg
Linzer Gasse 27, 2. Stock
5020 Salzburg
bz-salzburg@kkoe.at
www.diamantweg.at/salzburg

Buddhistisches Zentrum Wien
Schmelzgasse 3/3
1020 Wien
Wien@diamondway-center.org
www.diamantweg.at/wien

Schweiz

www.buddhismus.org

Retreat- und Seminarzentrum Amden
Bellevue
8873 Amden
amden@buddhismus.org
www.amden-retreat.ch

Buddhistisches Zentrum Bern
Gerberngasse 14
3011 Bern
Bern@ diamondway-center.org
www.buddhismus.org/bern

Buddhistisches Zentrum Zürich
Hammerstr.9
8008 Zürich
Zuerich@diamondway-center.org
www.buddhismus.org/zuerich

Für weitere Informationen steht Ihnen ein internationales Netzwerk von über 600 Diamantweg-Zentren, in Deutschland mehr als 100 Zentren und Gruppen, der Karma-Kagyü-Tradition unter der spirituellen Führung des 17. Karmapa Trinle Thaye Dorje, geleitet von Lama Ole Nydahl, zur Verfügung. Sie finden alle Zentren unter:

www.diamondway-buddhism.org/diamondway-buddhist-centers.

Von Manfred Seegers ebenfalls im Zeitlose Werte Verlag erschienen ist

Wissen über Meditation
Sichtweise und Meditation im Diamantweg-Buddhismus

Unter allen großen Weltreligionen zeichnet sich der Buddhismus dadurch aus, dass das Erleben dauerhaften Glücks nicht dem reinen Glauben überlassen bleibt, sondern durch tiefe Einsicht in die Natur des Geistes erfahrbar ist.

Meditation im Buddhismus hat die Funktion, das durch Lernen und Nachdenken Verstandene zum Erlebnis werden zu lassen. Das Ziel von Buddhas Lehre ist die volle Entwicklung der uns innewohnenden Fähigkeiten von Körper, Rede und Geist. Die Praxis der Meditation hilft uns dabei, den eigenen inneren Reichtum zum Besten aller Wesen zu entdecken und zu entfalten.

Erhältlich im Buchhandel, bei Amazon und bei Logosbooks.com